Uni-Taschenbücher 146

Eine Arbeitsgemeinschaft der Verlage

Wilhelm Fink Verlag München
Gustav Fischer Verlag Stuttgart
Francke Verlag Tübingen
Paul Haupt Verlag Bern und Stuttgart
Dr. Alfred Hüthig Verlag Heidelberg
Leske Verlag + Budrich GmbH Opladen
J. C. B. Mohr (Paul Siebeck) Tübingen
R. v. Decker & C. F. Müller Verlagsgesellschaft m. b. H. Heidelberg
Quelle & Meyer Heidelberg · Wiesbaden
Ernst Reinhardt Verlag München und Basel
F. K. Schattauer Verlag Stuttgart · New York
Ferdinand Schöningh Verlag Paderborn · München · Wien · Zürich
Eugen Ulmer Verlag Stuttgart
Vandenhoeck & Ruprecht in Göttingen und Zürich

Grundprobleme der großen Philosophen

Die Reihe umfaßt bisher folgende Bände:

Grundprobleme der großen Philosophen

Herausgegeben von Josef Speck

Philosophie des Altertums und des Mittelalters

Sokrates · Platon · Aristoteles · Augustinus · Thomas von Aquin · Nikolaus von Kues

4., durchgesehene, teilweise neubearbeitete Auflage

Vandenhoeck & Ruprecht in Göttingen

CIP-Titelaufnahme der Deutschen Bibliothek

Grundprobleme der großen Philosophen / hrsg. von Josef Speck. –
Göttingen : Vandenhoeck und Ruprecht.
(UTB für Wissenschaft : Uni-Taschenbücher ; ...)
NE: Speck, Josef [Hrsg.]
Philosophie des Altertums und des Mittelalters. –
4., durchges., teilw. neubearb. Aufl. – 1990

Philosophie des Altertums und des Mittelalters: Sokrates, Platon,
Aristoteles, Augustinus, Thomas von Aquin, Nikolaus von Kues /
hrsg. von Josef Speck. – 4., durchges., teilw. neubearb. Aufl. –
Göttingen : Vandenhoeck und Ruprecht, 1990
(Grundprobleme der großen Philosophen)
(UTB für Wissenschaft : Uni-Taschenbücher ; 146)
ISBN 3-525-03317-6
NE: Speck, Josef [Hrsg.]; UTB für Wissenschaft / Uni-Taschenbücher

4. Auflage 1990

© 1972 Vandenhoeck & Ruprecht in Göttingen
Printed in Germany
Einbandgestaltung: A. Krugmann, Stuttgart
Herstellung: Hubert & Co., Göttingen

Vorwort des Herausgebers

Die bisher erschienenen Bände der „Grundprobleme der großen Philosophen" haben eine sehr freundliche Aufnahme gefunden. Dies zeigt, daß der Versuch einer neuartigen Darstellung der Philosophie-Geschichte berechtigt war und gelungen ist. Diese Darstellung verzichtet auf Vollständigkeit und setzt Akzente: Sie behandelt nur diejenigen Denker, die die Entwicklung der abendländischen Geistesgeschichte entscheidend beeinflußt haben bzw. in der gegenwärtigen Philosophie bedeutsam sind. (Der Schwerpunkt des Gesamtwerkes liegt eindeutig auf der Philosophie der Gegenwart). Auch bei der Behandlung dieser Denker geht es nicht um eine möglichst umfassende Darstellung des jeweiligen Denkgebäudes, die zwangsläufig zu einer Nivellierung der Probleme, zur Vermittlung formelhaften Wissens und zur Rezeption von Schlagworten führen würde, die gerade philosophischen Fragen inadäquat sind. Statt dessen konzentriert sich die Behandlung der einzelnen Philosophen auf das jeweilige Grundproblem bzw. – falls ein einzelnes Grundproblem sich nicht isoliert darstellen läßt – auf einen möglichst eng begrenzten Bereich weniger zentraler Probleme, die für den betreffenden Denkansatz eine fundierende und erschließende Funktion haben. Durch diese strenge thematische Konzentration auf ein Problem wird dem Leser eine Hinführung zu dem jeweils behandelten Philosophen geboten, die einen Problemzusammenhang erschließt, das Mitdenken des Lesers provoziert und ihn zu weiterer Beschäftigung anregt.

Die Eigenart des hier praktizierten Ansatzes bringt – außer den erstrebten didaktischen Vorzügen – allerdings einige unvermeidliche Schwierigkeiten mit sich. Die Auswahl der behandelten Denker muß notwendig willkürlich sein. Der Band Altertum/Mittelalter beispielsweise beschränkt sich auf Sokrates, Platon, Aristoteles, Augustinus, Thomas v. Aquin und Cusanus. Natürlich wird man hier Philosophen wie Plotin, Seneca und Duns Scotus vermissen, und selbst die Möglichkeit, daß die Genannten in einem späteren Band behandelt werden, führt nicht an der Schwierigkeit vorbei, daß die in diesem Werk erstrebte Konzentration die Auswahl als subjektiv erscheinen lassen muß.

Ähnliches gilt für die „Grundprobleme". Zwar fiel ihre Auswahl voll in die Kompetenz der einzelnen Autoren; diese waren sich aber alle darin einig, daß die Auswahl die Gefahr einer künstlichen Isolierung bzw. einseitigen Akzentuierung bedeutete. Einige Autoren standen vor der schwierigen Aufgabe, aus mehreren gleichrangigen Problemen ein bestimmtes herauszugreifen: andere Autoren waren mit Denkansätzen konfrontiert, die sich in mehreren Etappen mit relativ selbständigen Problemzusammenhängen entwickelt hatten. Daß unter diesen Aspekten auch die Gruppierung der Denker in den einzelnen Bänden nur ein Notbehelf sein kann, leuchtet ein.

Die zahlreichen Bedenken, die sich hieraus ergaben, wurden von den Autoren trotzdem zurückgestellt, weil sie die hier versuchte Art der Darstellung für sinnvoll und nützlich hielten. Der Herausgeber ist ihnen hierfür zu Dank verpflichtet, ebenso dem Verlag, der wesentlich dazu beitrug, daß dieses Projekt realisiert werden konnte. Zahlreichen Fachkollegen, die durch wertvolle Ratschläge die Arbeit des Herausgebers erleichtert und gefördert haben, sei ebenfalls herzlich gedankt.

Josef Speck

Hinweis zu den Literaturangaben

Zu jedem Beitrag gehört ein Literaturverzeichnis, das eine Auswahl aus der Primär- und Sekundärliteratur darstellt. Einführende Werke sind durch * gekennzeichnet, Werke mit ausführlichen Bibliographien durch den Zusatz *Bibl.*
Literaturhinweise im Text erfolgen durch Angabe von Kurztiteln, die in den Literaturverzeichnissen durch Kursivierung hervorgehoben sind.

Inhaltsverzeichnis

Sokrates: Das Gute

Von Andreas Patzer, München

> *Socrates' Skepsis in Betreff*
> *alles Wissens um die Moral*
> *ist noch immer das größte*
> *Ereigniß – man hat es*
> *sich aus dem Sinne geschlagen.*
>
> Friedrich Nietzsche

Sokrates ist schon den Zeitgenossen ein Rätsel gewesen. Platon (*Theaet.* p. 149 a) berichtet, die Leute hätten gesagt, Sokrates sei ein „grundsonderbarer Mensch" (ἀτοπώτατος), der seine Umwelt in Ratlosigkeit versetze. Die Modernen sind nicht viel klüger. Denn obwohl sich die Wissenschaft seit mehr als zweihundert Jahren um Aufklärung bemüht, herrscht immer noch Ratlosigkeit darüber, wer Sokrates gewesen ist und was er gelehrt hat. Sokrates ist und bleibt eine der rätselhaftesten und umstrittensten Gestalten der antiken Philosophiegeschichte.

Dieser Tatsache muß jeder Versuch einer Darstellung Rechnung tragen. Es gilt zunächst, die eigentümlichen Schwierigkeiten aufzuzeigen, die sich der historisch-kritischen Forschung entgegenstellen, wenn sie sich Sokrates zu nähern versucht; erst dann kann der Versuch gewagt werden, diese Schwierigkeiten zu überwinden, um so das philosophische Grundproblem zu verstehen, das das sokratische Denken bestimmt hat.

1. Sokrates als Problem

Sokrates hat nichts geschrieben; sein philosophisches Wirken beschränkte sich ausschließlich auf die mündliche Rede. Demnach verdanken wir alles, was wir über Sokrates wissen, anderen; er selbst schweigt für die Nachwelt.

Die antike Überlieferung *über* Sokrates, die uns allein Auskunft zu geben vermag, ist ungewöhnlich umfangreich. Über keinen Menschen des 5. Jahrhunderts haben sich so viele Zeitgenossen so ausführlich geäußert wie über Sokrates, und da das Interesse an Sokrates auch in späterer Zeit nicht schwindet, so reichen unsere Nachrichten durch die Jahrhunderte bis zum Ende der Spätantike. So günstig dieser Sachverhalt auf den ersten Blick erscheinen mag, so trügerisch erweist er sich bei näherem Hinsehen. Denn so umfangreich die antike Literatur über Sokrates auch ist, sie zeichnet nirgends ein einheitliches, in sich geschlossenes Gesamtbild der Persönlichkeit, sondern liefert statt dessen eine Vielzahl von Einzelbildern, die beträchtlich voneinander abweichen und nicht selten sogar einander widersprechen. Und je näher man hinsieht, desto verschiedener und widersprüchlicher erscheinen die einzelnen Sokratesdarstellungen, so daß man zuletzt kaum noch zu begreifen vermag, wie über ein und denselben Menschen so unterschiedlich hat geurteilt werden können.

Das früheste Zeugnis über Sokrates, das wir besitzen, sind die *Wolken* des Aristophanes, die im Jahre 423 aufgeführt wurden. Sokrates erscheint in dieser Komödie, die uns nur in Form einer unvollendeten Überarbeitung kenntlich ist, als bettelhafter Schwätzer und Hungerleider, der als pythagoreisch-orphischer Mysterienpriester mit seinen Schülern in abgesonderter Denkerklause sein Wesen treibt, zugleich aber auch als Naturphilosoph über Kosmologie, Meteorologie, Geologie, Biologie und Physiologie lehrhaft zu reden weiß und außerdem in den sophistischen Künsten wie Grammatik, Metrik und vor allem Rhetorik gegen Bezahlung Unterricht erteilt. All dies läßt die Person nicht nur in komischem, sondern auch und vor allem in fragwürdigem Lichte erscheinen: Das pythagoreisierende Tun verrät die Neigung zu irrationalem Dunkelmännertum und Geheimbündelei, das naturphilosophische Spekulieren führt zu Irreligiosität und Atheismus, und die sophistische Wortverdrehungskunst, die sich anheischig macht, der schlechteren Sache zum Siege über die bessere zu verhelfen, wirft auf die Gestalt auch noch den Verdacht betrügerischer Kriminalität. So erscheint Sokrates als höchst anstößige, ja anrüchige Person, der schließlich unter göttlichem Beifall völlig zu Recht das Haus über dem Kopfe angezündet wird.

So sehr der aristophanische Sokrates als Bühnenfigur beeindruckt, so wenig kann zweifelhaft sein, daß es ein solches *mixtum compositum* aus Pythagoreertum, Naturphilosophie und Sophistik nie gegeben hat. Dies wäre auch dann gewiß, wenn Aristophanes nicht auf Schritt und Tritt erkennen ließe, daß, was Sokrates als eigene Weisheit lächerlich verkündet, in Wahrheit Naturphilosophen wie Hippon und Diogenes von Apollonia oder Sophisten wie Protagoras, Prodikos und Hippias verdankt wird. Wollte man dies alles auch für den historischen Sokrates in Anspruch nehmen, so müßte er einer der kühnsten Eklektiker gewesen sein, den die Philosophiegeschichte kennt. In Wahrheit ist der aristophanische Sokrates eine Kunstfigur, in der sich die unterschiedlichsten Denkrichtungen zu einer poetisch-fiktiven Einheit zusammenfinden, so daß Sokrates geradezu als Repräsentant der gesamten philosophischen Bildung seiner Zeit erscheint. Und diese Bildung ist es vor allem, die Aristophanes verspotten will, wenn er, die Lizenzen komischer Verfremdung nutzend, Sokrates als Pythagoreer, Naturphilosophen und Sophisten dem Spott des Theaters preisgibt.

Wiewohl im wesentlichen poetisch und fiktiv, hat die aristophanische Sokratesauffassung, der sich die fragmentarischen Komiker (Kallias, Teleklides, Ameipsias und Eupolis), die Sokrates als bettelhaften Schwätzer zeigen, in den Grundzügen angeschlossen zu haben scheinen, langfristig Wirkung getan. Jedenfalls wiederholt die *Anklageschrift,* deren Wortlaut wir kennen, noch fast ein Vierteljahrhundert später Vorwürfe, die schon bei Aristophanes zu finden waren: Sokrates glaube nicht an die Götter der Stadt und verderbe die Jugend. Wie denn auch der pythagoreische Feuertod, den Sokrates am Schluß der *Wolken* erleidet, die tatsächliche Hinrichtung vorwegnimmt, die im Jahre 399 an Sokrates durch Gift vollzogen wurde.

Es wäre indes voreilig, aus solchen Übereinstimmungen historische Schlußfolgerungen zu ziehen. Denn unmittelbar nach Sokrates' Tod beginnen die Sokratiker übereinstimmend alles zu bestreiten, was Aristophanes und die Anklage behauptet hatten: Sokrates habe niemals für Geld Unterricht erteilt und weder in sophistischer Rhetorik noch gar in der Naturphilosophie Kenntnisse besessen; der Vorwurf der Gottlosigkeit und der Jugendverführung sei demnach erlogen und die Hinrichtung als Justizmord zu werten.

Die vehemente Verteidigung, die dem toten Sokrates seitens der Sokratiker zu Teil wurde, muß in der athenischen Öffentlichkeit großen Eindruck gemacht haben. So kann der arthenische Rhetor Polykrates bereits gegen Ende der neunziger Jahre eine fiktive *Anklagerede gegen Sokrates* verfassen, um werbewirksam zu demonstrieren, wie man einen aussichtslosen Fall rhetorisch erfolgreich zu behandeln habe. Soweit wir sehen, ließ Polykrates zu diesem Zweck den Ankläger Anytos als Redner auftreten und, aufgrund von Sokrateszitaten der Sokratiker, ungefähr folgendermaßen plädieren: Sokrates sei ein gemeingefährlicher Volksverführer, der besonders die Jugend zur Mißachtung der Sitten und Gesetze und zum Umsturz der Verfassung anhalte, und müsse als Lehrer sowohl des Alkibiades wie des

Kritias für die Niederlage Athens und für die darauffolgende
Gewaltherrschaft haftbar gemacht werden.
Der Redner Lysias wiederum schrieb eine *Verteidigungsrede des Sokrates*,
von der ausdrücklich bemerkt wird, daß sie gegen die *Anklage*
des Polykrates gerichtet gewesen sei. Woraus folgt, daß auch die ly-
sianische Rede eine rhetorisch-fiktive Werberede gewesen ist, dazu
bestimmt, durch Widerlegung der Argumente des Konkurrenten die
eigene rhetorische Geschicklichkeit ins rechte Licht zu setzen.
Anders als die Komiker und die Redner haben sich die Sokratiker,
um Sokrates darzustellen, eine eigene Literaturgattung geschaffen.
Aristoteles (*Poet.* p. 1446 b 11; *Rhet.* p. 1417 a 21; fr. 72 Rose) bezeichnet den philosophischen Prosadialog der Sokratiker als „Sokratische Rede" (λόγος Σωκρατικός) bzw. „Sokratisches Gespräch"
(διάλογος Σωκρατικός) und vergleicht ihn mit den Mimen des
Sophron und Xenarch. Allein dieser Vergleich hätte davor warnen
müssen, die mannigfachen Dialoge der Sokratiker, in denen sich Sokrates als Hauptunterredner und Gesprächsführer jeweils mit einem
oder mehreren Gesprächspartnern über philosophische Probleme un-
terhält, als wortgetreue Wiedergabe wirklicher Sokratesgespräche
aufzufassen. In der Tat würden sich aus einer solchen Auffassung so
erhebliche chronologische, ästhetische, psychologische und gedankliche Schwierigkeiten und Ungereimtheiten ergeben, daß gar keine andere Wahl bleibt, als den *Sokratischen Dialog* als eine fiktive Litera-
turform zu begreifen, die sich der historischen Realität nur bedient,
um frei nach eigenem Ermessen zu gestalten. Hierüber belehrt nichts
gründlicher als ein Vergleich zwischen Platon und Xenophon, deren
Sokratische Dialoge wir, da erhalten, noch vollständig überblicken
können.

*

Platon und Xenophon repräsentieren zwei verschiedene Grundfor-
men des *Sokratischen Dialogs*. Während Platon als Erzähler und als
Dialogfigur gar nicht in Erscheinung tritt, konzipiert Xenophon
seine Sokratesgespräche in der Form persönlicher Erinnerungen und
zögert nicht, sich auch selbst als Mitunterredner des Sokrates auftreten zu lassen. So kann nicht Wunder nehmen, daß auch der platonische Sokrates ein ganz anderer ist als der xenophontische: Der platonische Sokrates ist eine schlechthin geniale Persönlichkeit, ein Ironi-
ker und Erotiker von hohen Graden und als solcher ein tiefgründiger
Philosoph, der fragend und suchend die sich ihm jeweils stellenden
Probleme denkerisch zu lösen unablässig bemüht ist; der xenophon-

tische Sokrates erscheint dagegen als biederer attischer Durch-
schnittsbürger, ein Popularphilosoph allenfalls, der als praktischer
Ratgeber und schulmeisterlicher Mahner unablässig zu Selbstbe-
scheidung und Wohlanständigkeit aufruft.

Es kommt hinzu, daß der platonische Sokrates keine in sich geschlossene, einheitliche Philosophie vertritt; er entwirft vielmehr philoso-
phierend je und je verschiedene Denkansätze und Denkmodelle, so
daß man aufs Ganze gesehen nicht von einem philosophischen System, sondern vielmehr von einer philosophischen Denkbewegung
reden muß, die sich ihrem Gegenstande immer wieder aufs Neue um-
spielend zu nähern versucht, ohne jemals eine fertige Lösung vorwei-
sen zu können oder zu wollen.

Es ist der Platonforschung des vorigen Jahrhunderts gelungen, diese
fließende Denkbewegung wenigstens in großen Zügen chronologisch
zu fixieren. Die Sprachstatistik hat außer Zweifel gestellt, daß sich
die platonischen Schriften chronologisch in drei Gruppen einteilen
lassen: die Frühschriften, die vor Platons erste Reise nach Sizilien fallen: *Apologie, Kriton, Hippias min., Ion, Protagoras, Laches, Charmides, Lysis, Hippias mai., Euthyphron, Gorgias, Menexenos, Euthydem,
Menon*; die Schriften der Reifezeit, die zwischen der ersten und der
zweiten sizilischen Reise anzusetzen sind: *Phaidon, Symposion, Politeia*; schließlich die Spätschriften, die nach der zweiten Reise entstanden sein müssen: *Kratylos, Theätet, Parmenides, Politikos, Sophistes, Philebos, Phaidros, Timaios, Kritias, Nomoi*. Diese drei Schrift-
gruppen, deren Chronologie nach rein philologischen Kriterien gewonnen wurde, repräsentieren zugleich auch drei unterschiedliche
philosophische Denkansätze: Die Frühschriften exponieren das Problem der Wesensbestimmung der Tugend bzw. der Tugenden, ohne
eine Lösung anzubieten; die Schriften der Reifezeit suchen diese Antwort durch das ontologische Modell der Ideenlehre zu geben; in den
Spätschriften wird dieses Denkmodell seinerseits wiederum in Zweifel gezogen und durch die Methode der Dihairesis (διαίρεσις) und
das Zahlenprinzip von ἕν und ἀόριστος δυάς neu begründet.

Gleichviel, ob man diese gewaltige dreigipflige Denkbewegung als
Dokument einer biographischen Entwicklung auffaßt oder als plan-
mäßig angelegte Einführung und Anleitung ins rechte Philosophieren
– da es im wesentlichen der platonische Sokrates ist, der das Ganze
trägt und vertritt, so ist die Frage zu stellen, wie das Sokratische vom
Platonischen zu trennen sei. Nichts ist bezeichnender für die Fiktivi-
tät des platonischen Sokratesbildes, als daß Platon selbst keinen Hinweis gibt, wie diese Frage zu beantworten sei. Wer Aristoteles nicht

glaubt, daß die Ideenlehre platonischen Ursprungs ist, der kann, wie die Schottische Platonschule es getan hat, die gesamte platonische Denkbewegung für den historischen Sokrates reklamieren und diesen so als Ontologen und Erfinder der Ideenlehre interpretieren. Aber auch wenn man, wie die Mehrzahl der Forscher, das Zeugnis des Aristoteles für glaubwürdig hält und folglich nur die platonischen Frühschriften als sokratisch gelten läßt, so geben auch diese immer noch einen fiktiven Sokrates wieder, der unterschiedliche Interpretationen zuläßt, je nachdem, ob man alle Frühschriften als glaubhafte Quelle gelten läßt oder lediglich eine Auswahl. Daß die Forschung auch in dieser Frage zerstritten ist, beweist zum mindesten, daß bislang ein hinreichendes Kriterium fehlt, bei Platon Platonisches von Sokratischem zu scheiden.

Anders als Platon behauptet Xenophon in den *Memorabilien* wie auch im *Oikonomikos*, im *Symposion* und in der *Apologie*, er stelle Sokrates aufgrund persönlicher Erinnerung dar. Die Xenophonforschung hat jedoch außer Zweifel gestellt, daß die zahlreichen Authentizitätsbezeugungen, die Xenophon seinen *Sokratischen Dialogen* vorauszuschicken bzw. einzufügen liebt, nichts anderes sind als quasihistorisches Kolorit, das Xenophon aufzulegen für nötig befand, um seine fiktiven Sokratesgespräche von den *Sokratischen Dialogen* der anderen Sokratiker, die ihm bereits vorlagen, literarisch wirksam abzuheben. Dies zeigt sich besonders schlagend im Falle des *Symposions*, an dem Xenophon teilgenommen haben will, obwohl er im Jahre 422, da das Gespräch stattgefunden haben soll, kaum acht Jahre alt gewesen sein kann und sich folgerichtig auch gar nicht unter den Gesprächsteilnehmern nennt. Wie es denn auch psychologisch ganz und gar unglaublich ist, daß jemand im Stande sein könnte, eine solche Unzahl kurzer und kürzester Gespräche, wie sie der xenophontische Sokrates führt, nach Jahren und nach Jahrzehnten aus dem Gedächtnis zu reproduzieren.

Es kommt hinzu, daß sich der xenophontische Sokrates besonders auf ökonomisch-finanzpolitischem und auf strategisch-kavalleristischem Gebiet beschlagen zeigt. Das aber sind Lieblingsthemen Xenophons, und man würde auch dann vermuten, daß er, als Reiterführer und Gutsbesitzer, Sokrates dergleichen lediglich in den Mund gelegt hat, wenn er nicht auch in eigenem Namen über dieselben Themen auf ganz dieselbe Weise sich literarisch vernehmen ließe, wie er es Sokrates tun läßt.

Mehr noch. Es steht heute außer Frage, daß Xenophon Sokrates zum wenigsten aus Eigenem selbständig gestaltet hat, sondern vielmehr

weitgehend auf vorgeprägtes Gedankengut aus dem Umkreis der Sokratik zurückgegriffen hat. Und eben diese unselbständige, exzerpie-
rende und kompilierende Arbeitsweise ist offenbar der Grund für die
geringe geistige und literarische Qualität, die den xenophontischen
Sokratika eignet.

Es ist hier nicht der Ort, im einzelnen darzulegen, wie Xenophon das
vorgefundene literarische Material jeweils umgebildet und verwan-
delt hat. Nur soviel sei bemerkt, daß die dialektischen Begriffsbestimmungen, zu denen sich der xenophontische Sokrates bisweilen
versteigt, auf platonische Denkansätze zurückgehen; dagegen verdankt sich die Autarkie- und Selbstbescheidungsethik, die der xenophontische Sokrates zu predigen nicht müde wird, dem Sokratiker
Antisthenes, der sie allerdings ungleich schärfer und radikaler zu for-
mulieren und zu begründen gewußt hat.

Im übrigen hat es den Anschein, daß sich Xenophon, der seine Sokratika wohl erst in den 60er Jahren des vierten Jahrhunderts verfaßt
hat, des literarisch-fiktiven Charakters der Sokratesliteratur, die er
zu Rate zog, nicht mehr bewußt gewesen ist. Jedenfalls verteidigt er
zu Beginn der *Memorabilien* Sokrates gegen die Beschuldigung der
Anklage ganz so, als habe er nicht gewußt, daß jene Anklagerede, gegen die er polemisiert, nicht die Rede des historischen Anytos gewesen sei, sondern eine literarische Kunstrede, die der Rhetor Polykrates in den 90er Jahren als Exempel paradoxographischer Argumen-
tationstechnik auf den Namen des Anytos gestellt hat.

So erweist sich bei näherem Hinsehen der xenophontische Sokrates
als ein *mixtum compositum* aus vorgeprägter sokratischer Literatur,
die Xenophon kompilierend und exzerpierend umgebildet und mit
eigenen Gedanken und Meinungen versetzt hat. Daß dieser Sokrates
aus zweiter Hand wenig geeignet ist, die historische Gestalt zu erhellen, liegt auf der Hand.

Wie Platon und Xenophon haben auch die übrigen Sokratiker, deren
Werke durch die Ungunst der Zeiten nur fragmentarisch überliefert
sind, Sokrates vorwiegend in der fiktiven Form des *Sokratischen Dialoges* literarisch dargestellt. Es kann daher nicht verwundern, wenn
auch die fragmentarischen Sokratiker jeweils ganz eigene Sokratesinterpretationen vorlegen, die weder untereinander noch auch mit Platon oder Xenophon übereinstimmen.

Aischines, dessen Dialoge wir am besten überblicken können, stellt
Sokrates vor allem als genialen Pädagogen dar, der durch geschickte
Gesprächsführung seine Unterredner sittlich zu bessern weiß.

Antisthenes wiederum, von dessen umfangreichen Schriften nur we-

nig erhalten ist, sieht in Sokrates das Ideal einer ganz auf Bedürfnis-
losigkeit ausgerichteten Ethik verkörpert und verbindet dieses Autar-
kieideal mit einer ebenso rigorosen Dialektik, die eine strenge Wort-
Ding-Relation stipuliert und so Widerspruch, ja Irrtum für unmöglich erachtet.

Aristipp dagegen statuiert die Lust als oberstes Gut, weil sie allein
keiner Begründung bedürfe, sondern als Wert unmittelbar einsichtig
sei.

Eukleides wiederum lehrt die Einheit des Guten und leugnet aufgrund einer eristisch getönten Dialektik, die den Analogieschluß ver-
wirft und nicht die Prämissen, sondern den Schlußsatz widerlegt, daß
das Gegenteil des Guten existiere; woraus folgt, daß er, ähnlich wie
Platon, das Gute mit dem Einen Sein identifiziert haben muß.

Über *Phaidon* schließlich ist so gut wie nichts bekannt, aber es ist
möglich, ja wahrscheinlich, daß auch er in der Darstellung des Sokrates wiederum andere Wege eingeschlagen hat, als es die anderen
Sokratiker getan haben.

Nur der Vollständigkeit halber sei angemerkt, daß auch unter den
Namen von Glaukon, Kebes, Kriton, Simmias und Simon *Sokratische
Dialoge* in Umlauf waren. Indes ist die Unechtheit dieser Produkte
bereits in der Antike durchschaut worden, und ihr Verlust wiegt
leicht, da diese Pseudosokratiker, denen auch noch die Verfasser der
pseudepigraphen und unechten platonischen Dialoge zuzurechnen
sind, anders als die fragmentarischen Sokratiker, keine originäre Sokratesinterpretation zu geben im Stande gewesen sein können.

Von den Späteren, die Sokrates nicht mehr persönlich gekannt haben, verdient *Aristoteles* besondere Beachtung, weil er, offenbar als
letzter, eine eigenständige Sokratesinterpretation vorgelegt hat. Allerdings hält es schwer, diese Interpretation zu beurteilen, weil Aristoteles seine Informationen über Sokrates über das ganze Werk verstreut hat und in der Regel nicht vermerkt, ob er den historischen
Sokrates im Auge hat oder lediglich eine literarische Quelle zitiert.
Vielfach wird behauptet, daß in dieser Frage der Gebrauch des Arti-
kels entscheiden könne: Wenn der Artikel vor dem Namen des Sokrates fehle, spreche Aristoteles von der historischen Person, wenn er
ihn setze, habe er eine literarische Quelle im Auge. Aber dieses Kriterium hält nicht Stand. Denn Aristoteles zitiert in der *Rhetorik* (p.
1367b 7–9 bzw. 1415b 30–32) ausdrücklich den platonischen Sokrates, ohne den Artikel zu setzen, nachdem er dasselbe Zitat, ohne
Verweis auf Platon, vorher mit Artikel aufgeführt hat.

Gleichwohl darf man voraussetzen, daß Aristoteles in den Grundzügen die Lehre des historischen Sokrates wiederzugeben beabsichtigt hat, wenn er in den *Ethiken* und in der *Metaphysik* behauptet, Sokrates habe sich ausschließlich mit ethischen Problemen befaßt, er habe sich der syllogistischen Methode von Induktion und Definition bedient, um ethische Allgemeinbegriffe aufzustellen, und habe diese Begriffe als Formen von Erkenntnis bestimmt und folgerichtig behauptet, man könne nicht wissentlich Unrecht tun. Aber die Frage ist zu stellen, worauf Aristoteles dieses Urteil gegründet hat. Da er nirgends erkennen läßt, daß ihm über Sokrates authentische Kunde zugekommen sei, so liegt der Verdacht nahe, daß der aristotelische Sokrates eine gelehrte Rekonstruktion ist, die sich literarischen Quellen verdankt. Eine solche Rekonstruktion kann aber nur so glaubwürdig sein, wie die Quellen glaubwürdig sind, auf die sie rekurriert.

Von den nacharistotelischen Sokrateszeugen verdient der Peripatetiker *Aristoxenos* besondere Aufmerksamkeit. Er schrieb als erster eine Sokratesbiographie, in der er sich auf die persönlichen Erinnerungen seines Vaters Spintharos berief. Fraglich, ob zu Recht. Denn was bei Aristoxenos behauptet wurde: Sokrates sei ein Choleriker, Erotomane und Wucherer gewesen, verrät nur allzu deutlich die Absicht, Sokrates herabzusetzen. Wie denn Aristoxenos auch Platon als Tyrannenfreund und Plagiator denunziert hat. Aus dieser trüben Quelle wäre auch dann schwerlich historische Aufklärung über Sokrates zu schöpfen, wenn sie erhalten wäre.

Noch weniger darf man den historischen Sokrates in den Sokratesapologien suchen, die der Rhetor *Theodektes* und der Peripatetiker *Demetrios von Phaleron* ungefähr zu derselben Zeit verfaßt haben wie Aristoxenos seine Sokratesbiographie. Auch wenn von diesen Verteidigungsreden nur wenig bekannt ist, so steht doch außer Frage, daß es sich um rein fiktive Literaturprodukte gehandelt hat, die ihren Stoff entweder literarischen Quellen oder der Erfindung der Autoren verdanken. Theodektes und Demetrios stehen so am Anfang einer weitverzweigten Sokratesliteratur, die für uns vor allem durch die frühkaiserzeitlichen *Sokratesbriefe,* durch die Abhandlungen des *Plutarch* und *Apuleius* über das sokratische Daimonion und durch die Verteidigungsreden des *Libanios* repräsentiert wird, in denen 750 Jahre nach Sokrates' Tod noch einmal die Problematik des Sokratesprozesses literarisch durchgespielt wird. Die Sammlung und Auswertung dieses umfangreichen Materials steht erst am Anfang. Aber mag dieses Material auch erlauben, die Sokratesüberlieferung im Einzelnen besser zu überblicken, als es jetzt der Fall ist – den historischen Sokrates wird man dort am allerwenigsten finden.

Die Sokratesforschung hat in den letzten zweihundert Jahren große
Anstrengungen unternommen, um aus der so vielfältigen und wider-
sprüchlichen Sokratesliteratur den historischen Sokrates kritisch zu
rekonstruieren. Nachgerade jede denkbare Hypothese wurde er-
probt. Bald sollte eine einzige Quelle als historisch glaubwürdig gelten: Aristophanes (Kierkegaard, Sorel, Roeck) oder Xenophon
(Brucker, Hegel, Döring) oder der frühe Platon (Natorp) oder Aristoteles (Joël, Th. Gomperz) oder gar die pseudoplatonischen Dialoge (Tarrant); bald traf man eine Auswahl aus mehreren Quellen:
Aristophanes und Platon (Burnet, Taylor) oder der frühe Platon und
die fragmentarischen Sokratiker (Maier) oder die fragmentarischen
Komiker und Antisthenes (H. Gomperz) oder schließlich der frühe
Platon und Xenophon und Aristoteles (die *communis opinio*). Je
nachdem, für welche Quelle bzw. Quellenauswahl man sich entschied, ergaben sich ganz unterschiedliche Sokratesauffassungen, ja
die Quellentrias Platon-Xenophon-Aristoteles, die sich der größten
Beliebtheit erfreute, zeitigte ihrerseits wieder verschiedene Sokratesinterpretationen, je nachdem, ob man das Schwergewicht auf Platon
legte (Schleiermacher) oder auf Xenophon (Zeller) oder auf Aristoteles (Brandis, Ueberweg).
Überzeugen konnte auf die Dauer keiner dieser Entwürfe, und da mit
der Zeit der literarisch-fiktive Charakter der Sokratesüberlieferung
immer deutlicher zutage trat, so ist es wohl verständlich, wenn in
den letzten Jahrzehnten immer mehr die Überzeugung Platz gegriffen hat, der historische Sokrates entziehe sich grundsätzlich philoso-
phiegeschichtlicher Erkenntnis (Dupréel, Gigon).
In der Tat wird es immer ein Wagnis sein, aus der Fülle der literarischen Fiktionen die historische Gestalt des Sokrates auch nur in den
Grundzügen und annäherungsweise kritisch zu rekonstruieren zu
versuchen. Gleichwohl muß ein solcher Versuch immer wieder gewagt werden. Denn wenn es richtig ist, was die antike wie die moderne Philosophiegeschichtsschreibung voraussetzen, wenn sie das
griechische Denken in eine vor- und eine nachsokratische Epoche
gliedern: daß Sokrates ein oder vielmehr *das* entscheidende Ereignis
in der Entwicklung der griechischen Philosophie gewesen sei, dann
ist ohne Verständnis des sokratischen Philosophierens ein Verständnis auch der griechischen Philosophiegeschichte im Grunde nicht
wohl möglich. Die platonische Philosophie jedenfalls läßt sich nach
Gehalt und Entwicklung nicht einmal abschätzen, wenn man nicht
wenigstens einen Vorbegriff davon hat, was das philosophische
Grundproblem des historischen Sokrates gewesen ist.

2. Das Problem des Sokrates

Wie kontrovers und divergierend die Ansichten über die Philosophie
des historischen Sokrates auch sind, so hat sich im Laufe der letzten
zweihundert Jahre doch eine Auffassung herausgebildet, die von so
vielen maßgeblichen Autoritäten geteilt wird, daß sie als *communis
opinio* der Sokratesforschung angesehen werden darf. Diese Auffassung lautet dahingehend, daß Sokrates der Begründer der Begriffs-
philosophie gewesen sei, da er als erster das Wesen ethischer Sachverhalte zu definieren unternommen habe.

Daß sich gerade diese Auffassung weitgehend durchsetzen konnte,
kommt nicht von ungefähr. Aristoteles berichtet *expressis verbis*, Sokrates habe als erster die Wesensfrage (τὸ τί ἐστι) gestellt, um auf
dem Gebiete der Ethik Definitionen aufzustellen, und da sowohl der
platonische wie auch der xenophontische Sokrates ebenso fragen, so
erschien es dreifach verbürgt und wohlbegründet, wenn man die Wesensfrage als Kern und Hauptstück des sokratischen Philosophierens
aufzufassen geneigt war. Und doch hält diese Auffassung, so wohl-
verbürgt sie auf den ersten Blick zu sein scheint, kritischer Nachprüfung nicht Stand. Der Zufall will es, daß die Kritik der *communis
opinio* zugleich auch erhellt, welches das Grundproblem gewesen ist,
das das sokratische Philosophieren bestimmt hat.

Aristoteles führt im zwölften Buch der *Metaphysik* (p. 1078 b 17–29)
aus, Sokrates habe als erster aufgrund syllogistischer Verfahrens-
weise das Wesen (τὸ τί ἐστι) zu bestimmen sich unterfangen: „Zweierlei nämlich ist es, was man Sokrates wohl zu Recht zuschreiben
kann: die induktiven Schlüsse und die Allgemeindefinitionen" (δύο
γάρ ἐστιν ἅ τις ἂν ἀποδῴη Σωκράτει δικαίως· τούς τ᾽ ἐπακτι-
κοὺς λόγους καὶ τὸ ὁρίζεσθαι καθόλου). Es ist dies die einzige
Stelle im *corpus Aristotelicum*, an der Aristoteles unzweifelhaft den
historischen Sokrates im Auge hat. Umso mehr fällt ins Auge, wie
überaus vorsichtig er gerade hier formuliert. Die Aussage steht im
Potentialis (ἂν ἀποδῴη) und läßt so erkennen, daß sich Aristoteles
seiner Sache durchaus nicht sicher gewesen ist; und wenn er hinzu-
fügt, man dürfe Sokrates Induktion und Definition wohl „zu Recht"
(δικαίως) zuschreiben, so zeigt diese Zusatzbemerkung vollends, daß
Aristoteles andere, wenn auch weniger plausible Ansichten über Sokrates kannte oder wenigstens für möglich hielt. Aus alledem folgt
zwingend, daß Aristoteles keineswegs authentische Kunde über den
historischen Sokrates besessen hat, wie sie ihm aus dem Kreise der
Akademie womöglich hätte mündlich zukommen können. Vielmehr

muß die aristotelische Sokratesauffassung, die in der *Metaphysik* (p. 987 b 1–6; vgl. auch p. 1086 b 2–5) noch einmal kürzer und weniger vorsichtig formuliert wird, als gelehrte Hypothese angesehen werden, die älteste zwar, die wir kennen, und auch rezeptionsgeschichtlich die bedeutendste, aber gleichwohl eine Hypothese doch nur, die grundsätzlich keine größere Glaubwürdigkeit beanspruchen kann als die zahllosen Hypothesen der Modernen. Oder anders: Wenn Aristoteles behauptet, Sokrates habe vermittels Induktion und Definition die Wesensfrage gestellt, so ist diese Behauptung genauso glaubwürdig, wie die literarischen Zeugnisse glaubwürdig sind, aufgrund derer sich Aristoteles sein hypothetisches Urteil über Sokrates hat bilden können. Solche Zeugnisse aber finden sich sowohl bei Platon wie bei Xenophon.

Xenophon versichert im ersten und im vierten Buch der *Memorabilien* (1.1.16 und 4.6.1) ausdrücklich, daß Sokrates die Wesensfrage gestellt hat. Allerdings macht Sokrates selbst in den zahllosen Kurzdialogen, die Xenophon reportiert, von dieser Frage nicht den geringsten Gebrauch. Dieser Befund ist überaus merkwürdig und legt den Verdacht nahe, Xenophon habe, wie so oft, so auch und gerade hier fremdes Gedankengut übernommen und so jene Frage, die laut Aristoteles im Mittelpunkt des sokratischen Denkens gestanden haben soll, rein äußerlich für Sokrates in Anspruch genommen, ohne ihre philosophischen Implikationen zu durchschauen. Dieser Verdacht wird zur Gewißheit, wenn man die einschlägigen Stellen bei Xenophon näher ins Auge faßt.

Xenophon berichtet im ersten Buch der *Memorabilien* (1.1.16), Sokrates habe sich „über die den Menschen betreffenden Sachverhalte" (περὶ τῶν ἀνθρωπείων) unterhalten und hierbei vor allem untersucht, „was ist fromm, was unfromm, was schön, was häßlich, was gerecht, was ungerecht, was ist Besonnenheit, was Wahnsinn, was Tapferkeit, was Feigheit, was ist der Staat, was der Staatsmann, was ist Herrschaft über die Menschen, was ein Herrscher über die Menschen".

Diese Aufzählung zerfällt, gedanklich wenig stringent, in zwei unterschiedliche Teile: Zuerst werden verschiedene Einzeltugenden samt ihrem jeweiligen Gegenteil aufgeführt, sodann ist vom Staat und vom Staatsmann bzw. vom Herrschen und dem Herrscher über die Menschen die Rede. In der Aufzählung der Einzeltugenden beobachtet Xenophon einen auffälligen Sprachgebrauch: Von Tapferkeit und Besonnenheit ist substantivisch die Rede, während Frömmigkeit, Schönheit und Gerechtigkeit adjektivisch wiedergegeben werden.

Dieser Sprachgebrauch ist platonisch. So fragt der platonische Sokrates im *Laches* und im *Charmides* substantivisch nach Tapferkeit bzw. Besonnenheit, während im *Euthyphron*, im *Hippias maior* und im ersten Buch des *Staates*, das vielleicht als eigenständiger Dialog geplant gewesen ist, adjektivisch von dem Frommen, dem Schönen und dem Gerechten die Rede ist. Die Übereinstimmung in der Terminologie setzt außer Zweifel, daß Xenophon rein äußerlich eine platonische Begrifflichkeit übernommen hat, die im Rahmen der Frühdialoge einen höchst wichtigen Gedankenfortschritt markiert und diese zugleich datiert. So kann auch nicht zweifelhaft sein, daß Xenophon die folgende Thematik Platon verdankt: Staat und Herrschaft sind Thema der *Politeia*, Staatsmann und Herrscher werden im *Politikos* abgehandelt. Xenophon hat diese beiden Themen zunächst im Hinblick auf das platonische Vorbild formuliert und dann noch einmal mit eigenen Worten wiederholt, weil er vermeiden wollte, daß der zweite Teil der Aufzählung gegenüber dem ersten zu wenig Gewicht erhielte. Mehr noch als diese gedanklich überflüssige rhetorische Begriffsverdoppelung verrät die Formulierung der Wesensfrage, wie wenig Xenophon die philosophischen Implikationen, die dieses Problem bei Platon besitzt, verstanden hat. Denn Formulierungen von der Art τί εὐσεβές, τί καλόν oder τί δίκαιον, wie Xenophon sie gebraucht, fragen gar nicht nach dem Wesen, sondern bloß nach den Merkmalen oder Einzelbestimmungen, während die Wesensfrage korrekt nur in der Form τί τὸ εὐσεβές, τί τὸ καλόν, τί τὸ δίκαιον gestellt werden kann und auch bei Platon nie anders gestellt wird. So erweist sich die ganze Stelle bei näherem Hinsehen als nichts anderes denn als flüchtige, ja banale Platonreminiszenz.

Im vierten Buch der *Memorabilien* (4.6.1) berichtet Xenophon, Sokrates sei nicht müde geworden zu untersuchen, „was jegliches der Seienden sei" (τί ἕκαστον εἴη τῶν ὄντων). Faßt man diese Aussage so philosophisch anspruchsvoll auf, wie sie formuliert ist, so besagt sie, daß Sokrates die Wesensfrage auf die Ontologie bezogen hat. Das ist mehr, als Xenophon im ersten Buch behauptet, und mehr auch, als Aristoteles bezeugt, die Sokrates beide lediglich als Ethiker kennen. Erst der spätplatonische Sokrates stellt die Wesensfrage ontologisch, namentlich in den dihäretischen Spätdialogen *Sophistes*, *Politikos* und *Phaidros*. Nichts wäre jedoch verfehlter, als aus dieser Übereinstimmung den Schluß zu ziehen, der historische Sokrates sei Ontologe gewesen. Vielmehr ist zu fragen, ob Xenophon nicht auch hier platonisches Gedankengut übernommen hat, ohne sich dessen philosophischer Implikationen bewußt zu sein.

Diese Frage läßt sich mit Entschiedenheit bejahen. Xenophon führt an genannter Stelle im vierten Buch der *Memorabilien* aus, Sokrates habe behauptet, wer wisse, „was jegliches der Seienden sei" (τί ἕκαστον εἴη τῶν ὄντων), der könne auch andere belehren, während der Unwissende sich täuschen lasse und andere täusche. Hierzu vergleiche man eine Stelle aus dem platonischen *Phaidros* (p. 262 b): Sokrates erklärt dort, wer nicht wisse, „was jegliches der Seienden sei" (ὃ ἔστιν ἕκαστον τῶν ὄντων), sei nicht in der Lage, sich vor Täuschung zu schützen und andere zu täuschen. Die engen Berührungen im Wortlaut bezeugen hinreichend, daß Xenophon sich hier einen platonischen Gedanken angeeignet und für seine Zwecke leicht umgebildet hat.

Wen diese Parallele nicht überzeugt, der blicke auf die unmittelbar vorhergehenden Sätze bei Xenophon (*Mem.* 4.5.12). Dort heißt es, Sokrates habe „die Dialektik" (τὸ διαλέγεσθαι) definiert als „gemeinschaftliche Beratung über das Trennen nach Gattungen" (ἐκ τοῦ συνιόντας κοινῇ βουλεύεσθαι διαλέγοντας κατὰ γένη τὰ πράγματα). Diese Begrifflichkeit ist für Xenophon ganz singulär und begegnet nur hier; dagegen hat sie einen festen terminologischen Ort in den dihäretischen Spätdialogen Platons. So heißt es beispielsweise im *Sophistes* (p. 253 d) ausdrücklich: „Das Trennen nach Gattungen ... wollen wir nicht sagen, daß es Sache der Dialektik sei?" (τὸ κατὰ γένη διαιρεῖσθαι ... μῶν οὐ τῆς διαλεκτικῆς φήσομεν ἐπιστήμης εἶναι;). Kein Zweifel demnach, daß Xenophon auch hier aus Platon geschöpft hat.

Schließlich der Gesamtzusammenhang. Xenophon will beweisen, daß Sokrates durch „Trennen nach Gattungen" (διαλέγοντας κατὰ γένη) sowie durch Bestimmung, „was jegliches der Seienden sei" (τί ἕκαστον εἴη τῶν ὄντων), versucht habe, „die Anwesenden dialektischer zu machen" (διαλεκτικωτέρους ἐποίει τοὺς συνόντας). Das liest sich nachgerade wie ein Exzerpt aus dem platonischen *Politikos* (p. 285 c ff.), wo es heißt, man veranstalte die Untersuchung nach dem Wesen des Politikers nicht als Selbstzweck, sondern „um überhaupt dialektischer zu werden" (ἕνεκα ... τοῦ περὶ πάντα διαλεκτικωτέρους γίνεσθαι); dabei sei vor allem „die Methode der Trennung nach Gattungen zu beachten" (τὴν μέθοδον αὐτὴν τιμᾶν τοῦ κατ᾽ εἴδη δυνατὸν εἶναι διαιρεῖν), und wenn einer die Länge der Untersuchung tadle, so müsse er aufzeigen, daß auch der kürzere Weg „die Anwesenden dialektischer mache" (τοὺς συνόντας ἀπηργάζετο διαλεκτικωτέρους).

So erweist sich auch hier, daß Xenophon Platonreminiszenzen vor-

bringt, wenn er Sokrates die Wesensfrage zuschreibt. Und auch hier
hat er die philosophischen Implikationen des platonischen Vorbildes
nicht verstanden. Denn im Anschluß an die Ausführungen über den
ontologischen Gebrauch der Wesensfrage führt Xenophon eine
Reihe von Beispielen auf, die, wie er ausdrücklich bemerkt, die sokratische Methode besonders lehrreich illustrieren. In dieser Aufzählung (*Mem.* 4.6.2–12) aber führt Xenophon den ontologischen
Aspekt der Wesensfrage, den er soeben expliziert hat, gar nicht aus,
sondern beschränkt sich darauf, jene rein ethischen Fragen zu beantworten, die er im ersten Buch der *Memorabilien* gestellt hatte. Woraus erhellt, daß Xenophon, was er aus philosophisch anspruchsvoller
literarischer Quelle übernommen hat, gedanklich zu bewältigen nicht
im Stande ist.
Mehr noch. Die Beispiele sokratischer Methode, die Xenophon anführt, erreichen nirgends das Niveau einer Definition, sondern verharren überall in der bloßen Aufzählung äußerlicher Merkmale und
Einzelbestimmungen und verraten so, was allein schon die mangel-
hafte Formulierung der Wesensfrage erkennen ließ: daß die ganze
xenophontische Dialektik nichts anderes ist als ein banaler Reflex
auf platonische Denkansätze und als Zeugnis für den historischen
Sokrates keinesfalls in Betracht kommt.
Aristoteles expliziert in der *Metaphysik* (p. 987 a 29–b 14 und 1078
b 7–32) seine Sokrateshypothese in engem Zusammenhang mit der
platonischen Ideenlehre: Platon habe die Allgemeindefinitionen, die
Sokrates entdeckt habe, als selbständige Wesenheiten neben und über
die Wahrnehmungswelt gesetzt. „Sokrates jedoch ließ das Allgemeine
und die Definitionen nicht getrennt existieren" (ἀλλ' ὁ Σωκράτης
τὰ καθόλου οὐ χωριστὰ ἐποίει οὐδὲ τοὺς ὁρισμούς). Aus diesem
Argumentationszusammenhang ergibt sich zwingend, was ohnehin
als wahrscheinlich anzusehen wäre: daß nicht Xenophon Quelle für
Aristoteles gewesen ist, sondern Platon; genauer: der frühe Platon,
der die Ideenlehre noch nicht expliziert und in den sogenannten Definitionsdialogen *Charmides, Euthyphron, Hippias maior, Laches, Lysis, Menon* und *Protagoras* Sokrates die Frage nach dem Wesen der
Tugend bzw. der Tugenden stellen läßt. Die frühplatonischen Definitionsdialoge sind demnach das einzige selbständige Zeugnis, auf das
man sich stützen kann, wenn man voraussetzt, daß Sokrates das Wesen ethischer Sachverhalte zu bestimmen unternommen habe.
Nicht anders als die platonischen Schriften insgesamt weisen auch
die Definitionsdialoge, die im Rahmen der platonischen Frühschriften eine in sich geschlossene Gruppe bilden, eine eigene Denkbewe-

gung auf. Den Anfang macht der *Protagoras*, an dessen Ende die
Frage nach dem Wesen der Tugend zum ersten Mal formuliert wird.
Es folgen *Laches* und *Charmides*, die die Einzeltugenden Tapferkeit
bzw. Besonnenheit als seelische Eigenschaften zu erfassen trachten,
während *Lysis, Hippias maior* und *Euthyphron* das Liebe bzw. das
Schöne und das Fromme schlechthin als Gegenstände der Erkenntnis
zu definieren versuchen. Am Schluß steht *Menon*, der die Frage nach
dem Wesen der Gesamttugend und ihrer Teile wieder aufnimmt und
durch die Einführung der Lehre von der Anamnesis der Ideenlehre
präludiert, die in den folgenden Dialogen der Reifezeit dann explizit
dargestellt wird.

Überblickt man diese in sich geschlossene und offenbar planvoll angelegte Denkbewegung, so zeigt sich, daß Platon hier nicht eine sokratische Position repetiert, sondern vielmehr einen eigenen Denkansatz expliziert hat. Wie namentlich der *Menon* lehrt, läßt sich die
Wesensfrage, wie sie die Definitionsdialoge entwickeln, gedanklich
keineswegs von der Ideenlehre trennen, sondern setzt diese vielmehr
als Antwort voraus. Dementsprechend finden sich auch in den Definitionsdialogen immer wieder mehr oder weniger versteckte Hinweise auf die Ideenlehre, und im *Euthyphron* (p. 5 d; 6 d) ist bereits
mehrfach ausdrücklich von der „Grundgestalt" (εἶδος, ἰδέα) die
Rede, auf die man hinblicken müsse, um das Wesen des Frommen
richtig zu bestimmen. Mit anderen Worten: Die Wesensfrage impliziert als Frage bereits die Ideenlehre als Antwort, und wenn diese
platonischen Ursprungs ist, wie Aristoteles außer Zweifel stellt, so
auch jene, die Aristoteles, wenn auch nur zögernd, dem historischen
Sokrates zuschreiben zu dürfen geglaubt hat. Es ist dies nicht die einzige gelehrte Hypothese des Aristoteles, die den Blick auf die Entwicklung der Philosophiegeschichte eher verstellt als erhellt.

Daß die Wesensfrage nicht sokratischen, sondern platonischen Ursprungs ist, beweist im übrigen auch ein Blick auf den Sokratiker
Antisthenes. Antisthenes (fr. 44 A Caizzi) lehrte ausdrücklich, „daß
es nicht möglich ist, das Wesen zu definieren" (ὅτι οὐκ ἔστι τὸ τί
ἐστιν ὁρίσασθαι). Wer, wie Aristoteles, die Wesensfrage für sokratisch hält, muß annehmen, daß Antisthenes in diesem zentralen
Punkte gegen Sokrates polemisiert habe. Aber Antisthenes war kein
Antisokratiker, und seine Polemik galt nicht Sokrates, sondern Platon. Dokument dieser Platonpolemik ist der antisthenische Dialog
Sathon (fr. 36 f. Caizzi), dem wir die Nachricht zuschreiben dürfen,
Antisthenes habe, um zu beweisen, daß Gattung und Spezies „in bloßer Einbildung" (ἐν ψιλαῖς ἐπινοίαις) bestünden, gegenüber Platon

geäußert: „Das Pferd sehe ich, die Pferdheit sehe ich nicht" (ἵππον μὲν ὁρῶ, ἱππότητα δὲ οὐχ ὁρῶ).

Es gibt im Rahmen der platonischen Frühschriften eine Schriftengruppe, repräsentiert durch *Apologie, Kriton, Ion* und *Hippias minor*, die sich von der Gruppe der Definitionsdialoge gedanklich auf das deutlichste abhebt, weil Sokrates hier die Wesensfrage *nicht* stellt, sondern ein ganz anderes philosophisches Frageverfahren befolgt. Wenn es richtig ist, daß die Definitionsdialoge, indem sie die Wesensfrage stellen, die platonische Philosophie exponieren, so spricht alles dafür, daß diese kleine, aber hochbedeutsame Schriftengruppe, die nach überwiegender Ansicht auch die frühesten Werke Platons umfaßt, die vielgesuchte Sokratische Periode im Denken Platons markiert, wenn anders von einer solchen Periode überhaupt die Rede sein kann. Daß diese Annahme richtig ist, lehrt ein Blick auf die platonische *Apologie*, in der Platon nichts Geringeres als einen Überblick über die Entwicklung des sokratischen Philosophierens gibt.

Die *Apologie*, die vielleicht Platons Erstlingswerk gewesen ist, nimmt im Rahmen des platonischen Gesamtwerkes eine einzigartige Stellung ein, weil sie, als einzige aller Schriften, nicht in Form eines Dialogs, sondern als Rede konzipiert ist. Da das Formale bei Platon niemals Selbstzweck ist, sondern stets als Hinweis auf Gedankliches verstanden werden will, so darf man unterstellen, daß der Sokrates der *Apologie* ein anderer ist als jener, den die späteren Dialoge zeigen. Ersichtlich hat Platon hier die Form der Rede gewählt, um Sokrates einmal – dieses eine Mal – Gelegenheit zu geben, in eigenem Namen zusammenhängend über sich selbst zu sprechen. So entsteht gewissermaßen ein reines Sokratesbild, das von keiner dialogischen Gegenrede getrübt wird. Das aber bedeutet, ins Gedankliche übersetzt: Platon beabsichtigt hier, eine Darstellung der historischen Sokratesgestalt zu geben, die ihm später in den Dialogen Gefäß und Symbol für andere, eigene Gedankeninhalte wird. Wenn diese Darstellung auch ihrerseits wieder fraglos eine platonische Interpretation ist, so ist die *Apologie* gleichwohl dasjenige Zeugnis, das den historischen Sokrates am glaubwürdigsten darstellt oder doch jedenfalls am getreuesten widerspiegelt. Wenn irgendwo, so darf man hoffen, hier dem Grundproblem sokratischen Philosophierens wenigstens nahezukommen.

Sokrates gibt in der *Apologie* (p. 20 c–24 b) eine eingehende rückschauende Übersicht über seine „hauptsächliche Tätigkeit" (πρᾶγμα). Beunruhigt durch das Chairephonorakel, das ihn, den Unwissenden, als weisesten aller Menschen bezeichnet habe, habe er zu prüfen begonnen, wie es mit der Weisheit der Menschen bestellt

sei; hierbei habe sich herausgestellt, daß weder die Politiker noch die
Dichter oder die Handwerker, die gemeinhin für die kenntnisreich-
sten gehalten würden, jenes Wissen, das zu besitzen sie allesamt vor-
gäben, wirklich besäßen, so daß er in der Tat offenbar als der weiseste gelten müsse, da er wenigstens wisse, daß er nichts wisse; von da
an habe er es als Auftrag des Gottes angesehen, die Menschen davon
zu überzeugen, daß sie nicht wüßten, was sie zu wissen vermeinten,
und aus dieser gottesdienstlichen Tätigkeit sei ihm im Laufe der Zeit
viel unberechtigter Haß erwachsen seitens derer, deren Scheinwissen
er aufgedeckt habe.

Um das eigentümliche Ausfrage- und Menschenprüfungsverfahren
zu kennzeichnen, das im Mittelpunkt seines philosophischen Wirkens
steht, verwendet Sokrates wechselweise die Verben ἐξετάζειν (p.
22 e, 23 c) und ἐλέγχειν (p. 21 c, 22 a, 23 a). Der letztgenannte Begriff ist prägnanter, da er nicht nur das bloße Prüfen bezeichnet,
sondern ein kritisches Prüfen, das gerne den Nebensinn des Tadelns,
ja des Bloßstellens annimmt (vgl. z. B. Aesch. *Ag.* 1324; Aristoph.
Plut. 574; Plat. *Soph.* p. 259 a; Xen. *Mem.* 1.2.47). Hiernach emp-
fiehlt sich, von sokratischer *Elenktik* zu reden, wenn man jene Methode des Philosophierens bezeichnen will, die die platonische *Apologie* als sokratisch kennzeichnet.

Platon führt in der *Apologie*, sehr kunstvoll, zwei Beispiele sokratischer Elenktik vor: das Gespräch zwischen Sokrates und dem reichen
Sophistenfreund Kallias (p. 20 a–c), das Sokrates wiedererzählt, sowie das Verhör des Anklägers Meletos (p. 24 a– 28 a), das als Dialog
gestaltet ist, wobei ausdrücklich versichert wird, Sokrates spreche
hier „in der gewohnten Weise" (ἐν τῷ εἰθότι τρόπῳ). Beide Gespräche lassen, in verschiedener Brechung, ein und dieselbe scharfbe-
stimmte Fragetechnik erkennen: Sokrates nimmt seinen Mitunterredner zunächst „beim Wort" und führt ihn dann, vor allem durch
gemeinverständliche Analogieschlüsse, zu immer neuen Zugeständ-
nissen, bis dieser endlich, zu seiner eigenen Überraschung, ja Erschüt-
terung, seine Unkenntnis selbst einzugestehen gezwungen ist.

Dieses Frageverfahren, das Platon in der *Apologie* als typisch sokratisch kennzeichnet und *in nuce* vorführt, wird in den Dialogen *Kriton, Ion* und *Hippias minor* ausführlich vorgeführt. So kann nicht
verwundern, daß in keinem dieser Dialoge die Wesensfrage auch nur
in den Blick kommt. Denn die sokratische Elenktik, wie sie die *Apologie* expliziert, ist im wesentlichen praktisch-pädagogisch ausgerichtet und zielt so auf die Widerlegung und Destruktion von Fehlmei-
nungen ab, während die Wesensfrage, die Kernfrage der platonischen

Dialektik, nach positiver und methodisch begründeter Erkenntnis trachtet; folglich ist das Ergebnis des elenktischen Prozesses die Aporie, am Ende der dialektischen Untersuchung steht dagegen die Definition.

Hiernach stellt sich die Frage, wie die platonische Dialektik aus sokratischer Elenktik entstehen konnte. Im Verlaufe des elenktischen Gesprächs geschieht es nicht selten, daß der Unterredner unklar wird. Diese Unklarheit muß beseitigt werden, damit das Gespräch argumentativ-rational seinen Fortgang nehmen kann. Dies geschieht in der Regel so, daß Sokrates seinen Dialogpartner fragt: „Wie meinst du das?" (τί λέγεις σύ;). An dieser Stelle kann es schon im elenktischen Gespräch beiläufig zu einer mehr oder weniger genauen Bestimmung von Wesensmerkmalen kommen. Diese Vorform der Wesensfrage, für die Sokrates bezeichnenderweise schon bei Aristophanes (*Nub.* 1174) verspottet wird, hat Platon aufgegriffen und philosophisch so vertieft, daß die Frage nach dem Wesen, die bei Sokrates nur beiläufig gestellt wurde, um den praktisch-pädagogischen Zwecken der Elenktik zu dienen, nun methodisch-wissenschaftlich begründete Erkenntnis hervorzubringen geeignet ist.

Die Bedeutung dieses Denkschrittes ist für die Entwicklung der platonischen Philosophie so fundamental, daß es geraten oder vielmehr geboten erscheint, die traditionelle Dreigliederung des platonischen Gesamtwerkes zugunsten einer Gliederung in *vier* Perioden aufzugeben, dergestalt, daß bei den Frühschriften streng zwischen einer sokratisch-elenktischen und einer platonisch-dialektischen Periode zu unterscheiden ist. Verbindungsglied ist der *Protagoras*, an dessen Ende (p. 360 e–361 d) erstmals die Notwendigkeit einer Wesensbestimmung der Tugend aufgezeigt wird, nachdem der großangelegte Versuch, durch elenktisches Prüfen einzelner Merkmale zum Ziele zu gelangen, gescheitert ist. Im übrigen behält Platon auch später in allen Dialogen ein Stück Elenktik bei, besonders in den Definitionsdialogen, die, wiewohl sie die Wesensfrage kennen und von der Ideenlehre als Antwort wissen, gleichwohl die aporetische Grundstruktur des elenktischen Gespräches bewahren. Die Aporie steht dann noch einmal im Vordergrund in den beiden engverwandten Dialogen *Kratylos* und *Theätet*, die die Reihe der Spätdialoge eröffnen und den dihäretischen Schriften präludieren. Dieser Befund ist kaum zufällig. Es will vielmehr scheinen, als ob Platon vor der Begründung der Ideenlehre und dann noch einmal vor ihrer Neubegründung jedesmal deutlich darauf hinweisen wollte, daß sein dialektisches Denken seinen Ausgang genommen hat vom elenktisch-aporetischen Gespräch, wie es Sokrates inauguriert hat.

Sokrates kommt im Verlauf der *Apologie* immer wieder auf die Gegenstände zu sprechen, denen seine elenktische Methode gilt. So
gleich eingangs, wo er von seiner ersten elenktischen „Irrfahrt"
(πλάνη) erzählt, die er als ein zweiter Odysseus zu bestehen hatte,
um den Sinn des Chairephonorakels zu ergründen (p. 22 b–23 c): Er
habe festgestellt, daß die Politiker gar nichts taugten „in Hinblick
auf das vernunftgemäße Verhalten" (πρὸς τὸ φρονίμως ἔχειν) und
daß die Handwerker sich bloß einbildeten, über „die größten Dinge"
(τὰ μέγιστα) Bescheid zu wissen. Diese indirekten Äußerungen weisen darauf hin, daß die Sokratische Elenktik das zentrale Problem
des richtigen menschlichen Verhaltens zum Gegenstand hat. Dementsprechend sagt Sokrates später (p. 36 c), er suche jeden einzelnen
Athener davon zu überzeugen, „daß er sich um keinen seiner Belange
kümmern solle, bevor er sich um sich selbst gekümmert habe, daß er
möglichst gut und vernünftig sei" (μήτε τῶν ἑαυτοῦ μηδενὸς ἐπι
μελεῖσθαι πρὶν ἑαυτοῦ ἐπιμεληθείη ὅπως ὡς βέλτιστος καὶ φρο
νιμώτατος ἔσοιτο); oder, ganz ähnlich (p. 30 ab): er suche die
Athener zu überzeugen, „sich nicht um den Körper oder das Geld
eher oder so sehr zu kümmern wie um die Seele, daß sie möglichst
gut sei" (μήτε σωμάτων ἐπιμελεῖσθαι μήτε χρημάτων πρότερον
μηδὲ οὕτω σφόδρα ὡς τῆς ψυχῆς ὅπως ὡς ἀρίστη ἔσται); und
noch einmal, an einen fingierten athenischen Mitbürger gewandt
(p. 29 de): „… schämst du dich nicht, dich um Geld zu kümmern,
daß es möglichst viel wird, und um Ruhm und Ehre, um Vernunft
aber und um Wahrheit und um die Seele, daß sie möglichst gut ist,
kümmerst du dich nicht und sorgst nicht dafür?" (χρημάτων μὲν
οὐκ αἰσχύνῃ ἐπιμελούμενος ὅπως σοι ἔσται ὡς πλεῖστα καὶ
δόξης καὶ τιμῆς, φρονήσεως δὲ καὶ ἀληθείας καὶ τῆς ψυχῆς
ὅπως ὡς βελτίστη ἔσται οὐκ ἐπιμελῇ οὐδὲ φροντίζεις;).
Der in diesen Äußerungen immer wieder umspielte Begriff des „besten Zustandes der Seele" ist nun nichts anderes als das, was die Griechen mit einem nur künstlich als „Bestheit" wiederzugebenden Wort
als ἀρετή bezeichnen. In der Tat spricht Sokrates in der *Apologie*
auch immer wieder davon, daß es die „Bestheit" zu suchen und zu
befolgen gelte. So etwa in der ersten Rede (p. 31 b): Er habe sein
ganzes Leben nichts anderes getan, als die Athener zu überzeugen,
„sich um die Bestheit zu kümmern" (ἐπιμελεῖσθαι ἀρετῆς); oder,
am Ende der zweiten Rede (p. 38 a): es sei das höchste Gut für den
Menschen, „jeden Tag über die Bestheit zu diskutieren" (ἑκάστης
ἡμέρας περὶ ἀρετῆς τοὺς λόγους ποιεῖσθαι); oder schließlich,
noch prononcierter, am Ende der dritten Rede (p. 41 e): die Athener

sollten seine Söhne nach seinem Tode tadeln und bestrafen, „wenn sie sich euch um Geld oder irgendetwas anderes mehr zu kümmern scheinen als um die Bestheit" (ἐὰν ὑμῖν δοκῶσιν ἢ χρημάτων ἢ ἄλλου του πρότερον ἐπιμελεῖσθαι ἢ ἀρετῆς).

Aus alledem ergibt sich, daß die sokratische Elenktik keineswegs beliebige Gegenstände im Auge hat, sondern vielmehr streng auf die menschliche „Bestheit" (ἀρετή) ausgerichtet ist und so im letzten Grund danach trachtet, das Gute zu erkennen, das Vorbedingung und Voraussetzung alles richtigen und vernünftigen Handelns unter den Menschen ist.

Die *Apologie* läßt im übrigen keinen Zweifel daran, daß Sokrates der Ansicht gewesen ist, es müsse von jenem Guten, das Gegenstand seiner elenktischen Bemühungen gewesen ist, ein Wissen geben. Dies erhellt wiederum die elenktische „Irrfahrt", in deren Verlauf die Politiker mehr getadelt werden als die Dichter und die Dichter mehr als die Handwerker: Erstere wissen gar nichts, jene handeln nicht „aus Weisheit" (σοφίᾳ), sondern „aufgrund einer gewissen Naturanlage" (φύσει τινί), während die Handwerker tatsächlich über ein Wissen verfügen, nur daß dieses Wissen als Teil- und Spezialwissen nicht dem Guten gilt. Hiernach muß man sich das geforderte Wissen vom Guten, der ursprünglichen Bedeutung des Wortes σοφία entsprechend, durchaus als praktische Kenntnis des richtigen Handelns vorstellen, die sich in Wort und Tat genau so bewähren müsse, wie das handwerkliche Spezialwissen sich bewährt. Wieweit diese Auffassung durch biographische Erfahrungen des Handwerkersohnes geprägt ist, bleibe dahingestellt. Sicher ist, daß die zahllosen Vergleiche und Analogieschlüsse aus dem Bereich des Handwerks, die der platonische und der xenophontische Sokrates vorbringen, hier ebenso ihren Ursprung haben wie der berühmte sokratische Satz, daß niemand wissentlich Unrecht tue. Dieser Satz, den die *Apologie* (p. 37 ab) als sokratisch voraussetzt, ergibt sich zwingend aus dem sokratischen Postulat von der Erkennbarkeit des Guten und kann nur dann als Paradox mißverstanden werden, wenn man jenes Postulat nicht anerkennt.

Auch dies stellt die *Apologie* schließlich außer Frage, daß Sokrates jenes Wissen vom Guten, das zu ergründen er sein ganzes Leben lang unermüdlich und mit aller Kraft getrachtet hat, nicht gefunden hat. So erklärt er zu Beginn seiner „Irrfahrt" (p. 21 b): „Ich bin mir bewußt, daß ich gar nichts weiß" (ἐγὼ γὰρ δὴ οὔτε σμικρὸν σύνοιδα ἐμαυτῷ σοφὸς ὤν). Und nachdem er bei Politikern, Dichtern und Handwerkern überall vergebens Belehrung über das Gute gesucht hat, resümiert er als Quintessenz des Götterspruches (p. 23 b): „Derjenige von euch, ihr Menschen, ist der weiseste, der wie Sokrates erkannt hat, daß er in Wahrheit nichts wert ist in Hinsicht auf die Weisheit" (οὗτος ὑμῶν, ὦ ἄνθρωποι, σοφώτατός ἐστιν, ὅστις ὥσπερ Σωκράτης ἔγνωκεν ὅτι οὐδενὸς ἄξιός ἐστι τῇ ἀληθείᾳ πρὸς σοφίαν).

Aus diesem Wissen des Nichtwissens entspringt die vielberufene sokratische Ironie, von der auch die *Apologie* (p. 38 a) weiß: Sokrates vermag das Scheinwissen der Menschen aufzudecken, aber da diese Fähigkeit im Bewußtsein des eigenen Nichtwissens geübt wird, führt sie nicht zur Prätention der eigenen Leistung, wie sie die platonischen Sophisten üben, sondern vielmehr zu Zurücknahme und Verhüllung dieser Leistung, so daß als eine für Sokrates kennzeichnende Grundhaltung Ironie entsteht, die Theophrast (*char.* 1.1) sehr richtig als eine „erworbene Haltung in Hinblick auf das Verkleinern von Taten und Worten" (προσποίησις ἐπὶ τὸ χεῖρον πράξεων καὶ λόγων) definiert. Im übrigen ist die durch Ironie immer wieder bewußt gemachte, stark skeptisch getönte Beurteilung der menschlichen Erkenntnisfähigkeit, die in Sokrates' Worten über den Tod (p. 29 b) wiederkehrt, ganz unplatonisch und bestätigt so noch einmal, daß Platon in der *Apologie* eine Interpretation des historischen Sokrates hat geben wollen.

Zusammenfassend läßt sich die platonische Interpretation des historischen Sokrates wie folgt resümieren: Sokrates verfügt über ein ihm eigentümliches Ausfrage- und Prüfungsverfahren, die Elenktik; Gegenstand dieses elenktischen Frageverfahrens ist das Gute, von dem ein praktisches Wissen vorausgesetzt wird. Die elenktische Untersuchung erweist immer wieder, daß jenes praktische Wissen vom Guten, das alle zu besitzen vermeinen, nicht vorhanden ist, und so erscheint das Wissen des Nichtwissens als angemessene philosophische Grundhaltung und das prüfende Suchen nach dem Sinn des Guten als angemessene philosophische Tätigkeit. Die philosophische Leistung des Sokrates läßt sich demnach dahingehend bestimmen, daß er als erster erkannt und gefordert hat, die Philosophie müsse eine wissenschaftliche Ethik begründen, damit sinnvolles Handeln und richtiges Leben möglich werde.

Es spricht alles dafür, daß diese Interpretation im wesentlichen historische Glaubwürdigkeit beanspruchen kann. Jedenfalls vermag sie besser als jede andere die mannigfachen biographischen, überlieferungs- und philosophiegeschichtlichen Probleme zu lösen, die mit Sokrates' Namen seit jeher verknüpft sind.

Zunächst leuchtet unmittelbar ein, daß Sokrates sein philosophisches Anliegen nicht anders als mündlich vorbringen konnte. Denn das Wissen des Nichtwissens ist ein so stark skeptisch orientierter Standpunkt des Denkens, daß er sich jeder schriftlichen Fixierung entzieht und allein im philosophischen Gespräch je und je seine Richtigkeit aufzuzeigen und seine Wirksamkeit zu bewähren vermag.

Die eigentümliche Offenheit des sokratischen Denkens, die in der Mündlichkeit ihren sinnfälligen Ausdruck findet, ist auch die Ursache für die Widersprüchlichkeit der antiken Sokratesinterpretationen. Man mußte nur die strenge Ausrichtung der sokratischen Elenktik auf das Gute übersehen oder übersehen wollen, wie dies, jeder auf seine Weise, Aristophanes, die Ankläger und Polykrates getan haben, und Sokrates erschien unfehlbar als müßiger Schwätzer und unverantwortlicher Worteverdreher, der der Jugend den Glauben an die staatstragenden Werte und Autoritäten nahm und so als mitschuldig angesehen werden konnte am Desaster der athenischen Politik. Und wenn man, wie die Sokratiker, die Frage nach dem Guten, die Sokrates offengelassen hatte, beantworten zu können glaubte, so erschien das sokratische Philosophieren jeweils in ganz anderem Licht, je nachdem, wie die Antwort ausfiel. So hat Antisthenes, dem sich Xenophon anschloß, die Autarkie als oberstes Gut angenommen und dieses Reduktionsideal durch eine ebenso restriktive Verengung der sokratischen Elenktik zu befestigen versucht, indem er eine so enge Wort-Ding-Relation statuierte, daß Wesensbestimmung, Widerspruch und Irrtum als unmöglich erscheinen mußten. Aristipp wiederum bestimmte als oberstes Gut die Lust und war so, auf die Selbstevidenz dieses Gutes pochend, einer Um- und Weiterentwicklung der sokratischen Elenktik überhoben; weshalb es kein Zufall ist, daß er, als einziger aller Sokratiker, nicht die Form des *Sokratischen Dialoges* gewählt zu haben scheint. Eukleides wiederum identifiziert das Gute mit dem Einen Sein und begründet diese anspruchsvolle Hypothese, die in manchem an Platon erinnert, durch eine stark eristisch getönte Umbildung der sokratischen Elenktik, von der wir nichts weiter wissen, als daß der Analogieschluß verworfen und die Widerlegung nicht von den Prämissen, sondern vom Schlußsatz aus vorgenommen wurde. Platon schließlich, der philosophiegeschichtlich bedeutendste Sokratiker, formt die sokratische Elenktik zur Dialektik um und entdeckt als Antwort auf die Wesensfrage die Idee als reines Sein, das er aufgrund seiner Reinheit als das Gute interpretiert, so daß er die Idee der Ideen als Idee des Guten bezeichnen kann und jenem Vortrag, in dem er die Ideen auf die Grundprinzipien von ἕν und ἀόριστος δυάς zurückführte, den Titel „Über das Gute" (Περὶ ἀγαθοῦ) geben konnte – ein Zeichen, daß die ganze platonische Ontologie im letzten Grunde nichts anderes ist als eine Antwort auf die sokratische Frage nach dem Guten.

Anders als alle anderen Sokratiker scheint Aischines auf eine Um- und Weiterbildung des sokratischen Philosophierens verzichtet zu haben. Er stellt Sokrates als reinen Elenktiker dar, der die Menschen davon überzeugt, daß sie nicht wissen, was das Gute ist. Dies zeigt besonders schön ein Exzerpt aus dem aischineischen *Alkibiades* (fr. 6 Dittmar): „Auch Alkibiades ... soll geweint haben, als Sokrates, da er sich für glückselig hielt, mit ihm ein Gespräch führte und ihm nachwies, wie erbärmlich er sei, da er unwissend sei. Für ihn war demnach die Unwissenheit Ursache für jene nützliche und erwünschte Traurigkeit, aufgrund derer der Mensch bedauert zu sein, wie er nicht sein soll" (*Nam et Alcibiadem ferunt ..., cum sibi beatus videretur, Socrate disputante et ei quam miser esset, quoniam stultus esset, demonstrante flevisse. huic ergo stultitia fuit causa etiam huius utilis optandaeque tristitiae, qua homo esse se dolet, quod esse non debet*). So bezeugt Aischines, dessen Sokratesdarstellung in der Antike als besonders wahrheitsgetreu gerühmt wurde, daß die Philosophiegeschichtsschreibung nicht in die Irre geht, wenn sie der platonischen Interpretation des historischen Sokrates Glauben schenkt und Sokrates, wie die *Apologie* lehrt, als denjenigen Philosophen rühmt, der als erster entdeckt hat, daß die Menschen jenes Wissen des Guten, das allein richtiges Handeln verbürgt, nicht besitzen.

Es ist schließlich eine unbezweifelbare Tatsache, daß die athenische Polis gegen Sokrates einen Prozeß geführt hat, der mit seiner Hinrichtung endete. Ein solch intransigentes Vorgehen gegen einen immerhin weitbekannten und loyalen Mitbürger, der bereits das Greisenalter erreicht hatte, ist in der athenischen Geschichte ohne Beispiel. Ursache hierfür ist nichts anderes als die Ausrichtung der sokratischen Elenktik auf das Gute. Kein Staat, auch nicht der freieste, kann darauf verzichten, daß bestimmte Grundwerte, auf denen seine Institutionen gründen, als unzweifelhaft gültig hingenommen werden. Bedenkt man, daß Sokrates seine elenktische Kritik an diesen Grundwerten über Jahrzehnte hinweg in unzähligen Gesprächen immer wieder durchschlagend geübt hat, noch dazu in einem vergleichsweise überschaubaren Gemeinwesen, das sein politisches Leben mündlich zu regeln pflegte, so wird man sich eher darüber wundern, daß Sokrates in Athen so spät politisch anstößig wurde, als daß es überhaupt zu einem Konflikt kam. Es ehrt die alte athenische Demokratie und zeigt zugleich ihre innere Stärke, daß sie, obwohl sie sich beinahe dreißig Jahre lang in einem tödlichen Kampf mit Sparta befand, niemals den Versuch gemacht hat, Sokrates zum Schweigen zu bringen. Daß die Dreißig diesen Versuch wagten, kennzeichnet den tyrannischen Charakter ihrer Herrschaft ebenso, wie es ein untrügliches Zeichen innerer Schwäche und Unsicherheit ist, daß die restaurierte Demokratie die sokratische Kritik politisch nicht mehr ertragen konnte, sondern gegen Sokrates einen Prozeß anstrengte, den er hätte gewinnen, und dann die Hinrichtung verfügte, der er hätte entgehen können. Allein, man hatte sich verrechnet. Sokrates verschmähte prozessuales Taktieren und Finassieren ebenso wie das Angebot einer unehrenhaften Flucht. Was er gewann, indem er sein Leben verlor, war nichts Geringeres, als daß er der Nachwelt jenes gewaltige Problem als Erbe und Aufgabe hinterließ, das er entdeckt hatte: die Frage nach dem Guten. Auf die Antwort wartet man noch heute.

Literaturverzeichnis

Die umfangreiche Literatur über Sokrates dokumentiert A. Patzer, *Bibliographia Socratica*, Freiburg-München 1985; ergänzend hierzu jetzt L. E. Navia u. E. L. Katz, *Socrates. An annotated bibliography*, New York-London 1988. Aus der Fülle des dort aufgeführten Materials wird hier eine knappe Auswahl geboten, die sich auf das Wesentliche beschränkt; so liegt bei den Quellentexten das Hauptgewicht auf den Originalausgaben, bei der wissenschaftlichen Literatur auf den Gesamtdarstellungen und auf jenen Einzeldarstellungen, die sich mit der Philosophie des historischen Sokrates auseinandersetzen. Die Anordnung der Titel folgt der Chronologie, so daß zugleich auch ein Überblick über die verwickelte Geschichte der Sokratesforschung möglich wird (vgl. hierzu im einzelnen A. Patzer, *Der historische Sokrates*, Darmstadt 1987, S. 1–40).

1. Quellentexte

1.1 Einzelne Autoren

Aristophanes: Die Wolken (übers. u. komm. v. O. Seel). Stuttgart 1963.
    The Clouds (hrsg. u. komm. v. K. J. Dover). Oxford 1968.
Platon: Werke (übers. u. eingel. v. F. Schleiermacher). Berlin 1804–1828. –
    Nachdruck Hamburg 1957 u. ö.
    Opera (hrsg. v. J. Burnet). Oxford 1900–1917. – Zahlreiche Nachdrucke.

Œuvres complètes (hrsg. u. übers. v. L. Bodin u. a.). Paris 1923–1964. –
Zahlreiche Nachdrucke.
Xenophon: Opera omnia, Bd. 2: Commentarii, Oeconomicus, Convivium,
Apologia Socratis (hrsg. v. E. C. Marchant). Oxford 1901. – Zahlreiche
Nachdrucke.
Die Sokratischen Schriften. Memorabilien. Symposion. Oikonomikos.
Apologie (übers. v. E. Bux). Stuttgart 1956.
Aischines: Aischines von Sphettos (hrsg. v. H. Dittmar). Berlin 1912.
Antisthenes: Antisthenis fragmenta (hrsg. v. F. Decleva Caizzi). Mailand
1966.
Aristipp: Aristippi et Cyrenaicorum fragmenta (hrsg. u. komm. v. E. Manne-
bach). Leiden/Köln 1961.
Eukleides: Die Megariker (hrsg. u. komm. v. K. Döring). Amsterdam 1972.
Aristoteles: Le témoignage d'Aristote sur Socrate (hrsg., übers. u. komm. v.
P. Deman). Paris 1942.
Sokratikerbriefe: Die Briefe des Sokrates und der Sokratiker (hrsg., übers. u.
komm. v. L. Köhler). Leipzig 1928.
Plutarch: Plutarque. Le démon de Socrate (hrsg., übers. u. komm. v. A.
Corlu). Paris 1970.
Apuleius: Apuleio. Sul Dio di Socrate (hrsg., übers. u. komm. v. R. Del Re).
Rom 1966.
Libanios: Libanii apologia Socratis (hrsg. von Y. H. Rogge). Amsterdam
1891.
Libanius. Apologie des Sokrates (übers. u. komm. v. O. Apelt). Leipzig
1922.

1.2 Sammlungen

Müller, E.: Sokrates geschildert von seinen Schülern. Leipzig 1911.
Nestle, W.: Die Sokratiker in Auswahl. Jena 1922.
Ferguson, J.: Socrates. A source book. London 1970.
Giannantoni, G.: Socrate. Tutte le testimonianze da Aristofane e Senofonte
ai Padri cristiani. Bari 1971.
Giannantoni, G.: Socraticorum reliquiae, Rom 1983–1985. – Die fragmenta-
rischen Sokratiker außer Aischines.

2. *Wissenschaftliche Literatur*

Schleiermacher, F.: Ueber den Werth des Sokrates als Philosophen. In: Abh.
d. philos. Kl. d. Königl.-preuß. Akad. d. Wiss. aus den Jahren 1814–
1815. Berlin 1818, S. 50–68. – Wiederabdruck in: A. Patzer: Der historische Sokrates. Darmstadt 1987, S. 41–58.
Hegel, G. W. F.: Vorlesungen über die Geschichte der Philosophie, hrsg. von
K. L. Michelet, 2. Bd. (14. Bd. d. Werke). Berlin 1833, S. 42–144: Sokra-

tes. – Letzte Neuausgabe von E. Moldenhauer u. K. M. Michel, 1. Bd. (18. Bd. d. Werke). Frankfurt 1971, S. 441–516.

Kierkegaard, S.: Über den Begriff der Ironie. Mit ständiger Rücksicht auf Sokrates (1841) (hrsg. u. übers. von E. Hirsch). Düsseldorf-Köln 1961 u. Frankfurt 1976.

Zeller, E.: Die Philosophie der Griechen, 2. Bd., Tübingen 1846; 2. Bd., 1. Abt., Leipzig⁵1922, S. 44–231: Sokrates. – Nachdruck Hildesheim 1963.

von Lasaulx, E.: Des Sokrates Leben, Lehre und Tod. Nach den Zeugnissen der Alten dargestellt. München 1857.

Ueberweg, F.: Grundriss der Geschichte der Philosophie, 1. Bd. (hrsg. von K. Praechter). Berlin (1863) ¹²1926, S. 129–150: Sokrates. – Nachdruck Basel 1953.

Chaignet, A. E.: La vie de Socrate. Paris 1868.

Alberti, E.: Sokrates. Ein Versuch über ihn nach Quellen. Göttingen 1869.

Montée, P.: La philosophie de Socrate. Paris 1869.

Ribbing, S.: Über das Verhältniss zwischen den Xenophontischen und den Platonischen Berichten über die Persönlichkeit und die Lehre des Socrates. Uppsala 1870.

Sorel, G.: Le procès de Socrate. Paris 1889.

Joël, K.: Der echte und der xenophontische Sokrates. Berlin 1893–1901.

Natorp, P.: Ueber Sokrates. In: Philosophische Monatshefte 30 (1894), S. 337–370. – Wiederabdruck bei Patzer, a. a. O., S. 59–90.

Döring, A.: Die Lehre des Sokrates als sociales Reformsystem. München 1895. – Teilabdruck bei Patzer, a. a. O., S. 91–108.

Gomperz, Th.: Griechische Denker, 2. Bd. (hrsg. von H. Gomperz). Berlin-Leipzig (1896) ⁴1925, S. 34–92: Sokrates.

Roeck, H.: Der unverfälschte Sokrates, der Atheist und „Sophist" und das Wesen aller Philosophie und Religion. Innsbruck 1903.

Burnet, J.: Introduction to Plato's Phaedo. In: Burnet, J.: Plato's Phaedo. Oxford 1911, S. IX–LVI. – Wiederabdruck bei Patzer, a. a. O., S. 109–145.

Taylor, A. E.: Varia Socratica. Oxford 1911.

Maier, H.: Sokrates. Sein Werk und seine geschichtliche Stellung. Tübingen 1913. – Nachdruck Aalen 1964.

Busse, A.: Sokrates. Berlin 1914.

Dupréel, E.: La légende socratique et les sources de Platon. Brüssel 1922.

Gomperz, H.: Die sokratische Frage als geschichtliches Problem. In: Historische Zeitschrift 129 (1924), S. 377–423. – Wiederabdruck bei Patzer, a. a. O., S. 184–224.

Stenzel, J.: Sokrates aus Athen, der Begründer der attischen Philosophie. In: Pauly-Wissowas Real-Encyclopädie der classischen Altertumswissenschaft, 2. Reihe, 3. Bd. Stuttgart 1927, Sp. 811–890.

Ritter, C.: Sokrates. Tübingen 1931.

Taylor, A. E.: Socrates. Edinburgh 1923. – Nachdrucke Boston 1951 u. New York 1953.

Rogers, A. K.: The Socratic problem. New Haven 1933.

Ross, W. D.: The problem of Socrates. In: Proceedings of the Classical Association 30 (1933), S. 7–24. – Wiederabdruck bei Patzer, a.a.O., S. 225–239.

Havelock, E. A.: The evidence fot the teaching of Socrates. In: Transactions and Proceedings of the American Philological Association 65 (1934), S. 282–295. – Wiederabdruck bei Patzer, a.a.O., S. 240–258.

Kuhn, H.: Sokrates. Ein Versuch über den Ursprung der Metaphysik. Berlin 1934. – Neuausgabe München 1959.

Edelstein, E.: Xenophontisches und Platonisches Bild des Sokrates. Diss. Heidelberg. Berlin 1935.

Tarrant, D.: The pseudo-Platonic Socrates. In: Classical Quarterly 32 (1938), S. 167–173. – Wiederabdruck bei Patzer, a.a.O., S. 259–269.

Bastide, G.: Le moment historique de Socrate. Paris 1939.

Winspear, A. D. u. Silverberg, T.: Who was Socrates? New York 1939. – Nachdruck ebd. 1960.

Kraus, R.: The private and the public life of Socrates. New York 1940.

W. Schmid: Geschichte der griechischen Literatur, 1. Teil, 3. Bd. München 1940, S. 217–280: Sokrates. – Nachdruck ebd. 1963.

Gigon, O.: Sokrates, sein Bild in Dichtung und Geschichte. Bern 1947; 2. Aufl. Bern-München 1979. – Teilabdruck bei Patzer, a.a.O., S. 270–322.

Tovar, A.: Vida de Sócrates. Madrid (1947) ³1966.

De Strycker, É.: Les témoignages historiques sur Socrate. In: Annuaire de l'Institut de Philologie et d'Histoire Orientales et Slaves 10 (1950), S. 199–230. – Dt. Übers. bei Patzer, a.a.O., S. 323–354.

De Magalhães-Vilhena, V.: Le problème de Socrate. Le Socrate historique et le Socrate de Platon. Paris 1952.

–, Socrate et la légende platonicienne. Paris 1952.

De Vogel, C.: The present state of the Socratic problem. In: Phronesis 1 (1955/1956), S. 26–35. – Wiederabdruck bei Patzer, a.a.O., S. 323–354.

Chroust, A. H.: Socrates. Man and myth. London 1957.

Humbert, J.: Socrate et les petits Socratiques. Paris 1967.

Martin, G.: Sokrates in Selbstzeugnissen und Bilddokumenten. Reinbek 1967.

Guthrie, W. K. C.: A history of Greek philosophy, 3. Bd., Cambridge 1969, S. 323–507: Socrates. – Separatdruck ebd. 1971.

Adorno, F.: Introduzione a Socrate. Bari ²1973.

Giannantoni, G.: Che cosa ha veramente detto Socrate. Florenz 1971.

Lacey, A. R.: Our knowledge of Socrates. In: The philosophy of Socrates, hrsg. von G. Vlastos. Garden City 1971, S. 22–49. – Wiederabdruck bei Patzer, a.a.O., S. 366–390.

Rosetti, L.: Recenti sviluppi della questione socratica. In: Proteus 6 (1971), S. 161–187. – Übers. bei Patzer, a.a.O., S. 391–433.

Montuori, M.: Socrate. Fisiologia di un mito. Florenz 1974.

Irmscher, J.: Sokrates. Versuch einer Biografie. Leipzig 1982.

Fresco, M. F.: Sokrates. Zijn wijsgerige betekenis. Assen 1983.

Rosetti, L.: La „questione Socratica": Un problema malposto. In: Rivista critica di Storia della Filosofia 1 (1983), S. 3–24.

Döring, K.: Der Sokrates des Aischines von Sphettos und die Frage nach dem historischen Sokrates. In: Hermes 112 (1984), S. 16–30.

Navia, L. E.: Socrates, the man and his philosophy. Lanham 1985.

Döring, K.: Der Sokrates der platonischen Apologie und die Frage nach dem historischen Sokrates. In: Würzburger Jahrbücher für die Altertumswissenschaft N. F. 13 (1987), S. 75–94.

Patzer, A.: Sokrates als Philosoph. In: Patzer, A.: Der historische Sokrates. Darmstadt 1987, S. 434–452.

Böhme, G.: Der Typ Sokrates. Frankfurt 1988.

Platon: Die Idee

Von Karl Bormann, Köln

In dem 1889 erschienenen Werk mit dem Titel „Götzen-Dämmerung oder Wie man mit dem Hammer philosophiert" sagt F. Nietzsche über Platon (Schlechta II 1028): „Ich finde (Platon) ... so vermoralisiert, so präexistent-christlich – er hat bereits den Begriff ‚gut' als obersten Begriff –, daß ich von dem ganzen Phänomen Plato eher das harte Wort ‚höherer Schwindel' ... als irgendein andres gebrauchen möchte. Man hat teuer dafür bezahlt, daß dieser Athener bei den Ägyptern in die Schule ging ... Im großen Verhängnis des Christentums ist Plato jene ‚Ideal' genannte Zweideutigkeit und Faszination, die den edleren Naturen des Altertums es möglich machte, sich selbst mißzuverstehen und die Brücke zu betreten, die zum ‚Kreuz' führte." Wesentlich anders urteilt M. Heidegger: „Platons Denken folgt dem Wandel des Wesens der Wahrheit, welcher Wandel zur Geschichte der Metaphysik wird, die in Nietzsches Denken ihre unbedingte Vollendung begonnen hat. Platons Lehre ... ist daher nichts Vergangenes. Sie ist geschichtliche ‚Gegenwart', dies aber nicht nur als historisch nachgerechnete ‚Nachwirkung' eines Lehrstückes, auch nicht als Wiedererweckung, auch nicht als Nachahmung des Altertums, auch nicht als bloße Bewahrung des Überkommenen. Jener Wandel des Wesens der Wahrheit ist gegenwärtig als die längst gefestigte und daher noch unverrückte, alles durchherrschende Grundwirklichkeit der in ihre neueste Neuzeit anrollenden Weltgeschichte des Erdballs" (Heidegger, Lehre, 50).

Wer ist dieser Denker, dessen Lehren so widersprüchlich beurteilt werden? Über sein Leben sei nur soviel mitgeteilt, als unbedingt notwendig ist. Ausführliche Darstellungen werden gegeben bei Wilamowitz-Moellendorff, Ueberweg-Praechter und Leisegang. Aus den dürftigen Selbstzeugnissen und der biographischen Überlieferung ergibt sich für Platons Leben folgendes: 427 ist er geboren; seine Familie gehört zu den alten, hochangesehenen und reichen Familien Athens. Der Name seines Vaters ist Ariston, seine Mutter ist Periktione; Brüder Platons sind Adeimantos und Glaukon. Seine Schwester Potone ist die Mutter des Speusipp, der Platons Nachfolger im Scholarchat wurde. Was über Kindheit und Jugend Platons berichtet wird, ist unkontrollierbar. Wahrscheinlich 407 schloß

er sich dem Kreis um Sokrates an. Nach der Hinrichtung des Sokrates
im Jahre 399 soll Platon sich mit einigen anderen zu Euklid nach Megara
begeben haben. Später soll er von Athen aus nach Ägypten und Kyrene
gereist sein. Jedoch sind die diesbezüglichen Angaben dubios. Tatsachen
sind allerdings drei Reisen nach Sizilien und Unteritalien; die erste Reise
erfolgte etwa 388–387 aus einem Anlaß, der nicht mit Sicherheit zu bestimmen ist. Der Besuch am Hof in Syrakus endete mit einem Streit zwischen Platon und Dionys I. Mit dem Schwager des Dionys, Dion, verband ihn jedoch eine freundschaftliche Beziehung. 367 gelangte der Sohn
des Dionys I., Dionys II., an die Herrschaft. Er beteiligte Dion an der
Regierung. Dion versuchte, den Staat zu reformieren, und veranlaßte
Dionys II., Platon als philosophischen Berater einzuladen. Schon bald
jedoch kam es zum Konflikt zwischen Platon und anderen Beratern des
Königs. Dion wurde verbannt; danach mußte auch Platon 365 abreisen.
361 erhielt Platon abermals eine Einladung Dionys' II. nach Sizilien. Der
Grund hierfür ist möglicherweise der, daß Dionys Platon bewunderte
und ihn in seiner Umgebung haben wollte. Zu einer Zusammenarbeit
kam es jedoch nicht. Die Haltung des Dionys gegenüber Dion führte
abermals zu Zwistigkeiten. 360 verließ Platon gegen den Willen des
Dionys Sizilien und begab sich nach Athen. Dort starb er 348/47.
Wann Platon seine Lehrtätigkeit aufnahm und eine Schule gründete, ist
nicht genau zu bestimmen. Wahrscheinlich fällt dieses Ereignis in die
Jahre zwischen der ersten und zweiten sizilischen Reise, also zwischen
387 und 367, spätestens vor 361, den Antritt der dritten Reise.

Platons Werke

Wenn man von einigen Schriften absieht, die schon im Altertum
als unecht erkannt wurden, sind unter Platons Namen erhalten:
eine Apologie des Sokrates, 34 Dialoge, 13 Briefe und einige Epigramme. Somit besitzen wir alles, was Platon publiziert hat, und
noch einiges mehr unter seinem Namen. Die Epigramme sind für
Platons Philosophie unergiebig. Zwar nicht unergiebig für Platons Philosophie, jedoch von größerer Bedeutung für sein Leben
sind die Briefe. Sicher ist, daß die meisten von ihnen unecht sind,
aber gutes biographisches Material verwerten. Besonderes Interesse
verdient der Siebte Brief: er enthält eine ausführliche Darstellung
der Erlebnisse Platons in Syrakus und seiner philosophischen Überzeugung. Die Mehrzahl der Forscher spricht sich für die Echtheit
des Siebenten Briefes aus; doch bleiben ernste Bedenken bestehen.
Unter den 34 Dialogen sind uns mit Sicherheit nicht nur platonische Schriften überkommen, sondern auch Werke von Platons
Schülern, vielleicht sogar von anderen Sokratikern, unfertige Ent-

würfe, von Schülern überarbeitete Schriften und auch Fälschungen aus der hellenistischen Zeit. Besonders schweren Bedenken ausgesetzt sind der I. und der II. Alkibiades, die Erastai, der Theages, Kleitophon, Minos, Hipparchos, die beiden Hippias, Ion, Menexenos und Epinomis. Mit Sicherheit sind von den genannten unecht: Alkibiades II, Erastai, Theages, Kleitophon, Minos, Hipparchos. Die Echtheit der anderen ist umstritten. Überliefert sind uns die platonischen Werke nicht in chronologischer Reihenfolge, sondern in neun Gruppen zu je vier Schriften. Den Anhang bilden die von den antiken Herausgebern als unecht erkannten Werke. Einteilungsprinzip ist die philosophisch-systematische oder auch pädagogische Zusammengehörigkeit (vgl. Diogenes Laertius III 56–62). Nicht der Urheber, wohl aber der Hauptvertreter dieser Ordnung ist der unter Tiberius lebende Astrolog und Grammatiker Thrasyllos. Die Einteilung in Tetralogien liegt unseren Platon-Handschriften und kritischen Ausgaben zugrunde. Eine Nachricht bei Diogenes Laertius III 61 ff. beweist, daß es in hellenistischer Zeit mehrere, sehr verschiedene Platon-Ausgaben gab, in denen nicht nur die Einteilung, sondern auch der Text stark voneinander abwichen. Alle erhaltenen Handschriften gehen auf eine antike Ausgabe zurück, die wohl, als statt Papyrus Pergament verwendet wurde, in zwei Bänden zusammengefaßt wurde. Der erste Band enthielt die Tetralogien 1–7, der zweite den Rest (Die Literatur zu diesem Problem ist verzeichnet bei Ueberweg-Praechter, Anhang, 68 und bei Totok, 150).

Zur Chronologie

Eine absolute Chronologie kann fast gar nicht hergestellt werden. Mit Sicherheit kann lediglich der Theaitet in die Zeit bald nach 369 gesetzt werden. Zuverlässig ist ferner die antike Angabe, daß die Gesetze nach der Politeia von Platon in der Spätphase seines Denkens abgefaßt wurden und daß Philipp von Opus sie publizierte. Sicherlich war manches schon vor 367, vor der zweiten Reise nach Sizilien, publiziert. Wir wissen aber gar nicht, wann Platon nach dem Tode des Sokrates mit der Tätigkeit des philosophischen Schriftstellers begann. Die Werke, die den Prozeß und den Tod des Sokrates schildern, sind erst beträchtliche Zeit nach 399 geschrieben. Die relative Chronologie ist aufgrund von Untersuchungen der Sprache und entwicklungsgeschichtlichen Über-

legungen einigermaßen gesichert, freilich nur insofern, als sich vier
Gruppen erkennen lassen, wobei es jedoch nicht gelingt, die Reihenfolge innerhalb der Gruppen eindeutig festzulegen. Auch besteht bei einigen Werken keine Einhelligkeit über die genaue Zuordnung zu den einzelnen Gruppen. Meist wird in folgender Weise
gegliedert: 1. Apologie, Kriton, Ion (falls echt), Euthyphron, Laches,
Charmides, Lysis, Protagoras, 2. Gorgias, Euthydem, Hippias I
und II (falls echt), Kratylos, Menon, Menexenos (falls echt), Politeia I, 3. Symposion, Phaidon, Politeia II–X, Theaitet, Parmenides,
Phaidros, 4. Sophistes, Politikos, Philebos, Timaios, Kritias, Nomoi.
Die in dieser Aufstellung nicht genannten Werke sind nach dem
heutigen Stand der Forschung als höchstwahrscheinlich unecht anzusehen. Fragmentarisch überliefert ist die Vorlesung über das
Gute[1].

Platons Lehre

Wer sich mit Platons Denken vertraut machen will, muß von vornherein folgendes berücksichtigen: 1. Platon bietet kein einheitliches
System, sondern setzt in fast jedem Dialog neu an. Zwar zeigen
sich bestimmte Grundkonzeptionen, aber deren Ausgestaltung
unterliegt einem fortwährenden Wandel. 2. Eine einheitliche Terminologie gibt es bei Platon nicht. 3. Einiges, das Platon scheinbar
mit größtem Ernst vorträgt, erweist sich bei genauem Zusehen als

---

[1] Eine Sammlung der Stellen aus Aristoteles und den Aristoteles-Kom-
mentatoren, an denen über diese Vorlesung berichtet wird, liegt vor bei
O. Toeplitz: Das Verhältnis von Mathematik und Ideenlehre bei Platon.
In: Quellen und Studien zur Geschichte der Mathematik, Astronomie
und Physik, Abteilung B: Studien I (1931), 18 ff., und bei P. Wilpert:
Neue Fragmente aus Peri Tagathou. In: Hermes 76 (1941), 225 ff. Für
die Auswertung der Stellen sei verwiesen auf P. Wilpert: Zwei aristotelische Frühschriften über die Ideenlehre. Regensburg 1949. Seitdem ist
die Frage nach der Vorlesung über das Gute immer wieder aufgegriffen
worden. Während bis zu den Arbeiten von Wilpert und über sie hinaus
in Peri Tagathou ein Vortrag gesehen wurde, den Platon im hohen Alter
gehalten hat, wird in den Arbeiten von H. J. Krämer: Arete bei Platon
und Aristoteles. Heidelberg 1959 und K. Gaiser: Platons ungeschriebene
Lehre. Stuttgart 1963 (dort auch Textsammlung) die These vertreten, es
handele sich nicht um eine Altersvorlesung, sondern Peri Tagathou biete
das von Platon selbst nie, sondern von seinen Schülern schriftlich fixierte
System der platonischen Philosophie. Vgl. hierzu J. Wippern, 1972.

Scherz. 4. Platon ist ein Meister der Sprache und der Darstellung.
Wenn er seinen Sokrates in den Dialogen mit Sophisten oder anderen disputieren läßt, kann Sokrates es an Trugschlüssen, Denk-
fehlern, Wortverdrehungen durchaus mit seinen Gesprächspartnern aufnehmen. Zu der Frage, ob diese Schlußfehler von Platon
unbewußt begangen werden, ob er sie absichtlich seinem Sokrates
in den Mund legt, ob sie dialektischer Scherz sein sollen oder den
historischen Sokrates kritisieren wollen, ist die Literatur gesam-
melt von Hirschberger, Phronesis, 90. – Diese vier Punkte muß
man bei der Interpretation stets berücksichtigen. Andernfalls
kommt man zu der Meinung, Platon widerspreche sich ständig.
Da Platon kein einheitliches System bietet, müßten seine Lehren
so dargestellt werden, daß jeder Dialog für sich analysiert wird.
Da derartiges hier nicht geleistet werden kann, seien für eine dar-
stellende Untersuchung der Grundprobleme Platons primär die
Schriften der beiden letzten Gruppen berücksichtigt. Bezüglich der
Dialoge der beiden ersten Gruppen wird nur eine allgemein gehal-
tene Charakteristik gegeben [2].
In den Schriften der ersten Gruppe erörtert Platon Fragen nach
Wesen und Begriff der arete, ihrer Einheit oder Vielheit, ihrem
Verhältnis zum Wissen und das Problem ihrer Lehrbarkeit. Falsche
Begriffsbestimmungen werden widerlegt. Die Frage endet in der
Aporie, obwohl – freilich versteckt – Andeutungen zur positiven
Lösung gegeben werden. Man darf nicht glauben, daß Platon hier
getreu die Lehren seines Meisters Sokrates wiedergibt. Bekanntlich
tritt ja meist Sokrates, nie Platon in den Schriften als Hauptper-
son auf, und es ist keineswegs so, daß Platons eigene Leistung hier
nur in der prächtigen Darstellungsform liegt. An sehr vielen Stellen offenbart sich, daß manches im Ansatz vorweggenommen ist,
was später gänzlich ausgestaltet wird. Das gilt auch für die Ideenlehre, welche für Platons späteres Denken charakteristisch ist.
Zwar ist sie nicht ausgestaltet, doch ist deutlich zu erkennen,
woraus sie erwächst.

---

[2] Unentbehrliches Hilfsmittel für das Studium der platonischen Schriften
ist F. Ast, Lexicon Platonicum. Zur Einführung in Platons Denken sind
geeignet: Wilamowitz-Moellendorff und Friedländer. Im übrigen sei verwiesen auf die Bibliographien, die ich der Übersetzung des Staates,
Meiner-Verlag, Hamburg 1979, S. XXX ff. und der zweisprachigen Ausgabe des Symposion im selben Verlag, Hamburg 1981, S. XXII ff. bei-
gegeben habe.

In den Dialogen der zweiten Gruppe wie auch schon zum Teil
in denen der ersten nimmt die Auseinandersetzung mit den Sophisten breiten Raum ein. In diesen Dialogen kritisiert Platon die
Sophisten ebenso burlesk, wie es die Komödie tat, wenn auch auf
andere Weise. Was Platon den Sophisten vorwirft, ist: Sie suchen
keine Wahrheit, sondern persönlichen Erfolg und lassen sich für
ihre Tätigkeit bezahlen – in der Philosophenschule dagegen wurde
der Unterricht ohne Rücksicht auf materielle Vorteile des Lehrers
oder Schülers erteilt. Außerdem seien die Sophisten arrogante
Schwätzer, die kein Interesse an der Sache hätten und die deshalb
zu einem echten philosophischen Gespräch untauglich seien. Gerade dieses letzte wird immer hervorgehoben. Was aber hat Platon
an die Stelle des von ihm Bekämpften zu setzen? Die Sophisten
versuchten, eine Polymathie zu lehren. Der historische Sokrates
bildete nach allem, was wir wissen, kein System aus, sondern eine
bis dahin unbekannte Art des philosophischen Fragens. Worin
unterscheidet sich Platon von allen seinen Vorgängern? Worin besteht seine sich mehrfach wandelnde Lehre? Beginnen wir damit,
daß wir überlegen, was Philosophie und Philosophieren bei Platon
heißt. Auf eine Untersuchung des Wortes „philosophia" und „phi-
losophos" vor Platon muß hier verzichtet werden. Im Bereich der
Sophistik und Sokratik jedenfalls ist Philosophie zunächst eine
theoretische Betätigung, sofern sie systematisch betrieben wird, so
zum Beispiel der Jugendunterricht (Platon, Euthydem 305 c; Gorgias 485 a). Dabei ist Philosophie nicht auf ein bestimmtes Gebiet
beschränkt: Geometrie ist Philosophie (Platon, Theaitet 134 d); die
Musik, d. h. wissenschaftliche Harmonielehre, ebenfalls (Platon,
Timaios 88 c). Bei Xenophon (Memorabilien, 4, 2, 23) bezeichnet
Euthydem die Beschäftigung mit Dichtern und Sophisten als seine
Philosophie. In Xenophon, Symposion (I 5) ist Philosophie eine
Bildung, die man von den Sophisten Protagoras, Gorgias, Prodikos
und anderen durch bezahlten Unterricht erhält, während Sokrates
sie, ohne von jemand unterrichtet zu werden, erlangen will. Also
ist hier Philosophie gleichbedeutend mit wissenschaftlicher Betätigung überhaupt. Was vom Volk als Philosophie angesehen wurde,
läßt sich sehr deutlich aus Platons Apologie (23 d) erkennen. An
dieser genannten Stelle werden Vorwürfe gegen die Philosophen
erhoben, und zwar heißt es: Sie erforschen das, was über und unter
der Erde ist, glauben nicht an die Götter und verhelfen durch ihre
Redekunst der schlechteren Sache zum Sieg. Anders formuliert:
Die Philosophen sind Atheisten und Rechtsverdreher, die sich zu-

dem auch noch mit einer Art Wissenschaft abgeben, die keinem
etwas nützt.

Neben dieser Entwicklung geht eine andere einher, in welcher die
Bedeutung des Strebens nach Weisheit oder Wissen erhalten bleibt
und das Streben nach Weisheit in Gegensatz zum Besitz der Weisheit oder des Wissens, der *Sophia*, gestellt werden kann. In Phaidros (278 d) wird gesagt: „Das Epitheton „weise" scheint mir etwas
Erhabenes auszusagen und nur dem Gott zuzukommen, aber streben nach Weisheit kann der Mensch sehr wohl." Die *Sophia*, die
Weisheit, welche Gegenstand dieses Strebens ist, ist identisch mit
der *Episteme*. Theaitet 145 e: „Dasselbe ist also *Episteme* und
Sophia? Ja."

Fragen wir nun Platon, welche Bedeutung „Philosophie" für ihn
hat, so können wir vermuten, die zuletzt genannte Aussage zu erhalten: Philosophie ist Streben nach *Episteme*. Aber mit dieser Antwort können wir einstweilen nichts anfangen, da wir noch nicht
wissen, was *Episteme* bedeutet, und außerdem gibt uns Platon
eine andere Auskunft: „Diejenigen, welche sich auf rechte Weise
mit der Philosophie befassen, scheinen nichts anderes zu betreiben
als zu sterben und tot zu sein, ohne daß es freilich die anderen
merken" (Phaidon 64 a). Diese Aussage ist nicht nur ein Para-
doxon, sondern fordert zunächst schärfsten Widerspruch heraus:
Wenn das so ist, daß die Philosophen selbst einsehen, sie ver-
schwänden am besten von dieser Erde, dann seien sie nicht daran
gehindert. Sie mögen dafür sorgen, daß sie möglichst bald von hier
verschwinden (vgl. Platon, Phaidon 64 b). Was aber meint Platon,
wenn er Philosophie als Streben nach dem Tode bezeichnet? Versuchen wir, seine Worte zu verstehen, indem wir überlegen, was
unter „Tod" zu verstehen ist.

Im Phaidon (64 c) wird der Tod bestimmt als Trennung der Seele
vom Körper. Der Mensch, sofern er lebt, ist hiernach ein Zusammengesetztes aus Seele und Leib. Daß der Leib belebt ist, verdankt
er nicht sich selbst, denn die ihn konstituierenden Elemente sind
nicht belebt. Es muß also irgendetwas geben, das nicht mit dem
Leib identisch ist, welches dem Leib aber das Leben verleiht. Dieses Prinzip des Lebens heißt *Psyche*, Seele. Solange dieses Prinzip
im Leibe ist, ist der Leib lebendig. Der lebendige Mensch kann
wahrnehmen und denken. Wenn das aber so ist, dann ist der
menschliche Leib gar nicht dasjenige, was den Menschen ausmacht.
Was den Menschen zum Menschen macht, ist vielmehr die Psyche,
ja noch mehr: die Psyche ist der Mensch im eigentlichen Sinne. Nur

der Mensch besitzt gegenüber den Pflanzen und Tieren das Vermögen, Einsicht zu erlangen in das, was ist. Einsicht in das, was
ist, nennt Platon *Noesis* oder *Episteme* oder auch *Phronesis*. Solche
Einsicht ist nicht mit Hilfe der Sinne zu erlangen; denn die Sinne
täuschen. Zur Erkenntnis dessen, was ist, dringen wir daher nicht
mit Hilfe der Sinneswahrnehmung vor, sondern nur dann, wenn
wir die Wahrnehmung transzendieren und im reinen Denken dem,
was ist, nachgehen. Reines Denken erfordert, daß die Seele sich
auf sich selbst zurückzieht oder, wie Platon es nennt (Phaidon
67 c), daß sie sich auf sich selbst hin versammelt. Das sich auf sich
selbst hin Versammeln der Seele wird nicht nur durch die sinnliche
Wahrnehmung gestört, sondern auch und vor allem durch Schmerz,
Begierde (Phaidon 65 c) und überhaupt durch alles, was vom Leib
herrührt (Phaidon 66 b). Wer etwas so erkennen will, wie es wirklich ist, muß sich vom Leib frei machen und nur mit der Seele selbst
die Wirklichkeit betrachten. Befreiung der Seele vom Leib aber ist
Sterben. Philosophie ist zwangsläufig Streben nach dem Tod. Solange die Seele mit dem Körper verbunden ist, sind wir zwar dann
dem Erkennen der Wahrheit am nächsten, wenn die Seele soweit
wie möglich die Gemeinschaft mit dem Leib aufgibt, können die
Wahrheit aber nie ganz erreichen. Denn die Seele kann sich nicht
ganz auf sich selbst zurückziehen, solange sie mit dem Leib ver-
einigt ist. Volle Erkenntnis dessen, was ist, wird wahrscheinlich erst
dann erlangt, wenn die Seele von der Vereinigung mit dem Leib
ganz gelöst ist, d. h. nach dem physischen Tod (Phaidon 67 a).
Hieraus darf nicht gefolgert werden, wer nach Weisheit strebt,
solle sich selbst umbringen (Phaidon 61 c), um möglichst bald zur
Erkenntnis dessen, was ist, zu gelangen. Daß die Seele in den Leib
sozusagen eingekerkert wurde, beruht auf einer nicht-menschlichen
Verfügung. Wie der gesetzestreue Bürger – das Vorbild ist Sokrates – nicht aus dem Gefängnis entweichen darf, selbst wenn er die
Möglichkeit dazu hat, so muß auch die Seele im Körper ausharren,
bis sie abermals durch eine nicht-menschliche Verfügung von ihm
befreit wird.
Die Seele will also, sofern sie nach Erkenntnis strebt, soweit wie
möglich die Gemeinschaft mit dem Leib aufgeben und sich auf das
besinnen, was ist. Was ist das, was ist? Einstweilen können wir
nur sagen, daß das, was ist, durch die Seele erkannt wird, nicht
aber durch die Sinneswahrnehmung. Da die gesamte empirisch
wahrnehmbare Welt Gegenstand der Sinneswahrnehmung werden
kann, kann sie nicht das sein, was ist. Was ist dann dasjenige, das

ist, das nur durch das reine Denken erreicht werden kann? Ein
Vergleich zwischen sinnlicher Wahrnehmung und reinem Denken
kann uns vielleicht die Antwort auf diese Frage erleichtern. Die
sinnliche Wahrnehmung gibt uns Kunde von den Dingen unserer
Erfahrungswelt. Was läßt sie uns von den Dingen sehen? Wenn wir
die verschiedenen Mannigfaltigkeiten, welche die Sinne uns über-
mitteln, außer Betracht lassen und das zu eruieren suchen, was
allem sinnlich Wahrnehmbaren gemeinsam ist, stellen wir fest, daß
alle Gegenstände der Sinneswahrnehmung in einem fortwährenden Wandel begriffen sind, die einen schneller, die anderen lang-
samer. Alles sinnlich Wahrnehmbare unterliegt der Veränderung,
dem Entstehen und Vergehen. Da das aber so ist, muß weiter gefragt werden: Ist es dann überhaupt möglich, allgemeingültige Aussagen über Sinnenfälliges, über die Welt unserer Sinneserfahrung,
zu machen? Und weiter: Worin besteht zum Beispiel die Gerechtigkeit? Eine Antwort hierauf ist: Gerechtigkeit besteht darin,
jedem das zukommen zu lassen, was ihm gebührt. Eine andere lautet: Gerechtigkeit ist Wiedererstattung dessen, was man einem
schuldet. Und noch eine andere sagt: Gerechtigkeit ist der Vorteil
des Stärkeren (Platon, Staat I 338 b ff.). Was aber ist Gerechtigkeit in Wirklichkeit? Was ist das Gute in sich selbst? Was ist das
Schöne? Die Sinneserfahrung kann uns hierüber nicht belehren,
auch nicht die Meinungen der Menschen. Daraus folgt: Allgemeingültige Aussagen haben weder in der sinnlichen Wahrnehmung
noch in den menschlichen Meinungen einen Halt. Andererseits
gibt es allgemeingültige Sätze, z. B.: 2 + 2 = 4. Welcher Art sind
aber die Gegenstände, auf die derartige Sätze sich beziehen? Auf
die Sinnenwelt können sie sich nicht beziehen; denn die Sinnenwelt
verändert sich stets. Wenn es aber nichts gibt, auf das solche allgemeingültigen, d. h. immer geltenden, Aussagen angewendet werden können, sind sie falsch. Daß aber ‚2 + 2 = 4' falsch wäre, ist
absurd. Folglich muß es etwas geben, das solchen Sätzen entspricht,
und zwar müssen an ihm dieselben Merkmale wie an den allgemeingültigen Aussagen aufweisbar sein, nämlich die Unver-
änderlichkeit und Unvergänglichkeit. Der Satz ‚2 + 2 = 4' ist immer wahr; also darf sich auch der Sachverhalt, der in dem Satz prä-
diziert wird, nicht verändern. Wo aber gibt es ein solches Unveränderliches, und wie kann es erfaßt werden? Die Reflexion über
dieses Unwandelbare setzt ein mit Parmenides. Das wichtigste Ergebnis der parmenideischen Lehre ist der Dualismus von Sein und
dem, was uns die Sinne als seiend vortäuschen, das aber in Wirk-

lichkeit nicht seiend ist. An den parmenideischen Dualismus knüpft Platon an und modifiziert ihn. Die Welt der Erfahrung ist der Bereich des Werdens. Auf ihn richtet sich die Meinung. Das, was ist, wird dagegen durch die *Episteme,* das verstehende Wissen, erkannt. Das Nichts ist unerkennbar (Staat 477 a). Die Philosophie strebt nach Erkenntnis. Sie will also das erkennen, was ist; mit anderen Worten: Sie will das Seiende erforschen. Was ist das Seiende? Platon antwortet hierauf: Das Seiende ist das, was ist. In dieser Antwort liegt das Schwergewicht nicht auf dem „ist", sondern auf dem „was"[3]. Was ist damit gemeint? Wir nennen zum Beispiel einen Menschen „gerecht". Gerecht ist der Mensch nicht, insofern er Mensch ist. Denn wenn er ungerecht wird, bleibt er Mensch, aber seine Gerechtigkeit ist verschwunden. Der gerechte Mensch ist daher etwas, bei dem das Gerechte ist, und von dem es weichen kann. Das Gerechte selbst oder die Gerechtigkeit selbst kann aber nicht von sich selbst verschwinden. Das Gerechte ist ganz identisch mit sich selbst, hat keine Bestandteile und kann sich deshalb, weil es unzusammengesetzt ist, nicht auflösen. Es ist immer. Als Immerseiendes ist es unvergänglich. Es bleibt, was es ist. Es ist unwandelbar. Das unwandelbar Gerechte wird immer als Gerechtes gesehen, freilich nicht durch die Wahrnehmung, sondern durch das schauende Denken. Es läßt immer dasselbe Wassein sehen. Im Griechischen gibt es einen Infinitivus Aoristi *idein,* sehen. Davon ist das Substantivum *idea* und *eidos* abgeleitet. Im außerphilosophischen Griechisch bedeuten beide: Aussehen, Gestalt. Platon verwendet beide Worte, um das, was ist, zu bezeichnen.

Das Seiende, d. h. das, was ist, ist *idea* oder *eidos,* d. h. es ist das, welches das Wassein von etwas sehen läßt. Diese *ideai* oder *eide* sind von sich aus das, was sie sind, im Gegensatz zu dem empirisch Wahrnehmbaren, das immer nur durch das Hinzutreten von etwas anderem konstituiert wird. Ferner: Es gibt viele gerechte Menschen, viele gute Menschen, viele schöne Menschen. Die *idea* ‚Gerechtigkeit', ‚Gutheit', ‚Schönheit' dagegen ist jeweils eine. Wo also in der Erfahrungswelt Vielheit ist, da ist im Bereich der *Idee* Einheit für jeden Bereich der Vielheit. Es gibt eine Vielheit von schönen Dingen und von guten Dingen (Platon, Staat 507 b). Zudem gibt es ein Schönes an sich und ein Gutes an sich und so bei aller Vielheit. Jedes Viele steht unter einer *Idee.* Diese jeweilige *Idee* ist die

---

[3] Vgl. Karl-Heinz Volkmann-Schluck: Einführung in das philosophische Denken. Frankfurt/M. 1965, 18.

Einheit, das einheitliche Wesen für jeden Bereich der Vielheit. Die *Ideen* sind das Seiende, und zwar im Sinne des Wasseienden, das nur durch das reine Denken geschaut werden kann. Sie sind weder logische Methoden noch hypostasierte Begriffe, erst recht sind sie keine empirischen Begriffe oder Vorstellungen. Sie sind auch nicht Gedanken Gottes, wie sie der spätere Platonismus auffaßte. In der Erfahrungswelt können sie nicht gefunden werden. Wo sind sie dann?

Die intelligible Welt

Die für sich selbst seienden Washeiten, die nach Phaidros 247 c nirgendwo innerhalb der sinnlich wahrnehmbaren Welt existieren, sondern außerhalb der Erfahrungswelt an einem überhimmlischen Ort eine eigene Welt für sich bilden, sind selbständig Seiende, die von den Einzeldingen getrennt sind. Die Welt des washeitlich Seienden oder der Wesenheiten verhält sich zu der Erfahrungswirklichkeit wie das Urbild zum Abbild (vgl. z. B. Timaios 29 a). Die vielfältigen Probleme, die sich hier stellen, versuchte Platon durch drei Gleichnisse zu beantworten. Gemeint sind das Sonnen-, Linien- und Höhlengleichnis (Staat, Ende des VI. und Anfang des VII. Buches).

Das Sonnengleichnis (507 d–509 b)

Das Gute ist Ursache der Erkenntnis und der Wahrheit, wie die Sonne Ursache des Gesehenwerdens ist. Wie das Sehen nicht identisch ist mit der Sonne, so ist auch die geistige Erkenntnis nicht identisch mit dem Guten, und wie das Licht zwar von der Sonne ausgeht, aber nicht die Sonne ist, so ist auch die vom Guten ausgehende Wahrheit nicht identisch mit dem Guten, sondern hat ihren Halt im Guten. Erkenntnis und Wahrheit sind guthaft, nicht das Gute selbst. Die Sonne verleiht dem Sichtbaren Werden, Wachstum und Nahrung, ohne selbst dem Bereich des Werdenden anzugehören. Analog verhält es sich mit dem Guten. Das Gute verleiht nicht Werden, Wachstum und Nahrung; denn das würde Veränderung bedeuten, sondern Sein und Wesen, ohne selbst zum Bereich des Seins zu gehören. Das Gute liegt an Würde und Kraft noch jenseits des Seins. Der Bereich des Seins ist die Ideenwelt. Das Gute ist also das, was der Ideenwelt Sein und Wesen verleiht. Die unveränderlichen Washeiten, die Ideen, verdanken

somit alles, was sie sind, und daß sie sind, dem Guten. Die Idee
des Guten (vgl. 508 e 2–3) unterscheidet sich also wesentlich von
den anderen Ideen. Sie konstituiert Sein und Wesen der Ideen, ohne
selbst Sein und Wesen *(ousia)* zu sein. Wie die Sonne selbst sichtbar ist, so ist das Gute geistig erkennbar. Insofern das Gute das
Wassein der anderen Ideen sehen läßt, wird es selbst mit Recht
Idee genannt. Es ist die oberste Idee. Vom Guten geht das Licht
der Wahrheit aus. Was ist Platons Lehre von der Wahrheit? (vgl.
hierzu Heidegger sowie Heitsch, wo auch die neuere Literatur genannt ist). Es würde zu weit führen, hier der *Aletheia*-Problematik
von Homer an über die Vorsokratiker bis zu Platon nachzugehen.
Für das Sonnengleichnis läßt sich für Platons *Aletheia*-Begriff folgendes feststellen: die Idee des Guten strahlt die *aletheia* von sich
aus. Die *aletheia* ist das, was das Seiende erkannt werden läßt. Wie
das Sonnenlicht nicht nur Ursache des Sichtbarwerdens der sichtbaren Dinge ist, sondern auch Werden und Wachstum herbeiführt,
so ist das vom Guten ausgehende Licht der *aletheia* und der *ousia*
das, was die Ideen als Washeiten sein läßt. *Aletheia* ist daher dasjenige, was die Ideen als das Seiende enthüllt oder entbirgt (Die
Etymologie: ἀλήθεια: τὸ μὴ λῆθον, das Unverborgene, gibt es schon
bei Sextus Empiricus, Adversus Mathematicos 8, 8. Die Frage nach
ihrer Richtigkeit braucht uns hier nicht zu interessieren). Ferner ist
aletheia das, was den Ideen das Erkanntwerden gewährt. *Aletheia*
ist im Sonnengleichnis daher erstens ontologisch das von der Idee
des Guten Ausstrahlende, in Sein Entbergende, und zweitens gnoseologisch das, was das Seiende in die Erkenntnis entbirgt, was
das Seiende erkennbar macht. Insofern der Geist im Licht der Wahrheit das Seiende erkennen kann, ist die *aletheia* zugleich das, was
den erkennenden Geist zur Wahrhaftigkeit befähigt. Wie aber das
überhelle Licht der Sonne den Blick in die Sonne mehr verstellt als
freigibt, so verbirgt das strahlende Licht der *aletheia* das Gute, von
dem es ausgeht. Wer in die Sonne schaut, ohne das Auge gleichzeitig zu schützen, wird blind. Wer die Idee des Guten erkennen
will, ohne ganz bestimmte Vorsichtsmaßnahmen zu ergreifen, wird
von ihrer Helligkeit geblendet und erkennt nichts, und selbst wenn
Vorsichtsmaßnahmen getroffen werden, bleibt die Idee des Guten
schwer erkennbar (Staat 517 c). Welcher Art diese Vorsichtsmaßnahmen sind, wird im Höhlengleichnis gezeigt. Bevor wir uns diesem zuwenden, müssen wir fragen, in welcher Beziehung die Ideenwelt zur Erfahrungswelt steht und umgekehrt.

Das Liniengleichnis:

Einen ersten Hinweis gibt Platon im Sonnengleichnis (508 b, vgl. 506 e): Die Sonne ist der Sproß des Guten, den das Gute selbst als sein Ebenbild erzeugt. Wie das Gute über dem Bereich des Intelligiblen steht und ihn gleichsam beherrscht, so steht der Sproß des Guten, die Sonne, über dem Bereich des Sichtbaren und beherrscht ihn. Das Gute ist daher die Ursache von etwas, das in den Bereich des Sichtbaren fällt. Läßt sich das verallgemeinern? Haben die einzelnen Ideen – ähnlich wie das Gute – für die Welt des Werdens ursächliche Bedeutung? Eine erste Antwort hierauf gibt das Liniengleichnis. Das Gleichnis nimmt seinen Ausgang von der Unterscheidung der Bereiche des Sichtbaren, d. h. des sinnlich Erfahrbaren und des Intelligiblen (509 d–511 e). Das Sichtbare und das Denkbare sollen vorgestellt werden wie eine in zwei ungleiche Abschnitte geteilte Linie. Jeder dieser Abschnitte soll wieder nach dem gleichen Verhältnis geteilt werden. Das Ergebnis ist eine Strecke mit den Streckenabschnitten AB, BC, CD, DE. Es sollen sich verhalten $CE : AC$ wie $DE : BC$ und $CD : AB, AC : CE$ wie $AB : BC$ und $CD : DE$. Dem Abschnitt AB werden Bilder zugeordnet, d. h. Schatten, Spiegelbilder im Wasser und auf den Oberflächen dichter, glatter und glänzender Körper und alles Ähnliche. Der Abschnitt BC soll als das angesehen werden, dem die Bilder gleichen, also die Tierwelt, das ganze Pflanzenreich und jede Art von Erzeugnissen des menschlichen Kunstfleißes. Der Abschnitt CD symbolisiert die *hypotheseis,* d. h. die Gegenstände der Mathematik und der ihr verwandten Wissenschaften, während unter dem Abschnitt DE das gemeint ist, was der Verstand selbst erfaßt mit der Kraft der Dialektik (511 b). Den vier Abschnitten entsprechen auch vier Seelenzustände: Vernunfttätigkeit dem obersten, Verstandestätigkeit dem zweiten, dem dritten Glauben und dem letzten das Vermuten *(eikasia)* (511 d, e). Die beiden unteren Abschnitte sind zusammengenommen der Bereich der *Doxa,* die beiden oberen Abschnitte sind der Bereich der *Episteme* (*Episteme* im weiteren Sinne).

Das Liniengleichnis gehört zu den am meisten kommentierten, am heftigsten umstrittenen und zu den am meisten falsch gedeuteten Teilen der platonischen Lehre. Die Unklarheiten beginnen schon bei der Einteilung der Linie. Ist der Abschnitt EC größer als AC oder kleiner als AC (wie es H. Leisegang, S. 2463–64 darstellt)? Was ist im oberen Abschnitt DE anzusetzen? Nur die Idee des

Guten, wie bisweilen angenommen wird, oder alle Ideen? Was sind die *hypotheseis* des Abschnittes *CD*? Hypothesen, wie wir das Wort verstehen, d. h. Annahmen oder Voraussetzungen, die gemacht werden, um die beobachteten Tatsachen zu erklären, wobei sich die Voraussetzung der Nachprüfung – wenigstens zunächst – entzieht? Oder ist *hypothesis* im Liniengleichnis etwas anderes? Wie steht es mit dem Abbildverhältnis? Ist der Bereich von BC Abbild von CD, wie Stenzel sagt (Stenzel, Erzieher, 286)? Stenzel läßt hierbei die Ideen sich auf der gleichen Stufe der Realität befinden wie die *hypotheseis.* Oder ist BC Abbild von DE? Hinzu kommen noch Fragen, welche die Übersetzung der Begriffe *noesis, dianoia, pistis* und *eikasia* betreffen. Wir wollen versuchen, alle diese Probleme zu klären. Hierbei beginnen wir mit der Interpretation des obersten Abschnittes, DE. Dieser Abschnitt symbolisiert, wie wir aus 511 c erfahren, den Bereich der Ideen. Die durch die Sinne erfahrbare Welt verhält sich zu ihnen wie das Abbild zum Urbild. Welche Folgerungen ergeben sich hieraus? Da die Ideen das washeitliche Sein sind, ist in ihnen alles in urbildhafter Weise enthalten, was die Dinge der Erfahrungswelt konstituiert. Hierzu ein Beispiel: Alle Menschen sind dadurch Menschen, daß sie Abbilder der Idee Mensch sind. Die Idee Mensch ist der Mensch an sich. Es gibt sehr viele Menschen und ebensoviele Unterschiede zwischen den einzelnen Menschen, von denen keine zwei sich gänzlich gleich sind. Daß aber dennoch diese mehr oder weniger großen Unterschiede zwischen den Individuen keine artmäßige Verschiedenheit bewirken, beruht darauf, daß die einzelnen Menschen Abbilder der Idee Mensch sind. Das gleiche gilt für alle Arten. Alles Rote z. B. ist rot, weil es Abbild der Idee Rot ist usw. Für alle Arten innerhalb der Welt der Erfahrung gibt es daher jeweils eine Idee, und da die Idee nicht den sinnenfälligen Dingen inhäriert, sondern von ihnen getrennt ist, ist sie die Einheit außerhalb oder neben dem Vielen, das ἓν παρὰ τὰ πολλά (vgl. Aristoteles, Analytica posteriora 77 a 5) im Gegensatz zum Allgemeinbegriff, der die Einheit ist, die von vielem aussagbar ist, das ἓν κατὰ oder ἐπὶ πολλῶν. Wenn das so ist, wenn alle Menschen dadurch Mensch sind, daß sie Abbild der Idee Mensch sind, woher stammen dann die individuellen Unterschiede innerhalb der Art? Ist das Individuum nicht nur Abbild *einer* Washeit, sondern einer Vielheit von Washeiten? Diese Frage muß bejaht werden. Jedes Individuum der Erfahrungswelt ist Abbild oder Nachahmung *(eikon* oder *mimesis)* einer Mehrheit von Washeiten und zwar von so vielen, als es

Eigenschaften gleich welcher Art aufweist. Wieder ein Beispiel hierzu: der kleine rothaarige Mensch, begnügen wir uns mit den Bestimmungen „klein" und „rothaarig", ist nicht nur Nachahmung der Idee Mensch, sondern auch der Ideen Kleinheit und Rothaarigkeit. Schon hieraus ergibt sich, daß der Abschnitt, der die *Noeta* darstellt, größer ist als der Bereich der *Doxasta*. Das Verhältnis der sinnenfälligen Dinge zu dem washeitlichen Sein, den Ideen, umschreibt Platon nicht nur mit *eikon* und *mimesis*, sondern auch mit dem Begriff „Teilhabe" *(methexis)*. Die Dinge haben an den Ideen teil. Worauf die Teilhabe beruht, deutet Platon mehr an, als er es ausdrücklich lehrt. Die Dinge partizipieren insofern an der Ideenwelt, als die Ideen die urbildlichen Formen der Dinge sind. Nach dem Gesagten ist immer dann eine Idee anzusetzen, wenn das Denken eine Einheit in der Vielheit erfaßt. Die logische Konsequenz hiervon ist, daß jedem Begriff, d. h. jedem gedanklichen Erfassen einer Washeit, eine Washeit, eine Idee, zugeordnet werden muß. Das wiederum hat zur Folge, daß es nicht nur Ideen von Naturdingen, sondern auch von Artefakten, in der Sprache Platons „von Erzeugnissen des menschlichen Kunstfleißes" (Staat 510 a), gibt, zudem von Häßlichem, Schädlichem und Bösem. Platon schränkt das in der Folgezeit niemals ausdrücklich ein, aber in seinen Beispielen läßt er eine deutliche Vorliebe erkennen für die Ideen des Ästhetischen, des Moralischen und des Quantitativen, und noch zu seinen Lebzeiten entstand die Diskussion darüber, wovon es Ideen gibt. In der Spätphase seines Denkens, von der freilich nur Platons Schüler berichten, gestaltete Platon die Ideenlehre um und ordnete den Ideen Zahlen zu, die er von den mathematischen Zahlen unterschied. Ideen von Artefakten setzte er später – so Aristoteles – nicht mehr an. Der Grund hierfür ist einsichtig: Die Ideen sind Urbilder der sinnenfälligen Dinge. Urbild eines Hauses z. B. aber ist nicht eine transzendente Form, sondern der Plan, welchen der Architekt konzipiert.

Da jedes einzelne an einer Mehrheit von Ideen partizipiert oder wenigstens partizipieren kann, ist zu fragen: Wie ist die Relation der Ideen zueinander? Auch hier sei mit Hilfe eines Beispieles verdeutlicht, was gemeint ist. Der Satz ‚Die Rose ist eine Pflanze' gibt einen bekannten Sachverhalt wieder. Gemäß der Ideenlehre ist für den Artbegriff „Rose" eine Idee anzusetzen, ebenso für den Gattungsbegriff „Pflanze". In welcher Beziehung steht die Idee der Rose zur Idee der Pflanze? Wir können weiter fragen: Wie verhält sich die Idee der Gerechtigkeit zur Idee des Guten usw.? Die letzte

Frage ist vom Sonnengleichnis her leicht zu beantworten. Das Gute
an sich ist Ursache für Sein und Erkennbarkeit der Ideen. Also
sind alle Ideen durch das Gute das, was sie sind, und das, als was
sie erkannt werden. Offensichtlich aber stehen einige Ideen ihrem
Ursprung, dem Guten, näher als andere. Das Gerechte an sich
z. B. steht dem Guten näher als das Tapfere an sich. Außerdem
sind Beziehungen der Ideen zueinander anzunehmen. Die Ideen
stehen nicht nur in Relation zum Guten, sondern auch in Relation
zueinander. Einen Hinweis hierauf gibt das Liniengleichnis (Staat
511 b ff.): Wer die Erkenntnis der Ideen anstrebt, versucht, bis zum
voraussetzungslosen Ursprung vorzudringen. Wenn er ihn erfaßt
hat, hält er sich an alles, was in Zusammenhang mit dem voraussetzungslosen Ursprung steht, und untersucht die Ideen selbst nach
ihrem eigenen inneren Zusammenhang (511 c). Ein sehr gutes Beispiel für den Zusammenhang der Ideen, wenngleich boshaft gemeint, ist die große Dihairese im Sophistes (218 e ff.). Gesucht
wird die Definition des Sophisten, und als Vorübung wird die Be-
griffsbestimmung des Angelfischers geboten. Der Angelfischer übt
eine *techne*, eine Kunst, aus. Daher ist Ausgangspunkt des ganzen
Verfahrens der Begriff *techne*. Dieser Begriff wird durch Zweiteilungen zergliedert. Die *techne* wird eingeteilt in eine hervorbrin-
gende und eine erwerbende, die erwerbende in händlerische und
gewaltsame, die gewaltsame in die *techne*, welche Kampf verwendet, und in die, welche die Jagd verwendet. Die letztere zerfällt in
die Jagd auf Lebloses und Lebendiges, diese in die Jagd auf Land-
tiere und auf Wassertiere. Zu der letzten gehört die Jagd auf Was-
servögel und auf Fische. So geht es weiter, bis man schließlich bei
der Jagd auf Fische durch Harpunen und durch Angeln angelangt
ist. Damit ist der Angelfischer definiert als der, welcher die Fisch-
jagd mit Angeln betreibt. Dieses scheinbar dürftige Ergebnis der
umständlichen Dihairese erscheint sofort in einem anderen Licht,
wenn anschließend statt der Definition des Anglers die des Sophisten auf ähnliche Weise gewonnen wird. Das Ergebnis ist: Der
Sophist ist einer, der die Jagd auf vornehme junge Leute betreibt,
die viel Geld haben – man wird nicht annehmen, daß hiermit das
Wesen der Sophistik erfaßt wird. Platons Absicht ist deutlich: Die
Sophisten sollen wieder einmal lächerlich gemacht werden. Wenn
wir nämlich (vgl. H. Leisegang, 2494) in ähnlicher Weise, wie Platon es uns vormacht, die Definition des Geigenspielers aufstellen
wollen, kämen wir zu dem Ergebnis: Der Geigenspieler sei jemand,
der dadurch Musik macht, daß er mit einem Bündel von Haaren

auf vier getrockneten Därmen herumkratzt. Gleichwohl illuminiert
die große Dihairese des Sophistes, wenn auch auf wenig ernsthafte
Weise, das im Liniengleichnis angedeutete Verfahren des Philosophen, der die Ideen nach ihrem inneren Zusammenhang erkennen
will. Ausgangspunkt ist jeweils die Washeit, die über dem Ganzen
steht. Von dort geht es stufenweise in Zweiteilungen abwärts, bis
man das erreicht, worauf man es abgesehen hat. Dieses Verfahren
nennt Platon (Staat 511 b) *dialegesthai*. Die Methode des Philosophen ist also die Dialektik. Die Dialektik, die Kunst des richtigen
Fragens und Antwortens, wird bei Platon zur Philosophie im
eigentlichen Sinne, nämlich zu der Wissenschaft, welche zum Seienden und zum Guten vordringt und von dort wieder zurückschreitet
durch den Bereich der dihairetisch gegliederten Washeiten. Sie ist
noesis oder *episteme* im eigentlichen Sinne. Ein solches Vordringen
zur obersten Idee und der sich anschließende Abstieg sind aber nur
dann möglich, wenn das Reich der Washeiten einer Pyramide zu
vergleichen ist, über der das Gute steht. Innerhalb dieser Ideen-
pyramide können die Washeiten eine Gemeinschaft miteinander
eingehen und sich miteinander mischen, ohne daß sie ihre Eigenart
verlieren und sich mit anderen Washeiten identifizieren. Auf diese
Weise verbindet sich (Sophistes (251 a ff.) das Sein einerseits mit
der Bewegung, insofern die Washeiten in Relation zueinander
stehen, andererseits mit der Ruhe: Die Washeiten bleiben, was sie
sind. Allerdings verbindet sich nicht jede Washeit mit jeder anderen. Bewegung und Ruhe z. B. schließen einander aus, das Sein
aber mischt sich mit beiden. Jedes dieser drei, Sein, Ruhe, Bewegung, ist mit sich selbst identisch und von den beiden anderen verschieden. Daher ergeben sich zwei zusätzliche Hauptideen, Identität und Andersheit oder Verschiedenheit. Auch Identität und Andersheit können mit den anderen Washeiten eine Gemeinschaft eingehen. Betrachtet man von diesen fünf die Relation der Bewegung
zum Sein, dann zeigt sich, daß die Bewegung sowohl Sein als Nicht-
sein ist. Sein ist sie insofern, als sie sich mit dem Sein verbindet.
Da Bewegung aber nicht identisch ist mit Sein, somit etwas anderes ist als das Sein, steht die Bewegung in Relation zur Andersheit.
Was aber anders ist als das Sein, ist Nicht-Sein. Andersheit ist daher Nicht-Sein. Da jedes *eidos* etwas anderes ist als die anderen
eide, ist jedes *eidos,* jede Washeit, nicht-seiend im Vergleich zu
den anderen. Das gilt auch für das Sein oder die Seinsheit. Die
Andersheit oder das Nicht-Sein verbreitet sich über den gesamten
Bereich der Realität und zerteilt sich in viele Teile. Ihre Teile, die

dem Schönen, Großen, Gerechten entgegengesetzt sind, sind das Nicht-Schöne, das Nicht-Gerechte, das Nicht-Große. Jedem dieser Teile kommt ebenso das Sein zu wie der Andersheit als Ganzem.

Wir können uns jetzt dem zweithöchsten Abschnitt der Linie zuwenden.

Die hypotheseis:

Was sind die *hypotheseis?* Die Mathematiker setzen, so heißt es in der Deutung des Gleichnisses (510 c), das Gerade und Ungerade, die Figuren, die dreierlei Arten der Winkel und was damit verwandt ist bei ihrem jeweiligen Beweisverfahren voraus und machen, als wären sie sich vollständig darüber im klaren, es einfach zu *hypotheseis* ihrer Beweise. Dabei fühlen sie sich nicht verpflichtet, sich selbst oder anderen noch Rechenschaft darüber zu geben. Vielmehr schreiten sie von diesem Ausgangspunkt alsbald zur weiteren Ausführung fort und erreichen schließlich denjenigen Punkt, auf dessen Untersuchung sie es abgesehen haben. Die *hypotheseis* sind die Grundlagen der Mathematik und der ihr verwandten Wissenschaften (ähnlich 511 b: Stufen und Ausgangspunkte). Welcher Art sind diese Grundlagen? Platon nennt einige: das Ungerade und Gerade, die geometrischen Figuren, die dreierlei Arten der Winkel (510 c), das Quadrat an sich, die Diagonale an sich (510 d). Diese Grundlagen werden von den mathematischen Wissenschaften nicht eigens untersucht, sondern vorausgesetzt. Von ihnen nimmt der Beweis seinen Ausgang. Hierzu ein Beispiel: Die Mathematik arbeitet mit Zahlen. Sie fragt aber nicht: Was ist Zahl? Mit einer solchen Fragestellung nämlich überschreitet sie ihren Bereich. Wird diese Frage doch gestellt, dann sind wir nicht mehr im Bereich der Mathematik, sondern in dem der Philosophie. So jedenfalls stellt es Platon dar. Der Mathematiker überschreitet nicht die Region der *hypotheseis,* sondern bleibt in ihr (510 c ff.). Subjektive Ausgangspunkte sind die *hypotheseis* im Liniengleichnis keineswegs, wohl aber Ausgangspunkte (*hormai:* 511 b 6) gegenständlicher Art. D. h.: Diese Objekte der Wissenschaften, wie die *hypotheseis* auch genannt werden können, sind keinesfalls Begriffe und als solche Schöpfungen des menschlichen Denkens, sondern sie sind wirklich Seiendes, wenn auch von anderer Art als die Ideen. Die *hypotheseis* als die Objekte der Wissenschaften sind Abbilder der Ideen innerhalb des Intelligiblen (vgl. 532 c). Als Abbilder der Ideen können die *hypotheseis* nicht selbst eine besondere Art von Ideen, etwa

mathematische Ideen, sein, was in der Forschungsliteratur immer
wieder behauptet wird (so z. B. D. Ross, 65). Von hier aus erhält
das Zeugnis des Aristoteles über die Zwischenstellung des Mathematischen bei Platon seine volle Berechtigung. Im ersten Buch der
Metaphysik (A 987 b 14 ff.) berichtet Aristoteles über Platon folgendes: „Ferner sagt er, zwischen dem Sinnenfälligen und den
Ideen stehe das Mathematische, es unterscheide sich vom Sinnenfälligen dadurch, daß es ewig und unveränderlich sei, von den
Ideen unterscheide es sich dadurch, daß es im Bereich des Mathematischen vieles Gleichartige gebe, während die Idee jeweils nur
eine sei." Damit ist folgendes gemeint: In der Ideenwelt gibt es
die Washeit Einheit. Diese Einheit ist ewig, unveränderlich und
wesensmäßig von allem, was nicht sie selbst ist, verschieden. Daher
kann der Idee Einheit nicht die Idee Zweiheit beigefügt werden,
so daß sich aus beiden zusammen die Idee Dreiheit ergäbe. Im Bereich der Mathematika aber kann gezählt werden: $1 + 1 + 1$ oder
$1 + 2$ usw. Die Mathematika oder die *hypotheseis* sind also wie
die Ideen ewig und unveränderlich, jedoch nicht wesensmäßig verschieden von allem, was nicht sie selbst sind. Daher kann hier
addiert, subtrahiert usw. werden. In der sinnenfälligen Welt endlich tritt uns die Einheit immer nur als wandelbare und vergängliche entgegen, als die geschriebene Zahl 1, als ein Mensch, ein
Tier usw. Ein anderes Beispiel: Die mathematische Gleichheit ist
ein Abbild der Gleichheit selbst; sie ist nicht identisch mit der
Gleichheit selbst, weil nach Platons Auffassung die mathematische Gleichheit sich immer auf quantitative Verhältnisse bezieht.
Die Gleichheit selbst, die Idee Gleichheit, steht über allem Quantitativen und auch über allem Qualitativen; und was wir innerhalb
der sinnenfälligen Welt als gleich bezeichnen, ist immer mit Un-
gleichheit vermischt. Es gibt keine zwei sinnenfälligen Naturdinge,
die gänzlich gleich wären; und die sinnenfälligen Figuren, mit
denen der Mathematiker die Relationen der *hypotheseis* sinnbild-
lich darstellt, sind immer mehr oder weniger gleich. Hiermit ist
auch die letzte der oben gestellten Fragen beantwortet, nämlich
die Frage nach den Abbildern der *hypotheseis*. Die Figuren und
geschriebenen Zahlen, deren sich die Mathematiker bedienen,
„dienen ihnen als Bilder, mit deren Hilfe sie eben das zu erkennen
suchen, was niemand auf andere Weise erkennen kann als durch
den Verstand" (510 e). Innerhalb der sinnenfälligen Welt sind die
Dinge teils Abbildungen der Ideen, teils Abbildungen der *hypotheseis*. Fassen wir zusammen: Die *hypotheseis* sind keine mathe-

matischen Ideen, sondern Abbildungen der Ideen innerhalb des
Intelligiblen. Abbildungen der *hypotheseis* sind ein bestimmter
Teil der sinnénfälligen Dinge. Die den *hypotheseis* zugeordnete Er-
kenntnisweise bezeichnet Platon als *dianoia*. Sie ist unklarer als die
noesis oder *episteme* im eigentlichen Sinne, die der Erkenntnis der
Ideen vorbehalten ist. Während die *noesis* oder die strenge philosophische Erkenntnis von den *hypotheseis* ausgeht und sich den
Ideen zuwendet, ohne irgendetwas Sinnenfälliges zu verwenden,
behilft sich die *dianoia* mit sinnenfälligen Darstellungen und dringt
nicht zu den Ideen vor. Der Unterschied zwischen diesen beiden
Erkenntnisweisen, die beide Nicht-Sinnenfälliges zum Gegenstand
haben, liegt auch darin begründet, daß die *dianoia* den Transcensus über das sinnlich Erfahrbare vollzieht; den zweiten Transcensus über die *hypotheseis* hinaus zu den Ideen kann nur die *noesis*
leisten. Daß den beiden Regionen des Intelligiblen zwei verschiedene Erkenntnisarten zugewiesen werden, beruht auf dem Grundsatz: Gleiches wird durch Gleiches erkannt, der auf Parmenides
(Fr. 16) und Empedokles (Fr. 109) zurückgeht.
Der zweituntere Abschnitt BC symbolisiert die sinnenfälligen
Naturdinge „und jede Art von Erzeugnissen des menschlichen
Kunstfleißes" (510 a 6). Die ihm zugeordnete Erkenntnisart charakterisiert Platon mit *pistis*, „Glauben" oder „Meinen". Wenn man
das Wort mit „Glauben" übersetzt, muß man sich darüber klar
sein, daß keineswegs eine theologische Bedeutung angenommen
werden darf. Mit der Verwendung dieses Wortes will Platon darauf hinweisen, daß der sinnlichen Wahrnehmung die erfahrbaren
Dinge zwar unmittelbar präsent sind, daß aber die Sinneserfahrung von der Wahrheit weitab steht und sie uns daher nur zu
einem Meinen oder Glauben, nicht aber zu einem Wissen verhilft.
Noch undeutlicher ist die unterste Stufe des Erkennens, die *eikasia*,
das Vermuten. Ihr Gegenstand ist nicht das Ding selbst, sondern
das Bild. Mit „Bild des Gegenstandes" meint Platon hier (vgl.
509 e f.) Schatten und Spiegelbilder. *Pistis* und *eikasia* sind daher
die direkte und die indirekte sinnliche Wahrnehmung. Beide zusammen sind *doxa*. Auch für den unteren Abschnitt der Linie gilt
der vorhin erwähnte Grundsatz: Gleiches wird durch Gleiches erkannt. Es ist keineswegs so, daß *pistis* und *eikasia* verschiedene
Erkenntnisweisen sind, ein und dasselbe zu erfassen. Wenn auch
die *eikasia* des Liniengleichnisses das Objekt durch ein Bild zu
erkennen trachtet, ist ihr unmittelbares Objekt das Bild oder der
Schatten. Daß aber der Schatten oder das Bild etwas anderes ist als

der Gegenstand selbst, ist offensichtlich. Außerdem sind hierzu
Platons Ausführungen im zehnten Buch des Staates zu vergleichen
(597 e): Der Nachahmer steht mit seinem Erzeugnis an dritter
Stelle von der Wirklichkeit entfernt. Ferner Philebos 58 e ff. und
61 e ff.: Die Wissenschaften unterscheiden sich an Genauigkeit nach
ihren Objekten.
Damit ist die Interpretation des Liniengleichnisses abgeschlossen.
Nicht zu verkennen ist, daß das platonische Schema und auch die
Deutung die Idee des Guten, die gemäß dem Sonnengleichnis die
Ideenwelt transzendiert, nicht berücksichtigen. Das kann ein Hinweis darauf sein, daß die Idee des Guten schwierig zu erkennen
ist (vgl. 517 c) und sich einer adäquaten Erkenntnis zumeist entzieht. Ein anderes, auf das hingewiesen werden muß, ist, daß die
Übergänge von einer Erkenntnisstufe zur anderen im Liniengleichnis nicht erörtert werden. Das geschieht mit Absicht: Bildung und
Erziehung sowie ihr Gegenteil beleuchtet das Höhlengleichnis
(514 a ff.).

Höhlengleichnis

Die Deutung dieses Gleichnisses stellt uns nicht mehr vor solche
Schwierigkeiten wie das vorhergehende; denn Platon interpretiert
selbst das Höhlengleichnis und verwendet dabei die Ergebnisse des
Liniengleichnisses. Die Wohnung in der Höhle ist Bild für „die
durch den Gesichtssinn uns erscheinende Welt". Damit ist zugleich
ausgesprochen, daß sie die sinnlich-erfahrbare Welt symbolisiert.
Denn der Gesichtssinn als das vornehmste Sinnenvermögen kennzeichnet bei Platon bisweilen Wahrnehmung überhaupt. Das Höhlenfeuer stellt „die Kraft der Sonne" dar (beides 517 b). Der Mensch,
welcher an den Bereich der Wahrnehmung gefesselt ist, hält das,
was er wahrnehmen kann, für das Seiende, für die einzige Realität. Der Aufstieg nach oben und die Betrachtung der oberen Welt
ist „der Erhebung der Seele in das Reich des nur geistig Erkenn-
baren" (517 b) zu vergleichen. Anfang jeder *Paideia* ist „eine Lösung
von den Fesseln" (515 c) und damit der Beginn der „Heilung vom
Unverstand" (a.a.O.). Die Umwendung, das Blicken auf das Höhlenfeuer und das „Zeug" (Heidegger, Lehre, 7), das entlang der
Mauer vorbeigetragen wird, geschieht unter Zwang (515 c): Der
Mensch sträubt sich dagegen, aus seiner Gewohnheit gerissen zu
werden. Er ist verwirrt. Wenn man ihm noch sagt, das, was er im
Zustand des Gefesseltseins, der Unwissenheit wahrgenommen hat,

sei nur ein Schatten der Wirklichkeit, dann glaubt er das nicht, sondern will wieder in seine vertraute Umgebung zurück. Man tut ihm aber nicht den Gefallen, ihn unwissend zu lassen, sondern schleppt ihn aus der Höhle der Unwissenheit an die Oberwelt. Hier läßt man ihn zunächst das sehen, was sein noch an die Dunkelheit der Höhle gewöhnter Blick erkennen kann. Allmählich gewöhnt man ihn daran, das Tageslicht und schließlich die Sonne selbst, d. h. die Washeiten und das sie konstituierende Gute, zu betrachten. Dieser langsame Übergang vom Dunkel zum Licht bedeutet nichts anderes, als daß wissenschaftliche und vor allem philosophische Erkenntnis nicht auf einmal gewonnen wird, sondern stufenweise voranschreitet. Wer in die Wissenschaften und vollends in die Philosophie eingeführt wird, ist nicht gleich ein Meister.

Wer vollzieht die Umwendung von den Schatten zu den Dingen? Wer führt den Befreiten aus der Höhle der Unwissenheit in die Region des Denkens, in den Bereich von Wissenschaften und Philosophie? Platon antwortet (533 c, d): Das tut die dialektische Methode. „Sie zieht das in einem Morast von Barbarei vergrabene Auge der Seele allmählich ans Licht hervor und führt es aufwärts, wobei sie sich der ‚mathematischen Wissenschaften‘ als Mithelferinnen und Mitarbeiterinnen bedient." Arithmetik, Geometrie, Astronomie und Harmonielehre sind die Wissenschaften, welcher sich die Philosophie bedient, um den Menschen schrittweise zu höheren Erkenntnissen bis zur philosophischen Einsicht gelangen zu lassen, wobei zu beachten ist, daß Platon (Philebos 56 d 4 ff.) zwei Arten von Mathematik unterscheidet. Eine ist die, mit denen sich die meisten im alltäglichen Leben behelfen, die andere ist die Wissenschaft, welche zusammen mit der Dialektik und unter ihrer Leitung aus der Höhle der Unwissenheit hinaus zur Erkenntnis der Wirklichkeit führt. Die Zahlen gehören zu dem, was zu einer denkenden Betrachtung auffordert, da sie von der Sinneswahrnehmung nicht hinreichend erfaßt werden. Deshalb kann schon die nicht-philosophische Mathematik bis zu dem „Zeug" führen, während die Befreiung aus der Höhle von der Mathematik und den ihr verwandten Fächern unter der Leitung der Dialektik vorgenommen wird.

Was ist der Grund dafür, daß Platon nur der Philosophie die Möglichkeit einräumt, zur vollen Erkenntnis des Seienden zu gelangen, während die übrigen Wissenschaften zwar sehr weit vordringen, nicht jedoch bis zu den Washeiten und gar nicht bis zum Guten, das selbst der Philosophie vielfach verborgen bleibt? Der Grund

liegt nicht so sehr in der Methode als in den Gegenständen der
Wissenschaften einerseits und der Philosophie andererseits. Die
Wissenschaften stellen die Frage nach dem Was für einen ein-
geschränkten Bereich, erreichen aber nicht die Washeiten, während die Philosophie die Frage nach dem Was uneingeschränkt stellt
und sich über die Einzelwissenschaften zur Schau der Ideen erhebt
oder vielmehr erheben will. Ob es ihr gelingt, ist das große Problem. Hinweise darauf, daß seine eigene Lehre von den Washeiten
und dem Guten vielleicht nur Meinung, kein Wissen ist, gibt Platon selbst (Staat 517 b; vgl. 506 e).

Zusammenfassung:

Das Höhlengleichnis will den Aufstieg von der Sinneserfahrung
bis zur Schau der Washeiten und des Guten verständlich machen.
Erste Stufe des Aufstiegs ist die Einsicht, daß die Sinneserfahrung
nicht die Wirklichkeit erkennen kann, sondern daß das, was sie für
das Seiende ausgibt, nur ein Schatten, ein Zeichen der Realität ist.
Das, was auf der ersten Stufe des Aufstiegs erkannt wird, ist nicht
die Realität selbst, sondern ein Abbild der Realität. Das „Zeug",
das an der Brüstung in der Höhle vorbeigetragen wird, sind Abbilder, nicht die Dinge der Oberwelt selbst. Wenn dieses „Zeug"
als Symbol der Objekte der niederen Wissenschaften fungiert,
scheint die Deutung des Höhlenfeuers als der Sonne sinnlos zu
sein. Die Sonne bewirkt nämlich nicht, daß die Erscheinungen den
Wissenschaftsobjekten entsprechen. Andererseits sagt Platon
(517 b 3) ausdrücklich, das Höhlenfeuer sei der Kraft der Sonne
gleichzusetzen. Wie ist das zu verstehen?
Nach dem Sonnengleichnis (509 b 2–4) verleiht die Sonne „dem
Sichtbaren nicht nur das Vermögen, gesehen zu werden, sondern
auch Werden, Wachstum und Nahrung, ohne selbst ein Werden
zu sein". Sie hat also gnoseologische und ontologische Bedeutung,
und das trifft auf das Höhlenfeuer zu (517 d 3): Die Kraft der
Sonne als gnoseologisches und ontologisches Medium bewirkt,
daß die höhere Realität (515 b 3), die den Erscheinungen zugrunde
liegt, sich in den Erscheinungen äußert, und daß die Erscheinungen
wahrgenommen werden können. Ähnlich interpretiert Heidegger:
„Das Höhlenfeuer, das die sich selbst im eigenen Wesen nicht ken-
nende Vernehmung der Schatten ermöglicht, ist das Bild für den
unbekannten Grund jener Erfahrung des Seienden, die zwar Seiendes meint, aber es nicht als ein solches kennt" (Heidegger, Lehre,
39). Die zweite Phase des Aufstiegs führt aus der Höhle hinaus zu

der Sicht der Schatten und Abbilder der Dinge an der Oberwelt, d. h. sie transzendiert den Bereich der Sinneserfahrung und der niederen Wissenschaften und verweilt bei den intelligiblen Abbildern der Washeiten, bei den Objekten der philosophischen Mathematik und der verwandten Disziplinen. Die Washeiten selbst — damit ist die dritte und letzte Stufe des Aufstiegs und die vierte Stufe der Realität erreicht — werden zuletzt erkannt. Sie sind der eigentliche Bereich der Dialektik. Dieser so dargestellte Aufstieg vollzieht sich langsam und mit Mühe.

Nach vollzogenem Aufstieg aus der Höhle verlangt Platon etwas Sonderbares: Der Befreite muß wieder hinab. Wie wird es ihm ergehen, wenn er wieder in die Höhle gelangt ist, weshalb muß er wieder in die Höhle, und wie verhält er sich dazu, daß er wieder absteigen muß? Er wird keine Neigung haben, wieder zum geistigen Troglodyten zu werden und die Schau der Wirklichkeit mit dem Spuk der Schatten zu vertauschen. Aber darauf wird keine Rücksicht genommen. Er muß wieder hinab. Wie wird es wohl dem Wissenden unter lauter Unwissenden ergehen? Er ist zunächst ungeschickt. Seine frühere Umgebung ist ihm fremd geworden. Sein geistiges Auge hat sich noch nicht an die Dunkelheit des Nichtwissens gewöhnt. Seine Umgebung schließt aus diesem Verhalten, daß der Aufstieg an die Oberwelt schädlich sei. Bildung verdirbt Charakter und Geist und macht unfähig für das praktische Leben. Wenn jemand versucht, die Fessel der Unwissenheit zu lösen und die Menschen ins Licht der Erkenntnis und der Wahrheit zu führen, ist es möglich, daß es ihm bei einem solchen Versuch sehr schlecht ergeht. Nicht nur Sokrates ist der Versuch übel bekommen. Weshalb aber soll sich der Wissende überhaupt einem solchen Wagnis aussetzen? Für ihn selbst wäre es doch besser, sich im Bereich seiner Wissenschaft aufzuhalten? Platon antwortet (520 c): „Jeder von euch muß hinabsteigen in die Wohnstätten der anderen und sich daran gewöhnen, die Finsternis zu schauen. Denn, einmal daran gewöhnt, werdet ihr tausendmal besser sehen als jene da drunten und alle jene Bilder erkennen und beurteilen, was sie sind, und was ihr Ursprung ist. Denn ihr habt ja die Wahrheit über das Schöne, Gerechte und Gute geschaut." Erst dann nämlich wird es nach Platon um die Menschheit gut bestellt sein, wenn sie geleitet wird von solchen, die wirkliche Einsicht erlangt haben. Wirkliche Einsicht ist Philosophie. Platon verlangt also, daß „politische Macht und Philosophie in eins zusammenfallen" (473 d). Die Philosophen sollen den Staat regieren, oder die Regierenden

sollen Philosophen werden. Platons Staat ist ganz an der Gerechtigkeit orientiert. Das bedeutet, daß, wer an der Spitze des Staates
steht, wissen muß, was Gerechtigkeit ist, wie sie erlangt wird,
worin sie sich äußert. Und weiter: Wer Menschen leiten will, muß
wissen, mit wem er es zu tun hat. Ein solches Wissen – gemeint ist
Einsicht in das, was ist – kann nur der haben, dem die Washeiten
sich erschließen, dem sie unverborgen sind, nicht aber der Unwissende. Nur der Wissende kann in der Praxis beurteilen, was gut,
gerecht usw. ist, und auf Grund seines Wissens das Gute, Gerechte
usw. in dieser Welt herbeiführen.

Anthropologie

Was der Mensch ist, erschließt sich uns nicht dadurch, daß wir
ausschließlich die Leiblichkeit des Menschen unter biologischem
Aspekt erforschen. Die Frage, was der Mensch sei, ist nur zu beantworten, wenn wir durch die Kraft der *noesis* Zugang zu der
menschlichen Seele zu gewinnen suchen. Da die Seele niemals Gegenstand der Sinneserfahrung wird, muß eine Betrachtung der
Menschennatur den Transcensus über das Empirische vollziehen,
ebenso wie jede Frage nach dem Was über die Erfahrung hinausführt. Nur die der Empirie verborgene Seele läßt den Menschen
Einsicht in Wahrheit und Falschheit gewinnen und sich über das
unmittelbar Gegenwärtige erheben. Nur sie verleiht ihm die
Sprache, sie allein macht ihn zum Menschen. Was also ist die Seele
des Menschen? Das ist die Frage, welche die Anthropologie zu stellen hat. Zwar wird schon in den Frühdialogen das Problem der
Beschaffenheit der Seele als das Wichtigste bezeichnet im Anschluß
an den sokratischen Begriff der Fürsorge für die Seele. Aber erst
im Zusammenhang mit der Ideenlehre wird dieses Problem zu
einem eigenen Thema. Die für sich selbst existierenden Washeiten
können nur durch etwas erkannt werden, das den Washeiten selbst
ähnlich ist, durch etwas, das zwar nicht selbst eine Washeit ist,
aber ihnen doch verwandt ist. Das bedeutet, daß die Seele wie die
Washeiten ewig sein und für sich selbst bestehen muß. Dem Nachweis dieses Sachverhaltes ist der Phaidon gewidmet, außerdem
Teile der Politeia und des Phaidros.

Die Unsterblichkeit der Seele

Der Phaidon enthält vier Argumente für die Unsterblichkeit der
Seele. Die beiden ersten Argumente sind eng miteinander verbunden, so daß sie als ein Beweis in zwei Schritten betrachtet werden

dürfen. Das erste Argument: Platon geht aus vom Gedanken des
Kreislaufs in der Natur. Alle Naturdinge entstehen aus ihrem Gegenteil. Diesen Gedanken überträgt Platon auf alles, zu dem es
einen Gegensatz gibt. Gerechtes ist dem Ungerechten entgegengesetzt, Schönes dem Häßlichen, Großes dem Kleinen, Wachen dem
Schlafen. Zwischen den Gegensätzen sind zwei Arten des Werdens
anzusetzen: zwischen Schlafen und Wachsein liegt das Aufwachen,
zwischen Wachsein und Schlafen das Einschlafen. Ähnliches gilt
bei allem Werden aus Gegensätzen. Ebenso entgegengesetzt wie die
genannten Gegensatzpaare sind Leben und Tod. Wenn das richtig
ist, muß auch das Lebendigsein aus dem Totsein entstehen und das
Totsein aus dem Lebendigsein. Das letztere ist evident: Totsein
entsteht aus dem Lebendigsein. Das dazwischenliegende Werden
kennen wir ebenfalls: wir nennen es „Sterben". Woraus entsteht
das Lebendigsein? Aus seinem Gegenteil, dem Totsein. Das dazwischen anzusetzende Entstehen und Werden ist das Geboren-
werden. Was ergibt sich aus all dem für die Seele? Nichts, wenn
wir annehmen, die Gegensätze selbst entstünden auseinander. Aber
jede Veränderung ins Gegenteil vollzieht sich an einem Zugrundeliegenden: Nicht das Gerechte entsteht aus dem Ungerechten und
umgekehrt, sondern der Mensch wird aus einem ungerechten Menschen zu einem gerechten Menschen und umgekehrt. Nicht das
Wachsein entsteht aus dem Schlafen, sondern der Mensch ist das
Zugrundeliegende, an welchem sich der Wechsel von Schlafen und
Wachen vollzieht (vgl. Phaidon 103 ab). Aus dem entgegengesetzten
Ding wird das entgegengesetzte Ding. Die Gegensätze selbst aber
verändern sich nicht in ihr Gegenteil. Tritt an dem Zugrundeliegenden der eine der entgegengesetzten Zustände auf, dann verschwindet der andere. Ebenso wie Wachen und Schlafen sind
Lebendigsein und Totsein Zustände, die ein Zugrundeliegendes
erfordern. Sie sind nicht etwas, das für sich besteht, sondern etwas,
das an einem Substrat ist. Was ist das Substrat, das Zugrundeliegende, für diese Zustände? Der menschliche Körper kann es nicht
sein. Denn er zerfällt nach dem Tod. Also muß die Seele das Zugrundeliegende sein, an welchem sich der Wechsel von Leben und
Tod vollzieht. D. h.: Wie Wachen und Schlafen wechselnde Zustände des Menschen sind, so sind Leben und Tod wechselnde Zustände der Seele. Der Mensch überdauert den Wechsel von Wachen
und Schlafen; ebenso überdauert die Seele den Wechsel von Leben
und Tod. Leben ist nichts anderes als die Vereinigung der Seele
mit dem Körper. Tod ist die Trennung der Seele vom Körper, wo-

bei aber die Seele selbst nicht stirbt, sondern allein für sich existiert. Wie der Schlafende erwacht, so tritt auch die vom Körper getrennte Seele wieder in einen Körper ein. Nach bestimmter Zeit verläßt sie diesen Körper, existiert einige Zeit für sich vom Körper getrennt, geht wieder in einen Körper ein usf. Wäre das nicht so, würden die vom Körper getrennten Seelen nicht wieder in andere Körper übergehen, dann wäre schließlich aus unserer Erfahrungswelt alles Leben verschwunden. Das fortwährende Neuentstehen in der Natur beweist aber das Gegenteil, daß nämlich von einem allmählichen Verschwinden des Lebendigen, dessen Endprozeß der Tod von allem wäre, nicht die Rede sein kann. Es gibt also einen Kreislauf von Leben und Tod. Das, was diesen Kreislauf überdauert, ebenso wie der menschliche Körper den Kreislauf von Wachen und Schlafen überdauert, ist die Seele. Wenn aber die Seelen nicht sterben, sondern bei der Trennung vom Körper und nach ihr weiter existieren, kann die Anzahl der Seelen nicht geringer werden. Sie kann aber auch nicht größer werden; denn es kommen keine neuen Seelen zu den bestehenden hinzu (Staat 611 a).

Die Lehre von der Seelenwanderung wurde nicht von Platon als erstem aufgestellt. Xenophanes (Fr. 7) bezeugt die Seelenwanderungslehre für Pythagoras, ebenso Empedokles (Fr. 129); Herodot (2, 123) berichtet, die Ägypter seien die ersten gewesen, welche eine Seelenwanderung angenommen hätten. Von einer Seelenwanderung spricht auch der Dichter Pindar. Für Parmenides bezeugt Simplikios (Physik-Kommentar 39, 17 ff.) diese Lehre. Platon selbst sagt im Menon 81 b: „Pindar und viele andere Dichter sagen, die Seele des Menschen sei unsterblich, und bald komme sie ans Ende, was sie ‚Sterben' nennen, bald aber werde sie wiedergeboren, zugrunde gehe sie aber nie."

Wenn die Seele in eine Vielzahl von Körpern eingeht und zwischen den einzelnen Inkarnationen in einer jenseitigen Welt umherschweift, dann „gibt es nichts, wovon sie nicht eine Erkenntnis erlangt hätte" (Menon 81 c). Es ist daher möglich, daß sich die Seele an das erinnern kann, was sie auf ihrer Wanderung geschaut hat. Im Dialog Menon ist zwar die Ideenlehre noch nicht mit der Anamnesis-Theorie verbunden, wir sehen aber deutlich, woraus die Ideenlehre hervorgeht, nämlich aus der Suche nach dem unveränderlich Seienden, das allein Gegenstand der *Episteme* sein kann. Im Phaidon liegt die Lehre von den Ideen vor, und die *Anamnesis* richtet sich ausdrücklich auf die Ideen. Außerdem wird im Phaidon

aus der Anamnesis-Theorie ein Teilbeweis für die Unsterblichkeit
der Seele gestaltet. Wiedererinnerung beruht auf Assoziation. Die
Assoziationsgesetze sind: das Gesetz der Ähnlichkeit, des Kontra-
stes und der Nachbarschaft in Raum und Zeit, d. h. der Kontigui-
tät. Für die Wiedererinnerung, welche zur Erkenntnis der Washeiten führt, ist das Assoziationsgesetz der Ähnlichkeit wichtig.
Die Dinge unserer Erfahrungswelt sind mehr oder weniger gleich,
mehr oder weniger gut, mehr oder weniger schön. Wo es ein Mehr
oder Weniger gibt, muß es ein Absolutes geben. Dieses Absolute,
wenn wir bei unseren Beispielen bleiben, das Gleiche an sich, das
Gute an sich und das Schöne an sich, kann als Absolutes kein Mehr
oder Weniger zulassen. Das an sich Gleiche ist nicht in bezug auf
ein anderes mehr oder weniger gleich, sondern immer das, was es
ist, das absolut Gleiche und so bei allem, beim Guten, beim Schönen und allen Ideen. Kenntnis des absolut Gleichen, Guten und
Schönen können wir nicht von den Dingen der Erfahrungswelt gewinnen, die wir als mehr oder weniger gleich, gut und schön bezeichnen. Denn bei diesen Dingen überwiegt die Verschiedenheit. Folglich müssen wir die Kenntnis des Absoluten, das kein Mehr oder
Weniger aufnimmt, anderswoher haben. Weil die Seele, solange
sie im Körper weilt, der Sinneserfahrung verhaftet ist, müssen wir
die Kenntnis des Absoluten zu einem Zeitpunkt gewonnen haben,
da unser Denken nicht durch die Empirie verdunkelt war, sondern
die Washeiten selbst schauen konnte. Das aber konnte nur vor
dem Eintritt der Seele in den Körper erfolgen. Hier ergeben sich
zwei Möglichkeiten: Entweder ist die Seele bei dem Eintritt in den
Leib im Besitz ihres Wissens geblieben, oder sie hat alles vergessen, was sie in der Präexistenz geschaut hat, als sie in den Leib
einging. Wenn die Seele ihr Wissen behalten hätte, als sie sich mit
dem Körper verband, müßten wir von frühester Jugend an von
den Washeiten Kenntnis besitzen. Das aber ist offensichtlich nicht
der Fall. Also bleibt nur die zweite Möglichkeit: Die Seele hat bei
dem Eintritt in den Körper alles vergessen, was sie in der Präexistenz gesehen und erfahren hat. Auf Grund des Assoziations-
gesetzes der Ähnlichkeit erinnert sie sich an ihr früheres Wissen.
Wenn sie dieses Wissen wiedererworben hat, vermag sie die Dinge
der Erfahrungswelt richtig zu beurteilen. Die Anamnesis-Lehre leistet also zweierlei: 1. Sie gibt Antwort auf die Frage, woher wir
ein Wissen besitzen über etwas, das nie Gegenstand der Erfahrung
wird. Jede notwendige und allgemeingültige Erkenntnis gewinnt
die Seele dadurch, daß sie sich an das erinnert, was ihr vor dem

Eintritt in den Körper zugänglich war. 2. Die Präexistenz der Seele
ist untrennbar verbunden mit dem Sein der Washeiten. Wie die
Washeiten unveränderlich sind, so ist die Seele präexistent.

Die Anamnesislehre wird im Phaidon deshalb vorgetragen, weil
sie ein Argument für die Unsterblichkeit der Seele sein soll (73 a).
Sie beweist jedoch nur die Präexistenz der Seele. Daher ist einstweilen der Einwand (Phaidon 77 b) berechtigt, die Seele könne
sehr wohl präexistent sein, aber wenn sie sich vom Körper trenne,
könne sie sich verflüchtigen und daher ihr Ende finden. Um diesen
Einwand zu entkräften, verbindet Platon den Anamnesis-Beweis
mit dem voraufgehenden Argument, alles entstehe aus seinem Gegenteil. Das Anamnesis-Argument beweist, daß der Seele Sein zukommt, bevor sie in den Körper eintritt. Verbunden mit der Lehre
vom Kreislauf in der Natur ist damit die Existenz der Seele jeweils
für den Zeitraum gesichert, da sie vom Körper getrennt ist. Hiermit scheint die Unsterblichkeit der Seele bewiesen zu sein. Jedoch
gibt Platon sich mit diesem Argument nicht zufrieden. Noch ist
nicht bewiesen, daß die Seele so beschaffen ist, daß sie sich gar nicht
auflösen kann.

Der zweite Beweis (78 b–84 b): Demonstriert werden soll, daß die
Seele sich nicht auflösen kann. Das, was durch Zusammensetzung
gebildet wurde und zusammengesetzt ist, kann, wie es zusammengesetzt wurde, in seine Bestandteile aufgelöst werden. Daß Entstehen ein Zusammengesetztwerden und Vergehen ein Sich-Auf-
lösen in die Teile der Zusammensetzung ist, beobachten wir besonders deutlich bei den Artefakten. Aber auch die Naturdinge entstehen dadurch, daß Grundbestandteile sich miteinander verbinden. Wenn die Naturdinge vergehen, zerfallen sie in ihre Grundbestandteile. Da Entstehen und Vergehen nichts anderes sind als
Zusammensetzung und Trennung, ist das, was sich immer gleich
verhält, was nicht entsteht und vergeht, das Nicht-Zusammen-
gesetzte. Was nicht zusammengesetzt ist, kann nicht entstanden
sein, weil Entstehen nichts anderes heißt als aus Teilen zusammengesetzt werden. Auch kann es nicht vergehen. Das trifft für die
Washeiten zu. Die Washeiten sind nur dem Denken zugänglich,
nicht aber der sinnlichen Wahrnehmung. Die Trennung der Bereiche Zusammengesetztes – Unzusammengesetztes, Veränder-
liches – Unveränderliches, ist demnach gleich der Trennung des
Sinnlich-Wahrnehmbaren und des nur durch den Verstand zu
Erfassenden. Es gibt also zwei Arten des Seienden (Phaidon 79 a 6):
Die eine Art ist durch die Sinne wahrnehmbar, die andere Art ist

unsichtbar. Die sinnlich wahrnehmbare Art des Seienden ist veränderlich, vergänglich und vielfältig, niemals sich gleichbleibend. Die unsichtbare Art bleibt sich immer gleich, verändert sich nicht, ist unvergänglich und einheitlich, d. h. unzusammengesetzt. Welcher der beiden Arten ist der menschliche Körper ähnlicher und verwandter, welcher ist die Seele ähnlicher und verwandter? (Phaidon 79 b 4) Weshalb spricht Platon hier im Komparativ? Weshalb stellt er nicht die Frage: Welcher der beiden Arten ist der Körper und welcher ist die Seele gleich? Hierzu sagt Friedländer: „Statt eines radikalen Gegen- und Auseinander" ergibt sich „jene leidige vergleichende und annähernde Betrachtungsweise, die doch nur das ‚Kind in uns' einen ‚Unsterblichkeitsbeweis' nennen kann, und die doch Platon immer wieder einschärft, als wollte er zeigen, daß hier, wo man zuviel beweisen will, im Grunde gar nichts bewiesen wird" (Friedländer III, 42). Diese Auskunft kann indessen nicht befriedigen. Die Seele ist nicht dem unveränderlich Seienden gleich, sondern sie ist ihm ähnlicher als dem Veränderlichen und Wandelbaren.

Die Seele ist nicht selbst ein *eidos*, nicht selbst eine Washeit. Sie gehört aber auch nicht zu der Sphäre des sinnlich Wahrnehmbaren. Der Leib ist zwar sinnlich wahrnehmbar, dennoch aber nicht dem sinnlich Wahrnehmbaren gleich, sondern ähnlicher und verwandter, weil in ihn, sofern er beseelt ist, etwas eingegangen ist, das dem Nicht-Sinnenfälligen zugehört. Wendet die Seele sich in der reinen Erkenntnis dem Unveränderlichen zu, dann findet sie zu ihrem eigenen Wesen. Wendet sie sich aber dem Körperlichen zu, dann weiß sie keinen Halt zu erlangen. Hat die Seele die Gemeinschaft mit dem Körper soweit wie möglich aufgegeben und strebt sie immer nach Erkenntnis des Immerseienden, dann gelangt sie nach dem Tod in den Bereich des Immerseienden. Die dem Körperlichen verhaftete Seele jedoch wird immer wieder in das Körperliche hinabgezogen. Von einer Auflösung oder Vernichtung der Seele kann somit wohl kaum die Rede sein. Was ist bisher bewiesen worden? Bewiesen wurde, daß die Seele etwas Unkörperliches und Unsichtbares ist, und ferner, daß sie präexistent und postexistent ist. Wahrscheinlich ist sie unsterblich. Aber es ist nicht unmöglich, daß sie in viele Körper eingeht, schließlich jedoch selbst stirbt. Auf dieser Stufe der Erörterung läßt Platon zwei Einwände zu. Die Einwände sollen zeigen, daß die Argumentation noch nicht den Grad von Sicherheit erlangt hat, der zu erlangen ist. Der erste Einwand

(Phaidon 85 e–86 d): Es wird versucht nachzuweisen, daß die Seele
etwas ist, das nicht an sich selbst besteht, sondern ganz und gar
vom Körper abhängig ist, nur im Körper und mit dem Körper Bestand hat. Die Widerlegung des Einwandes muß zeigen, daß nicht
die Seele vom Körper abhängig ist, sondern umgekehrt der Körper
von der Seele abhängt. Der zweite Einwand konzediert die Präexistenz der Seele und auch die Postexistenz, er bestreitet aber, daß
die Seele überhaupt nicht sterben kann. Die Widerlegung dieses
zweiten Einwandes geht aus von einer Untersuchung der Ursachen
des Werdens und Vergehens. Nicht bestritten werden kann, daß
es materielle Ursachen gibt, und daß ihnen Bedeutung zukommt.
Aber sie sind nicht die eigentlichen Ursachen. Nicht die materiellen
Ursachen machen die Dinge zu dem, was sie sind, sondern die Teilhabe an der Idee konstituiert die Dinge. Erst durch die *Parousia*
der Idee werden auch die materiellen Ursachen konstituiert. Wenn
z. B. Simmias größer ist als Sokrates, aber kleiner als Phaidon,
dann deswegen, weil in Simmias beides, die Größe und die Kleinheit, anwesend ist, in Sokrates dagegen die Kleinheit, in Phaidon
die Größe. Nachdem die materiellen Ursachen sich als Zweit-
ursachen erwiesen haben, kann die Widerlegung des Einwandes
erfolgen. Zugleich ergibt sich ein dritter und letzter Beweis für die
Unsterblichkeit der Seele. Das jeweilige Ding kann durch eine
Mehrheit von Ideen bestimmt sein. Simmias ist z. B. größer als
Sokrates, aber kleiner als Phaidon. Sokrates hat teil an der Kleinheit, Phaidon an der Größe. Simmias aber hat teil an Kleinheit
und Größe. Wie ist das zu verstehen? Läßt das Große in ihm das
Kleine an sich heran, und ist das Große in Simmias groß und klein
zugleich, oder läßt das Kleine in Simmias das Große an sich heran,
und ist das Kleine in Simmias zugleich klein und groß? Aufschluß
erlangen wir, wenn wir von der Frage ausgehen, ob das an ihm
selbst Große jemals groß und klein zugleich sein kann. Das ist
unmöglich. Das an ihm selbst Große kann nie zu dem werden, was
ihm entgegengesetzt ist. Wie aber steht es mit dem Großen, das in
uns ist? Simmias hat eine bestimmte Größe. Diese Größe wird
nicht klein, wenn wir ihn mit dem größeren Phaidon vergleichen.
Denn als groß kann das Große nicht auch klein sein. Dennoch
ist Simmias im Vergleich zu Phaidon klein, und da die Ursache
hierfür die Parousie des *eidos* Kleinheit ist, muß Simmias, wenn er
mit Phaidon verglichen wird, am *eidos* Kleinheit partizipieren. Wo
aber ist dann seine Größe geblieben? Da die Größe des Simmias

nicht klein geworden sein kann, muß sie entweder entwichen sein, als das entgegengesetzte Kleine an sie herankam, oder die Größe ist zugrunde gegangen. Ebenso ist es bei dem Kleinen und bei allen Gegensätzen. Aus dem Entgegengesetzten wird nie das Entgegengesetzte, sondern wenn das Entgegengesetzte sich ihm naht, entweicht es entweder, oder es geht zugrunde. So ist es auch bei den Dingen, für welche die Teilhabe an einem bestimmten *eidos* wesentlich ist. Für den Schnee ist das Bestimmtsein durch das Kalte wesentlich, ebenso wie das Feuer durch das Warme wesentlich bebestimmt ist. Also kann der Schnee nie ohne das Kalte sein, ebensowenig wie das Feuer ohne das Warme sein kann. Niemals kann das Ding die Teilhabe an dem *eidos*, das für es wesentlich ist, aufgeben und das entgegengesetzte *eidos* als Wesensform aufnehmen. Naht ihm das entgegengesetzte *eidos*, dann entweicht das Ding entweder, oder es geht zugrunde. Das ist auf die Seele zu übertragen. Das *eidos*, an dem die Seele immer partizipiert, insofern sie Seele ist, ist das Leben. Dem *eidos* Leben ist entgegengesetzt der *thanatos*, der Tod. Das *eidos* Leben nimmt den *thanatos* nie auf, ebensowenig wie das *eidos* Wärme nie das Kalte aufnimmt. Wie das Feuer nie ohne das Warme sein kann, so kann die Seele nie ohne das Leben sein. Die Seele ist somit ein *athanaton*, ein Todloses. Damit ist noch nicht bewiesen, daß die Seele unvergänglich ist, sondern lediglich, daß sie, insofern sie Seele ist, dem Tod keinen Zugang gestattet. Sie ist todlos. Bewiesen werden muß noch, daß die Seele unvergänglich, unzerstörbar ist. Es ist also zu fragen: Ist das Todlose auch ein Unvergängliches, oder kann das Todlose, wenn sich ihm der Tod naht, zwar nicht als Todloses zu einem Sterblichen werden, – die Drei wird ja auch nicht gerade, wenn sich ihr das Gerade naht –, sondern als Todloses zugrunde gehen, so daß an seine Stelle das Verderbliche träte? Diese Möglichkeit besteht nicht. Was wesensmäßig durch das Leben bestimmt ist, so sehr, daß sein Wesensmerkmal das Lebendigsein ist, kann dieses Wesensmerkmal nicht verlieren. Die Seele ist an ihr selbst Lebendigkeit, im Wesen geprägt durch das *eidos* Leben. Wie das *eidos* Leben den Tod nicht aufnimmt, so nimmt die Prägung des *eidos* Leben den Tod nicht auf. Die Seele kann vom Leben ebensowenig getrennt werden wie die Drei vom Ungeraden und das Feuer von der Wärme. Folglich ist die Seele ebenso unvergänglich wie das *eidos* Leben selbst. Die Seele geht beim Herankommen des Todes nicht zugrunde, sondern entweicht. Sie ist unvergänglich.

Das Bestreben, den Beweis für die Unsterblichkeit so zu gestalten, daß er nicht widerlegt und vornehmlich nicht von den Voraussetzungen her bestritten werden kann, veranlaßt Platon im Phaidros, das letzte Argument im Phaidon umzugestalten.

Die Unsterblichkeit der Seele nach Phaidros 245 c–246 a

Das Argument des Phaidon wies nach, daß Seele und Leben nicht trennbar sind. Als Träger des Lebens kann die Seele nie das dem Leben Entgegengesetzte aufnehmen. Naht sich ihr das Entgegengesetzte, dann weicht sie aus. Als Träger des Lebens bringt die Seele allem, in das sie eingeht, das Leben. Sie ist das, was alles andere belebt, während sie selbst durch sich selbst belebt ist. Gegenüber dem, das durch sie belebt wird, ist sie ein Erstes. Dasjenige, von dem als dem Ersten etwas Sein oder Werden erlangt, ist der Anfang. Das griechische Wort hierfür ist *arche*. Die Seele als Träger des Lebens, die alles andere belebt, ist *arche*. Da Leben eine Art Bewegung ist, kann die Seele bestimmt werden als das, was alles andere bewegt, selbst aber durch sich selbst bewegt ist (vgl. Gesetze 894 e ff.). Die Seele ist also Ursprung und Anfang der Bewegung (Phaidros 245 c 9). Sie ist das, wovon die Bewegung ausgeht. Auf Grund dieser Vorüberlegungen kann jetzt der Beweis für die Unsterblichkeit der Seele geführt werden. Was von einem anderen bewegt wird und selbst anderes bewegt, ist in seiner Bewegung abhängig von dem, durch welches es bewegt wird. Wenn die Bewegung ihm nicht mehr übertragen wird, hört es selbst in der Bewegung auf und kann auch nicht mehr anderes bewegen. Wie verhält es sich bei dem durch sich selbst Bewegten bezüglich des Aufhörens der Bewegung? Da es in seiner Bewegung nicht von einem anderen abhängig ist, kann seine Bewegung nicht enden, wenn ein anderes ihm keine Bewegung mehr mitteilt. Vielmehr ist es selbst Ursprung der Bewegung für anderes. Der Ursprung ist ungeworden. Aus dem Ursprung nämlich entsteht alles, was entsteht; der Ursprung aber entsteht nicht. Was nicht entstanden ist, aber ist, das ist mit Notwendigkeit unvergänglich. Die Begründung hierfür ist folgende (Phaidros 245 d 4–6): Wird angenommen, der unentstandene Ursprung sei vergangen, dann wäre die Konsequenz, daß weder der Ursprung noch irgend etwas anderes entstehen könnte, da es keinen Ursprung des Entstehens gäbe. „So ist Anfang der Bewegung das sich selbst Bewegende" (Phaidros 245 d 6 f.). Die Seele als Erstursache der Bewegung kann nicht entstehen und vergehen; jede Seele ist unentstanden und unvergänglich.

In den Gesetzen (894 b ff.; vgl. auch 896 a b) wird der Beweis aus
dem Phaidros wiederholt (vgl. auch Epinomis 988 e: Die Seele ist
Ursache jeder Bewegung). – Eine andere Begründung der Unsterblichkeit der Seele bietet der Weltgestaltungsmythos des Timaios:
Die Seele ist unsterblich, weil sie vom Demiurgen selbst gestaltet
wurde; alles Vergängliche verdankt seine Entstehung den niederen
Gottheiten (41 a). Wieder anders wird in der Politeia argumentiert
(608 d – 611 b): Das einzige Übel, das der Seele schaden kann, ist die
Ungerechtigkeit; aber die Seele kann nicht an der Ungerechtigkeit
sterben. Also gibt es nichts, das der Seele den Tod bringen
könnte.

Dieser Unsterblichkeitstheorie widerspricht nicht die Lehre von den
Seelenteilen, wie sie in der Politeia, im Phaidros und im Timaios
vorliegt (Vernünftiges, Mutiges und Begehrendes als Teile der
Seele). Die beiden unvernünftigen Seelenteile sind Zusätze, die erst
durch die Vereinigung der Seele mit dem Körper entstehen; Mutiges und Begehrendes sind sterbliche Seelenteile (vgl. Tim. 69 c f.),
das Vernünftige ist die Seele selbst. Dieses Sterbliche kann sich so
an der Seele festsetzen, daß sie sich bei der Trennung vom Körper
nicht von den sterblichen Teilen lösen kann, sondern sie als Bal-
last mit sich schleppt, von dem sie immer wieder in die Körper-
region hinabgezogen wird (Phaidon 81 c f.). Die Aufgabe der mit
dem Körper vereinigten Seele besteht darin, dafür zu sorgen, daß
sie nach der Trennung vom Körper unbelastet von allem Körper-
haften zu sich selbst findet. Wie kann sie diese Aufgabe bewältigen?

Die areté (Tüchtigkeit, Vortrefflichkeit)

Da die mit dem Leib vereinigte Seele Teile hat, muß die Beantwortung der Frage von der Untersuchung ausgehen, welche Aufgabe jedem Seelenteil gestellt ist.

Aufgabe des vernünftigen Seelenteils kann nur ein Wissen oder
Erkennen sein, das nicht mit Meinung durchsetzt ist. Ein solches
Wissen richtet sich auf das, was ist. Das Streben nach diesem Wissen heißt Philosophie (Streben nach Weisheit); der Besitz des Wissens ist Sophia (Weisheit). Ist der vernünftige Seelenteil im Besitz
der Weisheit, dann hat er alles, was in ihm angelegt ist, auf bestmögliche Weise verwirklicht. Bestmögliche Verwirklichung dessen,
was in der Natur oder im Wesen von etwas angelegt ist, ist *areté*
(Tüchtigkeit, Vortrefflichkeit). Wenn also der vernünftige Seelen-

teil die Weisheit erlangt, hat er *areté*. Weisheit als Erkenntnis dessen, was ist, besteht nicht nur im Schauen der Ideen; sie impliziert auch die Kenntnis der Realitätsstufen und ihres Verhältnisses zueinander. Sie ist das allumfassende Wissen, das durch Erkenntnis der Ideen zustande kommt und alle Bereiche der Realität im Lichte dieser Erkenntnis durchschaut. Nur der Weise weiß, was Seele und Leib sind, was gut und was nicht gut, was gefährlich ist und was nicht, was für jeden Seelenteil zuträglich ist und in welchem Verhältnis die Seelenteile zueinander stehen müssen. Von hier aus lassen sich die Tüchtigkeiten *(aretai)* der anderen Seelenteile bestimmen. Die *areté* des mutigen Seelenteils besteht in der bestmöglichen Verwirklichung des Mutes *(thymós)*. Sie ist nicht ohne Weisheit möglich; denn der von sich aus unvernünftige *thymós* weiß nicht, was er zu überwinden hat und was nicht; nur der vernünftige Seelenteil erkennt, was dem Menschen wirklichen Schaden zufügt und demgemäß zu fürchten ist. Das einzige, das der Seele (die Seele ist der eigentliche Mensch) schadet, ist die Ungerechtigkeit (vgl. Politeia 609 b ff.), nicht aber das, was nach landläufiger Ansicht gefahrvoll ist. Wer nur die Ungerechtigkeit fürchtet, sonst aber nichts, dessen mutiger Seelenteil besitzt die Tapferkeit. Tapferkeit ohne rechte Einsicht gibt es nicht; rechte Einsicht oder Weisheit ist der Grund, aus dem die Tapferkeit hervorgeht. Weisheit allein aber genügt nicht zum Entstehen der Tapferkeit. Jede *areté* muß, wie jede Fertigkeit, durch Übung und Gewöhnung erworben werden; nur dann nämlich wird sie zum festen Besitz dessen, der sie hat. Tapferkeit ist somit ein fortwährendes Festhalten an der durch Bildung und Erziehung *(paideia)* eingepflanzten richtigen Meinung über das, was zu fürchten ist und was nicht (Politeia 429 c; 430 b). Wissen und besonnene Beharrlichkeit kennzeichnen die Tapferkeit (vgl. auch Laches 192 b ff.); muthaftes Verhalten ohne Einsicht und ohne *paideia* ist keine Tapferkeit, sondern Tollkühnheit (vgl. Laches 197 b).
Worin besteht die *areté* des begehrenden Seelenteiles? Die *areté* des vernünftigen Seelenteiles besteht darin, daß er zu voller Entfaltung gebracht wird; die des mutigen Seelenteiles besteht darin, daß der *thymós* sich unter der Leitung des vernünftigen Seelenteiles voll entfaltet. Wollten wir diesen Gedanken auf den begehrenden Seelenteil anwenden, dann kämen wir zu dem Resultat, die *areté* des begehrenden Seelenteils bestünde darin, daß die Begierden sich unter der Leitung des vernünftigen Seelenteils gänzlich entfalten. Das aber wäre eine contradictio in adiecto; es gibt nämlich Be-

gierden, die sich gar nicht durch die Vernunft leiten lassen; sie sind
als nicht notwendige Begierden zu unterdrücken. Aber auch die
notwendigen Begierden (d. h. die Begierden, die nicht unterdrückt
werden können und deren Befriedigung dem Menschen nützlich
ist) dürfen nicht unter der Leitung der Vernunft zu größter Entfaltung kommen, weil sie bei größter Entfaltung sofort zu nicht
notwendigen Begierden werden, die dem Leib nichts Gutes, sondern meist Schaden zufügen (vgl. Politeia 558 d ff.). Eine *areté* des
begehrenden Seelenteils gibt es demzufolge nicht; gleichwohl hat
dieser Seelenteil eine Aufgabe: Er soll mit dem vernünftigen und
mutigen Seelenteil einig sein, daß dem vernünftigen Seelenteil die
Herrschaft in der Seele zukommt. Diese Einigkeit läßt sich mit
Recht einer Harmonie vergleichen (vgl. Politeia 430 e; 442 c; 443 d).
Nicht die Seele in ihrer ontischen Struktur ist eine Harmonie (vgl.
Phaidon 85 e ff.), sondern die Harmonie ist eine Aufgabe für die
Seelenteile. Platon nennt diese Harmonie *sophrosýne,* was meist
mit „Mäßigung" oder „Besonnenheit" wiedergegeben wird. σῶς
heißt gesund; φρένες sind das Zwerchfell; da dieses in archaischer
Zeit als Sitz des gesamten Geisteslebens galt, nahm φρένες die Bedeutung von Geist, Verstand, Denken an. *Sophrosýne* ist die Gesundheit der Seele im Sinne einer *areté;* sie ist das Ergebnis des
richtigen Zusammenwirkens der drei Seelenteile. Wenn sie in der
Seele ist, verrichtet jeder Seelenteil die ihm eigentümliche Aufgabe;
jeder Seelenteil tut das Seine und ist nicht vielgeschäftig. Hierin
besteht die Gerechtigkeit (*dikaiosýne;* vgl. Politeia 433 a ff.). Weisheit und Tapferkeit sind *aretaí* einzelner Seelenteile, „Besonnenheit" und Gerechtigkeit sind *aretaí* der gesamten Seele.
Wie die Menschen, so der Staat. Entsprechend den drei Seelenteilen ist der Staat durch drei Stände konstituiert. Im besten Staat,
sei er eine Monarchie oder eine Aristokratie, entspricht dem vernünftigen Seelenteil der Stand der Philosophenherrscher; der Stand
der Helfer oder auch der Wächter entspricht dem mutigen, die
Masse der Gewerbetreibenden dem begehrenden Seelenteil. Die
Tüchtigkeit der Philosophenherrscher ist die Weisheit, die der
Helfer die Tapferkeit. Wenn die drei Stände sich einig sind, daß
dem ersten die Herrschaft gebührt, ist der Staat „besonnen". Da
dann jeder Stand das Seine tut und nicht vielgeschäftig ist, kommt
einem solchen Staat auch die Gerechtigkeit zu.
Der gerechte Staat ist weder eine Utopie noch ein immer nur an-
genähert zu verwirklichendes Ideal. Er ist zwar ein Paradeigma,

ein Vorbild; aber dieses Vorbild kann, wenn auch mit großer
Mühe, verwirklicht werden; vgl. Politeia 499 d: „Die von uns be-
schriebene Verfassung hat bestanden, besteht und wird bestehen,
wenn die Philosophie die Herrschaft über den Staat erlangt. Denn
unmöglich ist diese Verfassung nicht, ... obschon wir zugeben,
daß ihre Verwirklichung schwierig ist." Nicht irgendeine Reform
der Institutionen, sondern nur eine Besserung der menschlichen
Charaktere führt zum guten Staat. Eine Veränderung der „Gesell-
schaft" kann niemals die Gutheit des Staates bewirken, sondern
nur „eine Umkehrung der Seele aus einer Art nächtlichen Tages
zum wahren Tag, d. h. zu jenem Anstieg, der zum Seienden führt"
(Politeia 521 c 6).

Literaturverzeichnis

Aus der reichhaltigen Platonliteratur seien folgende Werke hervorgehoben:

Schriften Platons:
Von den alten Ausgaben ist die von Henricus Stephanus zu nennen,
drei Bände, Genf 1578. Nach den Seitenzahlen und Abschnittsbuchstaben
dieser Ausgabe wird zitiert.
Platonis opera recognovit brevique adnotatione critica instruxit I. Burnet.
Oxonii 1900 ff. (heute meist benutzte kritische Ausgabe).
Platonis Dialogi secundum Thrasylli tetralogias dispositi. Post C. F. Her-
mann recogn. M. Wohlrab. Lipsiae 1887 ff. Nachdruck 1921–1936.
Von zweisprachigen Ausgaben seien genannt:
Platon, Oeuvres complètes. Texte établi et traduit par E. Chambry, A. et
M. Croiset, A. Diès (und anderen). Paris 1920 ff.
Plato, with an English Translation. By H. N. Fowler. London-New York
1914 ff.
Bezüglich anderer Ausgaben vgl. Ueberweg-Praechter 190 ff., Totok
148 ff.

Übersetzungen:
Platons Werke, von F. Schleiermacher (Übersetzung u. Einleitungen),
Berlin 1804–1810 (die am meisten verbreitete deutsche Übersetzung).
Sämtliche Dialoge. Übersetzt und hrsg. von O. Apelt in Verbindung mit
C. Ritter, K. Hildebrandt und G. Schneider (Philosophische Biblio-
thek). Leipzig 1922; Hamburg 1988. Neudrucke auf der Grundlage der
Ausgabe Apelts, einige Bände auch zweisprachig, in der Bearbeitung von
versch. Übersetzern jetzt Hamburg.
Sämtliche Werke. Deutsch von F. Schleiermacher, F. Susemihl, L. Georgii
(u. a.). Heidelberg 1950; Köln-Olten [6]1969; [8]Heidelberg 1982.

Sämtliche Werke. Nach der Übers. von F. Schleiermacher und H. Müller
hrsg. von W. F. Otto, E. Grassi, G. Plamböck (Rowohlts Klassiker
d. Literatur u. d. Wissenschaft). Hamburg 1957 ff.
Gesamtausgabe der Werke Platons. Eingel. v. G. Krüger u. O. Gigon,
übers. v. R. Rufener. Zürich-Stuttgart 1948 ff.
Weitere Übersetzungen sind verzeichnet bei Ueberweg-Praechter 191 f.
und Totok 149 f.

Lexica:

Apelt, Otto: Platon-Index als Gesamtregister zu der Übersetzung in der
Philosophischen Bibliothek. Leipzig ²1923.
Ast, Friedrich: Lexicon Platonicum sive vocum Platonicarum index. Un-
veränderter Nachdr. d. Ausg. von 1835–1838. Bonn 1956.
des Places, Eduard: Lexique de la langue philosophique et religieuse de
Platon (Platon, Oeuvres complètes, XIV). Paris 1964.
Gigon, O. u. Zimmermann, L.: Platon: Lexikon der Namen und Begriffe.
Zürich 1975.

Sekundär-Literatur:

Bibliographien:

Bibliotheca philologica classica. Bd. 1–65: 1874–1938. Leipzig 1875–1941.
L'Année philologique. Bibliographie critique et analytique de l'anti-
quité gréco-latine. Bibliographie des années 1924 sqq. Paris 1928 ff.
Répertoire bibliographique. Louvain 1934 ff. (Beilage der Revue néosco-
lastique bzw. Revue philosophique de Louvain und Tijdschrift voor
Filosofie).
Für die Literatur bis etwa 1924 ist zu vergleichen:
F. Ueberwegs Grundriß der Geschichte der Philosophie. Erster Teil: Die
Philosophie des Altertums. Hrsg. v. Karl Praechter. Berlin ¹²1926,
65*–100*.
Die Lücke, die seit der Auflage des Ueberweg von 1926 besteht, schließt
Totok, Wilhelm: Handbuch der Geschichte der Philosophie. Bd. I: Alter-
tum. Frankfurt/M. 1964 (Platon: S. 146–212).
Zu vergleichen sind weiterhin:
Brisson, Luc: Platon 1958–1975. In: Lustrum 20 (1977), 3–304.
Brisson, L.–Joannidi, H.: Platon 1975–1980. In: Lustrum 25 (1983),
31–320.
Cherniss, Harold: Plato (1950–1957). In: Lustrum 4 (1959), 5–308; 5
(1960), 323–648.
Manasse, Ernst Moritz: Bücher über Platon. Philos. Rundschau, Beiheft 1. 2. 7.
Tübingen 1957; 1961; 1976.

Werke über Platon:

Arnold, Uwe: Die Entelechie. Systematik bei Platon und Aristoteles.
Wien-München 1965.

Barker, Ernest: The Political Thought of Plato and Aristotle. New York 1959.

Bormann, Karl: Plato. Freiburg-München 1973; [2]1987.

Bröcker, Walter: Platos Gespräche. Frankfurt/M. [2]1967.

Burkert, Walter: Weisheit und Wissenschaft. Studien zu Pythagoras, Philolaos und Platon. Nürnberg 1962.

Findlay, John N.: Plato und der Platonismus. Königstein/Ts. 1981.

Friedländer, Paul: Platon. Berlin I und II [3]1964; III [3]1975.

Fritz, Kurt von: Platon in Sizilien und das Problem der Philosophenherrschaft. Berlin 1968.

Gadamer, Hans-Georg: Platos dialektische Ethik und andere Studien zur platonischen Philosophie. Hamburg 1968.

–, Gaiser, Konrad (u. a.): Idee und Zahl. Studien zur platonischen Philosophie. Heidelberg 1968.

Gaiser, Konrad: Platons ungeschriebene Lehre. Stuttgart 1963; [2]1968.

– Protreptik und Paränese bei Platon. Untersuchungen zur Form des platonischen Dialogs. Stuttgart 1959.

– (Hrsg.): Das Platonbild. Zehn Beiträge zum Platonverständnis. Hildesheim 1969.

Gauss, Hermann: Philosophischer Handkommentar zu den Dialogen Platons. Bern 1952–1967.

Graeser, Andreas: Platons Ideenlehre: Sprache, Logik, Metaphysik. Bern-Stuttgart 1975.

Gundert, Hermann: Dialog und Dialektik. Zur Struktur des platonischen Dialogs. Amsterdam 1971.

Guthrie, William K.C.: A History of Greek Philosophy IV–V: Plato. Cambridge 1975–1978.

Hager Fritz-Peter: Die Vernunft und das Problem des Bösen im Rahmen der platonischen Ethik und Metaphysik. Bern-Stuttgart 1963.

Heidegger, Martin: Platons *Lehre* von der Wahrheit. Bern [2]1954.

Heitsch, Ernst: Die nicht-philosophische aletheia. In: Hermes 90 (1962), 24 ff.

Hirschberger, Johannes: Die Phronesis in der Lehre Platons vor dem „Staate" (Philologus Suppl. 25, 1). Leipzig 1932.

Jaeger, Werner: Paideia. Die Formung des griechischen Menschen. Berlin [3]1954–1955.

Krämer, Hans Joachim: Arete bei Platon und Aristoteles. Zum Wesen und zur Geschichte der platonischen Ontologie. Heidelberg 1959.

Krüger, Gerhard: Einsicht und Leidenschaft. Das Wesen des platonischen Denkens. Frankfurt/M. [3]1963; [5]1983.

Kube, Jörg: Techne und Arete. Sophistisches und platonisches Tugendwissen. Berlin 1969.

Leisegang, Hans: Platon. In: Paulys Realenzyklopädie der Classischen Altertumswissenschaft. 40. Halbband (XX 2). Stuttgart 1950, 2342–2537.

Mannsperger, Dietrich: Physis bei Platon. Berlin 1969.

Marten, Rainer: Der Logos der Dialektik. Eine Theorie zu Platons Sophistes. Berlin 1965.

Meinhardt, Helmut: Teilhabe bei Platon. Freiburg-München 1968.

Morrow, Glenn R.: Plato's Cretan City. A Historical Interpretation of the Laws. Princeton/New Jersey 1960.

Oehler, Klaus: Die Lehre vom noetischen und dianoetischen Denken bei Platon und Aristoteles. Ein Beitrag zur Erforschung der Geschichte des Bewußtseinsproblems in der Antike. München 1962.

Perls, Hugo: Plato. Seine Auffassung vom Kosmos. Bern-München 1966.

Prauss, Gerold: Platon und der logische Eleatismus. Berlin 1966.

Robin, Léon: Les Rapports de l'être et de la connaissance d'après Platon. Publié par Pierre-Maxime Schuhl. Paris 1957.

– Platon. Nouvelle éd. avec bibliogr. mise à jour et complétée. Paris 1968.

Robinson, Richard: Plato's earlier Dialectic. Oxford ²1962 (Repr.).

Roloff, Dietrich: Gottähnlichkeit, Vergöttlichung und Erhöhung zu seligem Leben. Untersuchungen zur Herkunft der platonischen Angleichung an Gott. Berlin 1970.

Ross, David: Plato's Theory of Ideas. Oxford ²1953.

Schmalzriedt, Egidius: Platon. Der Schriftsteller und die Wahrheit. München 1969.

Shorey, Paul: The Unity of Plato's Thought. Chicago ²1960.

Sprute, Jürgen: Der Begriff der Doxa in der platonischen Philosophie. Göttingen 1962.

Stenzel, Julius: *Studien* zur Entwicklung der platonischen Dialektik von Sokrates zu Aristoteles. Leipzig ²1931; Darmstadt ³1961.

– *Zahl* und Gestalt bei Platon und Aristoteles. Darmstadt 1961.

– Platon der *Erzieher*. Hamburg ²1961.

Taylor, Alfred Edward: *Plato*. The Man and his Work. London ⁷1963 (Repr.).

Utermöhlen, Oswald: Die Bedeutung der Ideenlehre für die platonische Politeia. Heidelberg 1967.

Vlastos, Gregory: Platonic Studies. Princeton 1973.

Wedberg, Anders: Plato's Philosophy of Mathematics. Stockholm 1955.

Wieland, Wolfgang: Platon und die Formen des Wissens. Göttingen 1982.

Wilamowitz-Moellendorff, Ulrich von: Platon. Sein Leben und seine Werke. Berlin I ⁵1959; II ³1962.

Wippern, Jürgen (Hrsg.): Das Problem der ungeschriebenen Lehre Platons. Beiträge zum Verständnis der platonischen Prinzipienphilosophie. Darmstadt 1972.

Wyller, Egil A.: Der späte Platon. Hamburg 1970.

Aristoteles: Das Problem der Substanz

Von Ernst Vollrath, Köln

1. Einleitung

1.1. Aristoteles' Leben

Aristoteles wurde 384 v. Chr. in Stagira auf der Halbinsel Chalkidike geboren. Sein Vater Nikomachos war der Leibarzt des Königs Amyntas III. von Makedonien, des Großvaters Alexanders des Großen. Nach dem frühen Tode seines Vaters wurde er von seinem Schwager Proxenos von Atarneus erzogen. Als 17jähriger begann er 367 in der platonischen Akademie in Athen seine Studien, angezogen vom Rufe dieser Bildungsstätte und ihres Meisters, der einen großen Kreis von Gelehrten und Schülern um sich versammelt hatte. Platon war damals gerade zu seiner 2. sizilianischen Reise aufgebrochen. Scholarch war der Mathematiker, Astronom und Geograph Eudoxos von Knidos. Nach seiner Rückkehr von der sizilianischen Reise hat der alternde Platon die frühe Reife des soviel jüngeren Aristoteles schnell erkannt – einige aus dem Altertum überlieferte Anekdoten bezeugen das freundschaftlich-spöttisch-gespannte Verhältnis der beiden großen Denker –, und vielleicht ist der „junge Aristoteles" in Platons Parmenides eine Anspielung auf den wirklichen Aristoteles. Zwanzig Jahre, von 367–347, hat Aristoteles lernend, forschend und lehrend der Akademie angehört.

Die politischen Ereignisse führten nach der Eroberung der athenfreundlichen Stadt Olynthos durch Philipp II. von Makedonien 349 zu einer wachsenden makedonenfeindlichen Haltung der führenden Schichten Athens unter Demosthenes. 347 starb zudem Platon; sein Nachfolger als Schulvorstand der Akademie wurde sein Neffe Speusipp. Aristoteles, der als Metöke in Athen politisch ungesichert und durch seine Beziehungen zum makedonischen Königshaus gar gefährdet war, verließ 347 Athen und ging auf Einladung des Hermias von Atarneus, der die Politik Philipp II. betrieb, nach Assos in Kleinasien. Dort versammelte sich ein kleiner Kreis von Gelehrten, Freunden und Schülern um ihm. 342/1 lud ihn Philipp II. ein, die Erziehung seines 13jährigen Sohnes Alexander in Mieza zu überwachen. Nach der Ermordung des Hermias 341/2 durch die Perser heiratete Aristoteles dessen Schwester (oder Nichte) Pythias, mit welcher er wieder in Stagira lebte. Sie gebar ihm eine gleichnamige Tochter und einen anscheinend früh verstorbenen Sohn Nikomachos. Nach der Zerstörung Thebens durch Alexander den Großen kehrte

Aristoteles 335 nach Athen zurück und begann im Lykaion am Lykabettos zu lehren. Die ihm zugesprochene Schulgründung – des später sogenannten Peripatos – ist wohl erst 318 von seinem Schüler Theophrast vollzogen worden. Nach dem Tode Alexanders 323 wurde die Lage des Aristoteles wegen der makedonenfeindlichen Stimmung in Athen unhaltbar. Er siedelte 323/2 nach Chalkis auf Euboia um, wo seine Mutter ein Haus besaß. Im Herbst 322 starb er 63jährig. In seinem Testament bestimmte er, neben seiner vor ihm gestorbenen Frau beerdigt zu werden.

1.2. Werke und Wirkungen

Die im Corpus Aristotelicum vereinigten Schriften des Aristoteles lassen schon bei einem flüchtigen Überblick eine erstaunliche Fülle von Gegenstandsbereichen erkennen, denen sich sein Denken zugewandt hat. Die noch heute gebräuchliche, von dem ersten Herausgeber der aristotelischen Schriften, Andronikos von Rhodos, im 1. Jh. v. Chr. herrührende Einteilung, die schon eine interpretierende Umdeutung einschließt, gliedert die Schriften in logische, physikalisch-naturwissenschaftliche (denen die Schriften nachgestellt sind, die „über die Physik hinausreichen"), und in ethisch-politische. Hier ist deutlich das Schema der stoischen Wissenschaftslehre zu erkennen, welches mit Sicherheit nicht das des Aristoteles gewesen ist. Dies trifft vor allem für die Schriften zu, die im „Organon" als logische zusammengefaßt sind: Kategorienschrift, Hermeneutik, I. und II. Analytik, Topik und Sophistische Widerlegungen. Nach stoischer Ansicht können die in diesen Werken behandelten Themen entweder als Proömium den übrigen Teilen der Philosophie – Physik und Ethik – vorangestellt werden oder sie bilden als Logik selbst den ersten Teil der Philosophie. Auf jeden Fall gehören sie als Traktate über das Werkzeug philosophischer Untersuchung („Organon", der Terminus stammt selbst von Aristoteles: Top. 108 b 23 et alibi) selbst zur Philosophie hinzu. Diese wissenschaftstheoretisch begründete Ansicht findet sich bei Aristoteles in der angedeuteten Form nicht. Sie entstammt einer ganz bestimmten Umdeutung der aristotelischen Lehre vom Logos, die ihrerseits mit einer Unkenntnis oder Verkennung der aristotelischen Lehre von der Substanz zusammenhängt.

Macht man sich von diesem Schema frei, dann gehören sicherlich die Schriften des „Organon" (oder ein Teil!) einem Untersuchungsfeld zu, in welchem Fragen des wissenschaftlichen oder vorwissenschaftlichen Vorgehens an Hand des Logos und seiner Gestalten

zur Debatte stehen. Der allgemeine Name für dergleichen bei
Aristoteles ist „Abhandlung" (Pragmatie: De Int. 16 a 9 et alibi)
oder „Betrachtung" (Skepsis: De Int. 17 a 6 et alibi). Es ist sehr
fraglich, ob die sogenannte Kategorienschrift als Ganze oder in
ihren echten Teilen in den Zusammenhang des „Organon" zu stellen ist.

Die aristotelische Wissenschaftslehre ist – grob gesprochen – auf
einer Unterscheidung verschiedener Weisen von Substanzialitäten
aufgebaut, bzw. noch weiter auf der Grundunterscheidung zweier
Bereiche des Seienden und verschiedener Möglichkeiten, wie Seiendes anwesend zu sein vermag. Darüber wird noch genauer zu
sprechen sein (2. 1 f.). Im aristotelischen Denken – und dies unterscheidet es ganz prinzipiell vom platonischen, welches auf die Einheitlichkeit aller Bereiche des Seienden und aller Weisen des Wissens und der Wissenschaft angelegt ist (Krämer, Arete, 564 f.) –
bilden sich mannigfaltige, durch die Verschiedenartigkeit ihres
Themenfeldes bestimmte Wissenschaften aus. Bei Aristoteles beginnt, herrührend aus vielen Ansätzen seiner von ihm sorgfältig
beachteten Vorgänger, vor allem der Vorsokratiker und Platons,
eine breite Entfaltung differenter Wissenschaften und Wissen-
schaftsarten: die Geschichte dieser Wissenschaften hat zumeist bei
ihm ihre erste theoretische Durchdringung und ihre erste glänzende
Zusammenfassung gefunden. Dabei ist zu beachten, daß heute alle
diese Wissenschaften unter dem gegenaristotelisch sich verstehen-
den Entwurf eines methodisch, also mathematisch-konstruktiv
vorgehenden neuzeitlichen Wissenschaftsbegriffes stehen. Und doch
sind selbst über diesen Bruch hinweg, der seinerseits in der Geschichte der von Aristoteles her ansetzenden Problematik der Metaphysik seinen Ort hat, Verbindungen der heutigen Wissenschaften
zu ihren aristotelischen Vorläufern aufzudecken. Dies liegt nicht so
sehr an deren theoretischer Konsistenz, die einem anderen Wissen-
schaftsentwurf entstammt, als an der reichhaltigen Beobachtungs-
gabe und an dem Rückgang auf die Erfahrung in vielen dieser
Disziplinen. Sicherlich finden sich bei Aristoteles Angaben, die dem
heutigen Wissensstand lächerlich zu sein scheinen, und ein ver-
steinerter Aristotelismus konnte ohne Zweifel dem Fortschritt der
Wissenschaft hinderlich sein. Und doch verdient die spekulative
Höhe seiner Gedanken ebensolche Bewunderung wie die außerordentlich reichhaltigen Beobachtungen und die auf Erfahrung be-
ruhenden Kenntnisse des Aristoteles. Auf jeden Fall hat er mit
Nüchternheit den Anspruch auf Wissenschaftlichkeit in allen Be-

reichen erhoben und er hat diesem Anspruch die zu seiner Zeit umfassende Geltung verschafft. So steht er am Beginn einer grandiosen Verwissenschaftlichung der Welt, die zur Europäisierung hinzugehört: ihr Prinzip ist gleichsam, die Natur nicht anders als natürlich zu interpretieren. Auf sie als das Ganze dessen, was ist, und auf alle ihre Bereiche und Felder mit ihren mannigfaltigen Gegenständen vermag sich Wissen und Wissenschaft zu beziehen. Die Herrschaft der dämonischen Mythologeme hat seit Aristoteles keinen Anspruch auf Geltung mehr.

Ohne Anspruch auf Vollständigkeit seien hier einige der Gebiete genannt, die in den Schriften des Aristoteles behandelt werden: Physik, Astronomie, Kosmik, Meteorologie, Biologie, Zoologie, Genetik, Physiologie, Psychologie, Metaphysik, Theologie, Ethik, Praktik, Politik, Ökonomik, Poetik und Rhetorik. Auf allen diesen Gebieten war Aristoteles zu seiner Zeit führend, weithin anregend und wirkend. Die Wirkungsgeschichte des aristotelischen Denkens gehört zum großen Strom der europäischen Kulturgeschichte. In der Erforschung der aristotelischen Schriften haben die Werke von Werner Jaeger Epoche gemacht. Trotz gewichtiger Einwände z. B. von A. Mansion (Génèse) und F. Dirlmeier (Aristoteles), in denen die Möglichkeit der Übertragung von modernen entwicklungspsychologischen Vorstellungen auf einen antiken Menschen wie Aristoteles zu Recht in Frage gestellt wird, steht für die neuere Forschung einwandfrei fest: die im Corpus Aristotelicum enthaltenen Schriften des Aristoteles stellen keine „Ausgabe letzter Hand" dar (ein Teil der Schriften, vor allem die an Platon orientierten Dialoge der Frühzeit, ist entweder ganz oder bis auf geringe Fragmente verloren). Es handelt sich vielmehr um zum Teil vielleicht von Schülern oder späteren Herausgebern überarbeitete, aus verschiedenen Epochen stammende, in einem höchst unterschiedlichen Zustand der literarischen Vollendung befindliche, gar nicht zur Veröffentlichung bestimmte Äußerungen des Aristoteles, Vorlesungsmanuskripte sozusagen, in die immer wieder Korrekturen eingefügt wurden, Notizen, Ausarbeitungen usf. Auch eine Aristotelesansicht, die stärker die Konsistenz seines Denkens beachtet, kann an diesem Ergebnis der Aristotelesforschung nicht vorbeigehen. Der Versuch, genau bei jedem Text des Aristoteles Zeit und Schicht zu bestimmen und die Abhängigkeitsverhältnisse der Texte untereinander zu klären, hat eine breite Forschungstätigkeit ausgelöst, aber noch zu keinem allgemein akzeptierten Ergebnis geführt.

Bei diesen Forschungen hat seit Werner Jaegers Büchern immer
wieder das Verhältnis des aristotelischen Denkens zum platonischen
im Vordergrund gestanden und den Leitfaden abgegeben, der eine
historische Einordnung der Texte ermöglichen sollte. Die – hier
nur anzudeutende – Jaegersche Konstruktion einer platonnahen
Frühphase in den rekonstruierbaren Frühdialogen und den ersten
erhaltenen Schriften und einer platonfernen Spätphase, verbunden
durch eine mittlere Phase der Reifung und Ablösung, ist sicherlich
zu kurz gegriffen. Sie ist mit der Ansetzung eines frühen Aristoteles, der metaphysisch-spekulativ interessiert ist, und eines reifen
und späten Aristoteles, der sich mehr auf die Empirie einläßt, verknüpft. Diese ganze an einem modernen entwicklungspsychologischen Schema orientierte Deutung ist im Grunde selbst unpsycho-
logisch: Abwendung vom Meister kann ja gerade das Zeichen einer
sich befreienden Jugend, Rückkehr zu den Anfängen das Zeichen
einer einsichtigen Reife sein.

Die von Jaeger entwickelten Thesen dienen dazu, den Schwierigkeiten der philosophischen Textinterpretation, die einem gewan-
delten Horizont des Denkens entspringen, durch psychologisch
motivierte Philologie zu entgehen. Dieses Vorgehen ist zweifellos
in seinen Grenzen bei einem Werk berechtigt, das nicht in einer
ausgearbeiteten Gestalt vorliegt. Es ist aber sehr die Frage, ob
allein mit psychologisch-philologischen Methoden philosophische
Probleme der aristotelischen Texte gelöst werden können. Auf
keinen Fall geht es an, einen aristotelischen Text schon deshalb
für spät zu halten, weil er empirisches Vorgehen enthält, oder
ihn umgekehrt für früh zu erklären, weil er spekulativer Art ist.
So stellt sich heute das Werk des Aristoteles als ein Konglomerat
verschiedenartiger Texte in verschiedenem Zustand der Durch-
arbeitung dar, bei dem vielleicht niemals mit Sicherheit die relative
Chronologie der Abfassung festzustellen sein wird.

Auf jeden Fall ist das Verhältnis des aristotelischen Denkens zum
platonischen von höchster Bedeutung. Die Auseinandersetzung
mit Platon ist schon in den ersten erhaltenen Texten und Werken
zu sehen. Im Verlauf dieser Auseinandersetzung hat Aristoteles
den philosophischen Stil entwickelt, der noch heute die wissenschaftliche Abhandlung kennzeichnet, und er hat dabei Abschied
von der platonischen Dialogform genommen, die nur noch als
Kunstform erhalten geblieben ist. Noch bedeutender ist der sach-
liche Unterschied; er betrifft den Kernbereich des Denkens von
Platon und Aristoteles. Gegen das platonische Ideendenken setzt

Aristoteles seinen Begriff der Substanz. Der Angriff gegen die platonische Ideenlehre – jedenfalls so wie Aristoteles sie verstand oder mißverstand – kann äußerst scharfe Züge annehmen: die Ideen sind bloßes Wortgeklingel (An. Post. I, 83 a 33). Gerade in der Auseinandersetzung mit der platonischen Lehre von den Ideen entfaltet Aristoteles seinen Begriff der Substanz. Von diesem Begriff der Substanz und von den verschiedenen Möglichkeiten her, von Substanz und Substanzen zu sprechen, ist das aristotelische Denken bestimmt und bestimmbar. Und trotz aller gerade durch den Begriff der Substanz gegebenen Abwendung von Platon verläßt Aristoteles nicht grundsätzlich den Horizont, unter dem auch das platonische Denken zu sehen ist. Man könnte diesen Horizont in einer zulässigen Vereinfachung einen Wesensrealismus nennen. Denn von Parmenides, dem Begründer des griechischen philosophischen Denkens, bis zu Plotin hin, vor allem aber bei Platon und Aristoteles hat das vor allem Sein und Bestand, was den Charakter des Wesens und des Wesentlichen, in der aristotelischen Interpretation der Substanz und des Substanziellen hat. Das aristotelische Denken ist darauf aus, für jeden Bereich des Seienden die spezifische Gestalt der Substanzialität festzustellen und zu erörtern, was sie kennzeichnet.

2. Das Problem der Substanz bei Aristoteles

2.1. Die Rolle der Substanz im Denken des Aristoteles

2.1.1. Terminologische Vorbemerkung

Der griechische Terminus *Ousia*, welcher in einer bestimmten Übersetzung lateinisch mit substantia (in einer anderen mit essentia) wiedergegeben wird, ist im Gegensatz zu seinen lateinischen Übersetzungsworten ein Wort der Umgangssprache. Nach sprachlicher Herkunft und Bedeutung entspricht er vollkommen seinem deutschen Äquivalent „Wesen". Ousia findet sich im vorphilosophischen Sprachgebrauch bei Herodot und anderen in der Bedeutung „Besitz", „Eigentum", konkret als Bauernhof (dt. „Anwesen"). Platon hat den Terminus als philosophisches Grundwort übernommen. Nach den bekannten Stellen im Phaidon meint Ousia das, was ein jegliches Seiende als es selbst ist (Phaidon 65 d/e; 75 d). An dieser Bedeutung hält auch Aristoteles fest; er verschärft nur in einer ontologischen Interpretation ihren Sinn.

Ins Lateinische kann, wie angedeutet, das griechische Ousia in doppelter Weise übersetzt werden: als essentia und als substantia. Der genaue Ursprung beider Übersetzungsworte, vor allem des Terminus substantia, liegt im Dunkeln. Auf jeden Fall sind es künstliche und eigens mit der Absicht der Übersetzung des griechischen Ousia in seiner philosophischen Bedeutung geschaffene Termini, die der lateinischen Umgangssprache nicht angehören. Was den Terminus substantia anbelangt, so findet er sich bei Quintilian (z. B. Institutio oratoria III 6, 39–40) und Seneca (z. B. Epistolae morales CXIII 4). Noch bei Augustinus können essentia und substantia wechselweise verwandt werden (De Trinitate V, III 9).

Die eigentliche terminologische Geschichte des Wortes Substanz als eines Äquivalentes für die griechische Ousia beginnt mit dem Kommentar des Boethius zur aristotelischen Kategorienschrift. Dort werden jene Bestimmungen festgelegt, die dann schulmäßig weitergegeben werden: „Er (Aristoteles) macht einen bestimmten Unterschied zwischen den Substanzen, wenn er sagt, es gäbe einmal erste Substanzen, zum anderen zweite Substanzen. Erste Substanzen nennt er die individuellen Substanzen, zweite Substanzen aber nennt er die Arten und Gattungen der ersten" (Boethius, In Categorias Aristotelis, PL LXIV, col. 182). Das Verhältnis von ersten und zweiten Substanzen wird genauer so angegeben: „Die zweiten Substanzen geben an, was die ersten Substanzen sind" (ibid. col. 189). In dieser Form hat der Terminus Substanz Schule gemacht und ist in alle europäischen Sprachen übernommen worden. (Zum Ganzen der terminologischen Geschichte: Owens, Doctrine, 140 f.)

Die Übersetzung der griechischen Ousia mit Substanz ist nicht vollkommen entsprechend. Das lateinische substantia hebt an der Ousia nur einen bestimmten Zug hervor, der im aristotelischen Denken als Hypokeimenon (wörtlich: das Zugrundeliegende) bezeichnet wird (und auch dies nicht gänzlich entsprechend, da „substare" wörtlich „darunter-*stehen*" heißt). Die Tatsache schließlich, daß die terminologische Geschichte von Substanz mit dem Kategorienkommentar des Boethius beginnt, fixiert den Sinn von Substanz auf jene Phase des aristotelischen Denkens, die durch seine Kategorienschrift repräsentiert wird, und auf die in der Spätantike vollzogene Umdeutung der aristotelischen Kategorienlehre unter dem Einfluß einer „platonisierenden" Substanzinterpretation (Kremer, Anschauung, 46 f.). Trotz dieser Bedenken spricht die Übernahme der lateinischen substantia in alle europäischen Sprachen, auch ins Deutsche, obwohl hier ein sehr viel genaueres Äquivalent im Wort „Wesen" vorliegt, dafür, den Terminus Substanz in der folgenden Darlegung beizubehalten. Dies muß jedoch mit einer genaueren Festlegung verbunden werden: in unserer Darlegung ist Substanz allein als Äquivalent des aristotelischen Terminus Ousia beansprucht, wofür ebenfalls das deutsche Wort Wesen eintreten kann. Keineswegs aber ist mit dem Gebrauch des Terminus Substanz für Ousia schon die Akzeptierung der Interpretation der aristotelischen Ousia verbunden, die Boethius und alle, die ihm gefolgt sind, vorgebracht haben.

2.1.2. Die aristotelische Frage nach der Substanz

Als seine Grundfrage hat Aristoteles einmal die Frage bezeichnet: Was ist die Ousia? (Met. Z 1, 1028 b 6 f.). Nach dem Wesen kann in zweifacher Weise gefragt werden. Einmal läßt sich die Frage so stellen, daß sie lautet: was ist (alles) Wesen? In diesem Fall rückt das Wesen in eine prädikative Stellung und ist als Bestimmung verschiedener Seiender oder verschiedener Bereiche des Seienden verstanden: dies und jenes ist (alles) Wesen, d. h. von der Art der Substanz. Um aber bestimmen zu können, was alles substanzieller Art ist, muß *zuvor* gewußt werden, was die Substanz selbst ist. Die zweite grundlegende Frage (eigentlicher: die Grundfrage in ihrem wahren Sinn) lautet also: was ist die Substanz und das Wesen selbst? Diese Frage ist die eigentlich philosophische Frage, ja, sie ist nach Aristoteles die Grundfrage der Philosophie selbst. Um diese Frage als die Grundfrage der Philosophie herauszustellen, muß auf die aristotelische Wissenschaftslehre eingegangen werden.

2.1.2.1. Die aristotelische Wissenschaftslehre

Bei Aristoteles bestimmt sich jede Wissenschaft durch den zugrundeliegenden Sachbereich, auf welchen eine jede Wissenschaft bezogen ist (An. Post. I, 75 a 42 f.). Dieser Ansatz, der das aristotelische Wissenschaftsdenken grundsätzlich vom modernen unterscheidet, bei welchem nicht der Sachbereich, sondern die Methode den Wissenschaftscharakter definiert, hängt mit dem allgemeinen Wissensbegriff des Aristoteles zusammen: Wissen heißt: erkennen, was etwas ist (Met. Z 1, 1028 a 36 et alibi). Dieses „Was-etwas-ist" ist die Sachhaltigkeit eines Bereiches von Seiendem, die den Bereich und seine ihm zugehörigen Gegenstände von anderen Bereichen und anderen Gegenständen unterscheidet: Zahlen haben einen anderen Sachgehalt als Lebewesen, folglich ist Mathematik eine andere Wissenschaft als Biologie etc. Dieser Ansatz ist ein Erbe des platonischen Ideendenkens.

Die Grundunterteilung der Wissenschaften, die Aristoteles nun nach diesem Prinzip vornimmt, ist die in praktische und theoretische Wissenschaften (Met. E 1, 1025 b 25 et alibi). Dabei sind gemäß dem präzisen Sinn von Praxis bei Aristoteles – nur diejenige Handlung ist Praxis im eigentlichen Sinn, die den Zweck (das Telos) ihres Tuns in sich selbst hat, wie z. B. das Zitherspielen, aber auch das Leben und das Denken – neben die praktischen Wissenschaften noch die sogenannten poietischen Wissenschaften gestellt, d. h. diejenigen Wissenschaften, deren Gegenstandsbezirk durch ein Tun definiert ist, dessen Zweck außerhalb des Tuns selbst liegt. Das Beispiel eines solchen Tuns ist das „Herstellen" eines Kunstwerkes, die Poietik. Beide Grundweisen des Handelns und Tuns lassen sich aber in einem erweiterten Sinn Praxis nennen. Das sich auf die Praxis beziehende Wissen kann Wissenschaft nur in einem besonderen Sinn genannt werden (E. N. I 1, 1094 b 10 f. et alibi); es geht ihm jener Grad an Klarheit ab, welcher gerade den theoretischen Wissenschaften zu eigen ist. Dies ist jedoch keineswegs ein Mangel, sondern beruht auf der eigentümlichen Konstitution des Gegenstandsfeldes dieser (praktischen und poietischen) Wissenschaften. Worauf hier nicht näher eingegangen werden kann: aus der Eigentümlichkeit dieses Gegenstandsfeldes kommt diesen Wissenschaften eine eigene Wahrheit zu (E. N. VI 4, 1140 a 37 f.).

Die Einheitlichkeit des Gegenstandsbezirkes der praktischen und poietischen Wissenschaften liegt nun darin, daß sie es mit solchem zu tun haben, was sich auch anders verhalten kann, kurz, was sich zu ändern vermag (E. N. VI 4, 1140 b 2 f. et alibi). Dies ist im aristotelischen Denken eine ontologische Kennzeichnung: alles, was von dieser Art ist (und nur auf solches vermag sich die Praxis des Menschen zu erstrecken), ist ontologisch gesprochen ein nur Mögliches, und das heißt zugleich solches, was nicht von der Art der Substanz ist. Dagegen beziehen sich die theoretischen Wissenschaften gerade auf das, was sich nicht anders zu verhalten vermag (genauer: dessen Prinzipien sich nicht anders zu verhalten vermögen: E. N. VI 2, 1139 a 7 f.). Die ontologische Konstitution der Gegenstandsbezirke der theoretischen Wissenschaften ist also in genauer Korrelation zu der der praktischen Wissenschaften dadurch gekennzeichnet, daß diese Sachbereiche durch Wirklichkeit (im aristotelischen Sinn) und durch Substanzialität bestimmt sind. Im Denken

des Aristoteles hat das Theorie-Praxis-Verhältnis, von dem heute
so viel die Rede ist, seine klassische Gestalt gefunden. Alle neuere
Auseinandersetzung muß sich, um konkret bleiben zu können,
auf diese Gestalt beziehen, weil nur von ihr her die neuzeitlichen
Umwandlungen und ihre Berechtigung aufgezeigt werden könnten.
Bei Aristoteles jedenfalls beruht das Theorie-Praxis-Verhältnis auf
ontologischen Fundamenten: die Theorie bezieht sich auf den Bereich der Wirklichkeit und des Substanziellen, die Praxis auf den
Bereich des Möglichen und auf den Bereich dessen, was nicht den
Charakter von Substanzialität hat. Das Theorie-Praxis-Verhältnis
ist auf den Unterschied zweier metaphysisch differenter Seinsbereiche begründet; metaphysisch kann diese Differenz genannt
werden, weil sie die Verschiedenheit der Seinsweisen der beiden
Bereiche betrifft. Die aristotelische Interpretation dieser Differenz
(und damit des Theorie-Praxis-Verhältnisses) geht – geleitet durch
den seit Parmenides gesetzten Vorrang des Seins vor dem Nichts
und vor allen Gestalten des Nichtigen – vom Primat des Bereiches
des Wirklichen vor dem des nur Möglichen, d. h. vom Primat der
Theorie über die Praxis aus. Es ist die Umkehrung dieses Primates
– allerdings innerhalb einer gewahrten Konstellation von Wirklichkeit und Möglichkeit –, in welcher die Unterscheidung des neuzeitlichen Theorie-Praxis-Verhältnisses zum klassischen zu sehen
ist.

2.1.2.2. Die theoretischen Wissenschaften und ihre Substanziali-
täten

Innerhalb der theoretischen Wissenschaften, deren Bereich durch
Gegenstände bestimmt ist, die den Charakter der Substanzialität
haben, unterscheidet Aristoteles wiederum drei Wissenschaften:
die physikalische, die mathematische und die theologische Wissenschaft (Met. E 2, 1026 b 18 f.) [1]. Jede dieser Wissenschaften ist durch
die spezifische Art der Substanzialität ihres Gegenstandes bestimmt.
Diese spezifische Art kennzeichnet Aristoteles jeweils in gedop-
pelter Weise: die Substanzialität des Physikalischen ist „ungetrennt"
(achoriston) [2] und „nicht unbewegt" (ouk akineton); die Substan-

---

[1] Das vielerörterte Problem des Verhältnisses von Theologie und Erster
Philosophie in der Metaphysik des Aristoteles bleibt außerhalb des
Horizontes dieser Darstellung.

[2] Erst A. Schwegler (Metaphysik, Bd. 4, 16) hat Met. E 1, 1026 b 14
achorista in chorista emendiert, m. E. zu Unrecht. Choriston ist bei Aristoteles doppeldeutig (folglich auch achoriston): es meint 1. dasjenige,

zialität des Mathematischen ist (zumindest bei „einigen", d. h. beim eigentlich Mathematischen) „ungetrennt" *(ou choriston)* und „unbewegt" *(akineton)*; die Substanzialität des Theologischen ist „getrennt" *(choriston)* und „unbewegt" *(akineton)* (Met. E 1, 1026 a 7–16). Die Substanzialität der Substanz ist folglich jeweils durch zwei Charaktere bestimmt. Erst beide zusammen und in ihrer Einheit machen den vollen Charakter von Substanz aus und bestimmen, was in eigentlicher Weise als Substanz angesprochen werden kann. Abweichungen von dieser vollen und ganzen Struktur sind möglich; sie kennzeichnen dann aber aber defiziente Modi von Substanzialität und daher auch Rangverhältnisse innerhalb der theoretischen Wissenschaften.

Die beiden Grundzüge werden bei Aristoteles als *choriston* und *akineton* angegeben (a.a.O.). Der erste Zug meint das selbständige Bestehen von etwas, das unabhängig und getrennt von anderem, für welches es die Grundlage abgibt, für sich zu bestehen vermag. Das ist genau das, was mit dem Terminus Substanz gefaßt wird. Der zweite Charakter ist im aristotelischen Denken an das Eidos gebunden (Vollrath, These, 23 f., 64 f., 73). Er meint die in einer Wesensumgrenzung faßbare Sachhaltigkeit der Substanz, d. h. das platonische Eidos in der aristotelischen Deutung. Das Problem der aristotelischen Lehre von der Substanz ist die Aufdeckung dieses Doppelcharakters und ihrer Einheitlichkeit, woraus erst das volle Wesen der Substanz hervorgeht. Das Problem ist deshalb so schwierig, weil nur in der höchsten Weise der Substanz, welche der Gegenstand der theologischen Wissenschaft ist, die Einheitlichkeit des Doppelcharakters vollständig gewahrt ist: eine solche Substanz nämlich ist von göttlicher Art (De Part. An. V, 644 b 25 et alibi). Alle anderen Substanzen repräsentieren einen Typ, in welchem jeweils einer der Charaktere vorherrschend ist, so daß die Einheitlichkeit nicht vollkommen gewahrt ist. Diese Differenz zur vollkommenen Verwirklichung des Substanzcharakters der Substanz hindert nicht, daß diese Substanzen eine, wenn auch nur relative, d. h. auf die oberste und eigentliche göttliche Substanz bezogene Selbständigkeit aufweisen. Nur diese Selbständigkeit erlaubt es, ihnen eine eigene Wissenschaft zuzuordnen. Der Substanzcharakter des Physischen *(he physikē ousia)* wird in dem jetzt angenomme-

was von anderem (bei der Ousia etwa von der Materie und von den akzidentellen Bestimmungen) getrennt oder doch als getrennt gedacht ist, 2. das, was selbständig für sich bestehen kann. Beide Züge müssen nicht unbedingt zusammenfallen. Zur Interpretation: Vollrath, These, 64.

nen Schema durch die beiden Charaktere des *achoriston* und *kineton* gekennzeichnet: sie ist „ungetrennt", sofern sie jeweils mit der Materie zusammen auftritt, d. h. sie ist eine zusammengesetzte Substanz (De An. I 1, 403 b 10 f. u. De Gen. A 5, 320 b 13 f.). Dieses Zusammentreten von Momenten zu einem Ganzen ist aber gerade Bewegung, und daher ist die Art der Substanzialität auch als bewegte und vergängliche Substanz *(Ousia kinetē kai phthartē)* zu bezeichnen. Erst die ontologische Explikation im Ausgang von der eigentlichen Substanz vermöchte zu zeigen, wie dergleichen möglich ist. Die mathematische Substanz ist zwar auch mit solchem zusammen, was den Charakter der Materie hat, nämlich mit einer noetischen Materie (Met. Z 10, 1036 a 9 f.), und in dieser Hinsicht ist sie wie die physische Substanz „nicht getrennt", aber sie weist gerade nicht einen bewegten Chrakter auf, weil das Mathematische als solches nicht in Bewegung zu sein vermag.

Im Aufriß der drei theoretischen Wissenschaften zeigt sich eine dreifache Weise von Substanz, je nachdem wie die beiden entscheidenden Charaktere von Substanzialität und ihre Einheit verwirklicht sind. Die physische Substanz ist diejenige, die naturhaft anzutreffen ist. Von ihr muß daher ausgegangen werden. Es zeigt sich aber, daß die in der physischen Substanz anzutreffenden Charaktere in ihrem Unterschied und in ihrer Einheit selbst nicht naturhaft einsichtig zu machen sind. Es ist daher nach einer Substanzialität Ausschau zu halten, die über den naturhaften Bereich hinaus, also meta-physisch im Wortsinn, ist. Gefunden wird sie schließlich in der göttlichen Substanz, dem Gegenstand der theologischen Wissenschaft. Bei ihrer Aufdeckung leisten im Denken des Aristoteles die Mathematik und die mathematische Substanz einen wesentlichen Hinweis (Das erinnert an die Rolle, welche die Mathematik im Denken Platons spielt!). Dieser Hinweis ist doppelter Art. In der Mathematik und in ihrer besonderen Art von Gegenständlichkeit, den mathematischen Substanzen, ist der aus der Natur her ermöglichte Aufweis gegeben, daß die naturhaften Substanzen des Physischen nicht die einzigen sind, denn die mathematischen Substanzen entstehen aus den physischen durch Abstraktion, sind aber selbst nicht von der Art des Physischen. Und zweitens gibt die spezifische Art der mathematischen Substanzen („unbewegt", wenn auch nur im Denken „abgetrennt-selbständig") den entscheidenden Hinweis auf die Art von Substanz und ihre Charaktere, welche als die eigentliche gesucht werden muß.

Nach diesem Vorentwurf muß es darauf ankommen, die Doppelstruktur der Substanz und das Problem ihrer Einheitlichkeit aufzuzeigen.

2.2. Das Substanzproblem in der Kategorienschrift des Aristoteles

2.2.1. Die Stellung der Kategorienschrift

Die Authentizität der Kategorienschrift ist in der Forschung mit
wechselnden Gründen bestritten worden, m. E. völlig zu Unrecht[3].
Wenn es sich um die Arbeit eines Aristoteles-Schülers handeln
sollte, dann müßte Aristoteles ein bislang unbemerkt gebliebenes
Genie unter seinen Schülern gehabt haben, welches eine Position
vertritt, die der junge, sich von Platon ablösende Aristoteles Jahre
zuvor hätte einnehmen müssen. Die Kategorienschrift bietet eine
Auseinandersetzung mit der Philosophie Platons, bei der das Problem der Substanz die entscheidende Rolle spielt. Der Hintergrund
dieser Auseinandersetzung ist die von Platon im „Sophistes" (und
„Parmenides") entwickelte Lehre von den Ideen und der Ideen-
gemeinschaft. Für die Zwecke dieser Darlegung muß dabei vom
Logos ausgegangen werden. Die Kategorienschrift enthält in sich
den Keim der Logoslehre des Aristoteles. Für Aristoteles sind der
Logos und seine Gestalten auf das Seiende bezogen: sie legen es in
dem dar, was und wie es ist. Sie machen es – in wie verschiedener
Weise auch immer – offenbar. Trotzdem ist der Bezug des Logos
und seiner Gestalten auf das Seiende und dessen Seinsstrukturen
nicht einfach symmetrisch-abbildend. Allein das Problem der Homonymität (Äquivokation) schaltet diese Möglichkeit aus: ein bloßes
Wort kann durchaus solches bezeichnen, was logoshaft, d. h. dem
Seinssinn der Sache nach, völlig unterschieden ist. Die Ausschaltung
der Homonymität ist eine Leistung, die unter dem Geleit eines
Logos vollzogen wird, welcher durch seinen Bezug auf die Sachen
in ihrem Vorliegen bestimmt ist. Nur durch diesen nicht einfach
abbildend gedachten Bezug von Logos und Sache ist es verständlich zu machen, daß bei Aristoteles bestimmte allgemeine Seinsstrukturen des Seienden Kategorien heißen: die Kategorien sind
das im Logos als Aussagen (griechisch: *kategorein*) vom Seienden
zum Vorschein gebrachte Sein, die verschiedenen Seinsweisen von
Seiendem.

---

[3] Das Problem der Postprädikamente (Cat. 11 b 8 f.) bleibt gänzlich
außer Betracht.

Diese Logoslehre des Aristoteles ist eine Auseinandersetzung mit der platonischen Logoslehre. Die platonische Interpretation des Logos im „Sophistes" enthält in sich die These, daß jeder Logos als Sagen über etwas, sofern er wahr ist, eine Verknüpfung zweier Ideen zu einer Einheit darstellt (Sophistes 261 C f.). Im Grunde handelt es sich dabei um ein Abbild-Verhältnis, so wie ja das platonische Denken maßgeblich durch eine Urbild-Abbild-Struktur bestimmt ist. In dieser These ist nach Aristoteles zweierlei nicht bedacht. Einmal ist unbefragt gesetzt, daß ein jedes Wort unzweideutig eine Idee repräsentieren kann. Der von Aristoteles gleich zu Beginn der Kategorienschrift geklärte Begriff der Äquivokation zeigt aber, daß ein einzelnes Wort mehreres bedeuten kann.

Was aber noch schwerer wiegt: die Art der Verbindung von Ideen in einem Logos ist für Aristoteles in der platonischen These ungeklärt geblieben, vielmehr setzt die platonische These eine gleichbleibend-abbildende Art der Verbindung an, die aber, wie Aristoteles schon durch den Hinweis auf Deklination und Konjugation deutlich machen kann (Cat. 1 a 12 f.), äußerst fraglich ist. Ist aber eine gleichbleibende Verbindung stillschweigend vorausgesetzt, dann ist einfache Identität (sprachlich ausgedrückt: A ist B) bzw. einfache Nichtidentität (sprachlich ausgedrückt: A ist nicht B) für jeden Logos und für jede Ideenverbindung beansprucht. Dieser Kernthese des platonischen Denkens, die eine Konsequenz seiner Ideenlehre ist, tritt Aristoteles in der Kategorienschrift entgegen.

2.2.2. Die Entdeckung der Kategorien

Die Methode des Aristoteles in der Kategorienschrift beruht darauf, sich zunächst auf den platonischen Standpunkt einzulassen und einen jeden Logos als Aussage über etwas so zu betrachten, als ob es sich bei ihm um eine identifizierende In-Beziehung-Setzung von zwei Ideen handelte. Dabei ist zuerst genauer die Struktur des Logos zu kennzeichnen. Jeder Logos ist als Verbindung die Vereinigung eines Gesagten, d. h. eines Seienden, welches im Logos von etwas ausgesagt wird, mit dem, wovon es gesagt wird. Dieses, wovon etwas gesagt wird, liegt im Logos für das Gesagte zugrunde und heißt terminologisch: das Zugrundeliegende (to hypokeimenon). Sowohl das Gesagte als auch das Zugrundeliegende sind bei Aristoteles Seiendes und nicht nur grammatische Strukturen, nämlich das Seiende, das von einem Zugrundeliegenden gesagt wird, und das Seiende, von dem das Ausgesagte gesagt wird: beide aber

im Logos auftretend. Erst die spätantiken Grammatiker entwickeln
aus den aristotelischen Ansätzen die Grundzüge der uns bekannten
formalisierenden Grammatik. Im Logos nun treten die beiden
Seienden so auf, daß sie als zwei unterscheidbare Seiende (Platon:
zwei Ideen) erscheinen und daß der Logos durch das kopulative
„ist" ihre Identität ausspricht: Sokrates ist weiß.

Aristoteles unterscheidet nun vier Grundmöglichkeiten des Verhältnisses, d. h. der Verbindung von Gesagtem und Zugrundeliegendem.

1. Ein Seiendes wird von einem Zugrundeliegenden gesagt, ist
jedoch nicht in diesem Zugrundeliegenden enthalten. Es wird z. B.
„Mensch" von einem zugrundeliegenden Einzelnen gesagt: dies ist
ein Mensch. „Mensch" ist nicht im einzelnen Menschen enthalten,
so wie (umgekehrt) der einzelne Mensch in „Mensch" (nämlich der
Gattung Mensch) enthalten ist. In diesem Logos wird eine Identität angesprochen, und zwar eine Identität, bei welcher das Gesagte
(„Mensch") das Wesen dessen ist, wovon es gesagt wird („dies",
etwa Sokrates). Die im Logos beanspruchte Identität ist folglich
eine vollständige und vollkommene, denn jedes einzelne Seiende
ist mit seinem Wesen wesensidentisch. Diese Identität, und sie
allein, hatte Platon bei seiner Interpretation im Auge. Denn die
Idee hat ja den Charakter des Wesens. Die Analyse des Aristoteles
in der Kategorienschrift zeigt nun, daß nicht jede Verbindung im
Logos von dieser Art ist, und das heißt: nicht alles, was im Logos
verbunden wird, ist von der Art des ideenhaften Wesens. Die Konsequenz einer solchen Einsicht ist dann: es gibt – bezeugt durch die
diversen Weisen der Verbindung in einem Logos – seinsmäßig Verschiedenes, was im Logos verbunden werden kann. Die seinsmäßige
Verschiedenheit von solchem, was im Logos nur auf Grund dieser
seinsmäßigen Verschiedenheit verbunden werden kann, heißt seit
Aristoteles: Kategorie.

2. Ein Seiendes ist in einem Zugrundeliegenden enthalten, kann
jedoch nicht von ihm gesagt werden (nämlich dann nicht, wenn die
platonische These in Geltung bleibt, daß alles von einem Zugrundeliegenden Gesagte mit ihm wesensidentisch sein muß). Aristoteles
erläutert das gemeinte „In-sein" demgemäß, daß nicht das Ent-
haltensein in einer Menge als Teil gemeint ist, sondern das „Bei-
sein" bei etwas als dessen nähere Bestimmung. So ist z. B. etwas
Weißes bei einem Körper, sofern der Körper weiß ist. Das von
Aristoteles selbst gebrachte Beispiel zeigt ein Doppeltes: 1. Beim
Zusammensein von etwas (weiß) mit etwas (Körper) muß es sich

nicht um eine Wesensidentität handeln, denn Weiß*sein* ist nicht das Wesen von Körper; 2. Andererseits handelt es sich auch nicht um das Zusammensein von zwei selbständigen Seienden (positiv gesprochen, aber das läßt Aristoteles den Leser selbst herausfinden: es gibt solches, was als Seinsbestimmung an einem anderen ist, ohne daß diese *Seins*bestimmung den Charakter der *Wesens*bestimmung hat: weiß ist qualitatives Sein von Körper).
3. Es gibt solches, was sowohl (im Sinne der Wesensidentität) von einem Zugrundeliegenden gesagt wird als auch in einem Zugrundeliegenden (aber in einem anderen!) enthalten ist. So ist „Wissenschaft" das Wesen von „Grammatik", aber „Wissenschaft" ist ebenfalls eine mögliche qualitative Bestimmung der sie ausübenden Seele des Menschen. Auch dieses von Aristoteles gewählte Beispiel zeigt, daß in der Verbindung, die der Logos ist, etwas gesagt werden kann, was, ohne mit dem wesensidentisch zu sein, wovon es gesagt wird, eine Seinsbestimmung des Zugrundeliegenden ist. Und ferner: auch als Seinsbestimmung eines anderen Zugrundeliegenden kann es selbst mit etwas wesensidentisch bleiben. Denn „Wissenschaft" gibt es sicherlich nur, wenn es „Seele" gibt, nämlich als wissende Haltung der Seele. Das ist nun eine Seinsweise von Seele, und trotzdem ist es nicht das Wesen der Seele. Kurz: etwas kann in der Verbindung des Logos gesagt werden, was, ohne wesensidentisch mit dem Zugrundeliegenden zu sein, doch eine nähere Seinsbestimmung ist.
4. Es gibt solches, was weder von einem Zugrundeliegenden (im Sinne der Wesensidentität) gesagt werden kann, noch in einem Zugrundeliegenden ist – nämlich das Zugrundeliegende selbst. Dieses tritt in der Verbindung des Logos stets als das auf, wovon das Gesagte ausgesagt wird.
Die Darlegungen des Aristoteles scheinen schwerfällig zu sein. Sie haben eine Revolution der Denkungsart aufgebracht! Die Konsequenzen dieses schematischen Aufrisses von vier Möglichkeiten der Verbindung von Zugrundeliegendem und Seiendem qua Gesagtem sind so zusammenzufassen:
1. Nicht jeder Logos spricht in seiner Verbindung Identität des Wesens aus, wie Platon zu behaupten gezwungen war;
2. Die im Logos, welcher nicht Wesensidentität aussagt, angesprochene Identität ist die eines Zugrundeliegenden mit einer seinsmäßig differenzierten, kurz kategorialen Bestimmung. Zwei „Seiende", ein Zugrundeliegendes und ein in dieser Weise von ihm Gesagtes, können zur Einheit eines einzigen Seienden zusammen-

treten und dann auch in einem nicht von der Wesensidentität her, sondern kategorial zu interpretierenden Logos ausgesagt werden, sofern sie gerade durch kategorial differentes Sein bestimmt sind: das eine ist qualitative etc. Seinsbestimmung eines substanziell Zugrundeliegenden.

3. In jedem Logos muß schließlich ein solches Seiendes zugrundeliegen, dessen Seinsweise von der Art ist, daß es bei allem Zusprechen von solchem, was seine seinsmäßigen und kategorialen Bestimmungen sind, als es selbst zugrundeliegend bleibt. Dieses Seiende heißt terminologisch Ousia, Wesen, Substanz. Von ihm kann in einem Wesensidentität aussagenden Logos gesagt werden, was es ist. Und in Analogie dazu kann von einem Jeglichen, auch von solchem, dessen Seinsweise eine kategorial andere als die der Substanz ist, in einem Wesenslogos sein Was, d. h. Gattung und Art angegeben werden. Die Substanz ist daher die 1. Kategorie, die Seinsbestimmung von solchem, dem andere kategorial bestimmte Seinsweisen zukommen können, ohne daß es dadurch selbst etwas anderes wird, als es ist. Denn dies ist gerade bei dem Seienden der Fall, das durch andere kategoriale Bestimmungen gekennzeichnet ist als die der Substanz: weiß ist als Qualitatives stets die Bestimmtheit eines anderen, etwa eines Körpers, der dadurch selbst ein Weißes wird, d. h. weiß ist als qualitative Bestimmung eines anderen auch selbst ein anderes (der weiße Körper) als es selbst.

Die Konsequenzen, die sich aus diesen Einsichten ergeben, sind folgende: Alles Ausgesagte (d. h. alles Seiende, das im Logos als Ausgesagtes auftritt) wird von einem Zugrundeliegenden gesagt, dessen Bestimmung es ist. Diese Bestimmung hat zunächst den Charakter eines sachhaltigen Etwas (ti: Top. 103 b 27 f.), das in einer Definition gefaßt werden kann. Es sind nun zwei Möglichkeiten zu unterscheiden. Einmal ist das sachhaltige Etwas gerade das Wesen dessen, wovon es gesagt wird. Der ausgesagte Sachgehalt ist wesensidentisch mit dem, wovon er ausgesagt wird, d. h. es handelt sich um das Wesen des Zugrundeliegenden: die Kategorie der Substanz. Oder die sachhaltige Bestimmung ist nicht wesensidentisch mit dem, wovon sie ausgesagt wird. Beide, Zugrundeliegendes und Bestimmung, weisen einen verschiedenen Sachgehalt auf. Die Aussage eines sachhaltig verschiedenen Etwas von einem Zugrundeliegenden ist aber auch dann möglich, sofern nämlich der Seinscharakter dieser sachhaltigen Bestimmung in einer der anderen Kategorien als der der Substanz angebbar ist. Die sachhaltig unterschiedene Bestimmung wird kategorial, als Bestimmung nämlich eines vom Zugrundeliegenden unterschiedenen Seins, an das Zugrundeliegende gebunden und ist so von ihm aussagbar. Aristoteles kennt folglich mehrere Kategorien: in der Kategorienschrift zählt er zehn auf: Wesen (Substanz), Eigenschaft (Qualität), Größe (Quantität), Beziehung (Relation), Ort, Zeit, Lage, Besitz, Tun und Leiden. Die Anzahl ist jedoch nicht entscheidend. Wichtig ist vielmehr der Grundunterschied zwischen der 1. Kategorie, welche jeweils das Sein des Zugrundeliegenden bestimmt, und den übrigen Kategorien, die jeweils das Sein des vom Zugrundeliegenden aussagbaren, sachhaltig unterschiedenen Etwas angeben. Sachhaltig unterschiedenes Seiendes kann zur Einheit eines einzigen Seienden zusammentreten (und ist daher von ihm aussagbar), sofern es kategorial bestimmbar ist, d. h. sofern es durch verschiedenes Sein bestimmbar ist.

Die aristotelische Entdeckung der Kategorien und ihre Hinordnung auf die 1. Kategorie, die Substanz, ist seine bedeutendste denkerische Leistung gewesen, mit welcher er seine Selbständigkeit gegenüber seinem großen Lehrer Platon endgültig errungen hat.

2.2.3. Die Analyse der Substanz in der Kategorienschrift

Die Analyse der Kategorie der Substanz zieht aus dem Entdeckungszusammenhang der Kategorie die Folgerungen für die 1. Kategorie. Substanz ist das, was weder von einem Zugrundeliegenden gesagt werden kann noch in einem Zugrundeliegenden oder an ihm als eine seiner sachhaltig unterschiedenen Bestimmungen ist (Cat. 2 a 11 f.). An dieser Grundbestimmung hält Aristoteles durch sein ganzes Denken fest. Die Frage ist, was denn dann von der Art der Substanz, d. h. des Zugrundeliegenden selbst, ist. Die Antwort des Aristoteles in der Kategorienschrift lautet: z. B. der bestimmte Mensch, also das einzelne selbständige Seiende. Alles, was von dieser Art ist, nennt Aristoteles Substanz in der eigentlichen Bedeutung oder kurz 1. Substanz (es wird sich zeigen, daß gerade diese Antwort ontologisch ungeklärt ist und das Denken des Aristoteles in Atem gehalten hat). In der Kategorienschrift jedenfalls ist das einzelne selbständige Seiende substanzieller Art und die 1. Substanz, weil nur es Zugrundeliegendes sein kann. Denn alles andere ist seinsmäßig durch eine andere Kategorie bestimmbar. Zum Zugrundeliegenden als der 1. Substanz gehört aber wesensgemäß das, was von ihr als ihr Sachgehalt „aus"gesagt werden kann: definitionsgemäß ihre Art und ihre Gattung, wobei die Art dadurch gebildet wird, daß die Gattung durch einen artbildenden Unterschied spezifiziert wird. Für den Menschen als einen bestimmten ist dies z. B. vernünftiges Lebewesen. Terminologisch heißt die Sachhaltigkeit eines Seienden 2. Substanz (Cat. 2 a 14 f.). Die Substanzialität der Substanz besteht also in der Einheit zweier Momente, dem einzelnen selbständigen Seienden als dem Zugrundeliegenden und der von ihm als seine Sachhaltigkeit aussagbaren Art. Diese ist in sich wiederum durch (mindestens) zwei Momente bestimmt: durch die Gattung und den artbildenden Unterschied. Beide zusammen geben an, was das Zugrundeliegende ist. Das Rangverhältnis innerhalb des 2. Momentes der Substanz ist seinerseits so bestimmt, daß die Art, weil sie unmittelbar vom Zugrundeliegenden ausgesagt wird, diesem nähersteht und daher eigentlicher den Charakter der (2.) Substanz hat als die Gattung. Diese wird ja, weil sie nicht nur von einer Art von Seienden gilt, sondern von mehreren (Lebewesen etwa sowohl für die Art Mensch als für die Art Rindvieh), nur vermittels der Art von einem zugrundeliegenden Seienden gesagt.

Das Problem der Einheitlichkeit der durch verschiedene Momente bestimmten Substanzialität der Substanz ist das Grundproblem der aristotelischen Lehre von der Substanz. Dieses Problem tritt auf, weil der Entdeckungszusammenhang der Kategorien erstens die Substanzialität der Substanz so zu fassen bekommt, daß dabei (mindestens) zwei Momente zum Vorschein kommen, die als 1. und 2. Substanz unterschieden werden können, und zweitens die 1. Substanz folglich als das einzelne selbständige Seiende auftritt, dessen sachhaltig mit ihm identische Wesensbestimmung die 2. Substanz ist.

Die Doppelheit der Momente der Substanzialität der Substanz und die Interpretation der 1. Substanz als des einzelnen selbständigen Seienden ist aber nur eine unvermeidliche Konsequenz des Ansatzes beim Logos als der Aussage, d. h. bei der (noch platonisch bestimmten) Situation des Entdeckungszusammenhanges der Kategorien. Im Folgenden (Cat. 3 a 7) unternimmt Aristoteles eine Klärung der Substanzialität der Substanz, wobei er sechs Charaktere herausarbeitet:

1) Für jede Substanz gilt, daß sie nicht in einem Zugrundeliegenden ist (Cat. 3 a 7 f.). Dagegen kann jetzt gesagt werden, daß sie von einem Zugrundeliegenden gesagt werden kann, nämlich als das sachhaltig mit ihm identische Wesenswas. Positiv bedeutet das: die Substanz ist entweder selbst das Zugrundeliegende oder die sachhaltige Bestimmung des Zugrundeliegenden im Sinne der 2. Sub-

stanz. Die Klärung der Bedeutung des „In-seins" ist jetzt soweit fortgeschritten, daß das „In-sein" die Zugehörigkeit einer sachhaltigen Bestimmung zu einem Zugrundeliegenden bedeutet, welche durch eine der anderen Kategorien als die der Substanz bestimmt ist. So ist z. B. das Weiße „im" Körper als dessen qualitatives Sein. Der lateinische Ausdruck „substantia" faßt also einigermaßen den Charakter jeder Ousia, selbst nicht „in" einem Zugrundeliegenden zu sein, sondern entweder das für jede kategorial differente Sachbestimmung zugrundeliegende einzelne und selbständige Seiende zu sein oder dessen eigene sachhaltige Bestimmung. Auch alle Momente der eigenen Sachhaltigkeit sind ja nicht in der geklärten Weise „in" einem Zugrundeliegenden, sondern dieses selbst im Charakter seiner Wesensbestimmung. Im ersten Charakter ist die unverzichtbare Selbständigkeit alles Substanziellen gefaßt, die in seiner Bestimmung als Zugrundeliegendes für alle anderen Bestimmungen zum Vorschein kommt.

2) Für jede 2. Substanz gilt ihre Synonymität mit der 1. Substanz (Cat. 3 a 33 f.). Der Terminus „Synonymität" besagt nach Aristoteles (Cat. 1 a 6 f.), daß nicht bloße Wortgleichheit zweier Seiender oder zweier Sachverhalte vorliegt, sondern Sachidentität. Diese Sachidentität bekundet sich in einem Logos, welcher auf das Sein der Sache bezogen ist (*Logos tēs ousias:* Cat. 1 a 7).

So kann zwar auch ein Körper „das Weiße" genannt werden: das Weiße (dort) ist ein Körper. In diesem Logos ist „das Weiße" ein Name für den Körper, und es sieht so aus, als könne dieser Name die dem Körper eigene Sachhaltigkeit aussagen, weil sonst ja nicht gesagt werden könnte: der Körper ist weiß, was ohne weiteres möglich ist. Durch die Klärung der kategorialen Verhältnisse steht aber fest: weiß ist nur die Beschaffenheit von etwas, das weiß ist. Dagegen sind alle Momente der 2. Substanz in synonymer Weise mit dem Zugrundeliegenden identisch, d. h. das *Sein* des Zugrundeliegenden gemäß dessen Substanzialitätscharakter wird in der 2. Substanz und deren Momenten gerade hinsichtlich des sachhaltigen Wasseins offenkundig und wißbar gemacht. Das ist deshalb so wichtig, weil die 2. Substanz sprachlich in einer qualitativen Form auftritt, denn der artbildende Unterschied hat sprachlich die Form einer qualitativen Bestimmung. Aristoteles verdeutlicht dies an einem Beispiel: es sei „zweifüßig" der artbildende Unterschied von Mensch (es spielt keine Rolle, daß er das nicht ist, denn „zweifüßig" ist ja auch ein Huhn), dann ist „zweifüßig" trotzdem nicht eine qualitative Bestimmung, sondern eine gemäß

der Synonymität ausgesagte Wesensbestimmung substanzieller Art.
Im zweiten Charakter ist die notwendige Bestimmbarkeit alles Substanziellen durch eine eigene Sachhaltigkeit gefaßt, in welcher die
Selbigkeit eines Seienden mit dem dargelegt ist, was es wesenhaft
ist.

3) Für jede Substanz gilt, daß mit ihr ein „Gerade-Dies" *(tode ti)*
bezeichnet ist (Cat. 3 b 10 f.). Dieser Terminus gehört zu den am
schwierigsten deutbaren im ganzen Werk des Aristoteles. „Ganz
fernzuhalten ist die vulgäre Vorstellung, als sei mit dem tode ti
speziell das unmittelbare sinnliche Dieses gemeint" (Tugendhat,
Ti kata tinos, 25). Diese Ansicht hat aber, verleitet durch die lateinische Kategorieninterpretation, fast alle bisherige Deutung der
Substanz geleitet (die Auseinandersetzung ist gut zu überblicken
bei Owens, Doctrine, 379 f., 398). Sie ist grundsätzlich zu revidie-
ren. Das „Gerade-Dies" meint ein selbständiges Dies-da, welches
sachhaltig so bestimmbar ist, daß es als ein ganz bestimmtes Etwas
zu erkennen ist. Die ontologische Explikation dieser Charaktere
ist in der Kategorienschrift noch nicht weit genug gediehen. Die
von Aristoteles angegebenen Beispiele für die 1. Substanz (Cat.
2 a 14) zeigen: als „Gerade-Dies" ist das bestimmte selbständige
Seiende angesprochen. Dieses hat die Charaktere, die dem tode ti
zugehören; es ist unteilbar *(atomon:* Cat. 3 b 12) und der Zahl
nach eines *(hen arithmō:* ibid.). Im „Gerade-Dies"-Charakter der
Ousia ist in der Kategorienschrift die formale, die Identität mit
sich selbst betreffende Einheit eines substanziell Seienden gemeint.
Ob sie ontologisch zureichend durch den Hinweis auf das bestimmte
einzelne Seiende gekennzeichnet ist, ist gerade die Frage, durch
die sich das aristotelische Denken in bezug auf die Analyse der
Substanzialität der Substanz hat über den Horizont der Kategorienschrift hinaus leiten lassen.

Dieser Charakter der formalen Selbstidentität ist – wie immer man
die spätere Substanzinterpretation in der Metaphysik deuten mag
– im selbständig einzelnen Seienden als der 1. Substanz präsent.
Für die 2. Substanzen liegt dieser Charakter nur so vor, daß sie
als die sachhaltigen Wesensbestimmungen der 1. Substanz auftreten.

4) Es gilt für alle Substanzen, daß sie kein Gegenteil ihrer selbst
aufweisen (Cat. 3 b 24 f.). Die Lehre von den Gegenteilen ist dem
voraristotelischen Denken, vor allem den Vorsokratikern, zu eigen.
In ihr ist eine These über das Entstehen von Etwas gefaßt: alles
entsteht aus seinem Gegenteil, in welches es auch wieder vergeht

(Met. A 5, 986 b 2). Etwas, zu dem es kein Gegenteil gibt, kann daher auch nicht entstehen. Gibt es nun weder zur 1. Substanz noch zur 2. Substanz ein Gegenteil, dann heißt dies: Substanzen haben nicht ihr Entstehen aus einem Gegenteil. Sie entstehen (und vergehen) überhaupt nicht. jedenfalls nicht so wie aus weiß schwarz wird: durch unmerklichen Übergang aus dem einen in das andere. (Das trifft allerdings, wie Aristoteles zugeben muß, auch auf bestimmte Größen zu, z. B. auf die natürlichen Zahlen.) Dies wiederum ist für ihre Identität bestimmend. Wie immer es mit dem Entstehen und Vergehen der Substanzen bestellt sein mag (denn in einer bestimmten Hinsicht kann von Entstehen und Vergehen auch bei den Substanzen gesprochen werden), auf keinen Fall *werden* sie aus ihrem Gegenteil, d. h. aus etwas, was sie nicht sind. Alles „Werden" der Substanz geschieht immer schon so, daß sie als mit sich identische dabei gerade nicht entsteht oder vergeht. Der genannte Charakter betrifft also die bleibende Selbstidentität des Substanziellen auch bei einem möglichen Werden.

5) Für jede Substanz gilt in Hinsicht auf ihre Substanzialität, daß sie weder mehr noch weniger zu werden vermag (Cat. 3 b 33 f.). Dabei ist wohl zu beachten: es gibt durchaus Substanzen, deren Substanzialitätscharakter größer ist als der anderer Substanzen: so sind die ewigen Substanzen in höherem Maß Substanz als die vergänglichen. Aber innerhalb derselben Art („Mensch") ist keine vor den anderen ausgezeichnet. Und daher kann auch keine diesen ihren Substanzialitätscharakter vergrößern oder verkleinern: sie ist jeweils genau das, was sie ist.

Auch dieser Charakter betont die bleibende Selbigkeit des Substanziellen gegenüber allem, was der Zu- bzw. Abnahme fähig ist wie z. B. allem Qualitativen. Auch in bezug auf das Mehr oder Weniger als einen Grundcharakter alles Werdens ist die Substanz bleibend-beständig, was sie ist.

6) Schließlich gilt für jede Substanz, und dies wird von Aristoteles eigens hervorgehoben, daß sie gerade als das Bleibend-Beständige in der Lage ist, Gegenteiliges bei sich aufzunehmen (Cat. 4 a 10 f.). Dieser Charakter ist der entscheidende Grundzug der Substanz, und in ihm versammeln sich alle anderen. Denn das, was die Gegenteile bei sich aufzunehmen vermag und doch beständig bleibt, was es ist, macht dadurch gerade das Werden und die Bewegung möglich. Werden und Bewegung sind die Grundcharakteristika des Naturhaften und der Natur. Die Substanz läßt Gegenteiliges bei sich ein, besagt nämlich, daß etwas etwas anderes wird, ohne dabei

aufzuhören das zu sein, was es ist. So ist z. B. ein Mensch einmal jung, dann alt, aber er hört dadurch nicht auf, ein Mensch zu sein. Dies gilt für alles Natürliche: alles, was wird, nämlich aus etwas zu etwas anderem, verändert sich dabei. Es verändert diejenigen Bestimmungen, die in einer anderen Kategorie als in der der Substanz vorliegen; es vergeht aber dadurch gerade nicht als es selbst. Sich verändernd bleibt es als das, was es ist. Dabei ist entscheidend – Aristoteles zeigt dies durch die Konfrontation mit dem Logos und der Meinung, die ja auch bei der Veränderung des in ihnen Ausgesagten oder Gemeinten bleiben, aber dabei falsch werden können –, daß die Substanz gerade dadurch, daß ihre Bestimmungen sich ändern, als sie selbst zugrundeliegend bleibt. Substanzialität ist der Grund der Ermöglichung von Bewegung und Veränderung, sofern etwas Substanzielles bei aller Veränderung bestehen bleibt. Die Substanzialität der Substanz, durch die sechs Charaktere bestimmt, die sich im sechsten Charakter versammeln, macht Bewegung als das Sein des von Natur Seienden erklärbar.

2.2.4. Zusammenfassung

Die Kategorienschrift bringt einen der bedeutsamsten Wendepunkte in der Geschichte des philosophischen Denkens zum Vorschein, wobei die aristotelische Lehre von der Substanz diesen Wendepunkt genau markiert. Hatte Parmenides die vollkommene Einheit, Einzigartigkeit und Einfachheit des Seins behauptet, so war Platon gezwungen, die Vielheit von Einheiten, der Ideen, zuzugestehen, weil sonst gerade die These des Parmenides, daß das Sein allein den Charakter der Präsenz hat, nicht durchgehalten werden konnte. Das Phänomen, an welchem sich die Notwendigkeit vom Übergang aus der (parmenideischen) Einheit des Seins zur (platonischen) Vielheit reiner Einheiten erwies, ist die Bewegung und das In-Bewegung-Seiende. Aber Platon hält, obwohl er gerade diese Vielheit reiner Einheiten einführt, an der Einfachheit des Sinnes von Sein fest: nur das hat den Charakter des wahren Seins, was von der Art des Ideenhaften ist.

Aristoteles nun gewinnt in der Kategorienschrift eine neue Seinsthese. Es ist wiederum das Phänomen der Bewegung und des In-Bewegung-Seienden, das diese Neusetzung erzwingt. Hält man an der Einheitlichkeit des Sinnes von Sein fest, dann ist Bewegung und Veränderung unerklärbar. Der Grundsatz, auf welchem das ontologische Denken des Aristoteles beruht, lautet: das Sein (*on* im Sinne von *einai*) wird in vielfacher Weise gesagt (Met. Z 1, 1028 a 10 et alibi), und eben nicht – gegen die parmenideische und platonische Position – in einer einheitlich-einfachen Weise. Im Grunde ist diese neue Position in der Kategorienschrift durch die Entdeckung der Kategorien erreicht, auch wenn der Grundsatz selbst noch nicht ausgesprochen ist.

Dabei kommt der Kategorie der Substanz in ihrer doppelten Bestimmung eine Schlüsselstellung zu. Nur wenn alle anderen, in den neun verbliebenen Kategorien angesprochenen Seinsweisen von Seiendem auf die substanzielle Kategorie bezogen werden, wird Bewegung und Veränderung, d. h. wird Natur verstehbar. Denn alles, was von Natur ist, ist ein Zusammengesetztes, folglich solches, bei dem Verschiedenes zur Einheit eines Ganzen zusammengetreten, „geworden" ist. Die Einheitlichkeit dieses gewordenen Ganzen setzt aber die Vielheit der Seinsweisen des Verschiedenen voraus, und diese wiederum bedarf zu ihrer Versammlung in der Einheit der Kategorie der Substanz als des beständig Zugrundeliegenbleibenden. Die Doppelheit der Substanzialität der Substanz, die in der Kategorienschrift als die 1. und 2. Substanz analysiert worden ist, ergibt sich aus der angedeuteten Problematik: alles Zukommen von etwas, das in einer der anderen kategorialen Seinsweisen vorliegt, zu einem substanziell Zugrundeliegenden (1. Substanz) verändert gerade nicht den Charakter dessen, was dieses als es selbst sachhaltig ist (2. Substanz). Das Grünwerden des Baumes macht nicht aus dem Baum ein sachhaltig anders zu bestimmendes Seiendes, einen Nicht-Baum. So ist es die spezifische Leistung der Substanzinterpretation des Aristoteles, in der Kategorienschrift im Doppelcharakter der Substanzialität der Substanz von einer neu bestimmten Seinsthese her den Grund für Bewegung und Veränderung, die Natur der Natur einsichtig gemacht zu haben.

2.3. Das Substanzproblem in der Metaphysik

2.3.1. Der Neuansatz der Frage nach der Substanz

Als literarischer Text ist das „Metaphysik" genannte Werk des Aristoteles, wie seit Werner Jaeger immer wieder gezeigt, das Ergebnis einer Redaktion unterschiedlicher Texte in unterschiedlichem Zustand der Bearbeitung. Als eine bestimmte Wissenschaft hat die Metaphysik es nach Aristoteles mit dem Seienden zu tun, sofern es ein Seiendes ist (Met. Γ 1, 1003 a 21 et alibi). Diese berühmte Formulierung, die für die Angabe des „Sachbereiches" der

Metaphysik Schule gemacht hat, ist verschiedener Auslegung fähig.
In bezug auf die hier zu behandelnde Problematik findet die Frage-
stellung der Metaphysik ihren Kern in der Frage nach der Substanz
(Met. Z 1, 1028 b 4).

Die Grundthese, von der Aristoteles in der Metaphysik überall
ausgeht, ist die These von der vielfachen Bedeutung von Sein *(on*
qua *einai):* das Sein von Seiendem wird in vielfältiger Weise dargelegt (Met. Γ 1, 1003 a 33), und nicht, wie noch bei Platon, in einer
einheitlichen Weise, nämlich in der Weise dessen, was den Charakter der Idee hat. Die Vielfalt dieses Sinnes kommt vor allem in den
Kategorien zum Vorschein. Von dort her weitergehend zeigt sich
dann, daß die in den Kategorien dargelegte Vielfalt selbst nur eine
Weise von Vielfältigkeit der Weisen von Sein ist. Aristoteles unterscheidet genauer eine vierfache Vielfältigkeit der Weisen von Sein:
1. die Vielfältigkeit des Seins gemäß den Kategorien; 2. die Vielfältigkeit des Seins gemäß der metaphysischen Differenz von Wirklichkeit und Möglichkeit; 3. die Vielfältigkeit gemäß dem bloß
beiläufigen, akzidenziellen Sein, wozu als Korrelat das substanzielle
Sein hinzugehört; und 4. die Vielfältigkeit des Seins gemäß dem
ontologischen Wahr- und Falschsein (Met. Γ 7, 1017 a 7 f.). Der Zusammenhang zwischen diesen verschiedenen Weisen der Vielfalt
der Weisen von Sein kann selbst nur in der durch die Kategorien
angegebenen Vielfalt vorgeführt werden, d. h. letztlich von der
Substanz und ihrer Doppelstruktur her.

Dies ist die Basis der metaphysischen Problematik, die, in der
Kategorienschrift entdeckt, niemals mehr von Aristoteles verlassen
worden ist. Wenn aber Vielfältigkeit die Hauptauszeichnung der
differenten Weisen von Sein ist, dann erhebt sich notwendigerweise
in einem metaphysischen Kontext die Frage nach der diese Vielfalt
begründenden Einheit. Aristoteles erblickt sie in dem Sinn von
Sein, der als Substanz bestimmt ist. Dies legitimiert sein Denken,
in der Frage nach der Substanz den Schlüssel der metaphysischen
Problematik zu erblicken.

Die Begründung geschieht so: die Vielfalt der Weisen des Seins
wird in bezug auf eine einzige Wesenheit hin, nämlich die Substanz, dargelegt *(pros hen;* Met. Γ 1, 1003 a 33 f.): die Einheit der
Seinsweisen ist analoger Art. Das besagt zunächst: sie ist nicht
bloße Namensgleichheit (Homonymität), wie der sprachliche Ausdruck (das kopulative „ist" und seine grammatischen Abwandlun-
gen, die in den griechischen Verbalendungen sehr viel stärker als
in der deutschen Sprache auftreten) nahelegt. Eine zweite Mög-

lichkeit wird ebenfalls ausgeschaltet: die Einheit könnte generischer Art sein *(kath'hen)*. Wäre dies der Fall, dann wäre es doch wiederum eine sachhaltige Einheit, welche der Vielfalt der Seinsweisen zugrundeliegt. Im Grunde wäre damit die Position Platons restituiert, denn die platonischen Ideen nehmen im aristotelischen Denken den Charakter von sachhaltigen Gattungen an. Wenn aber die Einheitlichkeit der Vielfalt der Seinsweisen nicht generischen Charakter aufweist, dann besteht die Gefahr, daß es keine einheitliche Wissenschaft gibt, die sich mit den Grundweisen des differenten Seins befassen kann. Denn alle Wissenschaften sind durch den ihnen jeweils zugrundeliegenden, sachhaltig einheitlichen Bereich bestimmt. Die aristotelische Lösung dieses Problems beruht darauf, daß nicht nur die generische, also sachhaltige Einheit wissenschaftskonstitutiven Charakter hat, sondern auch die analoge (Met. Γ 1, 1003 b 12 f.), also vorzüglich die kategoriale, durch Rückbindung an die Substanz gestiftete. Denn die Substanz vermag gemäß den sie auszeichnenden Charakteren der Substanzialität die differenten Seinsweisen kategorial, d. h. analoge an die Einheit der Substanz zurückzubinden. Die Einsichten der Kategorienschrift werden in die metaphysische Problematik eingebracht.

Das Beispiel, das Aristoteles zur Rechtfertigung seiner These vorbringt, ist schon für sich sprechend, weil es selbst eine Wissenschaft, die Medizin, betrifft: „denn wie alles, was gesund genannt wird, sich auf Gesundheit bezieht, weil es diese entweder erhält oder hervorbringt oder ein Zeichen für sie ist oder sie aufzunehmen vermag; wie alles medizinisch genannt wird in bezug auf die Medizin, entweder weil jemand die Medizin (als Wissenschaft) besitzt oder zu ihr fähig ist oder weil etwas ein Werk der Medizin ist, . . . so wird auch das Seiende zwar in vielfältiger Weise dargelegt, aber doch in bezug auf ein Prinzip" (Met. Γ 1, 1003 a 34 f.). Das nämlich, in bezug worauf etwas entweder „gesund" oder „medizinisch" genannt wird, ist der Körper des Menschen, der primär gesund (oder krank) sein kann, d. h. ein zugrundeliegendes und im Wechsel seiner Zustände zugrundeliegenbleibendes Substanzielles. Es ist diese Argumentationskette, die den Primat der Substanz in der metaphysischen Fragestellung legitimiert.

Ist es aber die Substanz, in bezug worauf die Einheitlichkeit der Vielfalt der Seinsweisen des Seienden dargelegt wird, dann ist die oberste Frage die nach der Einheitlichkeit der Substanzialität der Substanz selbst. Denn vom Ansatz der Analyse der Substanzialität der Substanz her lag diese so vor, daß sie durch eine eigene Vielfalt bestimmt war, nämlich durch die Differenz von 1. und 2. Substanz. Diese Doppelheit der Substanz ist dann metaphysisch äußerst problematisch, wenn die Substanzialität die Einheitlichkeit einer Vielfalt in analoger Weise begründen soll. Die in der Kategorienschrift vorgeführten Analysen hatten die 1. Substanz als das zugrundeliegende Seiende qua Einzelnes, die 2. Substanz als die diesem Seienden zukommende wesenhafte Sachhaltigkeit bestimmt. Dieser Ansatz ist unter dem Horizont der Metaphysik problematisch, weil die ontologische Konstitution des einzelnen Seienden ja gerade noch geklärt werden muß. Es steht auf jeden Fall fest, daß das einzelne Seiende, welches in der Kategorienschrift für die 1. Substanz repräsentativ ist, in mannigfacher Weise durch differente Seinscharaktere bestimmt ist, d. h. in Hinsicht auf die aus dem metaphysischen Horizont für die Substanzialität geforderte Einheitlichkeit gänzlich unzureichend ist. Das einzelne Seiende kann daher in der Metaphysik nicht unmittelbar als Substanz, schon gar nicht als Substanz in erster Hinsicht, 1. Substanz, angesprochen werden, sondern allerhöchstens vermittelt, sofern es nämlich eine Substanz „hat" (Met. Z 16, 1040 b 23 f.). Dabei ist die Art und Weise dieses „Habens" äußerst fraglich: sie darf selbstverständlich nicht mit der der platonischen Methexis verwechselt werden, weil dabei ein univok-generischer Seinssinn maßgeblich würde. Das einzelne Seiende ist, wie andere Analysen des Aristoteles herausarbeiten, aus mannigfachen Momenten aufgebaut, deren grundlegende die Materie und das Eidos sind, und wird folglich bei Aristoteles in Hinsicht auf seinen Substanzcharakter ein „aus diesen" *(ek toutōn)* genannt (Met. Z 10, 1035 a 2 et alibi). Für die metaphysische Fragestellung scheidet es von vornherein dafür aus, in ihm ohne Klärung der ontologischen Strukturen die Repräsentation der Substanzialität zu sehen. Es ist vielmehr gerade die Frage, wie es substanziell konstituiert ist. Der ontologische Horizont nötigt Aristoteles, in der Metaphysik auf dieses einzelne Seiende als das unmittelbar Substanzielle zu verzichten. Folgerichtig fehlt in der Metaphysik die Redeweise von der 1. und 2. Substanz. Sie ist vielmehr allein der Kategorienschrift zu eigen, die zu diesem Ansatz gebracht worden war, weil der Doppelcharakter der Substanzialität dazu führte, die Repräsentation des für die Substanzialität notwendigen Momentes des Zugrundeliegens dem einzelnen Seienden anzuvertrauen.

Die Doppelstruktur der Substanzialität, in der Kategorienschrift als 1. und 2. Substanz fixiert, bleibt auch in der Metaphysik der

Ansatz der Substanzproblematik. Augenscheinlich ist sie unverzichtbar. Zu Beginn der Bücher der „Metaphysik", die ausdrücklich mit der Lehre von der Substanz befaßt sind, wird die Doppelgestalt unter deutlichem Bezug auf die Kategorienlehre als „Gerade-Dies" und als „Was" *(tode ti kai ti esti)* bezeichnet (Met. Z 1, 1028 a 11 f.). Beide Charaktere sind aus der Kategorienschrift bekannt. Auch in der Metaphysik gilt: allein in bezug auf die Substanzialität der Substanz, die durch die Einheitlichkeit beider Momente bestimmt ist, kann alles andere als in kategorial differenter Weise seiend angesprochen werden. Die Substanz ist das *erste* Sein (Met. Z 1, 1028 a 14 f.). Was besagt das?

In der aristotelischen Metaphysik wird die Substanz als das Wesen eines jeglichen Seienden beansprucht *(ousia hekastou,* Met. Δ 8, 1017 b 22 et alibi). Alles, was ist, „hat" nur Sein, sofern den anderen möglichen Seinsbestimmungen die substanzielle des Seienden selbst zugrundeliegt und zugrundeliegen bleibt. Dafür ist erforderlich, daß das substanzielle Sein des Seienden den Doppelcharakter aufweist, welcher immer wieder im Blick stand. Er kann auch so ausgelegt werden: als „Gerade-Dies" wird jener Charakter der Substanz angesprochen, der sie als den selbständigen Bestand *(choriston)* eines Seienden auftreten läßt (Met. Z 1, 1028 a 23 f.), als das „Was" wird jener Charakter der Substanz angesprochen, der sie als das auftreten läßt, was ein Seiendes als es selbst *(kath'hauto)* ist (Met. Z 1, 1028 a 23): selbständige Selbstheit ist der Sinn der Substanz, sofern Substanz bei Aristoteles das wesentliche Sein eines Seienden bedeutet. In bezug auf dieses substanzielle Sein in der Einheit seiner Momente können dann auch jene Charaktere des Seienden einsichtig gemacht werden, die weder selbständig sind noch in Selbstheit mit dem Seienden dessen kategorial interpretierbare Seinsbestimmungen ausmachen, d. h. es kann das strukturell in sich mannigfaltige, durch den Bezug auf die Substanz aber doch einheitlich konstituierte Sein eines jeglichen einzelnen Seienden verstanden werden. Die Einsicht in die These von der Substanzialität der Substanz als der Einheit zweier Momente ist klarerweise an die kategoriale Auslegung der mannigfachen Seinsweisen von Seiendem gebunden. So ist z. B. „grün" qualitative Bestimmung von solchem, was grün ist, was aber als es selbst nicht „das Grüne" ist. Kurz: diese These geht gegen die platonische Interpretation des Seins von Seiendem als der univoken Gemeinschaft von Ideen.

Das Problem der Substanzialität der Substanz im Ansatz der aristotelischen Metaphysik läßt sich so fassen:

1. Die Substanz ist beansprucht als das wesenhafte Sein eines jeden Seienden;

2. In bezug auf die Substanz läßt sich die durch mannigfache Seinsweisen bestimmte Einheitlichkeit des Seins von Seiendem darlegen;

3. Daraus ergibt sich für die Substanzialität der Substanz eine Doppelstruktur – Selbständigkeit und Selbstheit –, deren Identität gerade das Substanzielle der Substanz ausmacht; und

4. Die Frage ist, wie und in welcher Weise die so angesetzte Substanz genau bestimmt werden kann.

2.3.2. Die Bestimmung der Substanz in der Metaphysik

2.3.2.1. Die Momente der Substanzialität in ihrer Isolierung und das Problem der Einheitlichkeit der Substanz

Leitfaden der gesamten Untersuchung des Aristoteles über die Substanz ist der Logos. Schon die Analysen der Kategorienschrift waren – in wie unzureichender Weise – am Logos orientiert. Für den Zweck dieser Darlegung muß die aristotelische Logoslehre vorausgesetzt werden. Ihre Kernpunkte seien aber angedeutet. Für Platon wie für Aristoteles hat der Logos den Charakter des Offenbarmachens (Platon: Sophistes, 262 AB, Aristoteles: Ars Rhetorica, 1404 b 2). Dieses Offenbarmachen geschieht in verschiedener Weise. In einem Logos, der nicht wie die Bitte oder der Befehl nur die Redenden, ihre Zustände und Befindlichkeiten offenbarmacht, sondern etwas von dem offenbarmacht, worüber etwas gesagt wird, geht es stets um wahr oder falsch (De Int. 17 a 11). Ein solcher Logos heißt Aussage *(apophansis),* das ihm zugehörige Sagen heißt Aussagen *(kategorein).* Jede Aussage ist nun die Einheit von (mindestens) zwei Momenten, die grammatisch als Subjekt *(hypokeimenon)* und Prädikat *(kategoroumenon)* unterschieden werden können. Gemäß dem Bezug von Logos und Sache sind im aristotelischen Denken diese Termini nicht einfach grammatische Titel, bei denen der Bezug zum Gesagten, d. h. zu den Sachen, abgeschnitten ist, sondern sie meinen gerade dieses Gesagte, also das Seiende und seine jeweilige Seinsstruktur. Es ist augenscheinlich die Aussage in ihrer Doppelstruktur gewesen, an welcher Aristoteles in der Kategorienschrift seine Analysen vollzogen hat. An der Aussage ist auch die in der Kategorienschrift vorgelegte Interpretation der Substanzialität der Substanz orientiert.

Der Ausgang der Bestimmung der Substanz in der Metaphysik ist die Einsicht in ihre Doppelstruktur, aus der die Einheit der Substanzialität aufgebaut ist. Dabei geht Aristoteles von den Momenten in ihrer Isolation aus. Folgerichtig ist es zunächst die Aussage, an Hand derer die Interpretation der Substanzialität der Substanz in der Isolierung ihrer Momente unternommen wird. Der erste Charakter der Substanz ist die Selbständigkeit. Selbständigkeit meint dabei formal das Für-sich-Bestehen-Können, ohne auf etwas anderes angewiesen zu sein. Das andere vermag nicht ohne das zu sein, dessen Bestimmung es in irgendeiner sachhaltig und kategorial auslegbaren Weise ist. Terminologisch gesprochen ist es solches, was stets mit einem anderen zusammen vorkommt (*to symbebekos*, wörtlich: das, was mit einem anderen zusammen gegangen ist). Soll es bestimmt werden, dann muß das, womit zusammen es vorkommt, bei seiner Bestimmung mitangegeben werden, und dies geschieht, indem sein Sachgehalt kategorial bestimmt wird: grün ist sachhaltig bestimmbares Etwas, welches stets als qualitative Bestimmung eines anderen vorkommt. Dagegen ist das Substanzielle zu fassen ohne Bezug auf solches, das mit ihm zusammen vorkommt: es ist selbständig gerade dies – und nicht ein Etwas, das als kategorial und sachhaltig unterschiedliches Bestimmbares mit einem anderen zusammen nur vorkommen kann, das dann zu seiner vollen Bestimmung hinzugehört.

Dies selbständig bestimmte „Gerade-Dies", das erste Moment des Substanziellen, tritt nun in der Aussage als das Zugrundeliegende *(hypokeimenon)* auf. Die erste Frage ist also: kann das Zugrundeliegende die Substanz sein und kann im Zugrundeliegenden der volle Charakter der Substanzialität der Substanz aufgedeckt werden (Met. Z 3, 1028 b 36 f.)?

Die Antwort des Aristoteles lautet: nein. Zwar ist das erste Moment der Substanzialität der Substanz, die Selbständigkeit und das Für-sich-bestehen-Können, unverzichtbarer Bestandteil der Substanzialität der Substanz, denn dieses Moment war es ja, welches allen anderen Bestimmungen Halt zu gewähren vermochte. Aber als isoliertes Moment ist es unzureichend. Der Beweis für diese These wird folgendermaßen erbracht. Das Moment der Selbständigkeit liegt als das Zugrundeliegende vor. Gemäß dem Ansatz der Analyse beim Logos als Aussage ist das Zugrundeliegende das, wovon alles andere in kategorial und sachhaltig unterschiedener Weise ausgesagt wird: es selbst wird aber von keinem anderen ausgesagt (Met. Z 3, 1028 b 36 f.). Dabei ist festzuhalten: gemeint ist das

Seiende als das, wovon etwas ausgesagt wird, nicht das grammatisch zu interpretierende Satzsubjekt des formalen Logos.

Dies läßt sich nun nicht als Substanz durchhalten. Denn das so bestimmte Zugrundeliegende ist an ihm selbst mehrdeutig. Die aus anderen ontologischen Erwägungen beizubringenden Bestimmungen lassen das Zugrundeliegende in dreifacher Gestalt auftreten: 1. als Materie *(hylē)*, 2. als Wesensgestalt *(eidos* qua *morphē),* und 3. als das „Gesamt" *(syntheton)* aus Materie und Eidos, d. h. als das einzelne Seiende. Aristoteles bringt hier Ergebnisse seiner Ursachenlehre in die Analyse ein: alle drei Gestalten des Zugrundeliegenden sind Weisen von Ursache *(aitia).* Welche von diesen ist nun Substanz? Hält man sich an die angegebene Bestimmung des Zugrundeliegenden, wonach es das ist, von dem alles andere ausgesagt wird, so kommt man zu der absurden These, daß die Materie die Substanz ist. Das einzelne Seiende als das aus Materie und Eidos Zusammengesetzte scheidet aus: als Zusammengesetztes kann es nicht für die Substanzialität der Substanz zureichen; es ist sekundär. Die Wesensgestalt, das platonische Eidos, scheidet aus, weil sie im Logos als Aussage in der Gestalt eines Ausgesagten auftritt, d. h. gerade nicht eigentlich als Zugrundeliegendes. Diese Analyse des Aristoteles hat einen ausgesprochen antiplatonischen Zug: gerade das Eidos (im Sinne Platons, aber so, wie Aristoteles es interpretiert) ist vom Charakter der Substanz als Zugrundeliegendes her betrachtet *nicht* Substanz.

Bleibt die Materie! Denn von ihr wird, wenn an der Aussage festgehalten wird, alles mit Einschluß des Eidos ausgesagt. Sie allein würde so jenen Charakter der Substanzialität repräsentieren, der als die Selbständigkeit herausgestellt worden ist. Diese Konsequenz ist unabweisbar, jedoch inakzeptabel. Hält man an ihr fest, dann zeigt sich: als Substanz wird im Charakter der Selbständigkeit festgehalten, was an ihm selbst überhaupt nichts Bestimmtes ist. Durch das Festhalten an dieser Konsequenz wird sichtbar gemacht, was der Materie an Substanzialität abgeht: sie ist nichts, was den Charakter des „an ihm selbst" *(kath'hauto:* Met. Z 3, 1029 a 24) aufweist, weil sie an ihr selbst – nichts ist.

Die Konsequenz dieser Argumentation ist der Umschlag ins Gegenteil: wenn nicht die Materie Substanz ist, dann doch wohl das Eidos (Met. Z 3, 1029 a 29). Denn das Eidos ist im aristotelischen Denken ebenso wie bei Platon das, was etwas an ihm selbst ist. Es weist also genau jenen Charakter auf, welcher der als Zugrundeliegendes angesetzten Materie abgeht. Das Eidos vertritt folglich das

2. Moment, durch welches die Substanzialität der Substanz bestimmt ist: die Selbstheit. Das Eidos tritt im aristotelischen Denken formal in zwei Charakteren auf: es ist als das wesentliche Wassein einer Sache sowohl das Allgemeine *(katholou)* als das für vieles Einzelne wesenhaft Bestimmende als auch die Gattung *(genos)*, die nämlich zusammen mit dem artbildenden Unterschied das Eidos konstituiert. Auch von diesen beiden Charakteren hatte Aristoteles gesagt, daß sie als Substanzielles in die Frage einbezogen werden müssen (Met. Z 3, 1028 b 33). Im Ausgang von der argumentativen Basis, auf der die Problematik im Augenblick diskutiert wird, behauptet Aristoteles nun: obwohl das Eidos den Charakter der Selbstheit repräsentiert, welcher der Substanz zu eigen ist und welcher gerade der als Zugrundeliegendes gesetzten Materie abgeht, ist der Substanzcharakter des Eidos gerade der fragwürdigste (Met. Z 3, 1029 a 33). Warum? Weil auf der angesprochenen Basis das Eidos als ein von etwas Ausgesagtes auftritt, nämlich von dem, wovon es das Eidos ist. Es hat also wiederum nicht den Charakter des Zugrundeliegenden, weil es – isoliert auftretend – nur den 2. Charakter der Substanzialität der Substanz repräsentiert. Als so auftretend ist es eben nur generisches Allgemeines, d. h. wird von allem unter es Befaßtem als dessen Wesen ausgesagt und *ist* gerade nicht selbständig und für sich bestehend. Kurz: die Isolation der beiden Momente der Substanzialität der Substanz – Selbständigkeit und Selbstheit – macht an jedem den Mangel des anderen bemerklich, sofern an jedem isoliert festgehalten wird: das Moment der Selbständigkeit verweist durch Negativität auf das Moment der Selbstheit und das Moment der Selbstheit verweist durch Mangel auf das Moment der Selbständigkeit.

Wie stets kann auch diese Aporie nur gelöst werden, wenn darauf geachtet wird, wo sie auftritt. Die Basis der gesamten Argumentation war bislang der Logos als Aussage, d. h. als Einheit (zumindest) zweier Momente, deren eines als Zugrundeliegendes und deren anderes als das vom Zugrundeliegenden Ausgesagte auftraten. Ein solcher Logos ist nun nicht nur eine Einheit (Synthesis), sondern auch eine Unterscheidung *(dihairesis:* De Int. 16 a 12): jede Aussage ist synthetisch *und* dihairetisch. Was also in einer solchen Aussage einheitlich gesagt wird, das wird zugleich als ein Unterschiedenes ausgesagt: gerade die kategoriale Interpretation der Aussage ermöglicht das synthetisch-dihairetische Aussagen von kategorial und sachhaltig Unterschiedenem in der Einheit einer Aussage von etwas über etwas.

Wendet man diese Einsichten auf das Problem der beiden Momente der Substanzialität der Substanz an, dann ergibt sich klarerweise: in einem Logos vom Typ der Aussage wird stets das, was als das Moment der Selbstheit von dem Zugrundeliegenden ausgesagt wird, von diesem auch unterschieden, sofern es des Zugrundeliegenden als des Momentes der Selbständigkeit bedarf. Und andererseits: in der gleichen Weise wird in einem Logos vom Typ der Aussage das, was als das Moment des Selbständigen zugrundeliegt, von dem unterschieden, was von ihm als das Moment der Selbstheit ausgesagt wird. Beide Momente treten in der Aussage gerade als isolierte Momente auf und weisen von sich aus je auf das andere als dasjenige, dessen sie zur vollen Konstitution ihrer selbst bedürfen, sofern sie Momente der Substanzialität der Substanz sind. Mit anderen Worten: für die angegebene Aporie ist jene Gestalt des Logos verantwortlich, welche bislang die Basis der Argumentation abgab, die Aussage. Die Substanzialität der Substanz gemäß der Einheit zweier Momente, die als Selbständigkeit und Selbstheit bezeichnet wurden, kann nicht in einem Logos vorgeführt werden, dessen Konstitution das Moment der Dihairesis enthält. Einheit von Selbständigkeit und Selbstheit, die volle Substanzialität der Substanz, wird nur in einem Logos von anderer Konstitution gefunden werden können.

2.3.2.2. Der Logos der Substanz

Bevor an die aristotelische Lösung des Problems der Einheitlichkeit der beiden Momente der Substanzialität der Substanz herangegangen werden kann, ist eine terminologische Erörterung unumgänglich. Aristoteles hatte davon gesprochen, daß von Substanz (Ousia) zumindest in vierfacher Weise gesprochen werden kann: zunächst nämlich als Zugrundeliegendes *(hypokeimenon),* als Allgemeines *(katholou)* und als Gattung *(genos,* alles: Met. Z 3, 1028 b 33 f.). In diesen zunächst genannten Weisen werden augenscheinlich die beiden isolierten Momente der Substanz angedeutet, denn das Zugrundeliegende bezeichnet das Moment der isolierten Selbständigkeit, das Allgemeine und die Gattung zusammen das Moment der isolierten Selbstheit. Die bisherige Interpretation hatte gezeigt: wegen der unzureichenden, die Momente erst in die Isolation treibenden Basis der Argumentation, des Logos als Aussage, sind sie alle drei für die volle Konstitution der Substanz nicht hinreichend. Es gibt aber noch eine vierte Weise. Aristoteles selbst nennt sie an erster Stelle, während er als vierte das Zugrundeliegende anführt, weil von ihm die Diskussion ihren Anfang nimmt. Diese vierte Weise benennt Aristoteles mit einem von ihm geprägten Kunstwort: *to ti ēn einai*. Dieser Terminus ist in seiner grammatischen Struktur umstritten (Bassenge, Aristoteles). Ins Lateinische wurde er, allerdings bei Umdeutung seines ontologischen Sinnes, als quod quid erat esse übernommen (zuerst bei Marius Victorinus, Adversum Arium Liber I, PL 8, col. 1084 A) und später als Äquivalent des Terminus quidditas verwendet. Wir übersetzen ihn mit: das substanzielle Wassein. Diese Übersetzung soll andeuten, daß in diesem Terminus die Einheit der beiden Momente ausgesprochen ist, also die volle Konstitution der Substanzialität: Substanz ist selbständige Selbstheit und selbsthafte Selbständigkeit. Aristoteles jedenfalls identifiziert in der Metaphysik das substanzielle Wassein mit der 1. Ousia und der Substanz (Met. Z 7, 1032 b 2). Vom substanziellen Wassein her ist alles als Substanzielles oder in Hinsicht auf Substanzialität zu bestimmen. Vergleicht man diese Aussage mit der Terminologie der Kategorienschrift, so muß man sagen: das substanzielle Wassein ist die Einheit derjenigen Momente, die in der Kategorienschrift als 1. und 2. Substanz auseinandergehalten werden. Folgerichtig fehlt auch in der Metaphysik jede Anspielung auf den Terminus 2. Substanz. Es ist ferner zu beachten, daß der Terminus *to ti ēn einai* selten auftritt, ohne eine nähere Bestimmung bei sich zu haben. Gewöhnlich heißt es nämlich *to ti ēn einai hekastou* (= das substanzielle Wassein eines Jeglichen, Met. Z 4, 1029 b 1) oder *to ti ēn einai hekastō* (= das substanzielle Wassein für ein Jegliches, Met. Z 4, 1029 b 20). Dies ist deshalb wichtig, weil darin zum Vorschein kommt, daß die Substanz als substanzielles Wassein stets Substanz und substanzielles Wassein für das einzelne Seiende, bzw. für die einzelnen Seienden ist[4]. Darin liegt eine außergewöhnliche Problematik. Alle Darlegung des Seins von Seiendem geschieht im Logos. Weil im Sein von ... und im Sein für ... eine Zwiefältigkeit angelegt ist, tritt als die dieser Zwiefältigkeit angemessene Gestalt des Logos die Aussage auf, die als Aussage von etwas über etwas dieser Zwiefältigkeit gerecht werden kann. In der Aussage wird das Sein von ... daher in kategorial

---

[4] Ich halte aus diesem Grunde die Umstellung von Met. Z 4, 1029 b 3–b 12 zu Met. Z 4, 1029 a 33 f., die im Text von W. D. Ross nach älterm Vorgang vorgenommen worden ist, für überflüssig. Die Handschriften zu Kapitel Z 4 der Metaphysik bieten schwer zu entscheidende Lesarten. Ich schließe mich Sir W. D. Ross an.

und sachhaltig unterschiedener Weise gerade von dem Seienden
ausgesagt und dargelegt. Ist die Substanz als Sein von Seiendem
angesprochen, dann legt sich ebenfalls nahe, diese Darlegung in
einem Logos vom Typ der Aussage zu versuchen, denn auch in der
Substanz scheint eine Zwiefältigkeit vorzuherrschen, sofern sie
1. die Einheit zweier Momente und 2. stets Substanz eines Seienden ist. Aber die Erörterung der in sich zwiefältigen Momente der
Substanzialität der Substanz in ihrer Isoliertheit hatte gezeigt, daß
in der durch Zwiefältigkeit gekennzeichneten Aussage sich die volle
und einheitliche Struktur der Substanzialität nicht darlegen läßt.
Jedes der beiden Momente geriete bei dieser Isolierung in eine
falsche Position: das als Zugrundeliegendes vorliegende Moment
der Selbständigkeit erweist sich als die nichtige Materie, das als
Eidos vorliegende Moment der Selbstheit erweist sich wegen der
prädikativen Stellung, in welcher es in diesem Logos auftritt, ebenfalls als unzureichend. An den Logos, in welchem das substanzielle
Wassein eines jeglichen Seienden dargelegt wird, werden erhebliche
Anforderungen gestellt.

Aristoteles stellt sich zu Beginn der entscheidenden Erörterungen
entschieden auf den Boden des Logos: „zunächst wollen wir über
das substanzielle Wassein eines jeglichen Seienden etwas in logi-
scher Weise *(logikōs)* sagen" (Met. Z 4, 1029 b 13). Gänzlich fernzuhalten ist hier eine formale Deutung des Logos. Aus den bislang
beigezogenen Interpretationen des Logos im Denken des Aristoteles ergibt sich vielmehr: der Logos ist derjenige Ort, an dem das
Sein von Seiendem, vor allem die Substanzialität der Substanz
eines jeglichen Seienden, offenbar gemacht werden kann.

Dieser Logos der Substanz wird nun in einer Formel gefaßt: „das
ist der Logos des substanziellen Wasseins für ein jegliches Seiendes, in welchem es, wenn es selbst eröffnend dargelegt wird, nicht
selbst auftritt" (Met. Z 4, 1029 b 19 f.). Dieser Logos der Substanz
ist von entscheidender Bedeutung für das Verständnis der aristotelischen Substanzlehre (Vollrath, These, 36–40). Er ist der formalen
Logik als der Grundsatz bekannt, wonach das zu Definierende nicht
in der Definition auftreten darf. Bei Aristoteles hat er aber gerade
nicht formal-logische Bedeutung, sondern eine ontologische. In
ihm wird nämlich die Einheit der beiden Momente der Substanzialität der Substanz so dargelegt, daß die einheitliche Substanz
als das mit dem Seienden identische substanzielle Wassein des
Seienden zum Vorschein kommt.

Der Ausweis wird in folgender Argumentation geführt. Jeder Logos, auch der Logos der Substanz, ist eine Synthesis von (mindestens) zwei Momenten. Im Logos als Aussage ist die Synthesis die von kategorial und sachhaltig unterschiedenen Seinsstrukturen, d. h. sie ist zugleich Dihairesis. Von dieser Art kann der Logos der Substanz nicht sein. Trotzdem muß vom Logos qua Aussage ausgegangen werden. Dabei können zwei Fälle unterschieden werden.

1. In der Synthesis des Logos wird etwas dargelegt, was einem Seienden zukommt (Met. Z 4, 1029 b 31). Das Seiende, von dem in diesem Logos gesagt wird, daß ihm etwas zukommt, ist das gewöhnliche Seiende, d. h. ein einzelnes Seiendes mit mannigfaltigen Seinsstrukturen, auf jeden Fall ein Seiendes, dem zumindest ein Sachgehalt in kategorial differenter Weise zugesprochen werden kann. Wie immer es auch damit bestellt sein mag: es ist *ein* Seiendes (und nicht mehrere!). So kann ihm auch ein beliebiger einheitlicher Name gegeben werden, z. B. Tisch (Aristoteles verwendet das Wort „Obergewand", gr. *Himation,* Met. Z 4, 1029 b 27; man fühlt sich bei diesem sonst so trockenen Denker an das Sprichwort erinnert, daß Kleider Leute machen). Fragt man nun in bezug auf die Bestimmung, die ihm gegeben werden kann, nach dem substanziellen Wassein von Tisch, so könnte geantwortet werden: dies hier, der Tisch, ist ein weißer Tisch. „Weiß" ist dabei als eine sachhaltige Bestimmung genommen, die mit dem Tisch zusammen vorliegt. Auf keinen Fall ist „weiß" aber Sein im Sinne des substanziellen Wasseins. Denn die Sachgehalte von „Tisch" und von „weiß" sind unterschieden. „Weiß" spricht nicht die substanzielle Selbigkeit von „Tisch" aus. Im Grunde wird hier – bezeugt durch die verschiedenen Sachgehalte – nur ein anderes, wenn auch gerade nicht selbständiges Seiendes als Bestimmung eines Zugrundeliegenden ausgesagt.

2. Der zweite Fall einer im Logos darzulegenden Selbigkeit liegt dann vor, wenn einem Seienden anderes als seine Seinsbestimmung zukommt (Met. Z 4, 1029 b 33 f.). Hier wird, um beim Beispiel zu bleiben, „weiß" nicht als unterschiedlicher Sachgehalt zu „Tisch" angesprochen, sondern als dessen (kategorial allerdings differente) Seinsweise. Denn der Tisch *ist* doch weiß! Wird aber „weiß" als eine Seinsweise von der Art des substanziellen Wasseins genommen (was formal möglich wäre!), dann ist es auf keinen Fall das substanzielle Wassein von Tisch: Tisch*sein* und Weiß*sein* sind nicht nur sachhaltig, sondern auch gemäß ihrer kategorialen Seins-

weise unterschieden. Als Sein im Sinne des substanziellen Wasseins beansprucht, hätte in diesem Logos „weiß" kein Seiendes, als
dessen Substanz es aufzutreten vermöchte.
Bei beiden durchgesprochenen Möglichkeiten in der Synthesis eines
Logos zeigt sich: nur derjenige Logos vermag als der Logos des
substanziellen Wasseins eines jeglichen Seienden aufzutreten, in
dem sowohl die sachhaltige als auch die kategoriale Bestimmtheit
des Gesagten identisch mit dem „Zugrundeliegenden" ist. Welcher
Logos ist das? Die Antwort des Aristoteles lautet: die Wesensbestimmung, der Horismos (Met. Z 4, 1030 a 6).
Der Horismos ist eine ganz bestimmte Gestalt des Logos. Technisch gesprochen wird er aus der Gattung *(genos)* und dem artbildenden Unterschied *(diaphora eidopoios)* gebildet (Met. I 7,
1057 b 7 zusammen mit Met. Z 11. 1036 a 29 und Top. Z 6, 143 b 8 f.
et alibi). Beide zusammen konstituieren das Eidos als wesentliches
Was, als das, was ein Seiendes als es selbst ist. Im so konstituierten
Eidos besteht die Selbigkeit eines Seiendem mit dem, was es ist,
d. h. mit sich selbst. In ihm ist daher das Moment der Selbstheit
und Selbigkeit der Substanzialität der Substanz präsent. Das Problem aber war, wie erinnerlich, der Bezug des Momentes der Selbstheit auf das andere Moment, die Selbständigkeit. Denn ohne die
im Logos der Substanz vollzogene Klärung der ontologischen
Struktur geriet das Eidos innerhalb einer am Logos qua Aussage
orientierten Analyse in die Stellung eines Ausgesagten, d. h. des
generisch Allgemeinen. Von diesem ist aber bereits entschieden,
daß sein Substanzcharakter am fragwürdigsten ist, weil ihm das
Moment der Selbständigkeit abgeht.
Jetzt aber hat eine Vorklärung stattgefunden, die zu folgendem
Ergebnis führt: im Horismos liegt keine Aussage vor. In ihm wird
nicht etwas von etwas anderem gesagt (Met. Z 4, 1030 a 10 f.). Was
dort gesagt wird, das Eidos als das wesentliche Was eines jeglichen
Seienden, *ist* gerade das selbst, „wovon" es gesagt wird, d. h. es ist
mit ihm identisch. Die Identität ist doppelter Art: kategorial *und*
sachhaltig. Denn daß das Eidos die Sachhaltigkeit des Seienden ist,
sein wesenhaftes „Was-es-ist", das ist seit Platon unbestritten.
Aber nicht allein diese sachhaltige Identität, sondern die mit ihr
zusammengehende kategoriale ist entscheidend. Der im Eidos
dargelegte Sachgehalt wird dem Seienden *als* seine ihm zugehörige,
von ihm *selbst* – im Unterschied zu den in einer anderen kategorialen Verfassung vorliegenden Sachbestimmungen – gesagte Sachhaltigkeit zugesprochen. Gemäß diesem Verhältnis ist das Eidos

kategorial und sachhaltig das Seiende selbst, genauer: der Charakter der Selbigkeit des Seienden mit sich selbst. Im Eidos, welches im Horismos gefaßt wird, ist das Moment der Selbstheit und Selbigkeit der Substanzialität der Substanz präsent.

Wie steht es mit dem anderen Moment, dem der Selbständigkeit? Ist das im Horismos gefaßte Eidos die kategorial und sachhaltig bestimmte Selbigkeit des Seienden, dann *ist* das Eidos nach jeder Hinsicht mit dem Seienden, dessen wesentliches Wassein es ist, identisch, d. h. es ist gerade das Seiende selbst und die selbständige Selbigkeit des Seienden. Der Horismos sagt daher das Seiende selbst in dem, was es wesenhaft *ist,* und der sagt das, was das Seiende wesenhaft *ist,* als gerade dieses Seiende selbst.

Im Horismos wird daher das substanzielle Wassein des Seienden in der Einheit der beiden Momente der Substanzialität der Substanz, Selbständigkeit und Selbstheit, gesagt. Das eine Moment, die im Eidos gefaßte Selbstheit, *ist* gerade das, was das andere Moment wesenhaft ist, und die Selbstheit ist als das mit dem Seienden identische wesenhafte Wassein das Moment der Selbständigkeit, als welche sie selbst besteht, weil sie dieses selbst gerade wesenhaft ist. Der Horismos sagt das eine (die Selbstheit) als das andere (das selbständige Bestehen). Kurz: im Horismos ist die Einheit der Substanzialität der Substanz, die Einheit der Momente von Selbständigkeit und Selbstheit, gesagt. Nur weil dies so ist, ist er der Logos des substanziellen Wasseins eines jeglichen Seienden, in welchem, wenn das Seiende selbst, d. h. wenn es als das, was es wesenhaft ist, gesagt wird, es nicht selbst auftritt. Es braucht gar nicht als ein von dem, was es als es selbst ist und gesagt wird, Getrenntes aufzutreten, weil dieses es selbst schon in der Weise des substanziellen Wasseins, also in kategorialer und sachhaltiger Identität mit ihm selbst, ist. Als was könnte es denn noch – abgesehen von seinem substanziellen Wassein – im Horismos auftreten? Einzig als von diesem Getrenntes – als ein bloßer Name. Der Logos der Substanz interpretiert erst die Substanzialität der Substanz.

2.3.2.3. Die Ontologische Identität

Man kann das Verständnis der Substanzialität der Substanz in der Metaphysik des Aristoteles das Substanzverständnis der Ontologischen Identität nennen (Vollrath, These, 11 f.). Ontologische Identität besagt: das Seiende ist mit seinem Sein substanziell identisch, sofern das Sein als substanzielles Wassein eines jeglichen Seienden interpretiert wird. Sein im Sinne von Substanz, und auf diesen Seinssinn sind alle anderen Weisen von Sein in analoger Weise bezogen, ist nichts anderes als die mit dem Seienden identische selbständige Selbstheit des Seienden. Der Logos der Substanz spricht diese Ontologische Identität aus.

Aber selbst nach der Klärung dieser Grundstruktur bleiben eine Reihe von wesentlichen Fragen offen. Sie treiben die aristotelischen Untersuchungen voran: sein Denken bleibt an der Problematik der Substanz orientiert. Und so stellt Aristoteles ausdrücklich die Frage: „Ob nun dasselbe oder ein anderes ist das substanzielle Wassein und ein jegliches Seiendes, muß untersucht werden. Denn für die Untersuchung über die Substanz ist dies von großem Belang" (Met. Z 6, 1031 a 15 f.). Wieso ist dies überhaupt noch fraglich, nachdem doch in der Untersuchung über den Logos der Substanz die Ontologische Identität als die eigentliche Struktur der Substanzialität der Substanz herausgearbeitet worden ist? Um dies zu bestätigen fährt Aristoteles an der eben zitierten Stelle fort: „Ein jegliches Seiendes scheint doch nichts anderes zu sein als seine eigene Substanz und das substanzielle Wassein wird als die Substanz eines jeglichen Seienden beansprucht" (Met. Z 6, 1031 a 17 f.). Von beiden Seiten her, von seiten des einzelnen Seienden und von seiten des substanziellen Wasseins, ist die Ontologische Identität nochmals bestätigt.

Die Frage, ob Selbigkeit oder Verschiedenheit zwischen dem Seienden und seiner Substanz vorwaltet, kann nur dann auftreten, wenn trotz zugestandener und erwiesener Ontologischer Identität eine Differenz zwischen ihnen bestehen bleibt. Dies ist nun tatsächlich der Fall, und eben dieses Moment der Differenz ist im Denken des Aristoteles das Moment der Unruhe.

Das Seiende ist mit seinem substanziellen Wassein ontologisch in Hinsicht auf die selbständige Selbstheit, d. h. in Hinsicht auf seine eigene kategoriale und sachhaltige Seinsverfassung identisch, aber unterschieden von ihm in allen anderen Hinsichten. Dies läßt sich auch so ausdrücken: alle Momente, in denen bei einem Seienden kategorial oder sachhaltig unterschiedene Seinsweisen vorliegen, bleiben aus der Ontologischen Identität, damit aus der Substanzialität ausgeschlossen. Diese Momente werden in späterer Terminologie das Akzidenzielle genannt. Aristoteles hat dafür den Ausdruck: das Mitgängige *(to symbebekos)*. Entscheidend ist nun, daß auch das akzidenzielle Sein von Seiendem, in welchem die

Differenz beruht, durch den Bezug auf das substanzielle Sein von Seiendem in der Identität einbehalten bleibt. Die analoge Interpretation des Seins macht dies möglich. Aristoteles drückt dies so aus: das akzidenzielle Sein meint ein Zweifaches (Met. Z 6, 1031 b 23). Weiß z. B. meint einmal die qualitative Bestimmung eines substanziell Seienden und zum anderen dieses Seiende selbst, sofern es qualitativ bestimmt ist. Alles akzidenzielle Sein ist solches von einem substanziell Seienden, in bezug worauf es überhaupt dargelegt werden kann: es geht mit diesem zusammen. In der Einheit der Momente der Identität und der Differenz, die selbst durch den Bezug der differenten und akzidenziellen Momente auf das Moment der substanziellen Identität gestiftet ist, beruht erst das volle Sein von Seiendem.

Damit ist das Problem der Bewegung angesprochen, das von Aristoteles in den Kapiteln 7 bis 10 des Buches Z der „Metaphysik" abgehandelt wird, und zwar in völliger Entsprechung zur Fragestellung der Kategorienschrift. Alles Zukommen von akzidenziellem Sein zu einer Substanz ist nur möglich auf Grund der bleibenden Beständigkeit des substanziellen Seins. Dieses Zukommen (und gegebenenfalls auch wieder Verschwinden) meint aber ontologisch ein Werden und eine Bewegung. Die Bedingung der Möglichkeit von Werden und Bewegung, durch die sich erst ein einzelnes Seiendes zur Einheit dessen zusammensetzt, was es im Ganzen ist, ist das bleibende Zugrundeliegen des Substanziellen, also die Interpretation der Substanzialität von der Ontologischen Identität her.

Auch die Substanz enthält ferner Momente in sich, die in einer isolierenden Betrachtung in eine Differenz zu deren voller Einheitlichkeit treten können. Aristoteles entfaltet diese Problematik in den Kapiteln 10 bis 14 von Buch Z der „Metaphysik". Sie sei zumindest angedeutet. Der Horismos, in welchem die selbständige Selbigkeit des Wesens eines Jeglichen mit gerade dem Seienden, dessen Wesen es ist, angesprochen wird, weist selbst Teile, d. h. Momente auf. Es sind dies die Gattung *(genos)* und der artbildende Unterschied *(diaphora eidopoios),* die zusammen das Eidos bilden. So betrachtet faßt der Horismos die platonische Idee in ihrer – nach Aristoteles! – isolierten Gestalt, d. h. die Substanz als das Allgemeine *(katholou)* in Differenz zum einzelnen, zusammengesetzten Seienden. In dieser Differenz liegen noch zwei weitere Differenzen verborgen: 1. die Differenz des Horismos als einer Gestalt des Logos zu dem, was in ihm angesprochen wird (also zur Substanzialität der Substanz selbst), und 2. die Differenz der

Momente des Horismos zueinander. Überall dort aber, wo diese Differenzen zur durch die Ontologische Identität bestimmten Substanzialität auftreten, werden die Probleme einer Lösung zugeführt durch die Anwendung der Relation von Wirklichkeit *(energeia)* und Möglichkeit *(dynamis)*. Die Bedeutung dieser Relation darzustellen, würde bedeuten, das Problem des Verhältnisses von Wirklichkeit und Möglichkeit zu entfalten, was hier nicht geschehen kann: zu ihm treibt die ganze aristotelische Substanzinterpretation voran. Hier sei nur das Wesentliche angedeutet: alle Momente einer wie auch immer gearteten Differenz werden als Modi des Möglichseins interpretiert.

Das Möglichsein und die Möglichkeit ist aber nur der negative Modus des positiven Wirklichseins und der Wirklichkeit, von dem es beständig bestimmt bleibt. Möglichkeit ist die Wirklichkeit selbst im Modus ihres (Noch-)Nicht-Seins, d. h. selbst keine absolut selbständige Weise von Sein. In bezug auf das volle, durch Identität gekennzeichnete Sein der Wirklichkeit sind alle durch Differenz gekennzeichneten Modi des (Noch-)Nicht-Seins des Möglichen in dessen wirklicher Identität einbehalten.

2.3.2.4. Der Aufbau des substanziellen Bereiches

Der Aufbau des Bereiches der Substanzen ist nach dem Verhältnis eingerichtet, in welchem die Momente der Substanzialität der Substanz gemäß der metaphysischen Korrelation von Wirklichkeit und Möglichkeit zur Einheit einer voll verwirklichten Substanzialität zusammengeführt sind.

Die naturhafte Substanz *(physikē ousia)*, das einzelne Seiende, wie es in der Natur hervorgebracht wird, erweist sich dabei als eine aus (mindestens) zwei Momenten zusammengesetzte Substanz *(synthetē ousia)*. Die beiden Momente sind ontologisch als Materie *(hylē)* und Wesensgestalt *(morphē qua eidos)* zu unterscheiden, die zueinander im Verhältnis von Möglichkeit und Wirklichkeit stehen. Dem auf Grund dieses Verhältnisses Zusammengesetzten, dem einzelnen Seienden, kommt ebenfalls der Charakter der Substanz zu, der ihm von der Wesensgestalt her verliehen wird, sofern es mit dieser gemäß dem Satz von der Ontologischen Identität, also dem Logos der Substanz, identisch ist. Diese naturhafte Substanz ist als zusammengesetzte sinnlich wahrnehmbar *(aisthetē ousia)*. Wie aus dieser die mathematische Substanz *(mathematikē ousia)* konstruiert werden kann, ist bereits angedeutet worden.

Auf jeden Fall ist die naturhafte Substanz als zusammengesetzte eine bewegte Substanz *(kinetē ousia):* Bewegung ist im Denken des Aristoteles der Grundzug der Natur. Hier sind zwei Möglichkeiten zu unterscheiden. Einmal diejenige bewegte und zusammengesetzte Substanz, deren Zusammensetzung sich auch wieder auflösen kann. Eine solche Substanz ist vergänglich *(phthartē ousia).* Zum anderen diejenigen Substanzen, die zwar zusammengesetzt und bewegt sind, deren Zusammensetzung jedoch nicht auflösbar ist: eine solche Substanz ist ewig *(aidios ousia).* In allen den bisher aufgezählten Möglichkeiten ist das Verhältnis der substanziellen Momente in diesen Substanzen nach der metaphysischen Korrelation von Wirklichkeit und Möglichkeit zu interpretieren. Denn die Möglichkeit ist kein anderes Sein, sondern nur ein anderer Modus von Sein als die Wirklichkeit: die Wirklichkeit im Modus ihrer Abwesenheit, aus der sie sich zur vollen Anwesenheit ihrer selbst begeben kann. In allen naturhaften Substanzen liegen die beiden Grundmomente der Substanz, Selbständigkeit und Selbstheit, in den differenten Seinsmodi von Wirklichkeit und Möglichkeit vor, so daß ihre Einheit – das einzelne substanzielle Seiende – diese Momente in ihrer ontologisch differenten Weise in sich enthält.

Dem ganzen Bereich der naturhaften Substanzen mit ihren mannigfachen Untergliederungen bis hin zu der Vielzahl der verschiedenen Arten treten die nicht sinnlich wahrnehmbaren Substanzen gegenüber. Sie sind geistig-noetischer Art *(noetē ousia).* Ebenso sind sie unbewegter Art *(akinetos ousia).* Ihr erster Prototyp ist die mathematische Substanz. Entscheidend für den Aufbau des Bereiches der Substanz überhaupt ist nun, daß die noetischen Substanzen als das eine Moment der naturhaften Substanzen, als das Moment der Wesensgestalt, kurz: des Eidos, vorliegen. Dieses hat, obwohl es in Hinsicht auf die Ontologische Identität den Substanzcharakter der naturhaften Substanzen gemäß dem Moment der Wirklichkeit ausmacht, selbst nicht den Charakter des Naturhaften, folglich auch nicht den des Bewegten und Wahrnehmbaren. Sofern es jedoch stets mit seinem anderen hyletischen Moment zur Einheit eines einzelnen Seienden zusammentritt, verweist diese Substanz von sich aus noch auf eine Art von Substanz, vermag jedoch nicht selbst, sie voll zu repräsentieren.

Diese höchste Weise von Substanz ist in der göttlichen Substanz *(theia ousia)* zu finden. Ihre Entdeckung, d. h. der Gottesbeweis des Aristoteles, ist hier nicht darzustellen. Auf jeden Fall ist sie nicht sinnlich wahrnehmbar, sie ist unzusammengesetzt, unbewegt.

Das besagt positiv; daß die Momente der Substanzialität der Substanz in ihr in einfacher Einheit vorliegen: sie ist als sie selbst selbständig das, was sie ist (und nicht wie die naturhaften Substanzen von etwas). Daher fällt die gemäß der Möglichkeit-Wirklichkeits-Korrelation auszulegende Differenz der Seinsmodi bei dieser Substanz in die reine Einheit und Identität zusammen: die göttliche Substanz ist reine Wirklichkeit ohne jeden, eine Differenz anzeigenden Möglichkeitscharakter (Met. 7, 1072 a 25 et alibi).

Die göttliche Substanz vermag daher den Typ des reinen substanziellen Seins selbst zu repräsentieren: als göttliche Substanz ist sie das, was das substanzielle Sein aller anderen Substanzen in Wirklichkeit ausmacht (Vollrath, These, 62 f.).

3. Ausblick

Die Schule des Aristoteles hat sich bald nach dem Tode seines Nachfolgers von metaphysischen Fragestellungen abgewandt, die als Domäne den nichtaristotelischen Schulen, vor allem den platonischen Akademikern, überlassen wurden. Aber auch andere Schulen haben in mannigfachen Umbildungen aristotelische Gedanken aufgenommen. Verschärfend tritt der fast gänzliche Verlust der nachgelassenen Schriften hinzu, die erst wieder durch die Ausgabe des Andronikos von Rhodos bekannt gemacht wurden.

Für die aristotelische Lehre von der Substanz hat dies zur Folge gehabt, daß sie nur in der Gestalt rezipiert wurde, die in der Kategorienschrift vorliegt. Diese wurde in spätantiker Zeit unter platonisierendem Einfluß, vor allem in der Plotin-Nachfolge, oftmals kommentiert und uminterpretiert. Die Uminterpretation geht so weit, daß der aristotelische Unterschied von 1. und 2. Substanz auf den Kopf gestellt wird. Weil die 2. Substanz die platonische Idee repräsentiert, bekommt sie den Primat vor der 1. Substanz zugesprochen (Kremer, Anschauung, 46 f.). Die Kommentierungsgeschichte ist weitgehend unerforscht.

Jedenfalls ist die aristotelische Lehre von der Substanz in dieser Umdeutung in das lateinische Denken übernommen worden. Die einflußreiche Übersetzung der Isagoge des Porphyrios zur Kategorienschrift durch Boethius und seine Übersetzung und sein Kommentar zur Kategorienschrift haben für das lateinische Mittelalter die kanonische Auslegung der Substanzlehre und ihrer philosophischen Rolle festgelegt. Nur aus dem Zusammenhang der Übernahme ins lateinische Denken in platonisierender Umdeutung der Substanzlehre läßt sich verständlich machen, daß und wie eine der großen Fragen der mittelalterlichen Philosophie dieser Problemstellung entspringen konnte: ob nämlich die Universalien, vor allem also die 2. Substanzen, wirklich existierende Seiende (die Position des Realismus: universalia ante rem) oder nur bloße Namen zu wirklichen Seienden (die Position des Nominalismus: universalia post rem) oder ob sie als wirklich in den realen Dingen als deren Wesen existierend gedacht werden müssen (die Position des vermittelnden Realismus: universalia in re). Die Geschichte dieses Universalienstreites endet in der kategorischen Erklärung des Wilhelm von Ockham: keine zweite Substanz ist (wirklich) Substanz (Summa Logicae, I, 42).

Literaturverzeichnis

Die Quellentexte werden nach den gebräuchlichen Ausgaben (Aristoteles nach der Scriptorum Classicorum Bibliotheca Oxoniensis) und mit den gebräuchlichen Abkürzungen zitiert.

Aubenque, Pierre: Le problème de l'être chez Aristote. Essai sur la problématique aristotélicienne. Paris 1962 *(Bibliographie)*.

Bassenge, Fritz: Das τὸ ἑνὶ εἶναι, το ἀγαθῷ εἶναι etc. und das τὸ τί ἦν εἶναι bei *Aristoteles*. In: Philologus 104 (1960), 14–47 und 201–222.

Dirlmeier, Franz: *Aristoteles*. In: Jahrbuch für das Bistum Mainz, Festschrift Dr. Albert Stohr. 1950, 161–171.

Düring, Ingemar: *Aristoteles*. Darstellung und Interpretation seines Denkens. Heidelberg 1966 *(Bibliographie)*.

Hager, Fritz-Peter (Hrsg.): Metaphysik und Theologie des Aristoteles. Darmstadt ²1979 (Wege der Forschung 206).

Jaeger, Werner: *Aristoteles*. Grundlegung einer Geschichte seiner Entwicklung. Berlin ¹1923, ²1955.

Jaeger, Werner: *Studien* zur Entstehungsgeschichte der Metaphysik des Aristoteles. Berlin 1912.

Königshausen, Johann-Heinrich: Ursprung und Thema von Erster Wissenschaft, Die aristotelische Entwicklung des Problems. Amsterdam – Atlanta/GA 1989.

Krämer, Hans-Joachim: *Arete* bei Platon und Aristoteles. Heidelberg 1959.

Kremer, Klaus: Die *Anschauung* der Ammonius (Hermeiou)-Schule über den Wirklichkeitscharakter des Intelligiblen. Über einen Beitrag der Spätantike zur platonisch-aristotelischen Metaphysik. In: Philosophisches Jahrbuch der Görres-Gesellschaft 19 (1961/62), 46–63.

Mansion, Augustin: La *génèse* de l'œuvre d'Aristote d'après les travaux récents. In: Revue Néoscolastique de Philosophie 29 (1927), 307–341 und 423–466.

Mansion, Augustin: Erste Philosophie, Zweite Philosophie und Metaphysik bei Aristoteles. In: Hager, Fritz-Peter (Hrsg.): Metaphysik und Theologie des Aristoteles. Darmstadt ²1979 (Wege der Forschung 206), 299–366.

Mansion, Suzanne: La première doctrine de la substance: la substance selon Aristote. In: Revue philosophique de Louvain 44 (1946), 349–369.

Moraux, Paul (Hrsg.): Aristoteles in der neueren Forschung. Darmstadt 1968 (Wege der Forschung 61).

–   Frühschriften des Aristoteles. Darmstadt 1975 (Wege der Forschung 124) *Bibl.*

Owens, Joseph: The *Doctrine* of Being in the Aristotelean Metaphysics. A Study in the Greek Background of Mediaeval Thought. Toronto ²1963.

Patzig, Günther: Die Entwicklung des Begriffs der Usia in der ‚Metaphysik' des Aristoteles. Göttingen 1950.

Ross, Sir David W.: Aristotle's Metaphysics. Oxford 1924; Nachdruck 1958.

Schüßler, Ingeborg: Aristoteles, Philosophie und Wissenschaft, Das Problem der Verselbständigung der Wissenschaften. Frankfurt a. Main 1982.

Schwegler, Albert: Die *Metaphysik* des Aristoteles, Bd. 4 Tübingen 1847–48. Neudruck Frankfurt 1961.

Tugendhat, Ernst: *Ti kata tinos*. Eine Untersuchung zu Struktur und Ursprung der aristotelischen Grundbegriffe. Freiburg-München 1958.

Volkmann-Schluck, Karl-Heinz: Die Metaphysik des Aristoteles. Frankfurt a. Main 1979.

Vollrath, Ernst: Studien zur Kategorienlehre des Aristoteles. Ratingen bei Düsseldorf 1969.

Vollrath, Ernst: Die *These* der Metaphysik. Zur Gestalt der Metaphysik bei Aristoteles, Kant und Hegel. Wuppertal 1970.

Augustinus: Das Grund-Problem der Existenz

Die Frage nach der Ratio im Dasein und Denken des Menschen

Von Franz Körner, Salzburg

1. Leben und Werk Augustins vor dem Hintergrund der Geistesgeschichte

1.1. Die innere Entwicklung des Denkers

Unter den herannahenden Stürmen einer der größten geistesgeschichtlichen Krisenzeiten wurde Augustinus im Jahre 354 zu Tagaste in Nordafrika geboren. Sein leidenschaftliches Temperament drängte bereits frühzeitig, vom ererbten Ehrgeiz der Eltern angestachelt, nach Lebenserfolg und Genuß. Alle Höhen und Tiefen dieser Welt suchte er insbesondere als junger Student der Rhetorik auszukosten, ohne dabei freilich je wirklich genug zu bekommen und Ruhe zu finden (Conf.I, 7, 11–III, 3, 6).

Daran konnte auch das kurzfristige Aufblitzen einer tieferen Glut bei der seinerzeit zum Studienpensum gehörenden philosophischen Pflichtlektüre von Ciceros „Hortensius" nichts ändern (Conf. III, 4, 7 f.). Denn die ersten taumelnden Schritte von seiner hybrid extravertierten Weltverfallenheit hin zu echter „Weisheitsliebe" endeten sehr bald in der Gefolgschaft der Manichäer, einer dualistisch-materialistischen Sekte, die ihren Anhängern mit großen Worten letzte Erkenntnisse versprach (Conf. III, 5, 9 – III, 12, 21; vgl. Körner, Sein und Mensch 61–248). Der hier gepredigte Materialismus vermochte freilich, infolge seiner unauflöslichen inneren Widersprüchlichkeiten, selbst nach neunjähriger Gefolgschaft den inzwischen – zuerst in Tagaste, dann in Karthago, Rom und schließlich in Mailand – zum Rhetoriklehrer Avancierten auf die Dauer nicht zu befriedigen. Den Zustand völliger Unbefriedigtheit konnten auch alle seine sonstigen damaligen philosophischen Bemühungen nicht ändern (Conf. IV 1, 1 – VII, 7, 11).

In dieser bedrängenden Ausweglosigkeit des Denkens kündigte sich offensichtlich immer nachdrücklicher eine ungleich viel tiefere Krise des Daseins an. Sie sollte den ruhelosen Wahrheitssucher im inneren Widerstreit der verschiedenen an ihn herangetragenen Lehrmeinungen – angefangen von dem Manichäismus über den Aristotelismus und die Akademische Skepsis bis hin zum Neuplatonismus Plotins – schließlich in die letzte große Grenzsituation bringen und damit vor die entscheidende Wende seines Lebens stellen. Diese bestand nicht so sehr darin, daß Augustinus sein einst so heiß errungenes Mailänder Rhetorenamt „aus Gesundheitsgründen" aufgeben mußte, sich mit wenigen Getreuen in

124   Franz Körner

die Stille des Landgutes Cassiciacum zurückzog, sehr rasch eine ganze
Reihe bedeutender philosophisch-theologischer Schriften herausbrachte
und nach seiner Taufe durch den Mailänder Bischof Ambrosius über
Rom in seine nordafrikanische Heimat zurückkehrte, um dort schließlich sogar selber Priester und Bischof von Hippo zu werden. Ungleich
viel entscheidender als all das war die dahinter stehende innere Umkehr,
die darin bestand, daß der Wahrheitssucher mit dem „unruhigen Herzen" (vgl. Conf. I, 1, 1) seine bis dahin ausgesprochen egozentrisch-
materialistisch allein der sinnlich wahrnehmbaren Außenwelt zugewandte
Existenz im Jahre 386 endlich jenem bis dahin kaum geahnten geistigen
Innenreich der transzendenten Immanenz zugewandt hat, das er später
mit Recht „innerlicher als mein Innerstes und höher als mein Höchstes"
nennt (Conf. III, 6, 11). Denn hier hat er nach allem vergeblichen Suchen
mit unmittelbarster philosophischer Gewißheit nicht nur die allein befriedigende letzte und tiefste Begründung für ein völlig neues Denken,
sondern weit darüber hinaus den zuverlässig tragenden Urgrund für die
schon seit langem dringend „not-wendige" Erneuerung seines Daseins
gefunden (Conf. VII, 8, 12 – IX, 6, 14; C. Ac. II, 2, 5). Augustinus vergleicht diese entscheidende Wende seines Lebens in der kurz danach
entstandenen Schrift „De beata vita" selber mit der rettenden Umkehr
eines auf hoher See in Sturm und Nebel orientierungslos umhergewor-
fenen Schiffes, das nur so noch den sicheren Hafen gewinnen konnte
(De b. v. I, 4). War ihm doch die Suche nach diesem bergenden Hort zur
Lebensfrage schlechthin geworden (vgl. Conf. VI, 1, 1; VI, 6, 9; VI, 11,
20). Erst mit der Lösung dieses existentiellen Grund-Problems hatte er
schließlich die tragfähige Basis für ein wirklich neues Denken gefunden.
In jenem alles tragenden und bergenden Urgrund ist deshalb auch sein
gesamtes literarisch so außerordentlich fruchtbar und wegweisend ge-
wordenes Lebenswerk „uni-versal" (d. h.: dem Einen zugewandt) zen-
triert. Diese Tatsache wurde für die abendländische Geistesgeschichte von
größter Bedeutung. Denn vornehmlich auf dem Wege über Augustins
Werke sollte jener Urgrund im chaotischen Umbruch der Zeiten zum
Richtpunkt der kommenden Jahrhunderte werden.
Als Augustinus im Jahre 430 starb, standen die Vandalen bereits als
Belagerer vor seiner nordafrikanischen Bischofsstadt. Die Sturmflut der
Völkerwanderung, die unter dem Westgoten Alarich schon im Jahre 410
Rom überspült hatte und das Ende der Antike bedeutete, mußte der
Denker, dessen Wegweisung später das innere und äußere Chaos zu
einem neuen Kulturkreis hin maßgeblich überwinden helfen sollte, ster-
bend noch vor den eigenen Mauern erleben.

1.2. Augustins Werk und seine problemgeschichtliche Stellung

Schon beim ersten Einblick in die innere Entwicklung Augustins
beginnt der untrennbare Zusammenhang deutlich zu werden, in
welchem bei diesem „Existenzphilosophen" Dasein und Denken

stehen: Was Augustinus lebt, denkt er auch. Das gilt insbesondere
für seine Philosophie. Diese ist im wahrsten Sinne des Wortes be-
wußte Selbstverwirklichung und Selbstauslegung des Daseins in-
mitten eines sehr fragwürdig gewordenen Seinsganzen. Die Probleme seines Denkens sind deshalb im Grunde Probleme seines
Daseins.
Diese Tatsache spiegelt sich bereits in den allerersten ontologischen
Denkversuchen des noch völlig extravertiert lebenden jungen Rhe-
torikstudenten wider. So wirr materialistisch wie sein Leben war
damals auch sein Philosophieren. Dessen logische Widersprüchlichkeiten sollten sich bezeichnenderweise erst auflösen, als Augustins gesamte Existenz in der großen Umkehr des Jahres 386 auch
für sein Denken als Richtpunkt den alles begründenden und tragenden Urgrund gefunden hatte.
Mit dieser entscheidenden Daseinswendung beginnt eine ausgesprochen fruchtbare literarische Schaffensperiode, welche die einzige
vorausgegangene Schrift des jungen noch im Materialismus befan-
genen Karthagischen Rhetorikdozenten („De pulchro et apto") aus
dem Jahre 380 offenbar dermaßen in den Schatten stellte, daß diese
schon zu seinen Lebzeiten unbeachtet verlorenging (vgl. Conf. IV,
n. 20–27). Die ersten uns erhalten gebliebenen Frühschriften Augustins („Contra Academicos", „De beata vita", „De ordine", „Soliloquia") stellen nach altem platonischem Vorbild den Niederschlag
der vielen Gespräche dar, die er mit dem kleinen Kreis seiner in der
Zurückgezogenheit des Landgutes Cassiciacum versammelten Schüler und Freunde geführt hat. In zum Teil streng ciceronischer und
neuplatonischer Diktion beschäftigen sie sich aus den gerade erst
gewonnenen Einsichten heraus bereits mit vielen philosophisch
höchst relevanten Problemen.
Das gilt auch von den anschließend in Mailand, später in Rom
und Tagaste entstandenen Schriften, in denen bezeichnenderweise
zu den philosophischen Gesichtspunkten verstärkt auch theologische hinzukommen (z. B. „De immortalitate animae"; „De animae
quantitate"; „De Genesi contra Manichaeos"; „De magistro"; „De
musica"; „De vera religione").
Selbst unter der Bürde des in Hippo übernommenen Amtes er-
lahmt Augustins Schaffenskraft nicht. Unerschöpflich ist der Reich-
tum der Gedanken, der sich in immer neuen philosophischen oder
theologischen Schriften zu den bedrängenden Problemen seiner im
krisenhaften Umbruch liegenden Zeit niederschlägt. Von den be-
deutendsten Hauptwerken dieser Schaffensperiode seien hier nur

das klassische Selbstzeugnis seiner „Confessiones", die in vieljäh-
riger Arbeit entstandene große Gotteslehre „De Trinitate" und die
philosophisch-theologische Geschichtsdeutung „De civitate Dei"
genannt. Von besonderem Verantwortungsbewußtsein getrieben,
unterzieht Augustinus schließlich im hohen Alter sein jahrzehnte-
langes literarisches Schaffen noch einmal in den „Retractationes"
einer strengen selbstkritischen Durchsicht.

Schauen wir auf die Summe seines geistigen Lebenswerkes zurück,
so zeigt sich, daß dieses durch und durch originäre Denken nach
eigenem Zeugnis (vgl. u.) ganz eindeutig den Ausgangspunkt, die
zentrale Mitte und den letzten Zielpunkt in jenem alles tragenden
Urgrund besitzt, der seit dem Jahre 386 das innerste Lebensprinzip
seines gesamten Daseins ist und dieses als solches zunehmend tiefer
durchwaltet. Das gilt insbesondere von seiner Philosophie.

Damit ist nicht gesagt, daß Augustins Denken eine isolationistische
Selbstbespiegelung der eigenen Existenz darstellt. Im Gegenteil:
Dank seiner Weltoffenheit war dieses Philosophieren mannigfach
verflochten mit den großen Geistesströmungen seiner Zeit. Das gilt
vor allem gegenüber dem im dritten Jahrhundert (p. Ch.) unter
Plotins Führung herangewachsenen Neuplatonismus der Griechen
ebenso wie gegenüber dem durch den Mailänder Bischof Ambrosius bereits in enge Verbindung mit der neuplatonischen Philosophie gebrachten biblisch-christlichen Denken. Von beiden Seiten
her hat Augustinus für seine innere Entwicklung sehr bedeutsame
Fingerzeige bekommen.

Das wird nicht zuletzt daran deutlich, daß er auch seinerseits wiederum das, was er als Lehrer seinen Schülern weiterzugeben trachtete, in jenen Begrifflichkeiten zum Ausdruck bringt, die ihm selber
in den entscheidenden Jahren seines Suchens so dienlich gewesen
sind. Es ist deshalb nicht verwunderlich, daß er seine philosophisch-
theologischen Gedanken mit Vorliebe anfänglich mehr mittels
ciceronischer und neuplatonischer, später vornehmlich mittels
biblischer Ausdrucksmittel zu artikulieren suchte.

Diese Feststellung darf freilich wiederum nicht zu der weit verbreiteten oberflächlichen Meinung verführen, Augustinus habe – entgegen allem, was er selber dazu schreibt (s. u.) – im wesentlichen
nichts Größeres geleistet als die Synthese eines aus recht verschiedenen Geistesströmungen übernommenen Gedankengutes. Erscheint es doch – ganz abgesehen von den authentischen Bezeugun-
gen des Denkers selber – von vornherein unvorstellbar, daß ein in
der Geschichte unseres Kulturkreises so nachhaltig wirksam ge-

wordener Initiator jahrhundertelanger geistiger Entwicklungsreihen lediglich recht Unterschiedliches – vor allem Neuplatonismus und Christentum – zu einem bloßen „Synkretismus" vermengt haben sollte. Statt dessen ist von vornherein zu vermuten, daß es im Leben dieses eigenwilligen Philosophen außer den äußeren Entwicklungsfaktoren vor allem auch einen „inneren Faktor" gegeben haben muß, der alles von außen her Kommende beurteilen und über seine Annahme oder Verwerfung entscheiden ließ. Denn schon nach der ersten Bekanntschaft mit diesem kritischen Wahrheitssucher taucht die naheliegende Frage auf, warum er denn z. B. die historischen Denkformen des Manichäismus oder des stoischen Skeptizismus eines Tages verworfen und dafür gerade die des Neuplatonismus aufgegriffen hat, um sie schließlich an Hand der Bibel allmählich umzubilden. Das muß doch von vornherein seinen tieferen Grund in der Person Augustins selber gehabt haben; vorausgesetzt allerdings, daß er mehr war als nur ein unselbständiger, urteilsloser Eklektiker ohne fortzeugende Schöpferkraft. Über diese einzige Voraussetzung aber dürfte wohl bei allen Kennern der abendländischen Geistesentwicklung einhellige Übereinstimmung herrschen.

Läßt doch beispielsweise kein geringerer als Karl Jaspers in seinem Werk „Die großen Philosophen" (1957) zwischen Platon und Kant als einzigen „fortzeugenden Gründer des Philosophierens" nur noch Aurelius Augustinus gelten (S. 319–396). W. Windelband bezeichnet ihn (Lehrbuch, 232) sogar ausdrücklich als einen der großen „Urheber des modernen Denkens". Hans Meyer fügt (Geschichte, II 41) mit Recht hinzu: „Selten ist das Wort Lebensphilosophie, Existenzphilosophie inhaltlich so rein erfüllt worden als durch Augustin."

Der tiefere Grund für die viele Jahrhunderte befruchtende originäre Ausstrahlungskraft jenes geistesgeschichtlich so außerordentlich bedeutsam gewordenen Philosophen, ist offenkundig darin zu suchen, daß sein Denken – bei aller Eingebettetheit in die geistigen Quellströme seiner Zeit – nicht bloß ein Sammelbecken heterogener Traditionen darstellt, sondern ganz radikal und konsequent letztlich aus jener „ganz, ganz anderen" Urkraft herausgewachsen ist, um die nach Augustins eigenem, immer wieder abgelegtem Zeugnis seit dem großen Grund-Erlebnis des Jahres 386 sein gesamtes Dasein kreist. Es ist jene alles tragende Grund-Kraft, um die er seither, viel deutlicher, d. h. personaler, als das etwa bei Sokrates, Platon oder Plotin schon möglich war, nicht nur jedes menschliche Sein, sondern weit darüber hinaus auch jegliches andere Seiend-Sein zentriert sieht. Dieser innerste Urgrund alles Seienden ist deshalb auch nach Augustins eigener Erfahrung allein in der Lage, mit dem Dasein zugleich das Denken des Menschen durch alle Gefährdungen und Zweifel sicher hindurchzutragen.

Davon all denen zu künden, die im jeweiligen Umbruch ihrer Zeit ebenfalls auf jene tragende Grund-Kraft angewiesen sind, stellt seit Augustins großem Grund-Erlebnis ganz konsequent auch sein eigentliches philosophisches Grund-Anliegen dar, das diesen deshalb zu Recht als zeitlos „modern" empfundenen Denker vor allem bewegt hat (vgl. u. Conf. IX, 4, 10).

Um diesen also nicht bloß aus der Tradition übernommenen, sondern selber im eigenen Innersten lebendig „vernommenen" (vgl. u. Conf. VII, 10, 16), d. h. erfahrenen, Seinsgrund kreisen deshalb alle philosophisch-theologischen Bemühungen unseres gerade dadurch für das Abendland so bedeutsam gewordenen „Grund-Problematikers katexochen". Dabei ist es gleich, ob wir seine frühen oder späten Gedanken, angefangen von der Kosmologie über die Anthropologie bis hin schließlich zur Theologie betrachten: Immer wieder begegnen wir hinter den zeitgeschichtlich mannigfach bedingten Themenstellungen stets dem unbeirrt durch sein gesamtes uns erhaltenes Schaffen hindurch verfolgten Grund-Anliegen der Verkündigung jenes allerinnersten und von daher alles tragenden Seinszentrums, um das seit dem Jahre 386 auch sein gesamtes Dasein und Denken bewußt kreist. Dieses hat als Augustins „innerstes Lebensprinzip" (vgl. u.) seine Philosophie ebenso wie alle Zweige seines sonstigen Denkens zu einem einheitlich zentrierten, originären Ganzen werden lassen. Man darf deshalb mit Recht jenen von der innersten Mitte her alles universal tragenden und beseelend durchwaltenden Urgrund selber als das typisch Augustinische *„Innerlichkeitsprinzip"* bezeichnen, von dem allein her sich die geistige Gestalt dieses Denkers bis auf ihren tiefsten Grund erschließt (vgl. hierzu: Körner, Prinzip 117–173; Sein und Mensch 110–257; Sein und Sollen 15–36; Existentielle Pragmatik 163–189). Dieses schon von Platon und Plotin vorbereitete Innerlichkeitsprinzip war bei Augustin offensichtlich mehr als nur ein hervorragender geschichtsträchtiger „Gedanke", wie Windelband (Lehrbuch, 226) meint. Was dem großen Wegweiser der abendländischen Geistesentwicklung in Wirklichkeit die „Stellung des Anfangsgliedes einer neuen Entwicklungsreihe" (ebd.), die bis in unsere unmittelbare Gegenwart hinein reicht, gab, war – nach dessen eigener Aussage – nichts Geringeres als jener innerste Urgrund alles Seienden selber (vgl. Abs. 2,2 u. Körner, Metaphysik 32–52). In dieser ureigenen und doch zugleich „ganz, ganz anderen" Mitte hatte er nach langem Ringen mit seinem Dasein festen Stand gefaßt und um dieses „Prinzip aller Prinzipien" kreiste deshalb auch zutiefst sein gesamtes Denken. Es ist als das Alpha und Omega von allem nach Augustins Grundüberzeugung selber der erste Anfang, die innerste Mitte und das letzte Ziel alles wahrhaft Menschlichen. An diesem alles tragenden Urgrund entscheidet sich deshalb auch allein Sinn oder Un-Sinn (ahd. u. mhd.: sin = Weg) aller geschichtlichen Entwicklungslinien, gleich ob im Umkreis des individuellen Lebens oder in den Kulturkreisen ganzer Völkerschaften. Erst von ihm her konnte deshalb auch Augustinus die Umbruchskrise seiner Zeit wegweisend überwinden helfen.

Da sich dieses „Grund-Problem" der Menschheitsgeschichte jeder Generation neu stellt, gilt diesem und der von Augustinus aufgewiesenen Lösung auch in der gegenwärtigen Umbruchskrise zwischen dem Ende der Neuzeit und dem, was noch ungestalt drohend vor uns steht, ein besonders aktuelles Interesse; allein in den letzten zwei Jahrzehnten dokumentiert sich schließlich mit tausenden von einschlägigen Fachpublikationen eine höchst aktuelle Wertschätzung dieses Denkers.

2. Das Grund-Problem Augustins und seine Lösung. Der Augustinische Rationalismus

2.1. Die existentielle Grund-Frage des Menschen

Wer in dem universalen Gedankengebäude Augustins nach dem Grund-Problem seines sich einst in aufwühlenden Krisen vollziehenden Daseins und Denkens sucht, stößt sehr bald zwangsläufig auf jene Frage, die – wie wir bereits wissen – diesen existentiell engagierten Sucher jahrzehntelang umgetrieben und deren „erlebte" Beantwortung er selber später immer wieder als seine schlechthin grundlegende Seinserfahrung bezeichnet hat. Es ist die ontologisch-gnoseologische Frage nach dem zuverlässig tragenden „Grunde" (lat.: ratio = „innerer Grund-Gedanke", von: reor = „aus inneren Gründen vernünftig denken") nicht nur des gesamten Mensch-Seins, sondern jeglichen Seiend-Seins überhaupt. Jahrzehntelang hatte Augustinus die Antwort auf diese Grund-Frage vergeblich in den trügerischen Handgreiflichkeiten der sinn-

lich wahrnehmbaren Außenwelt gesucht. Doch war dieser Denker
schon in jungen Jahren viel zu rational, d. h. viel zu „grund-fähig",
als daß er sich mit jenen Scheingewißheiten zufrieden gegeben
hätte, die sich allzu genügsam auf den trügerischen Sinnenschein
als die angeblich einzig tragende „Basis" des Philosophierens be-
schränken. Wohl war auch der jugendliche Augustinus den Bahnen
seiner sinnengläubigen Umwelt lange Zeit gehorsam gefolgt; şo
gehorsam, daß er selbst nach seinem Hortensius-Erlebnis zunächst
nichts Besseres als den Materialismus der Manichäer und die ebenfalls auf das Sinnlich-Wahrnehmbare ausgerichtete Philosophie des
Aristoteles finden konnte, ohne jedoch bei einer dieser beiden
„Welt-Anschauungen" eine befriedigende Antwort zu bekommen.
Eigentlich, so erklärt er ausdrücklich, habe der Aristotelismus ihm
damals als Zwanzigjährigem nur geschadet (Conf. IV, 16, 29). Das
gleiche gilt von seiner jahrelangen Beschäftigung mit dem mani-
chäischen Materialismus (vgl. Conf. III, 6, 10 – V, 14, 25; v. a. V,
6, 10 – V, 7, 13).

In der Sorge des kritischen Skeptikers, daß es sich bei allen der-
artig fraglichen Begründungsversuchen des menschlichen Denkens
letztlich doch nur um gefährliche Selbsttäuschungen handeln dürfte,
hat Augustinus daraufhin einen völlig anderen philosophischen
Weg beschritten, auf dem er die erstrebte Gewißheit weder in der
trügerischen Außenwelt des Sinnlich-Wahrnehmbaren noch in
irgendwelchen großsprecherisch verkündeten „Dogmen" suchte.
Von den drohenden Ungesichertheiten seines eigenen Daseins und
Denkens ruhelos umhergetrieben, hat er vielmehr nach jahrelangen
Enttäuschungen – in äußerst kritischer Auseinandersetzung mit den
verschiedenen Geistesströmungen seiner Zeit und der eigenen vor-
kritischen Entwicklungsperiode – sein Augenmerk zunächst einmal
in das eigene Innere gelenkt. Hier in diesem nächstgelegenen und
wie nirgendwo sonst unmittelbar „ein-sichtigen" Seinsbereich
hoffte er zu finden, was er bisher anderswo vergeblich gesucht
hatte.

Im Zuge dieser höchst bedeutsamen *Wendung nach innen* hin ent-
deckte er auch tatsächlich – so kritisch wie das zu seiner Zeit überhaupt vorstellbar war – gegenüber der von ihm selber eine zeit-
lang in der Verzweiflung an jeder menschlichen Erkenntnismög-
lichkeit vertretenen Akademischen Skepsis als das logisch Erste
jenen (so geschichtsträchtig gewordenen) *Ausgangspunkt des Denkens,* der später von Descartes in kaum veränderter Form zum
Prinzip der gesamten von ihm inspirierten neuzeitlichen Philoso-

phie gemacht werden sollte: „Wenn ich mich täusche, bin ich" (De civ. D. XI, c. 26).

Mit dieser im eigenen Inneren gefundenen Selbstgewißheit des Denkens wußte sich Augustins philosophisches Suchen freilich erst auf einer Vorstufe und noch längst nicht am Ziel. Denn auch das, was er auf dem Weg nach innen bei sich selber fand, war, wie alles in dieser Welt, so unzuverlässig wandelbar, daß sein Fragen zu Tieferem weiterschreiten mußte. Seine philosophische Grund-Suche war auf nichts Geringeres als das Zuverlässig-Unwandelbare schlechthin, d. h. auf das alles Seiende überhaupt erst begründende Sein der ewigen Wahrheit selber aus. Nur durch die Teilhabe (participatio) an deren Sein konnte der Seinshunger seines Daseins und Denkens gestillt werden (vgl. u. De v. rel. 39, 72; Conf. VII, 10, 16; De div. quaest. q. 46, 2 u. ö.).

Die existentielle „Grund-Frage" des Augustinischen Philosophierens reichte deshalb von vornherein weit über den Bereich des bloßen Denkens hinaus. Es war die nach letzter Seinserfüllung strebende Grund-Suche seines gesamten Mensch-Seins. Deshalb hatte für ihn die Philosophie eigentlich nur eine einzige Doppelfrage zu beantworten: Der Mensch und sein Urgrund? Er forderte daher auch immer wieder dazu auf, jener allein wichtigen Grund-Frage nachzugehen: Zum ersten sollen wir uns selber, zum anderen unseren Urgrund erkennen (De ord. II, 18, 47; vgl. II, 7, 24; Sol. I, 2, 7). Damit thematisiert dieses Philosophieren die existentielle Grund-Frage des Menschen schlechthin.

Mit welchem persönlichen Engagement Augustinus nach einer befriedigenden Antwort auf diese Frage gesucht hat, wissen wir bereits in Umrissen aus der Geschichte seiner inneren Entwicklung (Abs. 1.1). Im folgenden wollen wir sehen, welchen schicksalhaften Weg sein Denken bei der Suche nach dem tragenden Urgrund alles Seienden genommen hat.

2.2. Die intellektuelle Grund-Suche des Denkers im Rahmen seines ungesicherten Daseins

a) Der existentiellen Fragestellung der Philosophie Augustins entspricht deren von der unzuverlässigen Außenwelt abgewandte und auf dem Wege nach innen hin bei sich selber ansetzende Inangriffnahme. Diese sollte, wie wir bereits wissen, eingedenk der auch im eigenen Inneren sich zeigenden Wandelbarkeit über eine bloße Selbstgewißheit des menschlichen Denkens weit hinausführen.

Schließlich konnte sich Augustinus bei der Fundierung seiner vornehmlich um die Ergründung und Begründung des menschlichen Daseins selber bemühten Philosophie nicht damit begnügen, einfach nur Wandelbares gegen anderes Wandelbares und damit die eine Unsicherheit gegen eine andere einzutauschen. Was er suchte, war ja letztlich das Fundament des schlechthin Unwandelbaren und damit absolut Gewissen selber.

Die klassische Formulierung dieses für Augustin selber so entscheidenden und deshalb auch von ihm zur allgemeinen Grundforderung für jedes wirklich rationale Denken erhobenen philosophischen Grund-Anliegens findet sich bereits in einer seiner bedeutsamsten Frühschriften aus den Jahren 389 bis 391:

„Gehe nicht nach draußen, kehre in dich selbst zurück! Im inneren Menschen wohnt die Wahrheit. Und wenn du deine Natur in ihrer (unzuverlässigen) Wandelbarkeit durchschaut hast, dann überschreite auch dich selber. Aber bedenke, wenn du dich überschreitest, daß du die vernunfttätige Seele übersteigst. Dorthin also strebe, von woher das Licht der Vernunft selbst angezündet wird. Wohin nämlich gelangt jeder gute Denker, wenn nicht zur Wahrheit?" (De v. rel. 39, 72).

In diesem für das Verständnis der Augustinischen Philosophie sehr zentralen Text – den wir deshalb auch zum Leitfaden für unsere weiteren Überlegungen machen – kommt das „Grund-Problem" jenes der rationalen Wahrheitssuche so tief verpflichteten Denkers ebenso zur Sprache wie die ganze Schwierigkeit seiner existentiellen Bewältigung. Weil es diesem „Existenzphilosophen" offensichtlich nicht nur darauf angekommen ist, uns lediglich seine Gedanken zu vermitteln, sondern vielmehr darauf, daß das von ihm selber vorbildlich Getane und Gedachte nicht nur „nach-gedacht", sondern vor allem „nach-getan" wird, konfrontiert er uns hier nicht nur mit einer seiner wichtigsten ontologisch-anthropologischen Aussagen über die rationale Wahrheitserkenntnis des Menschen, sondern stellt sofort eine entscheidende Forderung: „Gehe nicht nach draußen, kehre in dich selbst zurück!" Ohne die existentielle Erfüllung dieses Imperativs kann offenbar nichts verstanden werden.

Ein Blick auf Augustins Lebensgeschichte zeigt bereits, worum es ihm bei seiner unmißverständlichen Aufforderung zur Abkehr von der Außenwelt und zur Einkehr in das eigene Innere letztlich geht. Von unerfülltem Seinshunger getrieben, war er bei seiner jahrelang erfolglos gebliebenen Suche nicht nur nach einer tragfähigen Grundlage seines Denkens, sondern weit darüber hinaus nach einer

alles Ungenügen aufhebenden Erfüllung seines Daseins sich selber
in seinen jungen Studenten- und Dozentenjahren zu einer einzigen
„großen Frage" geworden (Conf. IV, 4, 9). Von seiten der ihn
umgebenden Welt her, zu der hinaus sich seine jugendlich-egozen-
trische Da-Seins-Gier auf der Suche nach Besitz, Genuß und Ehre
jahrelang vergeblich gestürzt hatte, war ihm, wie wir wissen, im
Grunde jede wirklich befriedigende Seinserfüllung versagt geblieben (vgl. Abs. 1.1). Daran konnte weder der Lebenserfolg seines
einträglichen Dozentenberufes in Mailand noch das langjährige
Konkubinat mit seiner – später nicht mehr recht standesgemäßen –
Geliebten, aus dem ihm sogar ein unehelicher Sohn erwachsen war,
etwas ändern. Auch die damals vor allem zur philosophischen
Selbstrechtfertigung unternommenen Denkversuche mit dem Materialismus des von der Stoa beeinflußten Manichäismus ebenso wie
mit dem Aristotelischen Realismus und der Akademischen Skepsis
seiner Zeit konnten ihm in seiner Existenznot nicht helfen.

Angesichts des großen Ungenügens dieser Welt und aller vergeblichen Versuche seines Denkens war ihm sein Leben zu einem „täg-
lichen inneren Sterben" geworden (Conf. VI, 11, 20). Wohin er
auch in dieser Welt blickte, überall war Tod (Conf. IV, 4, 9). Die
große Lebensangst umklammerte ihn mit ihren Krallen immer
unerbittlicher (Conf. IV, 6, 11). „Elend war ich und elend ist jeder
Geist, der durch die Freundschaft mit den vom Tode gezeichneten
Dingen gefesselt ist" (ebd.).

An dieser Stelle wird der ganze existentielle Ernst verständlich, der
hinter jenem warnenden „Gehe nicht nach draußen!" steht. War
Augustinus doch selber erst in der äußersten Grenzsituation seiner
Daseinsnot reif geworden für die rettende Wegweisung, die er –
nach seinem eigenen Bericht (vgl. De b. v. I, 4 u. Conf. VII, 9,
13 ff.) – schließlich durch den neuplatonischen Fingerzeig vom
„Draußen" *(exo)* zum „Innen" *(endon)* hin (z. B. Plotin, Enn. I,
3, 9; I, 6, 7 u. ö.; vgl. Maertens, Augustinus 3–14; 29–228) erhalten
hatte und später auch selber weitergab: „Kehre in dich selbst zurück! Im inneren Menschen wohnt die Wahrheit" (De v. rel. 39, 72).

Bis zu dieser Textstelle ist ihm bezeichnenderweise gerade die neu-
zeitliche Philosophie, geschult von dem ohne Zweifel augustinisch
inspirierten „Ich denke, also bin ich" René Descartes [1], allzu gerne

---

[1] Descartes, Principia, I, 7: „Ego cogito, ergo sum". Vgl. Augustinus,
Sol. II, 1, 1: „Cogitare te scis ... ergo esse te scis". – Ders., De civ.
D. XI, c. 26: „Si enim fallor, sum".

gefolgt. Um dieses Satzes willen ist Augustinus unter der Über-
schrift „Metaphysik der inneren Erfahrung" sogar als einer der
großen „Urheber des modernen Denkens" gepriesen worden; insbesondere als der, der das „Prinzip der selbstgewissen Innerlichkeit" zuerst mit voller Klarheit ausgesprochen und als „Ausgangspunkt der Philosophie" formuliert und behandelt habe (Windelband, Lehrbuch 232). Unterschlagen worden ist freilich bei dieser
die Wahrheit im Mensch-Sein selber wähnenden, typisch neuzeitlichen Fehlinterpretation unseres Textes, daß Augustins Wegweisung im gleichen Atemzug sofort mit einem für das Ganze höchst
wichtigen Gedankenschritt fortfährt: „Und wenn du deine Natur
in ihrer (unzuverlässigen) Wandelbarkeit durchschaut hast, dann
überschreite auch dich selber. Aber bedenke, wenn du dich überschreitest, daß du die vernunfttätige Seele (ratiocinantem animam)
übersteigst. Dorthin also strebe, von woher das Licht der Vernunft
(lumen rationis) selbst angezündet wird" (vgl. o. den ganzen Textzusammenhang von De v. rel. 39, 72).
Schaut man unvoreingenommen auf das Ganze unseres geradezu
fundamentalphilosophisch zu nennenden Textzusammenhanges, so
ist sofort klar, daß hier unbezweifelbar wohl vom *Innewohnen* der
die Grundlage jedes wahren Denkens darstellenden Wahrheit im
Menschen selber gesprochen wird; aber nicht so, daß diese Wahrheit – wie es die Rede von der „selbstgewissen Innerlichkeit" des
menschlichen Bewußtseins nahelegen möchte (s. o.) – etwas vom
oder am Menschen selbst sei. Im Gegenteil: Augustinus betont mit
Nachdruck, daß unsere Natur – im Gegensatz zur unveränderlichen
„ewigen Wahrheit" (vgl. z. B. Conf. XI, 8, 10) – durch und durch
wandelbar und daher auch weder gnoseologisch noch ontologisch
zuverlässig genug ist. Deshalb gilt es, den entscheidenden Schritt
über eben diese unsere Natur hinaus, oder besser: hinein, zu tun,
um auf diesem Wege noch weiter nach innen zu dem hin zu gelangen, von dem er in einer späteren Schrift sagt: „Innerlicher als
mein Innerstes und höher als mein Höchstes" (Conf. III, 6, 11).
Augustinus unterscheidet mithin in seiner Ontologie bei der Analyse des Menschenbildes nicht nur, wie wir das im neuzeitlichen
Denken weithin gewohnt sind, die zwei kartesischen Seinsbereiche
der „res extensa" und der „res cogitans", sondern deren drei:

1. das *„Draußen"* (foris) aller sinnlich wahrnehmbaren Körperlichkeit bzw. Leiblichkeit, von dem wir uns auf der Suche nach
   der Wahrheit abwenden sollen;

2. den *„inneren Menschen"* (homo interior), d. h. das *„Innen"* (intus) der eigenen vernunfttätigen Seele (anima ratiocinans), zu welcher wir suchend zurückkehren sollen;

3. die Wahrheitssphäre, das *„Drinnen"* (interior intimo meo), zu dem hin es auch noch das Innere der menschlichen Seele zu transzendieren gilt (s. o. De v. rel. 39, 72)[2].

Da diese ontologische Unterscheidung zwischen dem „Draußen", dem „Innen" und dem „Drinnen" in unserem Haupttext zu Recht in einen Imperativ gekleidet ist, darf eine genuine Interpretation nicht anders verfahren, als es Augustinus selber ausdrücklich verlangt. Um zu verstehen, wo er die Wahrheit sucht, kann deshalb hier nur zu dem vom Autor dazu selber mit allem Nachdruck geforderten existentiellen Einstieg in das „Noch-Innerlichere" aufgerufen und angeleitet werden. Denn ohne dieses Transzendieren der eigenen Innerlichkeit ist es dem Menschen von vornherein unmöglich, von dem Gemeinten etwas zu sagen oder zu begreifen. Gefordert ist also jener um der Rationalität willen „meditative Einstieg" (vom lat.: in medium ire = in die Mitte gehen), mittels dessen allein jeder, der in der beharrlichen Übung seiner Existenz dazu bereit ist, allmählich selber ebenfalls den gnoseologischen „Überschritt" von einem Seinsbereich in den anderen gewinnen kann, um dabei das auf dem Weg über das eigene Innere gesuchte Verständnis in der unmittelbaren Schau des gemeinten Seinsphänomens der „noch innerlicheren Wahrheit" selber zu finden.

Es bleibt mithin für jeden, der dem Gedankengang Augustins wirklich folgen will, im Grunde nichts anderes übrig, als den Weg, den jener existentielle Denker kompromißlos vorangegangen ist, d. h. den Weg, der auch das eigene Innerste noch transzendiert, selber ebenfalls unter dem vollen Einsatz der eigenen Person auf je eigene Weise nachzugehen, um in jener *transzendenten Immanenz,* die „innerlicher ist als unser Innerstes" (vgl. o. Conf. III, 6, 11), das Wahrheitslicht, das unser menschliches Vernunftlicht (lumen rationis) entzündet, schließlich mit eigenen (inneren) Augen zu schauen (vgl. De v. rel. 39, 72 u. Conf. VII, 10, 16).

Bei den verschiedenen Seinsbereichen, die wir auf diesem „meditativen" Wege zum Lichtquell der Vernunft zu durchschreiten haben, handelt es sich natürlich nicht um ein räumliches Nebeneinander

---

[2] Vgl. zu dieser Dreiteilung ferner: Conf. X, 6, 9; III, 6, 11; In Jo. 20, 11; Retr. I, 8, 3 u. ö. Im einzelnen Körner, Sein und Mensch, v. a. 162–257; ders., Existentielle Pragmatik 163–189.

nach der Art, die wir von den körperlichen Dingen unserer Außenwelt her gewohnt sind. Augustinus hat vielmehr jenes echte Ineinander vor Augen, bei dem sich die von den Begriffen „Draußen",
„Innen" und „Drinnen" gemeinten Sachphänomene überhaupt erst
in ihrer eigentlichen Bedeutung zeigen (vgl. In Jo. 23, 10; De im. an.
6, 10 u. ö.). Denn alles Räumliche ist von der Seele her gesehen
wesentlich „draußen" (De v. rel. 39, 72; Ep. 147, 16, 38; 147, 17, 42;
De Trin. X, 8, 11 u. ö.). Das gilt auch vom Menschen selber, zwischen dessen beiden Wesensbestandteilen, Leib und Seele, eine klare
Trennungslinie läuft: „Das eine ist äußerlicher und das andere
innerlicher!" (Conf. X, 6, 9; vgl. De civ. D. X, 29; De Trin. IV, c. 3).
Es gehört also nicht nur alles, was uns im Raume an sinnlich
Wahrnehmbarem begegnet, sondern auch ein Teil von uns selber,
nämlich der Leib, dem Draußen zu. Das gilt mithin von der gesamten sinnlich wahrnehmbaren Welt. Weil sie im Unterschied zur
Seele draußen im Raume ist, ist sie auch immer in der „Zerstreu-
ung" (dispersio) der Vielheit, die im unvereinbaren Gegensatz zur
inneren „concentratio" jeder geistigen Einheit steht; wozu neben
dem hocherhabenen „Innersten schlechthin" (Intimus) auch jedes
darunter stehende „Innen" (intus) zu rechnen ist (vgl. z. B. De
ord. 1, n. 3; De v. rel. 36, 66; ebd. c. 30 ff.; 43, 81; 55, 113; 49, 97;
35, 65. Dazu die neuplatonische Lehre vom „Einen").
Was aber meint nun Augustinus zunächst einmal mit jenem allem
Äußeren überlegenen „Innen", wie wir es bereits im nächstgelegenen Seinsbereich, nämlich in der eigentümlichen „Innerlichkeit" der
menschlichen Seele, vorfinden? Nach diesem „Intus" gefragt, fordert er uns, dem Grundgesetz seines Denkens entsprechend, auch
hier sofort auf, die Antwort nicht irgendwoher von außen zu erwarten, sondern einfach in den „homo interior", in den es bei jeder
Wahrheitssuche zurückzukehren gilt (s. o.), das heißt in sich selber,
hineinzublicken. Denn das wahre Verständnis findet nur, wer sich
vom räumlichen Foris weg zu dem von Augustin gemeinten Intus
selber hinwendet, um dieses Phänomen an Ort und Stelle ganz unmittelbar bei sich selber gewissermaßen mit eigenen (inneren)
Augen zu schauen. „Erkenne in dir etwas", fordert er, „was ich
‚intus' nennen will, ‚intus in te'. Nicht so ist es ‚in dir', als wäre es
in deinem Körper, denn auch hier kann man sagen ‚in te'. So ist
nämlich ‚in dir' die Gesundheit oder jegliches Lebensalter, wohlgemerkt aber nach der Art der Körper! In dir ist also deine Hand
oder dein Fuß. Anders aber ‚in dir' ist jenes ‚intus'. Dieses andere
ist in dir gleichsam, wie du in deinem Kleide bist. Doch laß draußen

sowohl dein Kleid wie dein Fleisch, steige tiefer hinein in dich, trete hin zu deiner geheimen Kammer (secretarium), zu deinem Geiste, und schaue hier (selber), was ich sagen will, wenn du kannst ... Ich rede von der Seele, spreche von dir. Schaue nach innen, da will ich dich erproben ... Da innen wollen wir, wenn wir können, suchen, was wir mit den Worten meinen" (In Jo. 23, 10).

Dieser ausgesprochen phänomenologisch vorgehende Aufweis des Gemeinten zeigt ganz anschaulich, daß mit „intus" etwas völlig anderes intendiert ist als das, was wir sinnlich wahrnehmen können. Es geht um etwas Geistiges: „Innerlicher als die Sinnesdinge, die ganz handgreiflich draußen sind, ist der Geist!" (De Trin. X, 8, 11). Deshalb kann auch, wie der obige Text klarmachen will, allein die reflexiv in ihre eigene Innerlichkeit einkehrende Geist-Seele sich dessen bewußt werden, was mit dem „Innen", insbesondere mit dem „inneren Menschen", gemeint ist. Hier bei sich selber ist für den Geist der Ort, wo er allein ganz unmittelbar jenes eigenartige Phänomen schauen kann, auf das die fraglichen Begriffe hindeuten. Denn er ist ja als „interior homo" selber etwas „Inneres" und weiß von daher, wie hoch dieses Intus mit seinen verschiedenen Geistesfunktionen über dem werkzeuglich dienenden Foris-Bereich des menschlichen Leibes steht[3].

Wir sind damit an der Stelle angelangt, wo das eigentümliche *Foris-Intus-Schema*, das sich durch die gesamte Augustinische Ontologie hindurch verfolgen läßt (vgl. Körner, Sein u. Mensch, 249–257), seinen unmittelbar einsichtigen Phänomengrund hat, nämlich beim Menschen selber: „Siehe in mir (selber) sind mir Leib und Seele unmittelbar gegenwärtig!" (Conf. X, 6, 9). Der aus Seele und Leib bestehende Mensch (constans ex anima et corpore, De Trin. XV, 7, 11) ist „in gewissem Sinne alles", nämlich Äußeres und Inneres zugleich. Von unserem eigenen Mensch-Sein her vermögen wir offensichtlich auch das Gesamt-Sein erst als ein „Foris" und „Intus" zu verstehen. Wie bei uns selber das beherrschende Lebensprinzip im werkzeuglich dienenden Leib eingebettet und geborgen er-

---

[3] Vgl. Conf. X, 6, 9: Unum (corpus) exterius, alterum (anima) interius! – De Trin. X, 10, 16: Quadam interiore, non simulata, sed vera praesentia – non enim quidnam illi est se ipsa praesentius – ... cogitat (mens) vivere se, et meminisse, et intelligere, et velle se. – De Gen. XII, 24, 51: Neque enim corpus sentit, sed anima per corpus, quo velut nuntio utitur. – Dazu: In Jo. 20, 11; Ep. 147, 3, 4; Retr. I, 8, 3; De Trin. XI, 2, 2; Conf. X, 6, 9; De mor. I, 27, 52; Sol. I, 4, 9 u. ö.

scheint (vgl. In ep. Jo. II, 12; Conf. X, 6, 9), so können wir uns von daher auch das Bild des gesamten Seins als das einer „Werkstatt" (fabrica) vorstellen, die vom Inneren bzw. Innersten her durchwaltet und instrumental gebraucht wird (vgl. z. B. In ep. Jo. II, 12; En. in Ps. 141, 15).

Damit ist zugleich schon angedeutet, daß der Seinsbereich des Intus keineswegs ein einfacher ist. Gibt es doch nach Augustins persönlicher Erfahrung bereits im Inneren des Menschen selber mannigfache Abstufungen. Wie die großartige, geradezu „tiefenpsychologisch" anmutende Phänomenologie im X. Buche der Confessiones (c. 6 ff.) zeigt, lassen sich hier nämlich sehr verschiedene Grade der Innerlichkeit unterscheiden: solche, die wir mit den Tieren gemeinsam haben (vgl. De Trin. X, 8, 11) und solche, die unsere zur Einsicht befähigte Geist-Seele ihnen voraus hat. „Je innerlicher um so wertvoller!", heißt es ganz allgemein gleich zu Beginn dieser großangelegten Schilderung von jenem Einstieg, den Augustinus immer wieder auf der Suche nach dem allerinnersten Urgrund alles Seienden in sein eigenes Innerstes unternommen hat (Conf. X, 6, 9). Denn was vom „Draußen" und „Innen" des Mensch-Seins selber gilt, hat in der mit dem klassischen Selbstverständnis (griech.: *Gnothi seauton!*) ansetzenden Philosophie Augustins – wie wir sehen werden – mit „Selbst-Verständlichkeit" auch für das Gesamt-Sein Geltung, das sich ganz entsprechend als vom urbildlich erscheinenden „Drinnen" gesetzt, durchwaltet und „beseelt" zeigt (vgl. u. Conf. VII, 10, 16 ff. m. Par.).

Hier ist für uns vorerst nur wichtig, daß diese verschiedenen Innerlichkeitsgrade offenbar *Wertstufen* sind: Das „Draußen" steht am niedersten, das „Drinnen" am höchsten. In der Mitte hat das „Innen" des Menschen seinen wesensgemäßen Standort (vgl. z. B. In Jo. 20, 11). Dabei „partizipiert" der Mensch, in seiner Ganzheit gesehen, mit seinem *Innen* gewissermaßen auch an den beiden anderen Seinsbereichen unter und über ihm. Denn der „innere Mensch" bedient sich einerseits werkzeuglich seiner eigenen, zum *Draußen* gehörenden, Leiblichkeit und dient andererseits selber wiederum jenem höchsten *Drinnen,* dessen transzendente Immanenz er geheimnisvoll in sich trägt (vgl. De v. rel. 39, 72 u. Conf. VII, 10, 16 m. Par.).

Wir sehen: Das aus der anthropologischen Selbsterfahrung stammende Foris-Intus-Schema in Augustins Ontologie gilt folgerichtig auch für die zugehörige Wertlehre, nach welcher jede Seinsstufe um so höher steht, je innerlicher sie ist (vgl. o. Conf. III, 6, 11: in-

terior = superior!). Nach dieser anthropologisch-ontologischen
Werthierarchie west offensichtlich in und deshalb über der wandelbaren und darum so ungewissen körperlichen Außenwelt das
weitaus wertvollere Innenreich der erkennenden Geist-Seele. In
dieser steht wiederum über dem niederen Lebensprinzip (spiritus)
als „Haupt" der innere und deshalb höhere Teil, nämlich der Geist,
genannt „mens" (vgl. C. Ac. III, 12, 27; De quant. an. 19, 33; De
l. arb. II, 6, 13; De Trin. XV, 7, 11; XI, 9, 16; De civ. D. IX, 6;
Retr. I, 1, 4).
Aber auch hier im Innern der eigenen Seele entdeckt Augustinus
bei seiner Suche nach dem wahren Urgrund alles Seienden nur Un-
zuverlässig-Wandelbares. Er hat ja an sich selber erlebt, daß die
„grund-fähige Seele" des Menschen, die anima rationalis, wegen
ihrer Seinsschwäche niemals allein aus sich selber, sondern nur aus
einer ganz anderen inneren Tiefe zu existieren vermag (vgl. Conf.
VII, 10, 16; IX, 4, 10; De div. quaest. q. 1 u. ö.). Deshalb fordert
er: „Überschreite auch dich selber! ... Dorthin also strebe, von
woher das Licht der Vernunft (lumen rationis) angezündet wird.
Wohin nämlich gelangt jeder gute Denker (ratiocinator), wenn
nicht zur Wahrheit (veritas)?" (De v. rel. 39, 72).
Damit stehen wir an der entscheidenden Stelle, an der wir nicht
bloß aufgefordert werden, abermals eine Schicht tiefer in unser
eigenes menschliches Inneres hineinzusteigen, sondern vielmehr
auch unser Innerstes *noch* weiter nach innen hinein zu übersteigen
in Richtung auf das allein „wahre Sein" (vere esse, vgl. Conf.
VII, 11, 17) hin. Denn dieses ist nichts vom oder am Menschen,
sondern, als der ewige Urgrund alles Seienden, die alles tragende
Wahrheit selber, die mit ihren „ewigen Grund-Gedanken" (rationes aeternae) das Licht unserer Ratio entzündet (vgl. De v. rel.
39, 72 u. De div. quaest. q. 1; 46, 2 u. ö.).
Angesichts dieser höchsten Seins-Wahrheit schärft uns Augustinus
sofort im Anschluß an seine Rede vom Innewohnen der Wahrheit
im „inneren Menschen" ganz nachdrücklich ein: „Bekenne, daß du
nicht bist, was die Wahrheit selber ist!" (De v. rel. 39, 72). Diese
steht nämlich als das höchste Sein allein schon deshalb unendlich
über dem Menschen, weil sie im Vollbesitz ihrer eigenen Seinsfülle
– ganz anders als wir mit unserer relativ armseligen Vernunfttätigkeit (ratiocinando) – nicht nach sich selber streben muß (ebd.).
Schließlich stellt die Wahrheit jene Lichtfülle dar, die selber das *ist,*
woran unser von dorther entzündetes Vernunftlicht lediglich in gewissem Sinne „partizipiert" (ebd., vgl. De div. quaest. q. 46, 2).

Dabei fällt die Frage nach dem tragenden Grund des menschlichen Denkens offensichtlich mit der nach dem Seinsfundament unseres Daseins überhaupt zusammen: „Alles Wahre ist von der Wahrheit her wahr; und jede Seele ist dadurch Seele, daß sie wahre Seele ist. Jede Seele hat also von der Wahrheit her, daß sie überhaupt Seele ist. Etwas anderes aber ist die Seele und etwas anderes die Wahrheit!" (De div. quaest. q. 1). Letzteres zu betonen wird Augustinus nicht müde.

Zusammenfassend können wir festhalten: Weil der Mensch sein mit der Wahrheit nicht zu verwechselndes, durch und durch kontingentes Seiend-Sein allein vom Ursein der alles tragenden Wahrheit selber her hat und ohne diese nicht sein kann, sind wir aufgerufen, sie unablässig zu suchen. Deshalb sollen wir, der Aufforderung unseres Haupttextes (De v. rel. 39, 72) entsprechend, aus der „Veräußerlichung" zunächst einmal zu uns selber in das eigene Innere zurückkehren, um dann, nachdem wir die eigene unzuverlässige Wandelbarkeit durchschaut haben, auch noch uns selbst überschreitend, endlich dorthin zu gelangen, von woher das Licht unseres dynamischen Geisteslebens allein entzündet wird, nämlich hin zum unwandelbaren Lichte der Wahrheit, das – wie es später in den Confessiones heißt – nur „aus dem Innersten heraus geschaut wird" (VI, 16, 26). Auf dem Wege über die Betrachtung des vielen Wahren sollen wir zu der einen alles Wahre begründenden Wahrheit selber streben, die als „höchste und innerste Wahrheit" (vgl. De v. rel. 20, 38) unwandelbar-ewig über allem thront (De l. arb. II, 13, 36). Denn dorthin ist der Mensch mit seiner innersten Wesensanlage notwendigerweise schon immer unterwegs. „Alle", so schreibt Augustinus, „wollen jenes selige Leben, das das allein glückselige ist, denn sie wollen die Freude an der Wahrheit" (Conf. X, 23, 33; vgl. I, 1, 1; III, 6, 10; De civ. D. VIII, 4 u. ö.). Der wandelbare Mensch kommt zwar von ihr her, doch gelangt er erst durch das Suchen wieder zu ihr hin. Das geschieht natürlich – wie wiederum in De vera religione (39, 72) ausdrücklich erklärt wird – nicht durch Überwindung eines räumlichen Abstandes, sondern durch die leidenschaftliche Bewegung des Geistes (affectu mentis), in welcher der innere Mensch der ihm innewohnenden Wahrheit mit höchster Lust begegnet (De v. rel. 39, 72: Confitere te non esse quod ipsa (veritas) est: siquidem se ipsa non quaerit; tu autem ad ipsam quaerendo venisti, non locorum spatio, sed mentis affectu, ut ipse interior homo cum suo inhabitatore, non infima et carnali, sed summa et spirituali voluptate conveniat).

Nachdem es bereits in den Soliloquia (I, 6, 13) hieß, daß das Erkennen aus dem innerlich Schauenden und dem innerlich Geschauten zustande komme (conficitur ex intelligente et eo quod intelligitur), scheint hier auf das Bild der ehelichen Begegnung angespielt zu werden (voluptate conveniat!), die ja trotz aller Sehnsucht nach Vereinigung in Wirklichkeit auch nur zwischen zwei je anderen, nämlich zwischen Ich und Du, möglich ist. „Wer die Wahrheit kennt, der (allein) kennt jenes unwandelbare Licht, und wer es kennt, der kennt die Ewigkeit. Die Liebe ist's, die es kennt. O ewige Wahrheit und wahre Liebe und liebe Ewigkeit! . . . Nach dir seufze ich Tag und Nacht!" (Conf. VII, 10, 16; vgl. De Trin. IV, pr. 1).

b) Damit stehen wir an der Stelle, wo der große „Rationalist" mit dem „unruhigen Herzen" (vgl. Conf. I, 1, 1) uns Rede und Antwort stehen muß, unter welchem *philosophischen Rechtstitel* er eigentlich unablässig von jener geheimnisvollen „Wahrheit" als dem Urgrund alles Seienden spricht, welcher allein jenseits unserer eigenen Innerlichkeit in einer „ganz, ganz anderen" transzendenten Immanenz zu finden sein soll. Handelt es sich bei diesem angeblich alles begründenden „Reich der Wahrheit" vielleicht um schöne, aber doch gewagte Schreibtischspekulationen, die möglicherweise, von den platonischen Gedanken über das „Reich der Ideen" beflügelt, einer philosophischen Dichterphantasie entsprungen sind? Oder berichtet uns der von der Nichtigkeit seines eigenen Daseins auf den Tod betroffene Denker bei seiner Rede von jenem alle Dunkelheit überwindenden Ursein und der von dorther erlebten Seinserfüllung seiner eigenen menschlichen Bedürftigkeit tatsächlich von einer Wirklichkeit, die er an sich selber und in sich selber als die unbezweifelbare Grund-Wirklichkeit schlechthin erfahren hat und deshalb auch zu Recht als das unerschütterliche Fundament seiner gesamten Philosophie betrachten konnte?

Die authentische Antwort auf diese Grund-Frage katexochen kann uns nur der geben, der sie selber ganz unmittelbar „er-lebt" hat. Nicht ohne Grund beschreibt und erklärt deshalb auch Augustinus immer und immer wieder, aus welchem *existentiellen Grund-Erlebnis* seine auf unmittelbarer Evidenz basierenden philosophischen Grund-Gedanken – bei aller Angewiesenheit auf bestimmte Anregungen von außen her – letztlich allein erwachsen sind. In allen wesentlichen Zügen übereinstimmend berichtet er in seinen knappen, ciceronisch anmutenden Frühschriften ebenso wie in seinen entfalteteren und stilistisch weiterentwickelten späteren Schriften

von einem schlechthin alles wandelnden Ereignis, das nach jahre-
langem, zum Schluß geradezu verzweifeltem Ringen um und mit
der Wahrheit, dank höherer Macht, sein ganzes Dasein und Denken in eine völlig neue Richtung lenken sollte. Den letzten Anstoß
dazu – nicht mehr – gaben, so ähnlich wie beim Hortensius-Erlebnis (vgl. Abs. 1), diesmal, seinen eigenen Berichten zufolge, ein
paar „Schriften der Platoniker" (vgl. Conf. VII, 9, 15; VII, 20, 26
u. De b. v. I, 4), wahrscheinlich die von Marius Victorinus ins
Lateinische übersetzten Enneaden Plotins.

„Von dorther", so schildern am ausführlichsten Augustins Confessiones, „war ich denn aufgerufen, zu mir selbst zurückzukehren, und ich
trat unter Deiner Führung (o Gott) in mein Innerstes ein; das vermochte
ich, weil ‚Du mein Helfer geworden bist' (Ps. 29, 11). Ich trat ein und
erschaute mit einem irgendwie gearteten Auge meiner Seele über eben-
diesem Auge meiner Seele, hoch über meinem Geiste, ein unwandelbares
Licht. Es war nicht dieses gewöhnliche und jedem Fleische sichtbare
Licht; auch nicht nur sozusagen von derselben Art und nur größer, so
etwa, als ob es viel, viel heller als dieses geleuchtet und alles mit seiner
Größe erfüllt hätte. Das war es nicht, sondern etwas anderes, etwas ganz
anderes als alles dieses. Auch stand es nicht so über meinem Geiste wie
das Öl über dem Wasser oder der Himmel über der Erde; es war vielmehr höher, weil es mich ja selbst geschaffen hat, und ich war niedriger,
eben weil ich von ihm geschaffen bin.
Wer die Wahrheit kennt, der kennt es, und wer es kennt, der kennt die
Ewigkeit. Die Liebe ist's, die es kennt. O ewige Wahrheit und wahre
Liebe und liebe Ewigkeit! Du bist mein Gott; nach Dir seufze ich Tag
und Nacht. Und als ich Dich so zum ersten Male erkannte, zogst Du
mich an Dich, damit ich sah, daß das, was ich schauen sollte, wirklich
da ist, daß aber ich noch nicht der war, der wirklich zu schauen die Kraft
hätte!" (Conf. VII, 10, 16).

Wer diesen außerordentlich wichtigen Bericht Augustins von seinem ersten „Einstieg ins eigene Innerste" (intrare in intima mea)
unverstellt in seinem Gesamtzusammenhang liest und mit den zahlreichen anderen Paralleltexten aus früheren und späteren Schriften
vergleicht, in denen der Autor immer wieder auf dieses Grund-
Erlebnis seines von da an völlig umgestalteten Daseins und Denkens zu sprechen kommt, braucht nicht viel Einfühlungsvermögen,
um zu bemerken, daß es sich hier um alles andere als ein philoso-
phisch-theologisches „Traumgedicht" handelt. Die gesamte Diktion einschließlich der zahlreichen Parallelen und Bezugnahmen in
Augustins sonstigen Schriften läßt erkennen, daß es sich in dem
vorliegenden Bericht der Confessiones um den Einbruch eines

unvergeßlichen, historisch geradezu entscheidend gewordenen Grund-Erlebnisses handelt (vgl. Körner, Sein u. Mensch, v. a. 134–140; 162–248). Dieses sollte nämlich infolge seiner einschneidenden Gewichtigkeit nicht nur für alle weiteren Schritte in der Lebensgeschichte Augustins selber, sondern weit darüber hinaus sogar auch für die von ihm über viele Jahrhunderte hin inspirierte Geistesgeschichte unseres Kulturkreises von tiefgreifender Bedeutung werden (hierzu Körner, Metaphysik, 32–55). Denn ohne die erste Begegnung mit jenem „über-innerlichen Licht der Wahrheit" und die daraus resultierende Wandlung seines Daseins und Denkens wäre Augustinus – nach eigenem Eingeständnis – niemals der geworden, als der er schließlich in die Geistesgeschichte eingegangen und zu einem der großen Väter des Abendlandes geworden ist (vgl. Conf. VII, 7, 11; X, 27, 38; X, 40, 65 u. ö.). Dieses Ereignis nimmt damit in der Gesamtgeschichte einen so hohen Stellenwert ein, daß es weder aus der Lebensgeschichte Augustins selber noch aus der von daher tief geprägten abendländischen Geistesgeschichte weggedacht werden könnte.

Um eine entsprechende Einsicht in die metaphysische Hintergründigkeit dieses historischen Knotenpunktes zu gewinnen, haben wir hier unter den dazu vorliegenden und in allen wesentlichen Zügen ohnehin übereinstimmenden Quellen (s. o.) den besonders eindringlichen Bericht der Confessiones (VII, 10, 16) gewählt. Denn hier schaut ihr Verfasser von der nach mehr als zehn Jahren erreichten Lebenshöhe auf die Anfänge der inzwischen erfolgten Daseinswandlung als besonders authentischer Selbstinterpret zurück. Deshalb erlaubt uns gerade dieser Text einen einmalig eindringlichen Blick in die existentiell entscheidende Hintergründigkeit des Augustinischen Denkens. Die Bemühung darum ist um so notwendiger, als selbst unter den professionellen, philosophisch interessierten Augustinus-Forschern der vergangenen Jahrzehnte – offenbar mangels genügender Bereitschaft zu jenem unerläßlichen existentiellen Nachvollzug – nur sehr wenige einen wirklichen Zugang zum tieferen Verständnis des uns hier von Augustin ganz anschaulich geschilderten Geschehens gefunden zu haben scheinen[4].

---

[4] Im einzelnen s. dazu Körner, Sein und Mensch, 1–27. Daran scheint sich auch durch die einschlägigen Arbeiten des inzwischen vergangenen letzten Jahrzehnts nichts Grundlegendes geändert zu haben: Vgl. z. B. Berlinger, Metaphysik (1962), 145–216, v. a. 156 f.; 196 u. 215. – Rief, Ordobegriff (1962), 19–110; 153–160; 305–348; v. a. 22–24; 83 f.; 159 f.; 307 f.; 325–328; 335 f. – Hoffmann, Daseinsauslegung (1963), 1–107;

Aus diesen Gründen wollen wir im folgenden versuchen, uns durch
den authentisch interpretierenden Erlebnisbericht der Confessiones
in den gerade hier mit besonderer Eindringlichkeit thematisierten
existentiellen Lösungsansatz der Augustinischen Grund-Problematik einführen zu lassen, um von dorther nicht nur das philosophische Anliegen unseres bisherigen Haupttextes (De v. rel. 39, 72)
noch tiefer verstehen zu lernen, sondern darüber hinaus auch für
den Fortgang unserer Problementwicklung einen weiterführenden
Leitfaden zu gewinnen.

Es wurde schon bei der Einführung unseres aus den Confessiones VII, 10, 16 stammenden neuen Haupttextes (s. o.) kurz
angedeutet, daß für den Mailänder Rhetoriklehrer seinerzeit
– unter der Ausstrahlungskraft des vornehmlich an der Bibel orientierten christlichen Neuplatonikers Ambrosius – bereits einige
wenige „Schriften der Platoniker" genügten, um gleichsam von
außen her den letzten Anstoß zu einem alles umwandelnden Ereignis zu geben. Dieses hatte sich bekanntlich im Inneren des immer ruheloser nach Daseinserfüllung Suchenden bereits unter zunehmend heftiger gewordenen Existenzkrisen seit langer Zeit vor-
bereitet. Jetzt sollte es dem bisher in den eingefahrenen Gleisen
schwer überwindlicher materialistischer Seinsvorstellungen ein-
geklemmten Denker mit einem Schlag alles in einem befreiend
neuen Licht erscheinen lassen. Bei diesem ersten wirklichen „Einstieg in sein eigenes Innerstes" sollte Augustinus nämlich endlich

---

v. a. 36–56; 75–93; 108–117. – Giacon, Interiorità (1964) v. a. 91–149. –
Lechner, Idee (1964), 115–118; v. a. 27 f. u. 227. – Achilles, Grund (1965),
v. a. 28–30; 38; 43; 93–95; 106. – Anderson, Augustine (1965), v. a.
17–76. – Korger, Erkenntnislehre (1965), v. a. 11–66; 72–108. – Mader,
Struktur (1965), 33–224; v. a. 35–50; 59–75; 201–221; 224. – Schöpf,
Wahrheit (1965), 23–29; 154–168; 172–185; v. a. 159; 167; 180 f.; 183. –
Wohlfarth, Ansatz (1969), 3–10; 105–113; v. a. 4 f.; 106–108. – Schöpf,
Augustinus (1970), 28–33; 39–80; v. a. 31; 59–64; 72 f. – Unter den
wenigen erfreulichen Ausnahmen sei hier besonders auf Maertens,
Augustinus (1965), v. a. VII–IX; 29–223 und Schuetzinger, Controversy
(1960), v. a. 65–75, aufmerksam gemacht. Im übrigen sei zur Kritik der
jüngeren Augustinus-Literatur auf die eingehenden Darlegungen Körner,
Sein und Mensch (1959) 27–40; 61–248; v. a. 150–245, verwiesen, wo
deutlich wird, aus welchen existentiellen Gründen Augustins philosophisches Grund-Anliegen auf seine eigentliche metaphysische Tiefe hin nicht
nur *historisch-kritisch* untersucht, sondern darüber hinaus von jedem,
der wirklich verstehen will, im jeeigenen Leben auf jeeigene Weise *in-
tuitiv nachvollzogen* werden muß.

zu jener schon so lange immer wieder vergeblich gesuchten „Grund-Einsicht" gelangen, die ihm, wie er schreibt, den „Schwarm" aller bisherigen ontologischen Irrtümer vor den Augen zu vertreiben vermochte und jegliches Seiende, einschließlich des eigenen Daseins, endlich von dessen tragendem Urgrund her im erhellenden Lichte der Wahrheit selber erkennen ließ (vgl. Conf. VII, 1, 1; III, 11, 20; V, 11, 21 u. VII, 10, 16 f.).

Die Erlebnisbeschreibung, die der ruhelose Wahrheitssucher in seinen Confessiones (VII, 10, 16) von dieser intellektuellen (vom lat. inter-legere = innerlich lesen) „Grund-Ein-sicht" in das Innerste schlechthin gegeben hat, schildert uns vor allem jenes geheimnisvolle, unwandelbare innere „Licht" (lux incommutabilis), das – wie er nachdrücklich betont – nicht etwa mit dem gewöhnlichen Leuchten der Sonne oder einer sonstigen noch größeren und helleren Lichtquelle des Weltenraumes verwechselt werden darf. Das Licht, von dem hier aus unmittelbarer innerer Anschauung berichtet wird, ist das „ganz, ganz Andere" (aliud aliud valde), das nicht nur quantitativ, sondern vor allem qualitativ alles innerhalb dieser Welt, auch den Menschen, seinsmäßig unter sich verweist: „Es war höher, weil es selber mich geschaffen hat, und ich war niedriger, eben weil ich von ihm geschaffen bin" (ebd.).

Das erinnert auf den ersten Blick zweifellos an den ein gutes Jahrhundert zuvor in Rom wirkenden Lehrmeister des für Augustin so bedeutungsvoll gewordenen klassischen Neuplatonismus, nämlich an Plotin. Denn schon in dessen Enneaden ist viel von jener dem Draußen *(exo)* so hoch überlegenen Innerlichkeit *(endon)* die Rede, in der man das Über-Sein des göttlichen „Einen", das sonnenähnlich leuchtende Hen, zu suchen hat und bei entsprechender existentieller Bemühung auch finden kann (vgl. z. B.: Enn. I, 6, 3–9; IV, 8, 7; V, 5, 7 f.; VI, 7; VI, 9 u. ö.). Doch bleiben diese von Platon bereits vorbereiteten Erkenntnisse des Neuplatonismus bezeichnenderweise alle noch im Bereiche des Vorpersonalen und damit Apersonalen haften. Im Unterschied zu dieser pantheistischen Mystik der ausgehenden Antike tritt, von wenigen stilistisch bedingten Ausnahmen abgesehen, in fast allen Schilderungen, die uns Augustinus von seiner großen Begegnung mit dem Ganz-ganz-Anderen gibt, sehr deutlich der von ihm persönlich erlebte und deshalb auch im Grunde immer gemeinte *personale Charakter* hervor, welcher ganz unverwechselbar das von ihm selber erfahrene Verhältnis zwischen der stets mit *„Du"* ansprechbaren Seinswahrheit Gottes (Deus veritas) einerseits und dem Ihm „Aug' in Auge" begegnenden Abbild-Sein des menschlichen Personkerns andererseits kennzeichnet (vgl. z. B. Sol. I, 1, 2: „Du, Vater unserer Erweckung und Erleuchtung!" u. Conf. VII, 10, 16: „Du riefst von ferne: «Ich bin, der ich bin!» und ich vernahm, wie man im Herzen vernimmt."). Mit besonderer Deutlichkeit zeigt gerade unser aus dem VII. Buche der Confessiones stammender Haupttext, in welcher metaphysischen Seinstiefe die Personalität dessen zu suchen ist, den Augustins Schriften immer wieder aufs neue als Urbild und Urgrund jedes wahren menschlichen Person-Seins verkünden: „Nur die Liebe kennt Sein Licht!" (vgl. o. Conf. VII, 10, 16). Erst ihr wird nämlich im existentiellen Ich-Du-Verhältnis inne, daß jenes alles Seiende tragende Sein die „ewige Wahrheit, die wahre Liebe und die liebe Ewigkeit" des persönlichen Gottes selber ist (ebd.).

Wir sehen: Die jedem Pantheismus abholde Innerlichkeit, die Augustinus verkündet, ist die der Personalität, welche den Menschen vor jedem idealistisch-mystischen Aufgehen oder Verschwimmen im namenlosen „Göttlichen" bewahrt. Denn der mit „Du" ansprechbare Deus veritas ist und bleibt bei aller Innerlichkeit uns gegenüber immer der „Ganz, ganz Andere" (s. o. Conf. VII, 10, 16). Augustinus hat selber erlebt, daß keine Transzendenz so transzendent ist wie die von der Mensch-Person zur Gott-Person, dem Nicht-Ich katexochen (ebd.).

Das ist an einem naheliegenden Vergleich leicht einzusehen. Muß doch nach tausendfältiger Erfahrung unserem „Ich" bei allem Drang zur liebenden Nähe bereits das „Du" des geliebten Mitmenschen allein schon deshalb ein unaufhebbares Gegenüber mit eigenem Selbstand und eigener Ursprünglichkeit bleiben, weil es sonst gar keine echte, sich immer nur in der „Gegen-seitigkeit" einer Ich-Du-Beziehung vollziehende personale Liebe gäbe. Um wieviel mehr gilt das gegenüber dem von Augustin erfahrenen persönlichen Gott, dem schlechthin anderen Schöpfer (creator) alles Seienden (vgl. z. B. De Trin. III, 9, 16 u. Conf. VII, 10, 16).

Dieser darf deshalb auf gar keinen Fall mit dem apersonalen Über-Sein des plotinischen „Einen" oder dem später vom neuzeitlichen Idealismus kreierten „Absoluten Geist" Hegels noch etwa mit sonst irgendeinem „hinter dem Schleier des Nichts verborgenen Sein" im Sinne Heideggers vielleicht verwechselt werden. Denn der *persönliche* Gott allein erst steht in vollkommenster, das heißt personalster, Transzendenz und Immanenz, eben als das „Sein in Person schlechthin" absolut über dem Person-Sein des Menschen und seiner apersonalen Welt. Wie könnte auch etwas Apersonales über dem Höchsten in dieser Welt, nämlich über der Person des Menschen, dem Du-fähigen Gemeinschaftswesen, stehen? Das Gegenteil zu behaupten, stellt einen lange nicht beachteten Denkfehler dar, den man eigentlich nur solange verzeihen kann, als der Person-Begriff – wie etwa zu Plotins Zeiten – noch nicht geläufig war.

Dieser personale Gott ist deshalb auch nach Augustins Erfahrung als das ewige Urbild aller Personalität in unübertrefflicher Erhabenheit jenseits all dessen zu suchen, was in dieser Welt „Person" genannt werden kann. Doch ist diese Jenseitigkeit des mit „Du" ansprechbaren Deus veritas kein „Draußen", wie das der wandelbaren Körperwelt, sondern ein „Drinnen", welches immanent und transzendent zugleich ist. Als das personale Urbild der Mensch-Person ist Er in besonderer Weise deren innerster Urgrund.

An dieser Stelle wird noch um ein Wesentliches verständlicher, warum Augustinus immer und immer wieder mit so großem Nachdruck auffordert, bei der Suche nach dem für unser Dasein und Denken im tiefsten Sinne des Wortes „not-wendigen" Seins- und Wahrheitsgrund nicht, wie es einer weit verbreiteten „krankhaften Gewohnheit" entspricht (vgl. De Trin. XI, 1, 1), nach draußen zu gehen, sondern in das eigene Innere zurückzukehren (vgl. o. De v. rel. 39, 72); denn allein hier im Inneren der *Mensch-Person* selber ist ja die Stufe zu finden, über die hinweg wir unter dem Einsatz eben dieser eigenen Person jenseits dieser Innerlichkeit noch eine ganz andere, unserer Personalität überlegene zu entdecken haben. Es ist jene transzendente Immanenz, die im Gegensatz zu allen Dingen der Außenwelt und der Innenwelt des Menschen selber allein dem letzten und wahren Gegenstand all unseres Erkenntnis- und Glücksstrebens in erhabenster *Personwürde* eignet. Gemeint ist die absolute Innerlichkeit des im höchsten Wortsinne mit „Du" ansprechbaren „noch-innerlicheren" Deus veritas, den Augustinus deshalb, weil er dem „Herzen zuinnerst" wohnt (Conf. IV, 12, 18), mit Recht „innerlicher als mein Innerstes und höher als mein Höchstes" genannt hat (Conf. III, 6, 11; vgl. De Trin. XV, 6, 10; De l. arb. II, 13, 36; En. in Ps. 118, 22, 6 u. ö.).

Diese *transzendente Immanenz* ist nicht etwas, in das Gott gewissermaßen erst hineingekommen wäre, um darin zu wohnen, sondern er ist als der „Deus intimus" (Conf. IV, 12, 18) jene mit „Du" ansprechbare Innerlichkeit selber, ist sozusagen ihre personale Hypostase. Als der *„Innerlichste schlechthin"*, der in absoluter

Transzendenz deshalb auch als der *Allerhöchste* nicht nur über dem Person-Sein des „inneren Menschen", sondern überhaupt über allem Seienden thront, ist Er gewissermaßen die *„Über-Innerlichkeit in Person"*.

Das Licht dieses höchsten Person-Seins beschreibt Augustinus immer wieder mit beredten Worten als das „Ewig-Innerliche" (internum aeternum, Conf. IX, 4, 10), das nicht nur zugleich das „höchste Gut" (summum bonum, De l. arb. II, 13, 36; vgl. De Trin. VIII, 3, 4), sondern als das allein „wahre Sein" (vere esse, Conf. VII, 11, 17) auch über allem Seienden das „höchste Sein und zugleich das höchste Leben" ist (summe esse atque summe vivere, Conf. I, 6, 10): „Oder wäre etwa das ‚Ipsum-Esse' (das ‚Sein selbst') Dein Name, wenn nicht jedwedes andere, mit Dir verglichen, als ein ‚non-esse-vere' (als ein ‚Eigentlich-nicht-Sein') erkannt würde?" (En. in Ps. 101, 2, 10).

Dieses mit „Du" ansprechbare Sein des Deus veritas, das Augustinus bei seinem Einstieg in das eigene Innerste als jene „ganz, ganz andere Sonne" entdeckt hat, die unendlich innerlicher und höher als jede andere Sonne dieser Welt leuchtet (vgl. o. Conf. VII, 10, 16), *ist* offensichtlich in einer dermaßen einmaligen Weise, daß ihm – im Unterschied zu allem, was von diesem schöpferischen Urgrund her lediglich sein Sein *hat*[5] – streng genommen allein der Eigenname „Sein" gebührt. „‚Ipsum esse' ... hoc est nomen tuum!" („Das ‚Sein selbst' ist Dein Name!"), so erklärt Augustinus deshalb zu Recht unter Anspielung auf das an Moses gerichtete alttestamentliche Gotteswort (Exodus 3, 14) „Ich bin, der ich bin!" (En. in Ps. 101, 2, 10; vgl. Conf. VII, 10, 16; XIII, 31, 46 u. ö.).

Spätestens an dieser Stelle wird deutlich, daß Augustins Gottesbegriff nicht etwa lediglich das Ergebnis einer immer höher aufsteigenden Abstraktion oder Spekulation oder gar eines bloßen neuplatonisch-christlichen Synkretismus ist, sondern vielmehr den stammelnden Ausdruck seiner eigenen von Person zu Person gehenden unmittelbaren Gottesbegegnung darstellt. „Was das Sein selbst sei", so ruft er deshalb auch uns zu, „das möge Gott dem Herzen (selber) sagen, das sage er innerlich, das rede er innerlich; der innere Mensch (aber) soll es vernehmen (audiat), der Geist soll das wahre Sein fassen; es ist nämlich das stets sich gleich bleibende Sein" (In Jo. 38, 10).

---

[5] Vgl. De div. quaest. q. 46, 2; Conf. VII, 11, 17; XIII, 31, 46; In Jo. 1, 5 ff.; De civ. D. XII, c. 2.

Dieser Text spiegelt besonders eindringlich jenes dialogische Erfassen wider, in welchem einst auch die jahrzehntelange „Taubheit" Augustins erst unter dem Anruf dessen zerbrach, der ohnehin der allein beständige und tragfähige Urgrund jedes wahrhaft menschlichen Daseins und Denkens ist (vgl. Conf. X, 27, 38). Es nimmt deshalb auch nicht wunder, wenn er von diesem schlechthin höchsten Sein ausdrücklich erklärt: „Für Gott ist *Sein* und *Person-Sein* nicht etwas je anderes, sondern ganz und gar ein und dasselbe" (De Trin. VII, 6, 11).

In dieser höchsten und letzten Aussage der Augustinischen Ontologie wird der tiefgreifende Unterschied zur apersonalen Seinsvorstellung der Platoniker besonders deutlich. Der, den Augustinus auf den neuplatonischen Fingerzeig vom Draußen zum Innen hin bei seinem „Einstieg ins eigene Innerste" als die „Über-Innerlichkeit in Person" unendlich hoch über seinem eigenen Person-Sein entdeckt hat (s. o.), ist als der schlechthinnige Urgrund nicht nur jedes Mensch-Seins, sondern alles Seienden überhaupt, auch selber das *„Sein in Person"*.

Von daher, so können wir zusammenfassen, besagt bei Augustin „Sein" im strengen Sinne des Wortes nicht etwa nur – wie beispielsweise in der aristotelisch-thomistischen Tradition – einen höchsten Allgemeinbegriff noch – wie in späteren Lehrsystemen – ein reines Spekulationsergebnis, sondern den ausschließlichen *Eigennamen* des Deus veritas selber, der als der schlechthin Innerlichste und deshalb auch Erhabenste in der höchsten Personalität des transzendent immanenten „Du" noch unendlich über dem abbildlichen Ich des menschlichen Person-Seins steht und von dessen Vernunft (ratio, vgl. o. De v. rel. 39, 72) mit höchster Gewißheit (vgl. Conf. VII, 10, 16 u. VIII, 1, 1) dialogisch „vernommen" werden kann (s. o. In Jo. 38, 10; vgl. Körner, Sein und Mensch, 150–257). Dabei thront der, der das „Sein in Person" ist, nicht in absoluter Unzugänglichkeit über dem Menschen, sondern neigt sich als das „Brot der Starken" zur Niedrigkeit unserer menschlichen Kontingenz herab, um uns in dialogischer Partnerschaft zu sich emporzuheben (vgl. Conf. VII, 10, 16). Zeigt sich uns doch seine Personalität gerade darin, daß er die Grenzen seiner absolut transzendenten Immanenz „durch-tönt" (per-sonat) und den aufhorchenden Menschen allen Schwierigkeiten zum Trotz zu seinem freien Dialogpartner machen will: „Als ich Dich so zum ersten Male erkannte, zogst Du mich an Dich, damit ich sah, daß das, was ich schauen sollte, wirklich da ist, daß aber ich noch nicht der war, der wirk-

lich zu schauen die Kraft hätte. Indem Du gewaltig in mir auf-
strahltest, schlugst Du meinen schwachen Blick zurück, und ich er-
bebte in Liebe und Schrecken. Und ich fand, daß ich ferne von Dir
war, im Lande dessen, was Dir unähnlich ist" (Conf. VII, 10, 16).
An dieser Stelle unseres Haupttextes scheint auf den ersten Blick
alle Mühsal der endlich gelungenen intellektuellen Grund-Suche
unseres Denkers im letzten dennoch unbefriedigend und deshalb
vergeblich geblieben zu sein: Augustinus hat zwar nach jahrzehntelangen Irrwegen bei seinem ersten „Einstieg in das eigene Innerste" den Urgrund nicht nur seiner eigenen Existenz, sondern
jeglichen Seienden überhaupt in dem, der das „Sein selber in Person" ist, entdeckt und damit die Grundfrage seines Denkens mit
höchster Gewißheitsevidenz beantwortet, – hätte er doch „eher an
seinem eigenen Dasein als am Sein jener Wahrheit gezweifelt",
deren er mit größter Unmittelbarkeit bereits als des Urseins
schlechthin ansichtig geworden ist (Conf. VII, 10, 16). Sein intel-
lektueller, d. h. zur „Ein-sicht" fähiger, Geist hatte zwar „vernommen, wie man im Herzen (d. h. innerlich) vernimmt, und es gab
keine Möglichkeit mehr zu zweifeln" (ebd.), sein Dasein jedoch
fand sich dabei angesichts dessen, der im Menschen „Liebe und
Schrecken" zugleich hervorruft, unendlich fern von dem, was er
eigentlich suchte. Augustinus war ja nicht nur auf eine *intellektuelle* Beantwortung der ihn schon seit langem bedrängenden
philosophischen Grund-Frage schlechthin aus, sondern hungerte
vielmehr mit seinem gesamten Dasein zutiefst nach jener Seinserfüllung, die nicht schon dadurch erreicht ist, daß man das gesuchte „Vaterland von ferne sieht", sondern dem Menschen erst
durch das gnädig gewährte „Wohnen darin" zuteil wird[6].
Obwohl also Augustinus bereits selber „gesehen hat und es ihm
geradezu handgreiflich (manifestatum) ist", daß alles Seiende von
jenem unbezweifelbaren Ursein her sein Sein hat (vgl. Conf. VII,
12, 18 u. De div. quaest. q. 1; 10; 46), ist er dessen, was er eigentlich suchte, nämlich des von dorther sich speisenden „Partner-
Seins vor Gott" noch längst nicht teilhaftig geworden: „Ich fand,
daß ich ferne von Dir war, im Lande dessen, was Dir unähnlich
ist!". Der ruhelose Wahrheitssucher mußte offenbar erst erfahren,
daß „nur der zum Licht gelangt, der die Wahrheit tut" (Conf. X,

---

[6] Vgl. C. Ac. II, 2, 5; III, 19, 42; Conf. VII, 10, 16; VII, 17, 23 f.; VII, 20,
26; De Trin. IV, 15, 20 u. ö. – Im einzelnen s. dazu Körner, Homo viator,
v. a. 97–123.

1, 1). Obwohl die *intellektuelle Grund-Suche* das Ziel schon aus der Ferne entdeckt hatte, war seine *existentielle Grund-Suche* noch längst nicht dort angelangt. Denn vom bloßen „Sehen der Wahrheit" ist es noch weit bis hin zu jenem „Tun der Wahrheit", das die Kräfte des auf sich allein vertrauenden Menschen ohnehin immer überfordert. Zwischen beidem liegen nämlich, wie Augustinus aus eigener, schwer erlittener Erfahrung weiß, die nur mit höherer Hilfe möglichen harten Schritte der existentiellen Entscheidung.

Damit stehen wir vor der *eigentlichen,* alles Intellektuelle weit in den Schatten stellenden *Grund-Problematik* in der „von Anbeginn" fehlorientierten und deshalb auch zutiefst halt- und grundlosen Existenz des Menschen selber. Ohne deren Lösung vermag freilich auch das menschliche Denken nicht wirklich in die von ferne bereits geschaute Wahrheit „hineinzugelangen". Mit Augustin haben wir an dieser Wegstelle gleichsam erst den intellektuellen Schlüssel zu einem bis dahin geheimnisvoll verborgenen Innenreich in der Hand, das auch existentiell zu betreten und dabei immer tiefer zu erkennen, schon seit Platons Tagen die eigentliche Grund-Aufgabe der Philosophie als echter „Liebe zur Weisheit" darstellt.

2.3. *Die philosophische Lösung des menschlichen Grund-Problems im existentiellen „Tun der Wahrheit"*

Wer die Genealogie des Augustinischen Denkens kennt, ist nicht überrascht, wenn der ruhelose Wahrheitssucher, der sich selber in seinem jahrzehntelangen Ringen um Klarheit immer erschütterter zu einer einzigen „großen Frage" geworden war (Conf. IV, 4, 9), von der Aufgabe jeder „wahren und echten Philosophie" (vgl. De ord. II, 5, 16) und damit auch von seinem eigenen philosophischen Grund-Anliegen ganz eindeutig erklärt: „Gott und die Seele suche ich zu erkennen ... Sonst überhaupt nichts" (Sol. I, 2, 7). Denn für ihn hat jeder Philosoph nur eine einzige große Doppelaufgabe zu erfüllen, nämlich sich selber und den Urgrund alles Seienden zu erfragen (vgl. De ord. II, 5, 16; II, 18, 47; II, 7, 24). Schließlich ist Weisheit (sapientia) nichts anderes als das „Wissen (scientia) um die menschlichen und göttlichen Dinge" (C. Ac. I, 6, 16; vgl. I, 8, 23), wobei dieses „Wissen" aber wohlgemerkt nicht im bloß intellektuellen, sondern vor allem im *existentiellen* Sinne zu verstehen ist (vgl. C. Ac. II, 2, 5 und Conf. VII, 10, 16; X, 1, 1 m. Par.). Denn allein schon der geistesgeschichtliche Zusammenhang zwischen dem

Platonischen Begriff des „Wahrheitswissens" *(episteme)* und der
Augustinischen „Weisheit" (sapientia) läßt von vornherein gar
nicht erst das oberflächliche Mißverständnis aufkommen, es handle
sich bei der von unserem Denker gemeinten „Liebe zur Weisheit"
lediglich um eine möglichst umfassende Vielwisserei.

Angeregt von dem griechischen Gedanken, Wahrheitserkenntnis
sei im Grunde Teilhabe *(methexis)* an der Wahrheit selber, geht es
Augustin – wie wir bereits wissen – letztlich darum, nicht nur das
Denken, sondern weit darüber hinaus das gesamte nach Seinserfüllung hungernde personale Dasein des Menschen auf den Grund
der mit „Du" ansprechbaren Seinswahrheit selber zu stellen; d. h.
beides, die ratio und die existentia humana, in den rationes aeternae als den „im göttlichen Geiste" enthaltenen ewigen Grund-Gedanken alles zeitlich Seienden (De div. quaest. q. 46,2) buchstäb-
lich so einzuwurzeln, daß nichts auf der Welt „mit Gott verbun-
dener" ist als der Mensch, der dank seiner Innerlichkeit „der Weisheit teilhaftig" werden kann (particeps esse sapientiae, De div.
quaest. q. 50, 2). Weiß unser Denker doch seit seinem ersten großen Grund-Erlebnis mit unbezweifelbarer Gewißheit (vgl. Conf.
VII, 10, 16 u. VIII, 1, 1), daß allein durch diese Teilhabe an den
„ewig wahren", „unwandelbar beständigen" und „den Anfang
von allem setzenden" Grund-Gedanken „innerhalb des göttlichen
Geistes" jedwedes Seiende erst zu dem wird, „was es auch immer
und wie es auch immer ist" (vgl. De div. quaest. q. 46,2 u. De
quant. an. 33, 76).

Das gilt insbesondere für den zur freien Partnerschaft mit Gott
aufgerufenen Menschen. Denn gerade darin überragt unsere
„grund-fähige Seele" alle Dinge dieser von jenen „Anfangs-Gründen im göttlichen Geiste" (rationes principales in divina mente,
vgl. De div. quaest. q. 46, 2) begründeten Welt, daß sie sich nicht
nur naturhaft unbewußt, sondern bewußt und frei in der Partnerschaft personaler Liebe im göttlichen Urgrund einwurzeln soll:
„Am allernächsten ist sie, die anima rationalis, Gott dann, wenn
sie rein (d. h. frei von den Verstrickungen der niederen Außenwelt)
ist. Dann erkennt sie auch im gleichen Maße, in welchem sie sich
Ihm zuvor durch *Liebe* (caritas) verbindet, von Ihm, jenem nur
innerlich schaubaren Lichte, in gewisser Weise durchströmt (per-
fusa) und erleuchtet (illustrata), nicht mit körperlichen Augen,
sondern mit ihrem eigenen Hauptvermögen, mit dem sie hervor-
ragt, d. h. mit ihrer Fähigkeit zum inneren Sehen (intel-ligentia),
jene Grund-Gedanken (rationes), durch deren (existentiell par-

tizipierende) Schau sie aufs höchste glückselig wird" (De div. quaest. q. 46, 2).

Die „anima rationalis" hat sich – nach diesem wichtigen Text, mit dem wir uns im folgenden noch etwas näher befassen müssen – zu jener „liebenden Ein-sicht" in die göttlichen „rationes aeternae" nicht nur von den Verstrickungen der Außenwelt abzuwenden und ihrer eigenen „intelligentia" als der „Fähigkeit zum inneren Sehen" zu bedienen. Sie soll sich vielmehr vor allem selber ganz und gar in jene Ich-Du-Begegnung zwischen Gott und dem Menschen hineingeben, die allein zu der durch die Einstrahlung von oben her möglichen Schau der tiefsten Urgründe alles Seienden führt. Entscheidend für diese Schau der im göttlichen Geist zu suchenden „ewigen Grund-Gedanken" ist nämlich – wie in dieser relativ frühen Schrift schon deutlich zum Ausdruck kommt – letztlich die existentielle Verbundenheit der Liebe zwischen den beiden freien Partnern Gott und Mensch. Denn ohne diese personale „Rückbindung" kann der von Anbeginn allzu rasch dem Hochmut (superbia) verfallene Mensch – der sich „in verkehrter Hoheit" viel lieber selber „Urgrund" sein möchte (vgl. De mus. VI, 13, 40; De civ. D. XIV, 13, 1 u. ö.) – niemals zum „Anhänger" (cohaerens) des allein wirklich tragenden Urgrundes werden, um von diesem her zu echter Daseins-erfüllung zu gelangen, d. h. wahrhaft glücklich zu werden (vgl. De mus. VI, 13, 40; Conf. III, 1, 1; IV, 16, 30 u. ö.). Obwohl wir also, wie jegliches Seiende in dieser Welt, bereits unser gesamtes Sein von jenem alles tragenden Urgrund her haben, sind wir darüber hinaus als die unter allem sonstigen Innerweltlichen allein zur Ich-Du-Partnerschaft Berufenen im wahrsten Sinne des Wortes „auf-gerufen", uns zur ohnehin von Natur schon gegebenen *onto-logischen* Gründung in Gott hinzu auch noch mit der uns von Ihm her möglichen Liebe *personal* in Ihm einzuwurzeln.

Dieser der menschlichen Würde entsprechenden Da-Seins-Aufgabe personaler Gottespartnerschaft geht Augustinus auf der Suche nach immer adaequateren Gedankenformulierungen nicht nur in seinen Frühschriften, sondern noch mehr in seinen späteren Hauptwerken unter zunehmend tiefer fassenden Wendungen unablässig nach. Handelt es sich doch hier – nach seiner eigenen Erfahrung – um nichts Geringeres als das *existentielle Grund-Problem* aller „wahr-haft und wirklich philosophisch" zu nennenden Bemühungen des Menschen (vgl. o. De ord. II, 5, 6). Im Rahmen der vorliegenden Überlegungen müssen wir uns freilich damit begnügen, Augustins Fortschritt in der gedanklichen Ausprägung desselben an zwei aus

der Fülle des Quellenmaterials ausgewählten Paaren von Paralleltexten seiner frühen und späten Schriften zu belegen.

Im ersten Abschnitt der eben schon zitierten, relativ frühen Schrift
De diversis quaestionibus LXXXIII, begonnen im Jahre 388, heißt
es, noch deutlich an platonisches Gedankengut angelehnt: „Jede
Seele hat (natürlicherweise schon) von der Wahrheit her, daß sie
überhaupt Seele ist. Etwas anderes aber ist die Seele und etwas
anderes ist die Wahrheit ... Nicht also durch sich selber hat die
Seele Sein, wenn sie durch die Wahrheit Sein hat!" (De div. quaest.
q. 1). Der gleiche Grundgedanke kommt ein rundes Jahrzehnt
später um vieles persönlicher in der weniger an Platon als vielmehr
an Paulus und Johannes orientierten Stilform der „Bekenntnisse"
zum Ausdruck: „Ich wäre nicht, (Du Gott der Wahrheit), ich wäre
überhaupt nicht, wenn Du nicht in mir wärest ... Du bist das
Leben meiner Seele" (Conf. I, 2, 2 ... III, 6, 10).

Der vom typisch Augustinischen Personalismus zeugende Fortschritt der Aussage ist offenkundig. In der platonisierenden Diktion der Frühschriften wird das von Natur aus schon bestehende
Seinsverhältnis der menschlichen Seele zu ihrem Urgrund, das sie
mit allem Seienden gemeinsam hat (vgl. z. B. De div. quaest. q. 10
u. 46, 2), von dem im Gewande des Philosophen auftretenden Denker offensichtlich so charakterisiert, wie ihn seine zeitgenössischen
„Kollegen" und Schüler wohl noch am ehesten zu verstehen ver-
mochten. Daß aber auch der junge Augustin gelegentlich bereits
das eigentlich gemeinte durch und durch personale Ich-Du-Erlebnis
des Jahres 386 in viel persönlicherer Form ausdrücken konnte, sei
unter Verweis auf die warme Sprache insbesondere der kurz
danach entstandenen Soliloquia (vgl. v. a. I, 1, 2 – I, 1, 6) nur am
Rande vermerkt. Die volle gedankliche Ausfaltung seiner personalen Grund-Erfahrung finden wir freilich erst in der klassisch
angemessenen Form der Confessiones, die nicht mehr in der
Sprache des versierten Rhetors von Mailand, sondern in der des
großen „Bekenners" von Hippo reden. Hier wird selbst das ontologische Grund-Verhältnis zwischen Gott und dem Menschen in
der dem biblischen Personalismus so kongenialen Ausdrucksform
von „Ich" und „Du" zur Sprache gebracht: „Ich wäre nicht, wenn
Du nicht in mir wärest!"

Den gleichen gedanklichen Formulierungsfortschritt finden wir
natürlich erst recht dort, wo es über die bloß ontologische Gegründetheit hinaus um die personale Einwurzelung des Menschen
in Gott geht. Wenn wir die aus der relativ früh entstandenen

Schrift De diversis quaestionibus LXXXIII bereits zitierte Aussage
dazu wiederum mit der Ausdrucksform der späteren „Bekenntnisse" vergleichen, wird das besonders deutlich. In dem frühen
Text war bereits in sehr gemessener platonisierender Form davon
die Rede, daß die „grund-fähige Seele" Gott dann am nächsten ist,
wenn sie „rein", d. h. von den „Beschmutzungen der Außenwelt"
(vgl. z. B. Plotin, Enneaden I, 6, 5 f.; I, 6, 9 u. ö.) frei ist und sich
Gott in Liebe verbindet. Im gleichen Maße erkennt sie nämlich,
von Ihm in gewisser Weise „durchströmt" und „erleuchtet", mit
der „intelligentia", als ihrem Hauptvermögen, jene Grund-Gedanken (rationes), durch deren existentiell partizipierende Schau
(visione) sie aufs höchste glückselig wird (vgl. o. De div. quaest. q.
46, 2).
Die auffällige Verhaltenheit dieser sich noch ausgesprochen platonisch gebenden Aussage mit ihrer engen Gleichschaltung von *Liebe*
und *Erkenntnis,* von *Glückseligkeit* des Menschen und *intelligibler*
Schau der „rationes aeternae" wird im vollen Maße spürbar, wenn
wir in der ganz anderen Sprache der Confessiones lesen: „Spät
habe ich Dich geliebt, Du (göttliche) Schönheit, so alt und doch so
neu, spät habe ich Dich geliebt. Denn siehe Du warst drinnen
(intus), ich aber draußen (foris) ... (Aber) Du riefst mich, und
Dein Schrei sprengte meine Taubheit, Du hast geblitzt und geleuchtet und meine Blindheit verscheucht. Du strömtest Deinen Duft
aus, und ich sog ihn ein und lechze nun nach Dir. Ich habe Dich
gekostet, und seither hungere ich und dürste ich. Du hast mich
angerührt, und ich bin entbrannt in Deinen Frieden ... In Dir
finde ich allein einen sicheren Ort für meine Seele, wo sich meine
Zerstreuungen sammeln können und wo nichts aus mir sich von
Dir entfernen soll. Und manchmal versetzt Du mein Inneres in einen
ganz ungewöhnlichen Zustand unnennbarer Wonne, so daß ich,
wenn sie in mir ihre Vollendung erreicht, nicht weiß, was es höheres geben könnte als solch ein Leben" (Conf. X, 27, 38 ... X,
40, 65).
Auch bei dieser Textgegenüberstellung wird von einer Schaffensperiode zur anderen zunehmend deutlicher, um welche personale
Innigkeit es Augustin im Gott-Mensch-Verhältnis schon seit dem
Jahre 386 zutiefst gegangen ist. Eingefügt in den Rahmen seines
ontologisch-anthropologischen Koordinatensystems „Foris-Intus"
schildert er mit einer geradezu dichterischen Sprachgewalt aus
seiner eigenen Daseinserfahrung heraus jenes den ganzen Menschen
ergreifende personale Ich-Du-Verhältnis, zu dem wir weit über

unsere von Natur aus schon bestehende ontologische Gründung in Gott hinaus als freie Partner des sich gnädig zu uns herabneigenden Deus caritas aufgerufen sind. Denn gerade darin besteht ja offenbar die Lösung für *das existentielle Grund-Problem des Menschen* „*vor Gott*", daß wir – weit über unsere ohnehin vorgegebene Seinsgegründetheit im alles tragenden Urgrund hinaus – „in Ihm" für unsere zersplitterte „Geworfenheit" jenen „sicheren Ort" finden, wo wir wirklich zu uns selbst kommen und „in Gottes Frieden entbrennen", um so mitten in der uns aufgegebenen Welt bereits zur beglückenden Da-Seins-Erfüllung höchster *personaler* Liebe zu gelangen.

Von der Erfüllung dieser entscheidenden Da-Seins-Aufgabe des Menschen, die sich allein im Zuge der erst zutiefst befriedigenden personalen Einwurzelung in das „Du" des ewigen Urgrundes selber gewinnen läßt, war Augustinus freilich bei seinem ersten Grund-Erlebnis und dem ihm dabei vorerst nur „aus der Ferne" möglichen Blick dorthin noch weit entfernt (s. o. Conf. VII, 10, 16). Soll doch, wie er dabei leidvoll genug erfahren hat, jene alles begründende Wahrheit, die zugleich die höchste Liebe selber ist, nicht nur von ferne geschaut, sondern in uns selber als das „Leben unseres Lebens" (Conf. VII, 1, 2) wirksam, d. h. „*getan*" werden. Denn nur, „*wer* (so) *die Wahrheit tut* (facit), *gelangt zum Licht!*" (Conf. X, 1, 1); eben zu jenem Licht, das nur „die Liebe kennt" (Conf. VII, 10, 16). Das erfordert zweifellos die entschiedene Unterordnung des sich in Freiheit gehorsam überantwortenden Menschen unter den, der uns mit seiner Liebe nicht nur total in Anspruch nimmt, sondern uns auch die höchstmögliche Selbstverwirklichung unseres Da-Seins schenken will, wie das – nebenbei gesagt – schon von Mensch zu Mensch in der wiederum allein von Gott her wirklich „großen Liebe" der Fall ist (vgl. z. B. In Jo. 65, 2).

Zu dieser sich selber überantwortenden Unterordnung aber fehlte dem damaligen Jünger des Neuplatonismus ganz einfach die notwendige Demut. Von der nicht auf hybride Selbsterlösung, sondern auf den Urgrund des Deus caritas vertrauenden Hingabebereitschaft stand zudem, wie er später bemerkt, in den seinerzeit so hochgeschätzten platonischen Schriften – deren Fingerzeig vom Draußen zum Drinnen für ihn trotzdem so wichtig geworden war – kein Wort (vgl. Conf. VII, 10, 16 f. u. VII, 21, 27). Es bedurfte deshalb schließlich nach dem bei seinem ersten „Einstieg in das eigene Innerste" aus der Ferne bereits gewonnenen „Blick des Geistes" auf den innersten Urgrund alles Seienden (vgl. o. Conf. VII,

10, 16 f. u. VII, 17, 23) noch jenes existentiell entscheidenden Schrittes, den – unter höherer Führung und Hilfe – nur der „Fuß des menschlichen Willens" in jener Demut – d. h. „Dien-mut" – tun kann, die den „Menschen vor Gott" allein würdig genug zum gnädig gewährten „Wohnen in jenem Vaterlande" macht (vgl. Anm. 6). „Denn den Stolzen", so bekennt Augustinus, „widerstehst Du, o Gott!" (Conf. IV, 15, 26). Gibt es doch Leute – gemeint sind offensichtlich die Neuplatoniker –, „die glauben, sie könnten sich zur beharrlichen Schau Gottes und zum Hangen an Gott durch eigene Kraft reinigen. Dabei befleckt ebendieser Hochmut jene am allermeisten. Denn zu keinem Fehler steht das göttliche Gesetz in stärkerem Widerspruch!" (De Trin. IV, 15, 20).

Was also zwischen dem aus der Ferne schon in einem kurzen Aufblick gelungenen „Schauen des Vaterlandes" und dem „Wohnen darin" noch für jeden zu tun bleibt, der selber über die rein intellektuelle Grund-Suche des menschlichen Denkens hinaus zur Lösung seines existentiellen Grund-Problems schlechthin gelangen will, ist die nicht bloß unseren Intellekt, sondern unser gesamtes Dasein erfordernde „conversio" des von Gott zur freien Entscheidung partnerschaftlich aufgerufenen Menschen. Gemeint ist jene entscheidende „Umkehr", die sich in der existentiellen Abwendung vom Draußen der Welt und der demütigen Hinwendung des zur personalen Partnerschaft berufenen „inneren Menschen" hin zu dem vollzieht, der hoch über unserem Person-Sein das Sein, die Jenseitigkeit und die Innerlichkeit schlechthin „in Person" ist. Denn nur in diesem dem Menschen aus Liebe gewährten und von ihm in gehorsamer Liebe mitvollzogenen Ich-Du-Bezug kann sich – nicht zuletzt um der uns aufgegebenen Welt willen – die bewußt und frei bejahte, d. h. *personale* Einwurzelung des menschlichen Daseins in jenem mit „Du" ansprechbaren über-innerlichen Urgrund des Deus veritas et caritas vollziehen, von dem wir – wie alles Seiende – *naturgemäß* ohnehin schon getragen werden (vgl. C. Ac. II, 2, 5; De b. v. I, 4; Conf. VIII, 12, 29 ff. u. ö.). „Nicht dahin", so bekennt deshalb der ehemalige Neuplatoniker, „ging damals mein Verlangen, größere Gewißheit über Dich (o Gott) zu erlangen, sondern mit größerer Standfestigkeit *in Dir zu sein*" (stabilior in te esse) (Conf. VIII, 1, 1; Conf. II, 10, 18; VII, 11, 17; XI, 30, 40; vgl. De ord. I, 10, 30; De Trin. VII, 3, 5).

Wir sehen zum Ende dieses wichtigen Gedankenganges: Die intellektuelle „Grund-Einsicht" in die Über-Innerlichkeit des alles Seiende tragenden Urseins ist von Augustin bereits mit unerschütterlicher Gewißheit gewonnen. Damit ist zwar das *Denken* schon „aus der Ferne" (s. o. Conf. VII, 10, 16) allem und jedem in dieser Welt „auf den letzten Grund" gekommen. Das *Dasein* des Menschen selber aber steht jetzt erst vor seinem entscheidenden Grund-Problem. Dessen Lösung besteht ganz offensichtlich nicht bloß in noch weiterem Denken, sondern sehr viel tiefer und grundlegender darin, daß wir in der vom Intellekt bereits *erkannten* Wahrheit nun auch noch mit allem, was wir sind, selber Fuß fassen und diese im jeeigenen Leben als unsere ureigentliche Lebenskraft wirksam werden lassen, d. h. sie *existentiell „mit-tun"* (vgl. o. Conf. VII, 1, 2 u. X, 1, 1). Denn vollendet wird unser *von Natur* aus schon vom Urgrund alles Seienden her getragenes Mensch-Sein erst im *personal liebenden „Anhängen"* der demütig empfangenden Mensch-Person an der sich gnädig zu uns herabneigenden Gott-Person, wobei im tiefsten Ich-Du-Dialog „der Mund zum Munde spricht" (vgl. De Gen. XII, 26, 54). Darin erst leisten wir unserer alles in dieser Welt überragenden Berufung zur höchsten Partnerschaft mit unserem als „Du" ansprechbaren Urgrund wirklich Folge (vgl. De div. quaest. q. 46, 2 u. Conf. I, 1, 1). Dann ist freilich auch kein Geringerer als der Deus veritas selber „das Leben unseres Lebensprinzips" (vgl. Conf. III, 6, 10; In Jo. 17, 8 u. ö.), so daß Er gewissermaßen in uns lebt und wirkt, während wir allein aus Ihm heraus wahrhaft leben und wirken können (vgl. Conf. I, 2, 2 und den erkenntnistheoretischen Aspekt in De im. an. 6, 10 u. 10, 17). Denn Er ist nicht nur das „Licht unseres Herzens" und das „Mundbrot im Inneren unserer Seele", sondern auch die „unseren Geist befruchtende Kraft" ebenso wie der „unser Denken gebärende Schoß" (vgl. Conf. I, 13, 21). Nur von Ihm her, der als unser innerster ontologischer Urgrund und zugleich als unser höchster Dialogpartner „innerlicher als unser Innerstes und höher als unser Höchstes" ist (vgl. o. Conf. III, 6, 11), vermag der „innere Mensch" nicht nur das „Licht seiner Vernunft" (lumen rationis, De v. rel. 39, 72), sondern überhaupt sein gesamtes personales „Da-Sein" zum wahrhaft vollendeten Vollzug zu bringen. Damit ist der „Gott im Innersten unseres Herzens" (Conf. IV, 12, 18) selber derjenige, der als das alle Stufen des Seienden von innen nach außen hin tragende, zentrierende und damit auch ordnende „Innerlichkeitsprinzip in Person" mit seinen ontologischen „Anfangs-Gründen" (rationes principales, De div. quaest. q. 46, 2) ebenso wie mit seiner personalen Liebe (Conf. VII, 10, 16) in ganz besonderer Weise das gesamte Dasein und Denken des dazu in partnerschaftlicher Freiheit aufgerufenen Menschen beglückend durchwalten will: „Die Liebe ist es, die jenes Licht kennt, das die ewige Wahrheit und die wahre Liebe und die liebe Ewigkeit selber ist" (Conf. VII, 10, 16; vgl. I, 2, 2; VII, 21, 27; IX, 13, 34; X, 29, 40 u. ö.).

Von daher beginnen wir zu verstehen, was Augustinus meint, wenn er bittet: „Tritt ein (o Gott), Du Kraft meiner Seele, und bilde sie Dir an, damit Du sie ‚ohne Makel und Runzel' habest und besitzest . . . Denn nur wer die Wahrheit (die Gott selber ist) tut, gelangt zum Licht!" (Conf. X, 1, 1).

„Gott im Menschen und der Mensch in Gott" (Deus in homine . . . homo in Deo, vgl. Conf. I, 2, 2 u. XIII, 31, 46), das ist die tiefste und gewagteste Antwort Augustins auf seine schlechthinnige Grund-Frage, nämlich die Ratio-Frage nicht nur unseres Denkens, sondern unseres Daseins überhaupt. Sie meint kein apersonales Gott-Mensch-Verhältnis wie das später beispielsweise etwa in Hegels Lehre von der dialektischen Entfaltung des „absoluten Weltgeistes" behauptet worden ist, sondern besagt aus tiefster, unmittelbarster und deshalb auch völlig unbezweifelbarer Innenerfahrung der „anima rationalis" heraus ein durch und durch personales Miteinander und Ineinander von Ich und Du, von Mensch-Person und Gott-Person.

Wie dieses trotz unmittelbaren Erlebnisses doch immer geheimnisvolle dialogische Ineinander von Gott und Mensch, von Ewigem und Zeitlichem, von Unendlichem und Endlichem bei aller Unausdenkbarkeit dennoch bis zu einem gewissen Grade gedacht werden kann, versucht uns Augustinus an verschiedenen Stellen seiner Werke immer wieder am „Bild und Gleichnis", d. h. an der im Leibe wohnenden Seele des Menschen annähernd klarzumachen: Dem an das räumliche Draußen gebundenen Körper gegenüber ist die Seele etwas wesensgemäß anderes. Als das Höhere ist sie zwar im Körper und doch zugleich jenseits alles Räumlich-Körperlichen. Mag auch der Leib sein ganzes Leben von der Seele her haben, er ist dennoch nicht, was sie ist. Ähnlich verhält es sich zwischen Gott und der Seele. Wie nämlich die Seele das innere und deshalb höhere Lebensprinzip des Leibes ist, so ist Gott das noch-innerlichere und noch-höhere Lebensprinzip der Seele: „Das Leben deines Fleisches ist deine Seele und das Leben deiner Seele ist dein Gott" (In Jo. 47, 8; vgl. 25, 17; Conf. VII, 1, 2; X, n. 10 u. 29; De civ. D. XIX, 26 u. ö.). Damit ist der Deus veritas et caritas selber gleichsam die „Seele unserer Seele", ist der Ganz-Innerliche und doch zugleich der Ganz-Andere: „Denn jede Seele hat von der Wahrheit, daß sie überhaupt Seele ist. Etwas anderes aber ist die Seele und etwas anderes die Wahrheit!" (De div. quaest. q. 1; vgl. Conf. III, 6, 10; VII, 10, 16; X, 6, 9 u. ö.).

Obwohl die menschliche Seele also ihr ganzes Sein von Gott her hat und auch zu Gott hin nur auf dem Wege über ihr eigenes Inneres zurückgelangen kann (s. o.), ist die Innerlichkeit des göttlichen Seins doch eine „ganz ganz andere" als die unserer Geist-Seele (vgl. o. Conf. VII, 10, 16 m. Par.). Sie ist auch – darauf sei allen modernen Verwechslungsmöglichkeiten gegenüber noch besonders hingewiesen – nicht etwa mit jenem Bereich unserer Seele gleichzusetzen, den die heutige Tiefenpsychologie das „Unbewußte" nennt und den schon Augustinus unter dem Namen „memoria" ausführlich beschrieben hat. Gott wohnt zwar in diesem Innenbereich und muß auch tatsächlich dort gesucht werden (Conf. X, 25, 36). Damit wir aber wirklich zu Ihm, dem Lichte unserer Vernunft und dem Quell unseres Glückes selber gelangen, müssen wir auf dem Wege über die Innerlichkeit der eigenen Geist-Seele auch jene „memoria" noch überschreiten, um auf dem Wege der „meditatio", d. h. auf dem „Weg in die Mitte" noch weiter nach innen hinein- und nach oben hinaufzugelangen: „Siehe, indem ich durch meine Geist-Seele hinaufsteige zu Dir, der Du über mir thronst, überschreite ich auch diese meine Kraft, welche ‚memoria' genannt wird, um Dich zu berühren" (Conf. X, 17, 26)[7].

Versuchen wir das Ergebnis unserer Überlegungen zur philosophischen Lösung des menschlichen Grund-Problems, nämlich des Augustinischen Ratio-Problems, zusammenzufassen, so läßt sich folgendes festhalten: Dem beim Einstieg in die Tiefen des eigenen seelischen Innersten gewonnenen „Blick des Geistes" soll der „Fuß des Willens" in jener Entscheidung folgen, in welcher sich der Mensch mit seinem gesamten Dasein vom Draußen der Welt abwendet, um auf dem Wege über das eigene Innere schließlich zum erhellenden Drinnen Gottes hinzufinden, dem er sich selber schließlich gehorsam überantworten soll. Denn als der innerste Urgrund alles Seienden, und damit auch unseres denkenden und wollenden Mensch-Seins, hat uns dieser Deus veritas et caritas zum Dialog der freien Ich-Du-Partnerschaft und damit zum be-

---

[7] Dieser Grundgedanke zieht sich wie ein roter Faden durch den größten Teil des X. Buches der Confessiones mit seinen geradezu „tiefenpsychologisch" anmutenden Deskriptionen und philosophisch-theologischen Spekulationen.

glückenden „Wohnen im Vaterland" selber aufgerufen: Gott im Menschen und der Mensch in Gott!

Ähnlich wie unser Lebensprinzip, die Seele, dem Leib als das Innere und Andere gegenübersteht, steht dabei auch ihr Urbild, das göttliche Seinsprinzip als der Über-Innerliche und Ganz-ganz-Andere unserer Seele gegenüber. Denn Er ist als der alles tragende Urgrund dem Menschen nicht nur immanent, sondern zugleich auch transzendent. Er wohnt als das vielfältig fruchtbare „Leben unserer Seele" zwar im Innersten des Menschen, ist aber doch zugleich als der schlechthin Andere jenseits aller unserer Innerlichkeit in seiner eigenen Erhabenheit zu suchen und dort auch als der zur Daseinserfüllung führende Dialogpartner des zur Umkehr gehorsam bereiten Menschen zu finden: „Denn Du, o Herr ... trägst uns und wirst uns tragen, von unserer Kindheit an bis ins graue Alter trägst Du uns, da unsere Stärke erst dann Stärke ist, wenn Du sie bist" (Conf. IV, 16, 31). Dabei „durchstrahlt und erleuchtet" der Deus veritas et caritas den Menschen mit dem „intelligiblen Licht" seiner ewig wahren und den Anfang alles Seienden bedeutenden Grund-Gedanken (rationes aeternae, verae et principales) im gleichen Maße als dieser Ihm samt seiner von der Wahrheit selber „entzündeten" menschlichen Ratio in gehorsamer Liebe anhängt (vgl. o. De div. quaest. q. 46, 2 u. De v. rel. 39, 72). Das Maß der *Liebe* ist bestimmend für das Maß unserer *rationalen Erkenntnis*.

Schließlich besagt „ratio" bei Augustin – weit hinaus über die Meinung der vielen, die diesen „abgrundtiefen Begriff" ignorieren (vgl. De ord. II, 11, 30 u. II, 7, 24) – ein Dreifaches: Erstens das Hinblicken der Geist-Seele (ad-spectus animi), mittels dessen diese durch sich selber, nicht durch den Körper, das Wahre innerlich schaut; zweitens: die vom Körper unabhängige Schau des Wahren selber (ipsa veri contemplatio); und drittens: das Wahre selbst, das geschaut wird (ipsum verum, quod contemplatur, vgl. zum Ganzen: De im. an. 6, 10). Dieser Rationalismus versteht mithin unter „ratio" ganz allgemein jedes *aktive Geistesleben*. An logisch erster Stelle steht dabei die „ratio" als der im göttlichen Geiste enthaltene ewige *Grund-Gedanke* alles Seiend- und Denkend-Seins. Von daher bedeutet sie – zweitens – die *Grund-Kraft* des aktiv suchenden geschöpflichen Geistes, welche – drittens – in die *kontemplative Verbindung* mit den göttlichen rationes aeternae (= veritas) einmündet. Dieser eigentümliche Kreis von Bestimmungen ist kein rhetorisches Wortspiel, sondern metaphysisch begründet. Er besagt, daß die Grundkraft der menschlichen Seele so, wie es Augustinus an sich selber erfahren hat, aus der göttlichen „ratio aeterna" stammt und auf der zeitlichen Suche nach ewiger Seinserfüllung wieder dorthin zurückstrebt (vgl. De im. an. 6, 10 u. De v. rel. 39, 72).

Dieser im Alpha und Omega von allem, d. h. im Deus veritas et caritas selber, gründende typisch *Augustinische Rationalismus* [8] ist – wie die Grundforderung der dazu als Bedingung gehörenden Liebe (caritas) beweist (s. o. De Div. quaest q. 46, 2) – unverkenn- bar eingebettet in das umfassendere Ganze des menschlichen Da- seins, das, bereits ontologisch im alles tragenden Urgrund zutiefst eingewurzelt, allein im dialogischen Ich-Du-Bezug zwischen der absoluten Person des sich gnädig herabneigenden Gottes und der freien Person des sich um der rechten Weltbewältigung willen ge- horsam zum innersten Urgrund zurückwendenden Menschen erst seine personale Vollendung gewinnt.

Damit hat Augustinus hinreichend deutlich gemacht, in welche existentiellen Grund-Tiefen das hineinreicht, was er im Zuge der philosophischen Lösung des menschlichen Grund-Problems unter dem „Tun der Wahrheit" versteht. Er hat es uns selber nicht nur vorgedacht, sondern vor allem vorgelebt.

Daß diese tiefgreifende Grund-Erfahrung für sein in besonderer Weise um wahre „Selbstverwirklichung und Selbstauslegung des menschlichen Daseins" bemühtes Philosophieren weitreichende Konsequenzen nach sich gezogen hat, versteht sich von selbst. Ab- schließend soll deshalb wenigstens die *Grund-Konsequenz* all der vielen Konsequenzen, die sich aus jenem „Tun der Wahrheit" für den auf die Würde und Eigenständigkeit der menschlichen Person so nachdrücklich bedachten Rationalismus Augustins ergeben haben, als systematisches Hauptergebnis noch kurz skizziert werden.

3. **Die existenzphilosophische Grund-Konsequenz der „theonomen Autonomie" als systematisches Hauptergebnis des Augustini- schen Rationalismus**

Augustinus, der die tiefe Innigkeit des partnerschaftlichen Ich-Du- Verhältnisses, mit welcher sich der Deus caritas des Menschen an- nimmt und mit der sich unsere „grund-fähige Seele" in jenem Ur-

_____

[8] Zum Rationalismus Augustins und seiner Geschichte s. im einzelnen Körner, Prinzip, v. a. 26–88; 91–173. – Ders., Sein und Mensch, v. a. 140–257. – Ders., Metaphysik, v. a. 32–55.

…erfahren hat, aus der göttlichen „ratio aeterna" stammt
…r zeitlichen Suche nach ewiger Seinserfüllung wieder
…ückstrebt (vgl. De im. an. 6, 10 u. De v. rel. 39, 72).
…Alpha und Omega von allem, d. h. im Deus veritas et
…er, gründende typisch *Augustinische Rationalismus*[8]
…e Grundforderung der dazu als Bedingung gehörenden
…as) beweist (s. o. De Div. quaest q. 46, 2) – unverkenn-
…ttet in das umfassendere Ganze des menschlichen Da-
…bereits ontologisch im alles tragenden Urgrund zutiefst
…t, allein im dialogischen Ich-Du-Bezug zwischen der
…Person des sich gnädig herabneigenden Gottes und der
…on des sich um der rechten Weltbewältigung willen ge-
…n innersten Urgrund zurückwendenden Menschen erst
…nale Vollendung gewinnt.

…Augustinus hinreichend deutlich gemacht, in welche
…n Grund-Tiefen das hineinreicht, was er im Zuge der
…chen Lösung des menschlichen Grund-Problems unter
…der Wahrheit" versteht. Er hat es uns selber nicht nur
…sondern vor allem vorgelebt.

…tiefgreifende Grund-Erfahrung für sein in besonderer
…wahre „Selbstverwirklichung und Selbstauslegung des
…n Daseins" bemühtes Philosophieren weitreichende
…zen nach sich gezogen hat, versteht sich von selbst. Ab-
…soll deshalb wenigstens die *Grund-Konsequenz* all der
…sequenzen, die sich aus jenem „Tun der Wahrheit" für
…Würde und Eigenständigkeit der menschlichen Person
…icklich bedachten Rationalismus Augustins ergeben
…systematisches Hauptergebnis noch kurz skizziert

…tenzphilosophische Grund-Konsequenz der „theonomen
…nie" als systematisches Hauptergebnis des Augustini-
…ationalismus

…, der die tiefe Innigkeit des partnerschaftlichen Ich-Du-
…es, mit welcher sich der Deus caritas des Menschen an-
…mit der sich unsere „grund-fähige Seele" in jenem Ur-

…onalismus Augustins und seiner Geschichte s. im einzelnen
…zip, v. a. 26–88; 91–173. – Ders., Sein und Mensch, v. a.
…Ders., Metaphysik, v. a. 32–55.

partnerschaftlicher Freiheit aufgerufenen Menschen beglückend durchwalten will: „Die Liebe ist es, die jenes Licht kennt, das die ewige Wahrheit und die wahre Liebe und die liebe Ewigkeit selber ist" (Conf. VII, 10, 16; vgl. I, 2, 2; VII, 21, 27; IX, 13, 34; X, 29, 40 u. ö.).

Von daher beginnen wir zu verstehen, was Augustinus meint, wenn er bittet: „Tritt ein (o Gott), Du Kraft meiner Seele, und bilde sie Dir an, damit Du sie ‚ohne Makel und Runzel' habest und besitzest ... Denn nur wer die Wahrheit (die Gott selber ist) tut, gelangt zum Licht!" (Conf. X, 1, 1).

„Gott im Menschen und der Mensch in Gott" (Deus in homine ... homo in Deo, vgl. Conf. I, 2, 2 u. XIII, 31, 46), das ist die tiefste und gewagteste Antwort Augustins auf seine schlechthinnige Grund-Frage, nämlich die Ratio-Frage nicht nur unseres Denkens, sondern unseres Daseins überhaupt. Sie meint kein apersonales Gott-Mensch-Verhältnis wie das später beispielsweise etwa in Hegels Lehre von der dialektischen Entfaltung des „absoluten Weltgeistes" behauptet worden ist, sondern besagt aus tiefster, unmittelbarster und deshalb auch völlig unbezweifelbarer Innenerfahrung der „anima rationalis" heraus ein durch und durch personales Miteinander und Ineinander von Ich und Du, von Mensch-Person und Gott-Person.

Wie dieses trotz unmittelbaren Erlebnisses doch immer geheimnisvolle dialogische Ineinander von Gott und Mensch, von Ewigem und Zeitlichem, von Unendlichem und Endlichem bei aller Unausdenkbarkeit dennoch bis zu einem gewissen Grade gedacht werden kann, versucht uns Augustinus an verschiedenen Stellen seiner Werke immer wieder am „Bild und Gleichnis", d. h. an der im Leibe wohnenden Seele des Menschen annähernd klarzumachen: Dem an das räumliche Draußen gebundenen Körper gegenüber ist die Seele etwas wesensgemäß anderes. Als das Höhere ist sie zwar im Körper und doch zugleich jenseits alles Räumlich-Körperlichen. Mag auch der Leib sein ganzes Leben von der Seele her haben, er ist dennoch nicht, was sie ist. Ähnlich verhält es sich zwischen Gott und der Seele. Wie nämlich die Seele das innere und deshalb höhere Lebensprinzip des Leibes ist, so ist Gott das noch-innerlichere und noch-höhere Lebensprinzip der Seele: „Das Leben deines Fleisches ist deine Seele und das Leben deiner Seele ist dein Gott" (In Jo. 47, 8; vgl. 25, 17; Conf. VII, 1, 2; X, n. 10 u. 29; De civ. D. XIX, 26 u. ö.). Damit ist der Deus veritas et caritas selber gleichsam die „Seele unserer Seele", ist der Ganz-Innerliche und doch

zugleich der Ganz-Andere: „Denn jede Seele hat von der Wahrheit, daß sie überhaupt Seele ist. Etwas anderes aber ist die Seele
und etwas anderes die Wahrheit!" (De div. quaest. q. 1; vgl. Conf.
III, 6, 10; VII, 10, 16; X, 6, 9 u. ö.).
Obwohl die menschliche Seele also ihr ganzes Sein von Gott her
hat und auch zu Gott hin nur auf dem Wege über ihr eigenes Inneres zurückgelangen kann (s. o.), ist die Innerlichkeit des göttlichen Seins doch eine „ganz ganz andere" als die unserer Geist-
Seele (vgl. o. Conf. VII, 10, 16 m. Par.). Sie ist auch – darauf sei
allen modernen Verwechslungsmöglichkeiten gegenüber noch besonders hingewiesen – nicht etwa mit jenem Bereich unserer Seele
gleichzusetzen, den die heutige Tiefenpsychologie das „Unbewußte"
nennt und den schon Augustinus unter dem Namen „memoria"
ausführlich beschrieben hat. Gott wohnt zwar in diesem Innenbereich und muß auch tatsächlich dort gesucht werden (Conf. X,
25, 36). Damit wir aber wirklich zu Ihm, dem Lichte unserer Vernunft und dem Quell unseres Glückes selber gelangen, müssen wir
auf dem Wege über die Innerlichkeit der eigenen Geist-Seele auch
jene „memoria" noch überschreiten, um auf dem Wege der „meditatio", d. h. auf dem „Weg in die Mitte" noch weiter nach innen
hinein- und nach oben hinaufzugelangen: „Siehe, indem ich durch
meine Geist-Seele hinaufsteige zu Dir, der Du über mir thronst,
überschreite ich auch diese meine Kraft, welche ‚memoria' genannt
wird, um Dich zu berühren" (Conf. X, 17, 26)[7].
Versuchen wir das Ergebnis unserer Überlegungen zur philosophischen Lösung des menschlichen Grund-Problems, nämlich des Augustinischen Ratio-Problems, zusammenzufassen, so läßt sich folgendes festhalten: Dem beim Einstieg in die Tiefen des eigenen
seelischen Innersten gewonnenen „Blick des Geistes" soll der „Fuß
des Willens" in jener Entscheidung folgen, in welcher sich der
Mensch mit seinem gesamten Dasein vom Draußen der Welt abwendet, um auf dem Wege über das eigene Innere schließlich
zum erhellenden Drinnen Gottes hinzufinden, dem er sich selber
schließlich gehorsam überantworten soll. Denn als der innerste
Urgrund alles Seienden, und damit auch unseres denkenden und
wollenden Mensch-Seins, hat uns dieser Deus veritas et caritas
zum Dialog der freien Ich-Du-Partnerschaft und damit zum be-

---

[7] Dieser Grundgedanke zieht sich wie ein roter Faden durch den größten Teil des X. Buches der Confessiones mit seinen geradezu „tiefenpsychologisch" anmutenden Deskriptionen und philosophisch-theologischen Spekulationen.

glückenden „Wohnen im Vaterland
Menschen und der Mensch in Gott!
Ähnlich wie unser Lebensprinzip, d
nere und Andere gegenübersteht, ste
göttliche Seinsprinzip als der Über-l
dere unserer Seele gegenüber. Denn
Urgrund dem Menschen nicht nur
auch transzendent. Er wohnt als da
unserer Seele" zwar im Innersten de
gleich als der schlechthin Andere jen
in seiner eigenen Erhabenheit zu suc
Daseinserfüllung führende Dialogpa
sam bereiten Menschen zu finden: „L
und wirst uns tragen, von unserer K
trägst Du uns, da unsere Stärke erst
bist" (Conf. IV, 16, 31). Dabei „dur
Deus veritas et caritas den Menschen
seiner ewig wahren und den Anfan
Grund-Gedanken (rationes aeternae,
chen Maße als dieser Ihm samt sei
„entzündeten" menschlichen Ratio i
(vgl. o. De div. quaest. q. 46, 2 u. D
Liebe ist bestimmend für das Maß un
Schließlich besagt „ratio" bei Augusti
nung der vielen, die diesen „abgrund
De ord. II, 11, 30 u. II, 7, 24) – ein Drei
der Geist-Seele (ad-spectus animi), n
selber, nicht durch den Körper, das
tens: die vom Körper unabhängige S
veri contemplatio); und drittens: da
wird (ipsum verum, quod contemp
im. an. 6, 10). Dieser Rationalismus
ganz allgemein jedes aktive Geistesl
steht dabei die „ratio" als der im gött
Grund-Gedanke alles Seiend- und D
deutet sie – zweitens – die Grund-K
schöpflichen Geistes, welche – dritt
bindung mit den göttlichen rationes
det. Dieser eigentümliche Kreis von I
risches Wortspiel, sondern metaphysi
die Grundkraft der menschlichen See

sich selber
und auf d
dorthin zu
Dieser im
caritas sel
ist – wie d
Liebe (cari
bar eingeb
seins, das,
eingewurze
absoluten
freien Pers
horsam zu
seine perso
Damit hat
existentiell
philosophi
dem „Tun
vorgedach
Daß diese
Weise um
menschlich
Konsequer
schließend
vielen Kor
den auf di
so nachdr
haben, al
werden.

**3. Die exi
Autono
schen F**

Augustinu
Verhältnis
nimmt un

---

[8] Zum Ra
Körner, Pr
140–257. –

grund alles Seienden einwurzeln darf, selber im existentiellen „Tun der Wahrheit" erfahren hat, weiß, welche unerschütterliche Sicherheit und Eigenständigkeit das menschliche Denken dabei gewinnt. Findet unsere Ratio doch auf diesem weit über das eigene Innerste emporführenden Weg für alle großen Fragen des Philosophierens ihre zeitlos gültige Fundierung in den „rationes aeternae" des transzendent immanenten Deus veritas selbst. Kein Geringerer als dieser innerste Urgrund alles Seienden selber ist das allein wahrhaft „rationale Apriori" auch der menschlichen Ratio, die sich von daher in einer tiefgründigen Konvergenz mit allem Seienden weiß. Denn – und darin glaubt sich Augustinus selbst im hohen Alter noch mit den Neuplatonikern völlig einig – „in Gott ist sowohl die Ursache des bestehenden Seins als auch der Urgrund des Erkennens sowie die Ordnung des Lebens zu finden … Wenn schließlich der Mensch so geschaffen ist, daß er durch seinen hervorragenden Teil das berührt, was alles überragt, nämlich den einen, wahren und besten Gott, ohne den kein Wesen Bestand hat, keine Lehre unterrichtet und keine Erfahrung nützt, dann soll auch nur Er selbst gesucht werden, bei dem uns alles sicher ist, soll nur Er geschaut werden, bei dem uns alles gewiß ist, soll nur Er selbst geliebt werden, bei dem uns alles im rechten Lot ist" (De civ. D. VIII, 4; vgl. De div. quaest. q. 9; De v. rel. 39, 72; 20, 38; Conf. VII, 10, 16 f. u. ö.).

Deutlicher konnte kaum gesagt werden, mit welchem durch und durch *rationalen* Recht von der existentiellen Lösung des schlechthinnigen menschlichen Grund-Problems her auch die Lösungen aller anderen großen philosophischen Probleme zu suchen sind. Von der das ganze Dasein erfüllenden Antwort, die Augustinus auf die Grund suchende Frage seines ruhelosen Denkens bei der existentiellen Einkehr in sein eigenes Innerstes vom rationalen Lichte des Deus veritas als dem Ur- und Verständnisgrund alles Seienden selber her mit unerschütterlicher Gewißheitsevidenz gewonnen hat, lassen sich im Rahmen seines tiefgründigen Rationalismus ohne weiteres auch alle anderen für den Menschen wesentlichen Fragen beantworten. „Denn Du, o Gott", so heißt es ganz nachdrücklich, „bist das bleibende Licht, das ich bei allem zu Rate ziehe, wenn ich frage, ob etwas sei, dann was es sei und schließlich welcher Wert ihm beizumessen sei" (Conf. X, 40, 65; vgl. Conf. X, 10, 17).

Dieses im transzendent immanenten Apriori der menschlichen Vernunft ansetzende Vorgehen der Philosophie Augustins macht uns

auf einen Grundzug jenes ausgesprochen theozentrischen Denkens
aufmerksam, der in der bisherigen Forschung als solcher noch
längst nicht genügend beachtet worden ist. Wir meinen das, was
sich – auf den ersten Blick sehr widersprüchlich, bei genauerem
Zusehen aber außerordentlich sinnvoll – strenggenommen eigentlich nur als die den Augustinischen Rationalismus zutiefst charak-
terisierende *„theonome Autonomie"* bezeichnen läßt.
Untersucht man nämlich Augustins Philosophie, gleich in welcher
Disziplin, auf ihre rationalen Grundzüge hin, so wird bei ent-
sprechendem Eindringen sehr bald sichtbar, daß hier *alle Grund-
gesetze* (griech.: *nomoi)* des menschlichen Daseins und damit auch
des menschlichen *Denkens* aus jener transzendenten apriorischen
Seinstiefe ins Bewußtsein geholt werden, die *im Inneren des Menschen selbst* (griech.: *autos)* liegt. Diese eigentümliche „Selbst-Gesetzlichkeit" des Menschen stellt aber im Rahmen jenes theozentrischen Rationalismus alles andere als eine egozentrisch verwegene
„kopernikanische Tat" etwa im Sinne Kants dar. Augustins Autonomie ist vielmehr, seinem von Gott gesetzten und in Gott grün-
denden Dasein entsprechend, eine ausgesprochen „theonome".
Trotzdem stellt diese „gottgesetzte Selbstgesetzlichkeit" keineswegs etwa eine versteckte Heteronomie und damit auch keine innere logische Widersprüchlichkeit dar: Denn der, der als innerster
Urgrund alles Seienden auch der innerste „Setzer und Geber" des
menschlichen Daseins und Denkens ist, kann allein schon deshalb
niemals eine uns von außen her überfremdende und in der freien
Seinsentfaltung hemmende Instanz der „Fremdgesetzlichkeit" sein,
weil Er selber als der innerlich ständig gegenwärtige „Gesetz-Geber" auch unser „ur-eigenstes" seinsimmanentes „Apriori schlechthin" ist. Als das allerinnerste „Leben unseres Lebens" (vita vitae
meae, Conf. VII, 1, 2; vgl. Conf. III, 6, 10 u. ö.) ist dieser Setzer
und Gesetz-Geber des uns in Freiheit „auf-gegebenen" menschlichen Sein-Sollens vielmehr der eigentliche Garant unserer erst
von Ihm her überhaupt möglichen Autonomie. Mit der Würde
ihres in die Mitte zwischen Gott und die Welt gestellten Seins
empfängt nämlich die „anima rationalis" zugleich auch ihr inneres
seinsgemäßes Sollen (= lex; vgl. En. in Ps. 145, 5 u. In Jo. 20, 11).
Der aus transzendenter Immanenz heraus schaffende Urheber dieses
zu gottebenbildlicher Freiheit berufenen menschlichen Daseins ist
mithin zugleich auch der innerste Begründer unseres sich in jeder
Situation neu ergebenden Sein-Sollens, das wir ohne Ihn auch nicht
erfüllen können.

Dieser Sachverhalt hat verständlicherweise tiefgreifende inhaltliche Konsequenzen. Denn das uns zuinnerst stets gegenwärtige „*Ur-Da-Sein*" dessen, der „die Liebe selbst" ist (vgl. Abs. 2.2, v. a. Conf. VII, 10, 16), stellt auch selber das der menschlichen Freiheit aufgegebene Grund-Gesetz unseres „*Da-Seins*" dar, welches deshalb menschenwürdig ebenfalls nur in jener Liebe mit-vollzogen werden kann, die stets für das Du „da ist". „Liebe und tue, was du willst!", so lautet von daher bei Augustin die königlich freie und doch zutiefst gebundene Maxime des menschlichen Da-Seins (In ep. zu. Jo. VII, 8). Was diese vom Menschen in der jeweiligen Situation fordert, vermag dessen Vernunft jederzeit selber aus dem eigenen Innersten zu vernehmen. Denn das vom innersten Urgrund der „grund-fähigen Seele" her stammende Da-Sein des Menschen trägt ja mit dem transzendent immanenten Deus veritas et caritas sein „ur-eigenes" Da-Sein-Sollen stets „apriori" in sich selber: „Aus dem Lichte ihres Urgrundes gibt sich so die Seele des Menschen selber ihr eigenes Sein-Sollen (consilium) durch den grund-fähigen Geist (per rationalem mentem). Auf diese Weise empfängt sie ihr Sein-Sollen als ein solches, das fest gegründet ist in der Ewigkeit ihres Urhebers. Sie liest hier etwas, das sie erzittern läßt, das aber auch zu loben und zu lieben, zu ersehnen und zu erstreben ist" (En. in Ps. 145, 5).

Von Gott her ist sich mit diesem zutiefst ontologisch begründeten „innersten Gesetz" der menschlichen Seele (lex intima) tatsächlich „jeder selbst sein eigenes Gesetz" (En. in Ps. 118, 25, 4). Das gilt aber wohlgemerkt nicht nur für das eine oder andere, sondern für alle wesentlichen Teilgebiete dieses im innersten Urgrund alles Seienden und seinen „ewigen Grund-Gedanken" (rationes aeternae) selber fundierten und „uni-versal" zentrierten Rationalismus. Ist doch jene theonome Autonomie nicht etwa nur für die Ethik, sondern strenggenommen für alle philosophischen Disziplinen, angefangen von der Gnoseologie bis hin zur Theologie, die einzig legitime Grund-Konsequenz des von Augustin im eigenen theozentrischen Dasein vollzogenen existenzphilosophischen „Tuns der Wahrheit" (vgl. Abs. 2, 3).

Dabei weiß Augustinus aus dieser ureigenen Innenerfahrung heraus, daß jene „Selbst-Gesetzlichkeit" des Menschen keineswegs eine zum Chaos führende subjektive Willkür darstellt, sondern als „gott-gesetzte" auch allgemein verbindlich ist. Denn die das harmonische Zusammenleben der Menschen – unter gleichzeitiger Wahrung der freien Eigenständigkeit aller – allein erst ermög-

lichende theonome Autonomie innerhalb unseres gesamten mit-
menschlichen Daseins und Denkens ist durch die innerste Gegenwart Gottes selber gleichsam „in unser *aller* Herzen hineingeschrie-
ben" (lex aeterna et intima in ipso corde conscripta; En. in Ps.
57, 1; vgl. Serm. 81, 2). Es ist die gleiche Gegenwart Gottes im
Innersten eines *jeden* Menschen, die diesem gewollt oder ungewollt
mit dem Sein, der Freiheit und vor allem der Würde, sogar „Wohn-
stätte des Allerhöchsten" zu sein, zugleich auch die Verpflichtung
zum wechselseitigen Da-Sein füreinander im Sinne wirklich ehr-
fürchtiger und selbstloser „caritas" mitgibt: „Wer auf heilige und
geistige Weise den Nächsten liebt, was liebt der in ihm, wenn nicht
Gott? ... Durch Seine Liebe zu uns hat er uns befähigt, uns in
wechselseitiger Liebe untereinander zu verbinden" (In Jo. 62, 2;
vgl. In ep. Jo. 10, 18; In Jo. 17, 8 u. ö.).
Die weitreichenden Konsequenzen, die sich aus dieser wichtigen
anthropologischen Grund-Einsicht wiederum insbesondere für
Soziologie, Praktische Philosophie und Theologie ergeben, können
hier nur angedeutet werden (vgl. Körner, Sein u. Sollen, 30 ff.).
Eine der wichtigsten besteht darin, daß insbesondere dem Theologen in jenem wechselseitigen Da-Sein der Menschen füreinander
der „Deus caritas" geradezu manifest wird: „Die Bruderliebe ...
ist nicht nur aus Gott, sondern ist auch Gott!" (De Trin. VIII,
8, 12); während dem Soziologen und Praktischen Philosophen hier
erst jede echte Mitmenschlichkeit tief genug begründet und vor
der zu allen Zeiten immer wieder erschreckenden Dehumanisie-
rung bewahrt wird: „Was lieben wir nämlich im Menschen, wenn
nicht Gott!" (vgl. o.). Höheres kann schließlich vom Menschen und
seiner Mitmenschlichkeit in Wahrheit nicht mehr ausgesagt
werden!
An dieser Stelle wird die bis tief in das alltägliche Leben hinein-
reichende Ausstrahlungskraft deutlich, welche der vom *Innerlichkeitsprinzip* und damit letztlich vom „Deus intimus" selber (Conf.
IV, 12, 18) beseelte *Augustinische Rationalismus* und die sich daraus ergebende *theonome Autonomie des Menschen* auf alle Teil-
disziplinen der Philosophie ausüben, die um eine wirklich humane
Existenz kreisen. Begreifen und ergreifen wird das Ganze des
Augustinischen Denkens freilich nur, wer sich unter dem Einsatz
der eigenen Person für jenes existentielle „Tun der Wahrheit" entscheidet, in welchem jeder Einzelne in sich selber und für sich
selber das zu allen Zeiten gleiche Grund-Problem des menschlichen
Daseins stets aufs neue zu lösen hat: „Kein Leser findet nämlich

diese Wahrheit in einem Buche oder in dessen Autor, sondern nur in sich selbst!" (Ep. 19). Das allein entspricht der von den „rationes aeternae" getragenen theonomen Autonomie im Dasein und Denken des Menschen, die gerade in den an allen äußeren Stützen irre gewordenen Krisenzeiten der Geistesgeschichte zur Beantwortung ihrer besonders bedrängenden Grund-Fragen notwendiger denn je erscheint.

Literaturverzeichnis

A. *Primärliteratur*

Aurelii Augustini Opera omnia. In: Migne, Patrologiae cursus completus, series latina. Bd. 32–47, Paris 1841–1849. Abk.: *MPL.*
– Opera omnia. In: Corpus Scriptorum Ecclesiasticorum Latinorum. Wien-Leipzig 1887 ff. (soweit erschienen). Abk.: *CSEL.*
– Opera omnia. In: Corpus Christianorum, series latina, Turnhout 1954 ff. (soweit erschienen). Abk.: *CCh.*
Trotz bestimmter Editionsmängel ist die Augustinus-Forschung hinsichtlich der Quellenwerke zum großen Teil immer noch auf die am leichtesten greifbare Migne-Ausgabe angewiesen, da CSEL (1887 ff.) zu langsam fertig wird und CCh (1954 ff.) trotz zügiger Arbeit noch nicht vollständig sein kann. Die beiden genannten neueren lateinischen Gesamtausgaben der Augustinus-Werke sind hier aber ebenso wie die zahlreichen Einzelausgaben verschiedener Schriften Augustins (aufgeführt in: C. Andresen, Augustin-Gespräch, 465–468) zum kritischen Vergleich mit der älteren Migne-Ausgabe beigezogen worden.
Von den zahlreichen deutschen *Übersetzungen* seien hier vor allem die in Kempten-München (Bibliothek der Kirchenväter, Kösel/Pustet-Verlag), Paderborn (Schöningh-Verlag), Zürich (Bibliothek der Alten Welt, Artemis-Verlag) und Würzburg (Augustinus-Verlag) erschienenen Reihen genannt. Weitere deutsche und fremdsprachige Übersetzungen gibt C. Andresen, Augustin-Gespräch, 465–475, an.

Verzeichnis der wichtigsten Augustinus-Werke in der Reihenfolge ihrer Fertigstellung

(Die Chronologie der Werke entspricht der zuletzt von Andresen, Augustin-Gespräch, 575–581, aufgestellten.)

Abkürzung	Titel	Entstehungszeit
C. Ac.	Contra Academicos	386
De b.v.	De beata vita	386
De ord.	De ordine	386

Abkürzung	Titel	Entstehungszeit
Sol.	Soliloquia	386–387
De im.an.	De immortalite animae	387
De quant.an.	De quantitate animae	388
De mus.	De musica	387–389
De mag.	De magistro	389
De mor.	De moribus ecclesiae catholicae	388–390
De Gen.c.M.	De Genesi contra Manichaeos	388–390
De v.rel.	De vera religione	389–391
De ut.cred.	De utilitate credendi	391–392
De Gen.i.l.	De Genesi ad litteram imperfectus liber	393–394
De serm.Dom.	De sermone Domini in monte	394
De l.arb.	De libero arbitrio	388–395
De div.quaest.	De diversis quaestionibus LXXXIII	388–396
De cat.rud.	De catechizandis rudibus	399–400
Conf.	Confessiones	397–401
De Gen.	De Genesi ad litteram	401–414
In ep.Jo.	Tractatus in epistolam Joannis ad Parthos	415–416
In Jo.	Tractatus in Joannis evangelium	414–417
De Trin.	De Trinitate	399–419
En.in Ps.	Enarrationes in Psalmos	392–420
Ench.	Enchiridion ad Laurentium	421–423
De doctr.chr.	De doctrina christiana	396–426
De civ.D.	De civitate Dei	413–427
Retr.	Retractationes	426–427
Ep.	Epistolae	– – –
Serm.	Sermones	– – –

B. Sekundärliteratur

Aus der vor allem in den letzten Jahrzehnten ins Unermeßliche angewachsenen Literatur der internationalen Augustinus-Forschung kann hier nur eine sehr knappe themenbezogene Auswahl zusammengestellt werden. Im übrigen muß auf die jüngste und umfassendste Augustinus-Bibliographie von *C. Andresen* (Augustin-Gespräch, 465–574) verwiesen werden.

Achilles, Helmut: Der augustinische Gang zum *Grund* von Person, Zeitlichkeit und Wahrheit. Diss. München 1965.
Altaner, Berthold: *Patrologie.* Leben, Schriften und Lehre der Kirchenväter. Freiburg i. B. ⁵1958 *(Bibliographie).*
Anderson, James F.: St. *Augustine* and Being. A Metaphysical Essay. The Hague 1965.
Andresen, Carl (Hrsg.): Zum *Augustin-Gespräch* der Gegenwart. Darmstadt Bd. I, ²1975; Bd. II, 1981 (Wege der Forschung 5 u. 327).

Andresen, Carl: Bibliographia Augustiana. Darmstadt ²1973. *Bibl.*

Barion, Jakob: *Plotin* und Augustinus. Untersuchungen zum Gottesproblem. Berlin 1935. *(Bibliographie).*

Berlinger, Rudolf: Augustins dialogische *Metaphysik.* Frankfurt 1962.

Butler, Cuthbert: Western *Mysticism.* London ³1951.

Descartes, René: *Principia* philosophiae. Amstelodami 1644.

Giacon, Carlo: *Interiorità* e metafisica: Aristotele, Plotino, Agostino, Bonaventura, Tommaso, Rosmini. Bologna 1964.

*Gilson Étienne: Der Heilige *Augustinus.* Eine Einführung in seine Lehre. Übers. v. Böhner und Sigge. Hellerau 1930.

*Guardini, Romano: Die *Bekehrung* des heiligen Aurelius Augustinus. Der innere Vorgang in seinen Bekenntnissen. München ²1950.

Hessen, Johannes: Augustins *Metaphysik* der Erkenntnis. Berlin-Bonn 1931.

Hoffmann, Wilhelm: Augustinus. Das Problem seiner *Daseinsauslegung.* München 1963.

Jaspers, Karl: Die großen *Philosophen.* Bd. I. München 1957.

Jolivet, Regis: Saint *Augustin* et le néoplatonisme chrétien. Paris 1932.

Kirwan, Christopher: *Augustine.* Oxford 1988.

Körner, Franz: *Deus in homine* videt. Das Subjekt des menschlichen Erkennens nach der Lehre Augustins. In: Phil. Jb. 64 (1956), 166–217.

– *Homo viator.* Ein neuer Beitrag zur Entwicklungsgeschichte Augustins. In: Salzburger Jahrbuch für Philosophie, Bd. V/VI, 1961/62, 89–134.

– Die *Metaphysik* des Abendlandes unter dem Richtmaß der Krisis. Das philosophische Grundanliegen Augustins in Mittelalter und Neuzeit. Salzburg 1968.

– Das *Prinzip* der Innerlichkeit in Augustins Erkenntnislehre. Diss. Würzburg 1952; Salzburg ²1969.

*– Das *Sein und* der *Mensch.* Die existenzielle Seinsentdeckung des jungen Augustin. Grundlagen zur Erhellung seiner Ontologie (Symposion, Philosophische Schriftenreihe Bd. V). Freiburg-München 1959. *(Bibliographie).*

– Vom *Sein und Sollen* des Menschen. Die existential-ontologischen Grundlagen der Ethik in augustinischer Sicht. Paris 1963.

– *Existentielle Pragmatik* aus transzendenter Immanenz als innere Tragkraft letzter Wahrheitssuche am geistesgeschichtlichen Beginn des abendländischen Rationalismus. In: Stachowiak (Hrsg.): PRAGMATIK. Handbuch pragmatischen Denkens. Bd. I. Hamburg 1986, 156–190.

Korger, Matthias E.: Grundprobleme der Augustinischen *Erkenntnislehre.* Erläutert am Beispiel von „De genesi ad litteram XII". In: Recherches Augustiniennes, Vol. II. Paris 1962, 33–57.

Lechner, Odilo: *Idee* und Zeit in der Metaphysik Augustins. München 1964.

Mader, Johann: Die logische *Struktur* des personalen Denkens. Aus der Methode der Gotteserkenntnis bei A. Augustinus. Freiburg i. Br. 1965.

Maertens, Guido: *Augustinus* over de mens. Een visie op de menselijke innerlijkheid tussen hellenisme en christendom. Brüssel 1965.

Marrou, Henri-Irénée: Saint *Augustin* et la fin de la culture antique. Vol. I–II. Paris ⁴1958. *(Bibliographie)*.

Mausbach, Joseph: Die *Ethik* des hl. Augustinus. Bd. I–II. Freiburg ²1929.

Maxsein, Anton: *Philosophia* cordis. Das Wesen der Personalität bei Augustinus. Salzburg 1966.

Meyer, Hans: *Geschichte* der abendländischen Weltanschauung. Bd. II. Würzburg 1947.

Nörregaard, Jens: Augustins *Bekehrung*. Übers. v. A. Spelmeyer. Tübingen 1923.

Plotin: *Enneaden*. (Griechisch-deutsche Ausgabe. Übers. von R. Harder: Plotins Schriften. Bd. I–V. Hamburg 1956 ff.)

Rief, Josef: Der *Ordobegriff* des jungen Augustinus. Paderborn 1962.

Ritter, Joachim: *Mundus* intelligibilis. Eine Untersuchung zur Aufnahme und Umwandlung der neuplatonischen Ontologie bei Augustinus. Frankfurt a. M. 1937. *(Bibliographie)*.

Schöpf, Alfred: *Augustinus*. Einführung in sein Philosophieren. Freiburg-München 1970.

– *Wahrheit* und Wissen. Die Begründung der Erkenntnis bei Augustin (Epimeleia Bd. 2). München 1965.

Schuetzinger, Caroline E.: The German *Controversy* on Saint Augustine's Illumination Theory. New York 1960.

– Die augustinische *Erkenntnislehre* im Lichte neuerer Forschung. In: Recherches Augustiniennes. Vol. II. Paris 1962. 177–203.

Weinand, Heinrich: Die *Gottesidee,* der Grundzug der Weltanschauung des hl. Augustinus. Paderborn 1910.

Windelband, Wilhelm: *Lehrbuch* der Geschichte der Philosophie. Hrsg. von H. Heimsoeth. Tübingen ¹⁴1948.

Wohlfarth, Karl Anton: Der metaphysische *Ansatz* bei Augustinus (Monographien zur philosophischen Forschung Bd. 60). Meisenheim 1969.

Thomas von Aquin: Das Seiende und seine Prinzipien

Vom Wolfgang Kluxen, Bonn

1. Der historische Hintergrund

1.1. Leben

Thomas von Aquin wurde 1225 auf Schloß Roccasecca bei Neapel geboren, als jüngerer Sohn einer hochadligen Familie, die ihn für die geistliche Laufbahn bestimmte. So kam er 5jährig ins Kloster Monte Cassino, dann mit 14 Jahren an die Universität Neapel, wo er eine „moderne" wissenschaftliche Grundbildung erhielt. Dort trat er, mit 18 Jahren, in den Dominikanerorden ein, gegen erbitterten Widerstand der Familie, die ihn über ein Jahr in Haft nahm und erst 1245 freiließ. Er zog dann nach Paris, vielleicht auch sofort nach Köln, wo er jedenfalls 1248–52 bei Albertus Magnus studierte. Hier entschied sich sein Beruf für die theologische Wissenschaft. Der Orden schickte ihn 1252 nach Paris, dem unbestrittenen Zentrum der Theologie, wo er sogleich als „Baccalar" anfing, der zunächst ein Jahr einen Bibelkurs (Thomas wählte Isaias), dann zwei Jahre die Hauptvorlesung über das systematische Lehrbuch der Theologie, die „Sentenzen" des Petrus Lombardus († 1159), zu halten hatte. Danach konnte er als Magister zugelassen werden, der „ordentlich" die Bibel behandelte, vor allem aber das Vorrecht besaß, Disputationen abzuhalten und dabei die abschließende Entscheidung (determinatio magistralis) der anstehenden Frage (quaestio) zu geben. Thomas erhielt die vollen Rechte dieser Würde erst 1257, wegen des Widerstandes der weltgeistlichen Magister, die den Bettelorden keine Lehrstühle einräumen wollten und durch päpstlichen Eingriff dazu gezwungen werden mußten.

1259 verließ Thomas Paris und hielt sich ein Jahrzehnt in Italien auf, meist an der päpstlichen Kurie (1259–61 Anagni, 61–65 Orvieto, 67–68 Viterbo), dazwischen (1265–67) im römischen Dominikanerkonvent Santa Sabina, immer aber als Lehrer der Theologie. 1268 rief ihn der Orden erneut nach Paris, als dort ein Streit um die Bedeutung profaner Wissenschaft zu einer Krise geführt hatte. 1272 zog er nach Neapel, um dort beim Aufbau des theologischen Studiums zu wirken. Am 7. März 1274 starb er, auf dem Wege zum Konzil nach Lyon, in der Zisterzienserabtei Fossanova bei Terracina.

Obwohl diese Biographie zahlreiche Ortswechsel registriert, ist Thomas'
Leben einfach: er bleibt stets der gelehrte Ordensmann, der in Lehre und
literarischer Tätigkeit aufgeht, die wiederum Teil und Frucht der Lehre
ist. In rund zwanzig Jahren kontinuierlicher Arbeit ist so ein stupendes
Oeuvre entstanden, dessen wichtigste Teile aufgeführt werden sollen.

1.2. Werke

1. Der *Sentenzenkommentar,* historisch richtig „Scriptum" genannt,
ist das erste Hauptwerk; er dokumentiert die Vorlesung des Bacca-
lars.

Die 4 Bücher der „Sentenzen" sind in „Distinktionen" eingeteilt,
zu deren jeder Thomas eine Gliederung gibt (divisio), dann „Fragen" stellt (quaestio), die wiederum „Glieder" haben (articulus);
dann folgt die kurze Textauslegung (expositio). Nach dieser Einteilung wird zitiert (z. B. In I Sent. dist. 1, q. 1, art. 1).

Das Schwergewicht liegt auf der selbständigen Problementfaltung
in den Quaestionen, deren einzelne Artikel mit einer Frage beginnen, zu der „Argumente" pro und contra beigebracht werden; dann
folgt die eigene „Antwort" oder „Lösung" (responsio, solutio;
auch „corpus articuli" genannt), endlich die „Lösungen" der Argumente (ad 1, ad 2 usw.). Diese „Quaestionenform" entspricht dem
Verlaufsschema der magistralen Entscheidung bei der Disputation.
Sie findet sich selbstverständlich vor allem in den

2. *Quaestiones disputatae,* der ausgearbeiteten Dokumentation der
ordentlichen Disputationen, die Thomas sehr häufig gehalten haben
muß. Wir besitzen 63 solcher Quaestionen, die wichtigsten in den
Serien *De veritate* (Über die Wahrheit, 29 qq., Paris 1256–59), *De
potentia* (Über das Vermögen oder die Macht, besonders Gottes,
10 qq., ca. 1265–69), *De malo* (Über das Übel, 16 qq., Paris 1269–
1272). Charakteristisch ist die Ausführlichkeit, mit der Argumente
und Lösungen ausgebreitet werden; es sind „Forschungsbeiträge",
daher auch meist auf aktuelle Probleme bezogen.

Noch mehr gilt die Aktualität von den außerordentlichen Disputationen „de quolibet", auch „Quodlibeta" genannt, in denen sich
der Magister zweimal im Jahr der Universitätsöffentlichkeit stellen
konnte, um beliebige Fragen der Teilnehmer zu seinem Fachgebiet
zu beantworten. Thomas hat 12 Quodlibeta hinterlassen, von
denen VI–XI dem ersten, I–V und XII dem zweiten Pariser Aufenthalt angehören. Sie zeigen, was den Zeitgenossen wichtig, in-
teressant, befremdlich oder gar anstößig war, wie sie sich zu Thomas stellten.

3. Andere Absicht verfolgt die literarische Gattung der *Summa*. So nennt man die knappe, zusammenfassende Darstellung eines (mehr oder weniger speziellen) Wissensgebietes, die systematisch vorgeht und didaktischen Anspruch erhebt. Summen handeln „über" ein Gebiet, zuweilen „gegen" bestimmte Einstellungen.

So schreibt Thomas in Italien (ca. 1260–64) eine *„Summe über die Wahrheit des katholischen Glaubens wider die Heiden"*, kurz *Summa contra gentiles* (SCG) genannt, die in 4 Büchern (eingeteilt in Kapitel) Stellung zur heidnischen, d. h. besonders zur arabisch-islamischen Philosophie nimmt. Sie tut das auf rationaler Ebene – weshalb man irrig von einer „Philosophischen Summe" gesprochen hat –, jedoch in theologisch-apologetischer Absicht, deren realen Hintergrund die Mission bei den spanischen Muslim bildete.

Die didaktisch-systematische Absicht tritt noch mehr hervor in der *Summe der Theologie*, korrekt *Summa de theologia* genannt, die ausdrücklich für Anfänger bestimmt ist und rein dem „ordo disciplinae", der sachlich bestimmten Wissensordnung folgen will. Sie hat Quaestionenform, bringt aber nur wenige Argumente (*gegen* die vorgebrachten meist nur ein einziges, mit „sed contra" eingeführt). Thomas hat den ersten Teil (Prima, I) in Italien verfaßt (ab 1265), den zweiten, der wiederum zweigeteilt ist (Prima Secundae, I–II, und Secunda Secundae, II–II), im wesentlichen in Paris (1269–72), den dritten (Tertia, III) in Neapel, aber nicht vollenden können. Ein von Schülern kompiliertes „Supplementum" ersetzt den Mangel nicht. – Zitiert wird nach dieser Gliederung, z. B. I–II, q. 1, a. 1 ad 2.

Diese Summe ist zweifellos das wichtigste Werk, nicht nur wegen ihrer Wirkung, die erst Ende des 15. Jhs. voll einsetzt, sondern vor allem, weil sie meist die klarste, gültigste Fassung der Doktrin enthält.

4. Nicht weniger umfangreich als die systematischen Werke sind die *Kommentare*. Diejenigen zur *Bibel*, an sich Hauptwerke des Magisters der Theologie und theologisch hochbedeutsam, sind hier weniger wichtig als die zu *Aristoteles*, die alle zur Zeit der Arbeit an der Summa de theologia entstanden sind. Die wichtigsten sind die zur *Metaphysik*, zur *Ethik* (der zur *Politik* ist unvollendet), zu *Perihermeneias* und den *Zweiten Analytiken*, bedeutend auch die zu den naturphilosophischen Schriften des Aristoteles (besonders *Physik*, *De anima*, *De caelo*, letzterer unvollendet). In diese Reihe gehört auch der Kommentar zum *Liber de causis*, einem Werk

arabischer Herkunft, das Thomas als Auszug aus einer Hauptschrift des Neuplatonikers Proklos († 485) erkannte.

Etwas früher liegt der Kommentar zu *„De divinis nominibus"* (über Gottesnamen) des (Pseudo-)Dionysius Areopagita, dessen Verfasser für einen Apostelschüler galt, in Wahrheit aber Gedankengut des Proklos christlich zu vermitteln trachtete. Endlich sind zwei Erläuterungsschriften zu *Boethius* († 525) hervorzuheben, nämlich zu dessen *„De hebdomadibus"*, das für die Ontologie, und dessen *De trinitate* (unvollendet; abgek. EBT), das für die Wissenschaftslehre wichtige Texte enthält; beide entstammen wohl dem ersten Pariser Aufenthalt (vor 1260).

5. Die letztgenannten Schriften zählen ältere Thomas-Ausgaben zu den „Opuscula", also den kleineren Werken, darunter Gelegenheitsschriften, polemische Arbeiten, dazu einiges Unechte und Zweifelhafte (das aber auch hohe Qualität zeigt). Unter den rund 70 Titeln ist der frühe Traktat „Über das Seiende und das Wesen" *(De ente et essentia)* hervorzuheben, in dem der junge Thomas (ca. 1254–56) die Grundlinien seines philosophischen Denkens festlegt. Im Titel weist er schon auf das Grundproblem, von dem aus sich der Thomismus charakteristisch bestimmt.

Thomas hat mehr geschrieben, als uns von der gesamten vorchristlichen Antike an philosophischen Texten erhalten ist. Das ist zu seiner Zeit nicht einmalig: Albertus Magnus hat erheblich mehr hinterlassen, und eine ganze Anzahl Zeitgenossen nicht viel weniger. Solche Produktivität war nur möglich, weil alle in einer festen literarischen und gedanklichen Tradition standen und wesentlich die Aufgabe übernahmen, deren Inhalt weiterzutragen und zu vermehren. Die Stoffmassen, welche sie darbieten, die Form der Verarbeitung und sogar weitgehend die Problemstellung gehören der Tradition an. Das je Individuelle und Ursprüngliche ihres Denkens zeigt sich deshalb nicht unmittelbar, sondern muß erst aus der Fülle des „Schulmäßigen" herausgehoben werden, durch das es sich vermittelt. Wir sprechen von *„Scholastik"*: Thomas muß in diesem historischen Kontext verstanden werden.

1.3. *„Scholastik"*

„Scholastik" wird meist unkritisch als normativer Begriff verwendet, sei es in positivem oder negativem Sinn. Hier interessiert allein, was Scholastik *historisch* bedeutet, und das ist öfter mißverstanden als erkannt worden. Zunächst gilt, daß jene geistige Bewegung des lateinischen Mittelalters, der Thomas angehört und die schon von Zeitgenossen „scholastisch" genannt wurde, nicht etwa theologisch oder auch nur theologisch bestimmt war. Vor der Theologie sind die Medizin, die Philosophie, die Jurisprudenz beteiligt. Nach verstreuten Anfängen im 11. Jh. geschieht im 12. Jh. auf breiter Front der Durchbruch der Scholastik: Alles theoretische Wissen nimmt die Form rationaler Wissenschaft an, wird zu „scientia". „Scholastik" besagt primär *die mittelalterliche Gestalt von „Wissenschaft" schlechthin.*

Die scholastische Wissenschaftlichkeit tritt in Gegensatz zu einem Weltverständnis, das primär traditional und symbolisch bestimmt ist. Das begriffliche Denken verdrängt Bild und Metapher, es ist gegen Tradition kritisch. Die vorwiegend literarisch-musische Schule der Sieben Freien Künste, die seit der Karolingerzeit herrschte, gilt nun als unzureichend. Innerhalb der „Schule" stellt sich Wissenschaft gegen „Bildung", verlangt Konzentration auf das Rationale. Sicher liegt in dieser Beschränkung zugleich eine Bedingung für die Steigerung, die zu den „Begriffskathedralen" der Hochscholastik führt. Aber es ist doch nur *eine* Linie, die zwar maßgeblich, doch nicht vollständig das geistige Leben der Epoche bestimmt. Die Scholastik ist eine partikulare Größe, ihr Schrifttum – auch die Summen des Thomas – spezialistisch, ihr Herrschaftsanspruch nie ganz unwidersprochen. Der Widerstand obsiegt schließlich in der Restauration des Bildungsgedankens durch den Humanismus, der nun antischolastischen Akzent trägt.

Dennoch hat die Scholastik gerade durch ihre schulische Neuschöpfung permanent fortgewirkt, nämlich die *Universitäten.* Deren Entstehung knüpft zuweilen an vorhandene Schulen an, sprengt jedoch alsbald deren Grenzen. Die Entfaltung freier wissenschaftlicher Lehre und Diskussion paßt nicht in die traditionsbestimmten Dom- und Klosterschulen, ja überhaupt nicht in die Feudalordnung. Ihr gegebener Ort ist die Stadt, mit der republikanischen Nebenordnung Gleichgestellter und der Rechtsform der Korporation, in der sich die Berufe zusammenfinden. Sie organisiert sich als „Zunft" der Lehrenden und Lernenden, welche Wissenschaft als Beruf (ständig oder zeitweilig) betreiben. Das 13. Jh. zeigt den Abschluß der Entwicklung. Der Prozeß des Lernens und Lehrens ist in feste Form gebracht und durchgehend rechtlich gesichert. Innerhalb dieser Institution hält sich nun das wissenschaftliche Leben der Scholastik.

Hierbei ist das Wichtige und Charakteristische, daß die Scholastik
überhaupt als Wissenschaft der Schule erscheint, die wesentlich im
Lernen und Lehren, also in der *Vermittlung* existiert. Der scholastische Magister fühlt sich nicht als „Urheber" (auctor) der Wissenschaft, die ja schon vorher besteht und deren maßgebliche Ansätze bei den Autoren und ihrer Aussage (authenticum) vorzufinden sind. Die scholastische Wissenschaft geht daher von *Texten*
aus, die „gelesen", interpretiert und kommentiert werden. Dabei
kommt es nicht auf den Text als solchen an, sondern seine Aussage, und es kann sein, daß deren sachlicher Sinn gegen die historische Intention des Autors zu bestimmen ist; die scholastische
Auslegung behält sich vor, das Verständnis zu „determinieren". Ferner verlangt die Divergenz oder der Widerspruch der
Autoritäten kritische Abwägung und eine Entscheidung, die nicht
wieder durch „auctoritas", sondern durch „ratio" begründet werden muß. So ist die Scholastik weniger autoritätsgläubig als ihre
Gegner angenommen haben. Eher sind ihr die grundlegenden
Texte jene vorliegenden Ausarbeitungen der rationalen Wissenschaft, an denen man erst zu lernen hat, was Wissenschaft und was
„ratio" ist, an denen man deshalb um der Sache willen nicht vorbeigehen kann. In der Rolle der Autoritäten drückt sich aus, daß
Wissenschaft von Lehrern gelernt wird und in einem Vermittlungszusammenhang steht. Die Berufung auf die Autoren entspricht
dem, was wir „Dokumentation" nennen.
Deshalb kann man das Zusammenspiel von „auctoritas" und
„ratio" wohl kaum als „die scholastische Methode" bezeichnen –
in einem strengen Sinne gibt es keine besondere scholastische
Methode. Vielmehr handelt es sich um eine *Dokumentationstechnik,* die als solche freilich ein charakteristisches Stilelement der
scholastischen Wissenschaften ist. Als solches erscheint sie auch in
der innerscholastischen Diskussion, nämlich in der sorgfältigen
Verzeichnung und Wertung der Argumente, die im Schulbetrieb
vorgebracht werden und, als bloß „magistral", nicht mehr Autorität haben. Das wissenschaftliche Resultat wird auf dem Wege der
ausgebreiteten Dokumentation der Argumente und deren Kritik
erreicht, am Ende steht die „Determination" des Magisters: Das
ist das Schema der schulmäßigen Disputation und auch der literarischen Form der „quaestio", in der sich der Prozeß wissenschaftlicher Urteilsbildung am angemessensten darstellt. Daher dringt
die „Quaestionenform" in Kommentare und Summen ein, und
auch wo sie nicht formell vorliegt, ist häufig genug das Prozeß-

schema erkennbar. Scholastische Schriften zeigen so eine unver-
kennbare Physiognomie, deren Typus bei Thomas von Aquin ausgebildet vorliegt. Bei späteren Autoren werden deren Züge allerdings noch härter: sie reduzieren die Darstellung auf das rationale
Gerüst des wissenschaftlichen Gedankens, die Dokumentation wird
karger. Das hängt damit zusammen, daß die Spätzeit auf die inner-
scholastische Diskussion konzentriert ist. Thomas dagegen steht in
einer Entwicklungsphase, in der sich erst der Vorgang der „Rezeption", der Aneignung der vorliegenden Wissenschaft, einem gewissen Abschluß nähert; Dokumentation, Kritik und eigene Vertie-
fung halten sich die Waage.

Mit der *Rezeption* ist ein Vorgang benannt, dessen Gründe wieder
im Bewußtsein der Scholastiker liegen, Vermittler der Wissenschaft
zu sein. Sie suchen ihre Basis, die Kenntnis wissenschaftlicher Texte,
möglichst zu verbreitern. Daher beginnt im 12. Jh. eine bedeutende
Übersetzertätigkeit, die eine Fülle wissenschaftlicher Texte aus
dem Griechischen und mehr noch aus dem Arabischen ins lateinische Abendland bringt. Das 13. Jh. ist charakterisiert durch die
„Rezeption des Aristoteles", die freilich nicht nur die – dem Früh-
mittelalter unbekannten – Schriften des „Philosophus" zur Metaphysik, Ethik und Naturwissenschaft betrifft, sondern auch die
spätantiken und arabischen Kommentatoren und Verarbeiter des
Aristoteles. An ihrer Spitze steht *Avicenna* (Ibn Sina, † 1037), als
Philosoph wie als Mediziner gleich bedeutsam. Bei ihm findet das
Abendland erstmals die systematische Darstellung einer Metaphysik, durch die man jene des Aristoteles lesen lernt, in deren Lichte
man aber auch erstmalig Augustinus als Metaphysiker begreift.
Bei ihm trifft man auch die für den arabischen Aristotelismus
charakteristische Verbindung mit neuplatonischen Zügen, die dem
Gottesgedanken der Offenbarungsreligion einen Platz im peripate-
tischen Denken geben. Neben diesem „Fürst der Philosophen" wird
Averroes (Ibn Rushd, † 1198) bedeutsam, der als „Commentator"
schlechthin gilt und in der Tat ein dem Buchstaben des Aristoteles
verpflichtetes Denken vorlegt. Dies Denken scheut nicht die rationale Konsequenz, wenn sie in Konflikt mit der positiven Religion
treten sollte, und zeigt insofern eine entschlossene Profanität der
weltlichen Wissenschaft: eine wichtige Erfahrung für die christliche Welt.

Formal ist an der Rezeption des Aristoteles bedeutsam, daß in der
aristotelischen Begrifflichkeit dem Abendland ein Instrument zu-
wächst, durch das es über die Grenzen der eigenen Kultur und

ihre traditionale Bestimmtheit hinaus Möglichkeiten der Kommu-
nikation gewinnt. Die scholastische Wissenschaft weiß sich als
nicht mehr durch die Schranken der eigenen Geschichte begrenzt.
Sie kann sich der allgemeinen *Natur* zuwenden, den allgemeinen
und allgemeingültigen *Begriff* einsetzen, sich als Leistung der allgemeinen und allgemeinmenschlichen *Vernunft* verstehen. Die neu-
zeitliche Kritik hat den scholastischen Aristotelismus zwar wieder
als eine einschränkende, traditionale Bestimmtheit verstanden,
durch die eine freie Denkbemühung gehindert wurde. In Wahrheit
steht am Anfang eine neue Eröffnung von Welt, Natur und Vernunft, kraft deren die Scholastik „modern" ist; sie weiß es auch,
und sie nennt sich so. Dennoch hat ihre institutionelle Verfaßtheit,
als Schulwissenschaft, ihr Verständnis des Wissenschaftsbetriebs
als „Vermittlung" alsbald zu einer nunmehr „scholastischen" Tradition geführt, in der schon Thomas mit seinen Zeitgenossen steht.
Zu seiner Zeit besagt sie aber lebendige Fülle; erst in der Spätzeit
verhärtet sie sich und schließt sich gegen neues Denken ab.
Aus dem Gesagten geht hervor, wie irreführend es ist, die Scholastik primär als theologische Größe zu sehen oder gar als geleitet
von der Theologie aus. Wohl aber ist sie für die Theologie besonders folgenreich gewesen, denn diese wird erst in der Scholastik
zur *Wissenschaft*. Schon das 12. Jh. sieht die Bemühung um die
begrifflich formulierte Glaubensaussage, um die kritische Wertung
der „auctoritas" – die theologisch zentral ist, anders als in den profanen Disziplinen –, um das rationale Argument in der Lösung der
Fragen, die nunmehr von der forschenden Vernunft auch an den
Glauben gestellt werden. Das 13. Jh. ordnet diese wissenschaftlich
betriebene Theologie der Universität ein, als Fakultät *neben* den
anderen Fakultäten. Auch die philosophischen Studien, die in der
„Artistenfakultät" an die Stelle der „artes liberales" treten und
deren traditionelle Rolle der Vorbereitung auf die Theologie übernehmen, behaupten sich zunehmend als solche, aus denen man
nicht „aufsteigen" muß, sondern in denen man sinnvoll verweilen
kann (wenngleich das Ausnahme bleibt). Entscheidend ist dann,
daß in der Rezeption des Aristoteles die Theologie mit einer Welt-
erklärung und insbesondere einer Metaphysik konfrontiert wird,
die aus dem profanen Denken stammt und zugleich umfassenden
wissenschaftlichen Anspruch wahrt. Die Theologie nimmt die Begrifflichkeit und das Wissenschaftsverständnis des Aristotelismus
auf. Gerade damit muß sie sich aber der Frage stellen, wie die Ein-

heit eines Weltverständnisses zu wahren ist, in dem theologische und profane Vernunft je eigenes Recht und Stand beanspruchen. Dies ist nicht, wie man meist gemeint hat, das Problem von Glaube und Wissen; vielmehr geht es auf beiden Seiten um Wissen, um Wissenschaft.

Die Zeit des Thomas kennt die beiden Extremlösungen des Problems: die konservative, für die man *Bonaventura* († 1274) nennen kann, welche für die „Geschichte" optiert und der profanen Vernunft selbständige Bedeutung abspricht, und die „progressive" des *reinen Aristotelismus,* welche den Prozeß des profanen Wissens ohne Rücksicht auf seine Einordnung in ein Gesamtverständnis der Welt, notfalls also in heterodoxer Weise vollzieht; ihre Hauptthesen sind 1277 in Paris verurteilt worden. In der Mitte steht der Versuch der *„Synthese",* als der positiven Zuordnung von theologischer und profaner Wissenschaft. Der Versuch ist theologisch motiviert, denn es kommt darauf an, die philosophische Einsicht in die Gesamtreflexion auf ein Weltverständnis einzuordnen, das vom Glauben bestimmt ist. Dann aber stellen sich Folgen für die Philosophie selbst ein, da die denkerische Erfahrung der theologischen Reflexion in diese wieder eingebracht wird. Die Theologen der „Synthese" haben deshalb in der Geschichte der Philosophie einen hervorragenden Platz; an ihrer Spitze Thomas von Aquin, der die ausgewogenste Gestalt der Synthese erbracht hat. Aus eben diesem Grunde muß nun sein philosophischer Grundansatz zunächst im Horizont dieser Synthese geortet werden.

2. Die thomistische Synthese: Theologie und Philosophie

(Grundtext: S. th. I, q. 1)

Die thomistische Synthese ist grundlegend und durchgehend theologisch bestimmt. Zu ihrem Verständnis ist daher ein Blick auf den Theologiebegriff nötig, wie Thomas ihn vor allem zu Anfang der Summa theologiae (I, q. 1) erläutert.

Es geht Thomas hier nicht um den subjektiven Glauben, sondern um den objektiven Lehrinhalt der „sacra doctrina", die vor allem in der Heiligen Schrift vorliegt und deren Prinzipien in den Artikeln des Glaubensbekenntnisses formuliert sind. Diese Inhalte sind von Gott durch Offenbarung mitgeteilt, weil er den Menschen zu einer höheren Daseinsvollendung bestimmt hat, als er von seiner

„Natur" her zu erwirken oder erkennen vermag. Die Heilsfürsorge
macht Offenbarung notwendig, und diese schließt deshalb auch
solche heilsnotwendigen Inhalte ein, die der natürlichen Vernunft
zwar an sich zugänglich, aber doch nur schwierig und nicht zuverlässig erreichbar sind. Die Offenbarung vermittelt teils besondere,
„übernatürliche" Kenntnis, teils Sicherheit natürlicher, der Natur
erreichbarer Erkenntnis (art. 1).

Thomas zögert nicht, diese „sacra doctrina" Wissenschaft zu nennen. Im aristotelischen Sinne gehört zur Wissenschaft, daß ihre
Kenntnisse in einem Beweiszusammenhang stehen, der durch ein-
sichtige Prinzipien bestimmt ist, und daß sie ihren Gegenstand
(subiectum, im grammatischen Sinne) unter einem einheitlichen
Gesichtspunkt (ratio formalis obiecti) betreffen. Offensichtlich fehlt
der Theologie die Einsicht in ihre Prinzipien, denn das sind gerade
die Glaubensartikel. Aber Thomas kann sich mit dem Modell der
„Subalternation" helfen: auch bei profanen Wissenschaften kommt
es vor, daß die eine (z. B. die Optik) ihre Prinzipien von einer anderen, übergeordneten erhält (z. B. der Mathematik), sie also dieser
„glaubt", ohne sie in ihrem eigenen Kontext evident zu besitzen.
So ist die Theologie „subalterniert" dem Wissen Gottes und der
Seligen, in dem die Glaubenssätze evidente Wahrheiten sind. Die
Offenbarung vermittelt objektiv diese Subalternation (art. 2).

Die Offenbarung gibt dann auch die „ratio formalis obiecti", also
den Gesichtspunkt, unter dem ein Inhalt theologisch zu behandeln,
unter dem die Theologie „eine" Wissenschaft ist. Ihr gehört zu das
„revelabile", wörtlich das, „was geoffenbart werden kann". Damit
ist jedoch kein abstraktes „Können" gemeint; vielmehr schließt es
einerseits das tatsächlich Geoffenbarte ein, andererseits alles, was
von diesem her in seiner Bedeutung für den Sinn der Offenbarung,
nämlich das Heil, neu und vertieft erkannt werden kann. So kann
die Theologie von der Offenbarung her etwa profanwissenschaft-
liche Erkenntnisse oder soziale Normen daraufhin prüfen, ob und
wie Heilsbedeutsames in ihnen steckt; das hieße, diese Inhalte als
„revelabilia" betrachten (art. 3).

Der Theologie wird so eine maßgebliche, ja richterliche Rolle gegenüber allem menschlichen Wissen zugesprochen. Gott teilt in der
Offenbarung von dem Wissen mit, das er selbst hat, und Theologie ist somit „Einprägung" (impressio) des göttlichen Wissens,
selbst also „scientia divina" nicht nur dem Inhalt, sondern auch
der „Weise" nach. Sie ist daher „höchste" Wissenschaft, mit *einem*
Blickpunkt, enthoben der Vielfalt profanen Wissens, selbst der

Differenz des spekulativen und praktischen (art. 4, 5, 6). Selbstverständlich ist auch ihr Gegenstand (subiectum) nichts anderes als Gott, alles andere nur in Hinordnung auf ihn; denn Gott erkennt ja zuerst sich selbst und alles andere einzig durch sich selbst (art. 7).

Es scheint so, als stelle sich der Theologe schlechthin auf den Standpunkt Gottes und beanspruche damit totale Zuständigkeit für alles Wissen. Aber das wäre ihm nur möglich, wenn Gott die volle Anschauung seines Wesens gäbe. Tatsächlich gewährt die Offenbarung nur eine begrenzte Teilhabe an Gottes Wissen. Sie ist nur und zeigt nur Wirken Gottes; aus der Wirkung ergibt sich aber nur eine Kenntnis des „Daß" der Ursache (quia est), nicht des wesentlichen „Wie" (quomodo est). Damit kann eine Wissenschaft zwar operieren; auch im Profanwissen können wir überall, wo wir eine Ursache nicht in ihrem Wesen fassen, das wir in einer Definition ausdrücken, an Stelle dieser Definition die Wirkung einsetzen und so wirksam argumentieren (art. 7 ad 1). Aber es ist klar, daß die Theologie auf eine bloß „faktische" Auswahl aus Gottes Wissen verwiesen ist, die sie auf seine Autorität hin annimmt, und auch das Auswahlprinzip ist bereits genannt, nämlich die Heilsnotwendigkeit. Es wäre denkbar, diese Positivität des Offenbarungsinhaltes und -zwecks zum Prinzip des theologischen Denkens zu machen. Die Theologie hätte dann nur die Aufgabe, von ihren Sätzen nachzuweisen, daß ihr Inhalt in der Offenbarung enthalten ist oder in notwendigem Zusammenhang damit steht.

Von einem Theologen, der sich mit solchem Nachweis des „Daß" begnügt, sagt Thomas an anderer Stelle (Quodl. 4, 9, 3), daß er kein Wissen und Begreifen vermittelt und seine Hörer „leer" entläßt. Auch in der Theologie kommt es auf Vernunft, sachliches Begreifen, inhaltliche Begründung – mit einem Wort, das diese drei Momente in eins benennt, auf „ratio" an und auf Einsicht in das „Wie" des Wahren. Seit Anselm von Canterbury († 1109) gilt der „intellectus fidei" als Ziel der Theologie, und das entspricht ihrem Sinn als Wissenschaft. Bei Thomas tritt dieses Sinnziel aber nun in den Zusammenhang einer Lehre, die Glauben und Wissen in einem sich ausschließenden Gegensatz sieht. Was in eigentlichem Sinne „gewußt" ist, kann nicht zugleich „geglaubt" werden (II–II, 1, 5); das Wissen hebt den Glauben auf, und „Wissen" heißt dabei klar, auf Grund einsichtiger Prinzipien „schauen", einsehen. Wissen ist damit eindeutig als etwas gekennzeichnet, was dem naturhaften Verstandesvermögen zugänglich ist.

Daraus folgt, daß alles eigentlich Wissenschaftliche an der Theologie Menschenwerk ist, Leistung des naturhaften Verstandes. Die prinzipiell uneinsehbaren Glaubensinhalte setzen nur die Grenzmarken des theologischen Feldes; technisch ausgedrückt, sie treten eben nur als Prinzipien auf, das theologische Denken bewegt sich im Feld der Schlußfolgerungen. Freilich, in der Schlußfolgerung kommt heraus, was das Prinzip bedeutet, und insofern ergibt sich ein „intellectus fidei". Dennoch ist die wissenschaftliche Theologie jetzt eher Bereich menschlicher Anstrengung – des Studiums –, worin sich auch grundsätzlich der Ungläubige bewegen kann, sofern er die Prinzipien gelten läßt (art. 6 ad 3).

Diese Objektivierung und Rationalisierung der Theologie hat weitere Folgen. Denn das derart theologisch Wißbare hat, sofern es *natürlich* wißbar ist, zugleich seinen Ort in einem natürlichen Wissenszusammenhang, durch den es auf die Prinzipien der natürlichen Vernunft bezogen ist; das gehört zum Begriff der Wißbarkeit. Dieser Kontext ist der Sache nach der frühere, ursprünglichere, da ja die Natur überhaupt früher ist als Offenbarung und Gnade und von dieser vorausgesetzt wird; er ist der allgemeinere, da er den Gläubigen und Ungläubigen gemeinsam ist. Der Theologe muß sich auf ihn einlassen, wenn er mit dem Ungläubigen wissenschaftlich streiten will. Aber auch der Gläubige hört nicht auf, „Natur" zu sein; daher muß auch in seinem Interesse der Theologe auf die „natürliche" Dimension wissenschaftlich eingehen. Und schließlich kann es für eine Erkenntnis, die von der Theologie als „revelabile" betrachtet wird, nicht unwichtig sein, in welcher Weise sie im Kontext natürlichen Wissens steht. Der Theologe muß um der eigenen Wissenschaftlichkeit willen diesen Kontext kennen, notfalls ihn selbst ausarbeiten. Das heißt aber, er muß zugleich Philosoph sein, um Theologe sein zu können.

Diese Formel steht nicht bei Thomas. Er drückt sich vorsichtiger aus, und zwar so, daß stets der Primat und die Eigenständigkeit der Theologie zum Ausdruck kommt. In der Tat ruht die Sicherheit der Theologie ja ganz auf der Offenbarung, und dazu braucht sie keine Stütze anderwärts. Nur im Hinblick auf die tatsächliche „Schwäche" des menschlichen Verstehens, das Gott nicht schaut, bezieht sie sich, gleichsam „nach außen", auf Philosophie; sie „bedient" sich zu ihrer Absicht des philosophischen Arguments und nimmt so die Philosophie als „Magd" in Dienst. Das ändert nichts daran, daß die Philosophie Eigenstand und Eigenrecht behält; im

Bilde gesprochen, die Magd kann überhaupt nur Dienst leisten, wenn sie in sich selbst kräftig ist, und notfalls muß der Theologe sie selbst stärken, damit er guten Dienst erhält. Es kommt sogar darauf an, daß die Philosophie – die Profanwissenschaft überhaupt – in ihrem eigenen Element durchschlagend zur Darstellung kommt. Eine inhaltlich vom Glauben abhängige „Philosophie" würde nichts nützen und nur dem Ungläubigen Gelegenheit zum Spott geben. Thomas hält sich auch in seiner wissenschaftlichen Praxis genau an diese Konzeption des „Magddienstes", welche in der „Synthese" zugleich auf präzise Unterscheidung drängt. Es ist bei ihm stets möglich, den philosophischen Gedanken rein für sich aus der Synthese herauszulösen, weil gerade dies dem Konstruktionsprinzip der Synthese entspricht.

In einem Punkt freilich beeinflußt die Theologie die Philosophie positiv: sie lenkt das Interesse auf jene Probleme, die für die Synthese relevant sind. Das sind natürlich jene, die im Umkreis des „revelabile" liegen, wobei es philosophisch darauf ankommt, das „revelabile" eben nicht *als* revelabile zu betrachten. Hier gibt es allerdings eine Mehrzahl von Gegenständen, die in verschiedene philosophische Disziplinen gehören und von je besonderen Grundlagen aus zu behandeln sind; so neben jenen der theoretischen Wissenschaft die der praktischen Vernunft. Dennoch gibt es einen ausgezeichneten Ansatz, der als schlechthin grundlegend gelten kann: es ist jener, von dem aus die Vernunft bis hin zu der ihr möglichen Gotteserkenntnis ausgreift.

Thomas sieht in der Vernunft ein „Naturverlangen" (desiderium naturale) wirksam, das über alle Begrenzung des menschlichen Denkens hinausdrängt und erst dort zur Ruhe kommt, wo es den höchsten, sein Vermögen ausfüllenden Gegenstand wahrhaft „schaut". In langen Partien der Summa contra gentiles (III, c. 25–50) zeigt er, wie das Denken der „Philosophen" an der Unmöglichkeit scheitert, dieser Dynamik zu entsprechen und in tragischer Resignation bei vorletzten Positionen endet. Der Glaube erst befreit von der „Angst" und der Not des Denkens, ein Ende zu setzen: er versichert uns der unendlichen Gottesschau, und somit zeigt er in Gestalt von Verheißung die Erfüllung alles dessen, was die Vernunft in ursprünglicher Weise bewegt. Der ursprünglichste Impuls muß sich aber schon und gerade im Anfang zeigen: so sieht sich das philosophische Denken in der „Synthese" auf den Anfang verwiesen, aus dem es selbst entspringt, und auf die Reflexion dessen, was in diesem Anfang eigentlich ergriffen wird.

3. Das allgemeine Seiende

(Grundtext: De ver. 1, 1; De ente et essentia 1)

Den Anfang des Denkens können wir nicht einfach wiederholen, da wir immer schon angefangen haben. Wir können ihn aber wiedergewinnen, indem wir unsere Denkinhalte (conceptiones) analysieren und nach dem „ersten" Begriff suchen, den der Verstand bildet. Das Verfahren heißt „resolutio" und führt vom Besonderen zum Allgemeinen, das im Verstand stets das Frühere ist; denn das Besondere setzt das Allgemeine voraus, dessen Bestimmung es ist. Das Erste wäre dann das Allgemeinste.

Die Priorität der Allgemeinerkenntnis mag eine Analogie verdeutlichen: Wenn jemand sich mir nähert, erkenne ich aus der Ferne zunächst nur „etwas", ein „Körperliches"; mit zunehmender Annäherung dann ein sich bewegendes „Lebewesen", dann einen „Menschen" und erst zuletzt das Individuelle, meinen Bekannten. So schreitet Erkenntnis vom noch undifferenzierten, „konfusen" Allgemeinen zu größerer Bestimmtheit fort, wobei sie stufenweise Inhalt „zusetzt", in einer „compositio", deren Gang uns die „resolutio" zurückgehen läßt bis zum Allgemeinsten und Ersten. Daher gibt Thomas, wobei er sich regelmäßig auf Avicenna beruft, als ersten Begriff den allgemeinsten an: Was der Verstand zuerst erfaßt, wenn er sich der Welt öffnet, ist „Seiendes" (ens).

Es gibt keinen positiven Inhalt des Verstandes, keinen „Gegenstand", der nicht seiend oder ein Seiendes genannt werden kann. Die Allgemeinheit des „ens commune" (oder „ens in communi") unterscheidet sich jedoch deutlich von jener der Gattungsbegriffe. Diese werden durch Differenzen bestimmt, deren Inhalt im Gattungsbegriff nicht enthalten ist, sondern die „von außerhalb" hinzutreten. So tritt zur Gattung „Lebewesen" die Differenz „vernunftbegabt" gleichsam von außen hinzu und bestimmt sie zum Artbegriff durch einen Inhalt, den „Lebewesen" nicht besitzt – sonst könnte man nicht gleichzeitig von „vernunftlosen Lebewesen" reden. Wenn aber jeder positive Inhalt „seiend" ist, dann gibt es keine Differenz, die von außerhalb zum „Seienden" hinzutreten könnte. „Seiend" ist keine Gattung; dieser Allgemeinbegriff muß sich anders differenzieren und so auch anders „einer" sein als ein Gattungsbegriff.

Die Differenzierung kann nur *innerhalb* der Bedeutung von „Seiend" stattfinden; anders ausgedrückt, Seiendes tritt sogleich in verschiedenen „Stufen von Seiendheit" (gradus entitatis), in be-

sonderen „Seinsweisen" (modi essendi) auf. Diese werden in den
obersten Gattungsbegriffen benannt, die Aristoteles in seiner Kate-
gorientafel aufgeführt hat. In ihnen sieht Thomas – mit Aristoteles – eine vollständige Klassifizierung der Prädikate, die einem
Seienden (als Subjekt) eindeutig – „univok" – zugesprochen werden können; umgekehrt wird wieder von ihnen „Seiend" (als Prädikat) in je anderer, „vielfacher" Weise ausgesagt (ens multipli-
citer dicitur). Der Sinn von „Seiend" ist anders, wenn ich es von
einem „durch sich" Seienden aussage (per se ens), also einer Substanz, oder von einem, das nur „in einem anderen", nämlich an
einer und durch eine Substanz, Bestand hat (ens in alio), also
einem Akzidens, und innerhalb der Akzidentien sind die Weisen
des „in alio" – Bestimmungen der Quantität, der Qualität, der
Relation, des Wann und Wo usw. – ursprünglich verschieden, nicht
auseinander herleitbar noch aufeinander rückführbar. Es gibt kein
Prinzip oberhalb der Kategorien, das sie umfaßt, und so auch keinen entsprechenden Begriff einer Überkategorie.
Dennoch ist „Seiend" keine bloße Vokabel, bei der wir jeweils
ganz Verschiedenes denken. Vielmehr denken wir beim „Seienden" selbstverständlich zuerst an das „per se ens", an dem es
schließlich liegt, daß es überhaupt ein „ens in alio" gibt. Die Akzidentien hängen von der Substanz darin ab, daß sie sind; sie werden von ihr ermöglicht, also – damit geht Thomas über Aristoteles
hinaus – von ihr „verursacht" (De ente et essentia 7). Eben dieses
Verhältnis, das man ontisch nennen könnte, legitimiert eine die
Kategorien übergreifende, eine – wie wir mit späterem Sprachgebrauch zu sagen pflegen – transzendentale Verwendung von
„Seiend", in der es eine je nach dem Kontext abgewandelte Bedeutung erhält, die jedoch immer auf die eine ursprüngliche bezogen
bleibt. Aristoteles spricht davon, „Seiend" werde „auf eines hin"
ausgesagt; Thomas spricht von Analogie (vgl. Kluxen, Analogie),
und beide geben zur Erläuterung die sprachliche Verwendung des
Begriffes „gesund": Eigentlich „gesund" kann selbstverständlich
nur ein Organismus heißen; „gesund" nennen wir aber mit Recht
auch ein Heilmittel, das Gesundheit nicht „hat", sondern verursacht, oder den Urin, der sie nur anzeigt. Unsere Rede wird dabei
keineswegs mehrdeutig (aequivok), sondern bleibt auf die eigentliche „Gesundheit" bezogen, und so wird der Begriff nicht ein anderer. Dennoch wird im Kontext der Aussage ein Bezug mitgedacht,
der die unmittelbare Bedeutung modifiziert und die Anwendung
des Ausdrucks legitimiert, wo er nicht „eigentlich" trifft. Im Falle

des „Gesunden" wie in dem des „Seienden" ist dieser mitgedachte
Bezug ein solcher der Sache selbst, näherhin einer der Ursächlich-
keit oder, allgemeiner gesagt, des Ursprungs (Prinzip).
Die Analogie ist keine Eigenschaft des Begriffs, die gar eine eigene
Klasse „analoger Begriffe" begründete, wie der Schulthomismus
oft gemeint hat, so daß der Begriffsinhalt doch irgendwie mehrdeutig würde. Der Begriffsinhalt ändert sich so wenig wie die Bedeutung des Substantivs „Baum" sich ändert, wenn es dekliniert
wird; und doch sagt „des Baumes" eine Modifikation des Inhalts
aus, einen Bezug, den „Baum" nicht schon enthält. Aristoteles hat
in solchem Fall von „Paronymie" gesprochen, und man könnte
im Bereich der Kategorien die Zugehörigkeit der Akzidentien zur
Substanz paronymisch ausdrücken, indem man sie nicht eigentlich
als „Seiendes", sondern als „des Seienden" bezeichnet. Vielleicht
könnten wir den Unterschied zwischen Substantiv und Adjektiv,
von Groß- und Kleinschreibung im Deutschen heranziehen: Die
Substanz ist vorzüglich „Seiendes", die Akzidentien an ihr und
durch sie „seiend". Daher können die letzteren nur von der Substanz her verstanden werden, d. h. die Substanz gehört in ihre
Definition. Sie ist das „Zugrundeliegende" (subiectum), welches die
Akzidentien als Bestimmungen hat.
Dies Verhältnis wird nicht vom Begriff des Seienden her durchschaut, sondern umgekehrt ist es die Erfahrung der besonderen,
ursprünglich verschiedenen Seinsweisen und ihrer Zugehörigkeits-
verhältnisse, durch welche wir die umfassende Reichweite des „Seienden" erfahren. Wir lernen die Welt kennen durch die Kategorien und die in diesen eingeordneten, also „kategorialen" Begriffe.
Aber wir erkennen zuvor im allgemeinen Begriff des Seienden jenen
Minimalinhalt, durch den jedes Erfaßbare sich vom Nichts unterscheidet und zur Welt gehörig ist. Dieser ist wiederum kein gemeinsames „Stück" (das müßte andere „Stücke" außerhalb seiner
haben), auch keine abstrakt benennbare allgemeine Charakteristik
(etwa die „Seiendheit" des Seienden) noch gar ein kollektiv Allgemeines wie „Welt". Er benennt vielmehr das Allgemeinste des
je uns begegnenden einzelnen Konkreten und damit jeweils dieses
als Ganzes (vgl. In Boeth. de hebd. 2). So ist der konkrete Begriff
„ens" auch des Plurals „entia" fähig. Dennoch mag man in ihm
eine Art „Vorgriff" auf die Welt oder das Seiende „im Ganzen"
sehen, weil ja jede Erfahrung notwendig zuerst unter diesem Begriff auftreten muß; nur gibt der Vorgriff inhaltlich nichts her, und
er kann auch nicht „das Ganze" schon irgendwie gegenwärtig

machen und ergreifen. Seine Leistung ist nur – und das ist schon genug –, die Erkenntnis auf einen Weg zu bringen, dessen Vielfältigkeit nicht auseinanderfällt, sondern in der grundlegenden „Einheit der Analogie nach" gebunden bleibt; alle Bestimmung und Unterscheidung bleibt innerhalb des Ersten, und daher kann von diesem aus in die Vielfalt der besonderen Welterkenntnis und der speziellen Wissenschaften fortgeschritten werden.

4. Substanz und Wesen
(Grundtext: De ente et essentia, 2–4)

Die philosophische Betrachtung, in der wir uns befinden, steht nicht am Anfang, sondern in der Reflexion auf den Anfang. Sie hat die speziellen Wissenschaften schon hinter sich gelassen und fragt nun danach, ob nicht gerade auf der Ebene des Allgemeinsten weitergehende, inhaltlich triftige Erkenntnisse vom Seienden zu gewinnen seien. Solche Erkenntnisse würden den Zusammenhang des Seienden, den die Wissenschaften im einzelnen verfolgen, auch „im Ganzen" verständlich machen. Diese Perspektive fanden wir im „allgemeinen Seienden" lediglich angelegt, und ihr kann nicht mit dem Durchschreiten der Vielfalt des Einzelnen entsprochen werden: denn das ist nicht durchschreitbar. In der Absicht auf das Ganze können wir jetzt aber fragen, ob es nicht doch ein gemeinsames „Stück" in allem Seienden gebe, oder eine allgemeine Charakteristik seiner Seiendheit, worin der Zusammenhang alles Seienden faßbar würde. Dem nachzugehen ist eine Aufgabe, die wir heute einer Ontologie zuweisen würden. Sie ist die Vorbereitung der Metaphysik.

Die ontologische Untersuchung wird die allgemeinen Strukturen des Seienden in den ursprünglich verschiedenen Weisen suchen müssen, in denen es sich differenziert; denn es hat ja nur eine Einheit der Analogie nach, welche Deduktionen aus dem bloßen Begriff ausschließt. Da die Analogie aber stets ein Erstes voraussetzt, ergibt sich der Ansatz sogleich: nämlich bei der ersten Kategorie, der Substanz, die, als das „durch sich" Seiende, das eigentlich Seiende ist und an der man zeigen können muß, was eigentlich „seiend" heißt. Das ist der Ansatz des Aristoteles, der die Frage nach dem Seienden auf die nach der Substanz reduziert, und in dieser Hinsicht folgt ihm vor allem sein „Commentator", Averroës. Thomas folgt diesem Ansatz eine erhebliche Strecke.

4.1. Akt und Potenz

Anzufangen ist beim Bekannten, dem „für uns" Früheren. Das aber
sind jene Substanzen – im Plural –, die uns in der sinnfälligen
Welt als abgrenzbare Ganzheiten, die wir mit Allgemeinbegriffen
erfassen, als Träger von Eigenschaften oder Bestimmungen, als Zen-
tren von Tätigkeit begegnen: etwa Steine, Bäume, Pferde, Menschen. Sie sind konkretes, individuelles Seiendes, auf das wir zeigen können als ein „dieses da" (hoc aliquid), das einen Eigennamen
haben kann („Sokrates" ist das ständige Beispiel) und in vollem
Sinne „wirklich" (ens actu) heißen darf.

Freilich sind sie nicht uneingeschränkt „Wirkliches", was schon
darin sich zeigt, daß Substanzen „sich verwirklichen": in Tätigkeiten, die sie ausüben können oder auch nicht und die als „zweiter Akt" (actus secundus) aus der primären Wirklichkeit (actus
primus) hervorgehen; noch entscheidender darin, daß sie überhaupt entstehen, geboren werden, wachsen und sich vermehren,
daß sie – das ist der allgemeinste Ausdruck – „bewegt" sind, „bewegbares Seiendes" (ens mobile). Es ist ihnen *möglich*, zu sein
oder auch nicht zu sein (possibile esse et non esse), daher sie denn
auch vergehen können, sterben oder zerstört werden. Sie sind
derart wirklich, daß ihnen zugleich ein „Können" innewohnt, ein
„Vermögen" (potentia) sowohl zu einem Mehr als einem Weniger
an Aktualität.

Es ist wichtig, die „Potenz" nicht in dem späteren Sinne einer
„Möglichkeit" zu verstehen, welche primär das widerspruchsfrei
Denkbare meint und dann solche Widerspruchsfreiheit als ontologische Voraussetzung des Wirklichen ansetzt, gemäß dem Satz,
daß alles Wirkliche zuvor „möglich" gewesen sein muß; das Seiende wäre dann primär das Mögliche, Wirklichkeit nur sein Modus.
Für Thomas ist „Potenz" aber jenes Können, das am aktuell Seienden feststellbar ist. Nur der Akt kann ein wirkliches Erkennen
bestimmen und hervorrufen, die bloße Möglichkeit ist ihrem Begriffe nach nur „Seiendes" als Gedanke der Vernunft (ens rationis)
und hat dann eben nur für die Vernunft und in ihr Bedeutung.
Potenz „an sich" ist nicht Seiendes, wohl aber ist sie an einem
aktuell Seienden, von diesem her oder auf dieses hin, erkennbar:
wir erkennen am kahlen Baum die Potenz, Blätter zu treiben oder
zum Tisch verarbeitet zu werden, und das ist Erkenntnis des
(aktuellen) Baumes. Der Akt hat schlechthinnigen ontologischen
Vorrang.

4.2. Form und Materie

Wenn Substanzen „bewegt", wandelbar sind, so zeigt das an, daß
sie nicht einfach Akt, sondern aus Akt und Potenz „zusammengesetzt" (composita) sind. Dabei ist selbstverständlich nicht an
selbständige, schon „seiende" Teile zu denken, die nachträglich
zueinander treten; sie ergäben nicht jene individuelle Ganzheit, als
welche die Substanz uns erkennbar, als welche sie „Seiendes" ist.
Für diese ihre Einheit und Bestimmtheit als Seiendes muß ein einziger, sie insgesamt einender, bestimmender und zum aktuellen
Seienden machender Akt den Grund darstellen. Dieses ihr innerliches Prinzip, durch das sie eben Substanz ist, ist die Form. Daß
in der durch die Form aktuierten Substanz dann noch Unbestimmt-
heit, Bestimmbarkeit bleibt, muß auf eine ihr entgegengesetzte
Potentialität zurückgeführt werden, die ihrerseits ein der Ganzheit
innerliches Prinzip darstellt, wenn auch in durchaus anderem Sinne:
nicht als einend-Eines, sondern eben als bloße Bestimmbarkeit,
welche, soviel an ihr liegt, auch anders bestimmt werden könnte
und insofern durch die Form nicht vollständig beherrscht wird; das
ist die Materie.
Als bloße Bestimmbarkeit kann die Materie überhaupt nicht als
irgendwie selbständige Größe gedacht werden; die „erste Materie", der jede Bestimmtheit fehlt, ist reiner Grenzbegriff, mit dem
wir nur auf die Notwendigkeit eines allgemeinen Substrats für den
substantiellen Wandel – den Formwechsel – verweisen. Materie
kommt in der Wirklichkeit (in rerum natura) nur „unter" Formen
vor, von denen alle Bestimmtheit kommt. Dann freilich ist sie
Grund der Vielheit, die sich am meisten im Auseinander der Teile
eines räumlich ausgedehnten Körperwesens zeigt. Sie steht dann
unter „bestimmten Dimensionen" (sub certis dimensionibus), man
kann von „dieser" und „jener" Materie sprechen, sie ist quantitativ
„gezeichnet" (materia quantitate signata). In dieser Bestimmtheit
– die sie unter Formen gewinnt – kann sie sogar der Grund dafür
sein, daß eine Form, welche sie nicht vollständig beherrscht, durch
sie variiert wird und in dem durch sie aktuierten Seienden nicht
ihre volle Inhaltlichkeit verwirklicht. Dieselbe Form kann dann
mehrfach auftreten, jeweils verschieden variiert in verschiedenen
Individuen. In solchen Fällen – und das ist bei allen wandelbaren
Substanzen gegeben, da sie sonst nicht wandelbar wären – ist die
„gezeichnete" Materie gar das Prinzip der Individuation; erst durch

ihren Bezug auf die gezeichnete Materie gewinnt die Form und durch sie das Seiende Individualität.

Diese berühmte Lehre von der Materie als Individuationsprinzip bei wandelbaren Substanzen gilt oft als spezifisch thomistisch; in Wahrheit ist Thomas in diesem Punkt einig mit allen Zeitgenossen. Dagegen unterscheidet er sich von ihnen durch die Radikalität, mit der er die Einzigkeit der substantiellen Form betont. Zwar kann eine Substanz zahlreiche akzidentelle Bestimmungen aufnehmen, die „Formen" genannt werden können, aber alle liegen auf der Ebene des „actus secundus". Der „actus primus" jedoch, durch welchen die Substanz überhaupt *eine* ist, kann nur einer und ein einziger sein. Das gilt dann auch für den schwierigsten Fall, die Substanz „Mensch", bei dem das substantielle Prinzip – wie bei allen Lebewesen – „Seele" heißt. Durch die Evidenz, daß der menschliche Geist in einer Weise tätig ist, die nicht zureichend als Tat eines Körperwesens oder als dessen Lebenskraft begriffen werden kann, war die philosophische Tradition zur Annahme eines ontologischen Sonderstatus für den Geist gekommen, dem gegenüber der Körper eine eigene Substantialität besaß. Auch Aristoteles, welcher die Seele als „ersten Akt" eines funktionell organisierten lebensfähigen Körpers definierte, ließ den Geist dem beseelten Lebewesen „von außen" beitreten. Für Thomas kommt es auf die substantielle Einheit des ganzen Menschen an, für den der Geist nicht ein anderes, sondern „er selbst" ist: durch eben die Geistseele ist der Mensch Mensch, und daher stammt alle substantielle Bestimmung aus ihr, die des Knochens als Knochen, des Muskels als Muskel. Dennoch kann die menschliche Seele, sofern sie Geist ist, als dem Körper derart überlegen gedacht werden, daß sie nicht vollständig durch diesen Bezug definiert wird. Der Akt ist der Potenz überlegen, und nichts hindert, daß er in sich ein Mehr gegenüber jenem Potenzbezug besitzt, durch den er Akt eines Körperwesens ist. Die Geistseele kann sogar ihre Individuation dem Bezug auf die Materie verdanken, und dennoch kann sie, nachdem sie individuiert ist, dieses ihr Mehr an Aktualität als ihre eigene, vom Fortbestand des Körpers unabhängige Substantialität besitzen. So ist die Unsterblichkeit der Seele denkbar im aristotelischen Kontext der Materie-Form-Lehre, und zugleich ist die Einheit des Menschen radikal gedacht; denn es bedarf nun keines Grundes oder Bandes mehr, um Leib und Seele zu verbinden: Materie und Form sind in der Substanz ursprüngliche Einheit.

Nicht die Seele ist der Mensch; allgemein gesprochen, in der wandelbaren, zusammengesetzten Substanz ist nicht die Form als solche das Seiende, sondern das Ganze aus Form und Materie. Nicht einmal der Akt ist als solcher Seiendes, sondern „durch ihn" ist das Seiende. Thomas spricht hier, mit einem Ausdruck des Boethius, von einem „quo est", durch welches das „quod est" – und dies ist nichts anderes als das „ens", das konkrete Seiende – zustande kommt. Das „quo est" ist nicht ein Selbständiges, sondern „Prinzip"; Akt und Potenz, Form und Materie sind in der wandelbaren Substanz unselbständige Prinzipien dessen, „was" diese „ist".

4.3. Wesen und Allgemeinbegriff

Was ist sie? Auf diese Frage antworten wir mit Bezeichnungen wie „Mensch", „Lebewesen", „Vernünftiges", also mit Hilfe von Allgemeinbegriffen. Alle diese Begriffe schließen die Bedeutung von „Substanz" ein, da sie ein selbständig Seiendes meinen. Insofern gehören sie zur „Gattung" oder Kategorie „Substanz" und stellen deren Differenzierung dar. Daher sind sie denn streng logisch geordnet nach der Weise dieser Differenzierung, als Gattungs-, Differenz- und Artbegriffe, und es kann genau angegeben werden, wie die oberste Gattung durch eine hinzutretende Differenz zur nächstniederen bestimmt wird, diese wiederum auf gleiche Weise zur nächstfolgenden, bis hin zur Art, welche die niedrigste Allgemeinheit hat und durch den „letzten", artbildenden Unterschied (differentia specifica) gebildet wird. Ein solch letzter Unterschied ist etwa das „vernünftig", welches die Art „Mensch" aus der Gattung „Lebewesen" ausgrenzt; „letzter" deshalb, weil sich keine Differenzierung des „Vernünftigen" mehr angeben läßt, die es an ihm selbst, eben als Vernünftiges, träfe.

Alle diese Begriffe, die zur Kategorie der Substanz gehören, werden von der konkreten, individuellen Substanz ausgesagt wie der Substanzbegriff selbst: Sokrates ist Mensch, ist Lebewesen, ist Vernünftiges. Sie meinen also jeweils das Ganze aus Form und Materie und nicht etwa nur irgendwelche Bestimmtheiten am Ganzen. Dennoch ist klar, daß der Inhalt dieser Begriffe nicht den Inhalt des Ganzen voll deckt: einmal gehört dazu nicht das eigentlich Individuelle, und zum anderen haben Gattungs-, Art- und Differenzbegriff doch verschiedenen Sinn, der zu erläutern ist. Dabei ist davon auszugehen, daß diese Substanzbegriffe genau jene Inhalte am Seienden hervorheben, durch welche dieses eben zur Kategorie der Substanz

gehört – darum eben sind sie Substanzbegriffe – und durch welche
es ihm zukommt, eben „Seiendes durch sich" zu sein. Diese im
Seienden bestehenden Inhalte sind sein *Wesen* (essentia).

„Wesen" heißt nach dem Gesagten ein Inhalt, ein „Was", scholastisch gesprochen eine „Washeit" (quiditas), welche durch den Begriff und vorzüglich die Definition, also den logisch geklärten Begriff, angesprochen wird. Die feste kategoriale Einordnung kommt ihm zu, sofern es sich um die beständige Grundgestalt des Seienden handelt, die sich durch Zustände und auch individuelle Varianten durchhält als die, welche sie war; das hat Aristoteles mit dem Kunstwort „das Sein-was-es-war" gemeint, das lateinisch zu dem sprachlich barocken „quod quid erat esse" wird. Diese Grundgestalt bestimmt und legt fest das Wirken des Seienden; insofern heißt das Wesen „natura". Das Wort „essentia" selbst läßt das „esse" anklingen: „Wesen" ist die Weise, in der Seiendes „Sein" hat oder „Seiendes ist".

Zum Wesen gehört daher nicht nur die Form, sondern auch die Materie, denn erst beide zusammen konstituieren das Ganze, als welches die wandelbare Substanz „ist". Daher bezeichnen auch die Wesensbegriffe jeweils das Ganze, nur in verschiedenem Sinne, der in bezug auf die Prinzipien Materie und Form zu erläutern ist: Der Gattungsbegriff bezeichnet das Wesen als solches, das noch Differenzen aufzunehmen hat und bestimmbar ist; insofern verweist er auf Materialität („sumitur a materia"), das Prinzip der Bestimmbarkeit. Der Unterschiedsbegriff nennt das Wesen im Hinblick auf seine „letzte" Bestimmtheit, also die Form. Der Artbegriff, der Bestimmbares und Bestimmendes umfaßt, nennt das Ganze *als* ein Ganzes; so ist er (und die ihn explizierende Definition) der eigentliche Wesensbegriff. Wenn nun auch dieser Begriff das eigentlich Individuelle ausläßt, ist dies dann das Unwesentliche, das nicht mehr im substantiellen Sinne Seiende? Das stünde doch im Gegensatz zu allem bisher Gesagten, bei dem wir von der Evidenz ausgegangen sind, daß Seiendes, so wie es uns begegnet, nur als konkret-individuelles „wirklich" ist. Auch das Wesen kann „wirklich" nur als individuelles sein, denn was immer im konkreten Individuum ist, ist individuiert (quidquid est in Socrate – also im Individuum – individuatum est). Wäre also unser Wesensbegriff falsch? Auch das kann man nicht zugeben, da er ja wahrhaft vom Individuum aussagbar ist; wenn er nicht alles sagt, sondern vom Individuellen absieht – „abstrahiert" –, kann man das vielleicht eine „Schwäche" nennen, nicht einen Fehler, und es fragt sich, ob die Schwäche nur auf seiten des Begriffs zu suchen ist.

Nach Thomas ist die Unfähigkeit des Wesensbegriffs, über die letzte, artbildende Differenz zur individuellen *in der Linie des Begriffs* fortzuschreiten, die logische Entsprechung zu dem ontologischen Verhältnis, daß die Form der wandelbaren Substanz unfähig ist, sich für sich allein – da sie doch Akt ist – zu verwirklichen, sondern sich auf die Materie verwiesen findet und von dieser ihre Individuation zu empfangen hat. Der unterscheidende Begriff ist aber auf die Bestimmtheit angewiesen, welche die Form wirkt; die Materie, als Potentialität, entzieht sich dem Begriff außer dort, wo sie von der Form beherrscht wird. Ein Wesensbegriff wie „Mensch" kann also sehr wohl Materielles meinen (wie Fleisch und Knochen, die zum Menschen gehören), aber enthält in sich nicht „diese" Materie (dieses Fleisch, diese Knochen), die ja ihre individuelle „Diesheit" nicht der Form verdankt, sondern sie gerade durch ihre Materialität bekommt. Nicht die Individualität als solche ist demnach dem Begriff entzogen, sondern die Materialität und die von dieser begründete Weise von Individualität.

Man könnte demnach sinnvoll sagen, daß die Form, sofern sie in mehreren Individuen als die gleiche verwirklicht wird und sich darin verschieden individuiert, „an sich" eine gewisse „Allgemeinheit" hat. Das Wesen hat diese Allgemeinheit aber nicht an sich selbst, sondern sie kommt dem Wesensbegriff zu. Das individuelle Wesen ist auch nicht der Erkenntnis überhaupt entzogen, sondern sofern es sich in sinnfälliger Körperlichkeit verwirklicht, erkennen wir durch Sinne und Phantasie das Individuum in seiner Individualität und zugleich als jenes Seiende, das der allgemeine Wesensbegriff trifft. Nur deshalb ist der Allgemeinbegriff „Mensch" wirklich auszusagen von „Sokrates". Im begrifflichen Diskurs erscheint Sokrates freilich nur durch den Namen, der an sich keine Bedeutung hat, sondern nur hinweist. Mit dem Namen, der auf die Anschauung verweist, kann aber der Inhalt verbunden werden, den der Begriff enthält.

Es sieht nun so aus, als besage „Wesen", sofern davon in der Kategorie der Substanz die Rede ist, nichts anderes als „Substanz" selbst. Aber wir reden doch sinnvoll davon, daß etwa „das Wesen des Menschen nicht erschöpfend in *einem* Individuum verwirklicht ist", oder daß „der Mensch sprachbegabt ist", wobei wir mit „Wesen" oder mit „dem" Menschen nicht die Summe der individuellen Substanzen meinen, sondern einen ihnen innewohnenden Bestand, den

sie „haben" und nicht „sind". Ebenso „ist" das Seiende nicht
Form und nicht Materie, sondern „hat" sie, nämlich als Prinzipien: das beide Prinzipien zusammenfassende Wesen kann deshalb
ebenfalls als Prinzip angesprochen werden. Das tun wir, wenn wir
den Wesensbegriff nicht mit einem konkreten Ausdruck (Vernünftiges, Lebewesen), sondern mit einem abstrakten (Vernünftigkeit,
Lebendigkeit) belegen und so aussagen. Der abstrakte Begriff
schließt alles aus, was nicht zum begrifflich erfaßten Wesen gehört
(„cum praecisione") und ist deshalb nicht mehr aussagbar von Individuen; das ist nur der konkrete Begriff, der „ohne Ausschluß"
(„sine praecisione") und deshalb „allgemein" ist. Das Wesen wird
so zweideutig: Sokrates „ist" ein Wesen, aber er „hat" auch ein
Wesen.

Gilt dieser Unterschied auch, wenn wir an ein – freilich für uns
nicht begrifflich bestimmbares – individuelles Wesen denken? „Ist"
Sokrates seine „Socratitas" oder „hat" er sie? Auch hier wird das
Wesen als bestimmendes Prinzip, als eine Art „Form" angesprochen, und so muß man von „Haben" reden. Die „essentia" faßt,
so gesehen, die Prinzipialität von Form und Materie zusammen in
einem Begriff des das Ganze Bestimmenden, unter Ausschluß des
Bestimmbaren, das auch der individuellen Substanz noch zukommt,
nämlich im Verhältnis zu den Akzidentien. So muß die Substanz
als konkreter Selbstand (suppositum) noch von ihrem Wesen unterschieden werden.

Der *ontologische* Sinn von „Wesen" wird, in der wandelbaren Substanz, erfüllt durch die Prinzipien Materie und Form, die insofern
Wesensprinzipien heißen (principia essentiae). *Wirklich* ist das
Wesen in der Vielzahl der Individuen, welche die Art (species)
variieren. *Allgemein* ist es als Begriff, den der Verstand bildet;
seine Aussagbarkeit von den Individuen – sachlich auf der Gemeinsamkeit der Form gegründet – ist eine Folge der Allgemeinheit, die der Verstand dem Begriff vermittelt, sofern er deren Inhalt von der individuierenden Materie „abstrahiert". Was wäre
dann das Wesen als „es selbst", losgelöst von der Vielheit der Individuen und der Allgemeinheit des Verstandes? Avicenna hatte
diese Frage gestellt und die Antwort gegeben: es ist eben „es selbst",
der reine Sachgehalt; als solcher weder eines noch vieles, sondern
das, zu dem Einheit und Allgemeinheit (im Seienden, im Ver-
stande) erst hinzutreten: gerade als solche „Natur" ist sie das,
woran sich der Verstand zu halten hat und worin das Seiende den
Kern seines Bestandes besitzt. Thomas dagegen weist dieser „ab-

solut" betrachteten Natur (natura absolute considerate) überhaupt keine Stelle in seinem ontologischen Konzept zu; denn so, als weder eines noch vieles, ist sie gerade nicht seiend: nullo modo habet esse. Sie ist nur das Produkt einer Reflexion, welche den gemeinsamen Sachgehalt von Begriff und wirklichem Individuum heraushebt, um die Möglichkeit des Bezuges zu klären, und verschwindet dann. Thomas kennt kein eigenes Wesenssein, ein „esse essentiae", wie viele seiner Zeitgenossen, und entfernt sich damit von der „essentialistischen" Deutung des Seienden.

Das Wesen mag man als den zusammenfassenden Begriff für die Prinzipien des Seienden auffassen, die es in dem, *was* es ist, begründen. Dennoch zeigt gerade die letzte Überlegung, daß es als „es selbst" gerade das, was *ist,* nicht zu begründen vermag. Kein Was leistet schon das Ist; das Seiende aber wird durch beides konstituiert, durch das Wesen *und* das Sein.

5. Sein und Transzendenz

5.1. Sein und Wesen

Vom Sein war bisher nicht ausdrücklich die Rede, der Ausdruck war eher gemieden. Man muß erst sehen, daß Thomas der Substanzanalyse der Aristoteles, Averroes, Avicenna weitgehend folgt, auch wo er sie abwandelt. Nun aber ist zu zeigen, wo er den Rahmen dieser Tradition verläßt. Das geschieht in seinem Gedanken des „Seins".

Zu diesem Lehrstück läßt sich kein „Grundtext" angeben. Die entscheidenden Aussagen finden sich über das Gesamtwerk verstreut, immer wieder abgewandelt im jeweiligen Kontext, doch offenkundig Ausdruck einer klaren Grundlehre. Sie tritt vor allem in der Gotteslehre hervor, zumal beim Thema der Einfachheit Gottes (S. th. I, q. 3 u. 4; SCG I, c. 20–29). Wichtige Aussagen finden sich auch in der Lehre von den immateriellen, von der Materie „getrennten" Substanzen (substantiae separatae), die in der aristotelischen Physik als Himmelsbeweger angesetzt werden und theologisch den Engeln entsprechen, sowie in der Lehre von der Schöpfung. Schon das mag als Hinweis auf die eigentlich „metaphysische" Bedeutung der Seinslehre gewertet werden.

In Wahrheit liegt der Gedanke des „Seins" schon im Anfang vor, im thomistischen Verständnis von „Seiend". Dessen elementarste Explikation als das, „was ist" (quod est), die eigentlich nur die

im Partizip „ens" vereinigten Charaktere von Nomen und Verbum
grammatisch auseinanderlegt, kann bereits als Andeutung dieses
Verständnisses aufgefaßt werden, die dann deutlicher in der häu-
figen Formel „was Sein hat" (quod habet esse) herauskommt. Darin
weist das „Was" auf einen sachlichen Inhalt (res), der nominal zu
bezeichnen ist; an diese Stelle kann man den Begriff einer Washeit
oder eines Wesens setzen. Die Formel zeigt sich dann als Ausdruck
jenes Verhältnisses, das sich am Ende der Besprechung des Wesensbegriffs zeigte: sie enthält, in der Differenz von „Was" und „Ist",
die Differenz von Wesen und Sein, jedoch so, daß sie die Einheit
beider im „Seienden" anspricht.

Es fragt sich natürlich, was das „Sein" bedeutet, das im „Ist" angesprochen wird. Zeitgenössische Gegner jeder „Seinsphilosophie"
pflegen zu unterstellen, daß der primäre Sinn des „Ist" darin besteht, Subjekt und Prädikat im Satz zu verbinden; es bezeichne die
„copula", deren leere Universalität dann im Begriff „Sein" (und
auch im Begriff des „Seienden"!) unberechtigt hypostasiert werde.
Thomas ist sich dieser Problematik durchaus bewußt (vgl. In I
Periherm. l. 5, n. 71–73), aber er hält es einfach für falsch, das
„Ist" *primär* als Zeichen der „compositio", also der positiven Zuordnung von Subjekt und Prädikat im affirmativen Urteil, anzusetzen. Sein ursprünglicher Sinn, und damit der Sinn von „Sein",
ist ganz klar der von „Aktualität", von Wirklichkeit und Verwirklichung. Wer von etwas schlicht sagt, es „ist" – wie im Existential-
urteil, das den Logikern immer Schwierigkeiten gemacht hat –, der
meint damit ganz unmißverständlich dessen „in Akt-Sein" (in actu
esse). Von hier aus – und nicht umgekehrt – läßt sich verstehen,
warum das „Ist" als Zeichen der „compositio" eingesetzt wird;
denn Aktualität ist immer Sache einer bestimmenden und wirk-
lichkeitsverleihenden Form, sei diese substantiell oder akzidentell,
und nichts anderes tun wir, wenn wir ein Prädikat einem Subjekt
zuordnen, als daß wir diesem eine „Form", eine Bestimmtheit, zusprechen, die ihm „aktuell" innewohnt (sei dies schließlich nur eine
Aktualität des Gedachtseins). Die „compositio" wird im „Ist"
daher nur „mitbezeichnet" (consignificat); das „esse copulae" ist
sekundär.

Das Sein, das im „quod est" und im „quod habet esse" als zum
Seienden gehörig ausgesagt ist, muß demnach verstanden werden
im Sinne von *Akt.* Das Was und Wesen kommt dadurch zur Bedeutung des bloßen Seinkönnens, welches den Akt erst „haben"
muß, damit Seiendes zustande kommt; es ist *Potenz,* und als solche

eben noch nicht Seiendes. Erst durch den Seinsakt (actus essendi) ist das Seiende Seiendes und heißt auch so (nomen entis sumitur ab actu essendi). Thomas braucht, neben „actus essendi", bevorzugt den Ausdruck „ipsum esse"; das ist bei Augustinus – und Thomas wußte das – eine Bezeichnung für Gott, bei Thomas hingegen für das individuelle Sein jedes Seienden. Wie er aber vom „ens commune" spricht, so kann er auch vom „esse commune" sprechen: der Seinsakt ist ein allem und jeglichem Seienden Zukommendes, weil es erst durch ihn Seiendes ist. Er ist daher ein in allem Seienden Gemeinsames, und das sogar in dem Sinne, daß erst in bezug auf ihn von „ens commune" gesprochen werden kann. Denn dessen „Gemeinsamkeit" kann nicht an der „essentia" liegen, da ja gerade die Differenzierung des Seienden durch das begrifflich erfaßbare Wesen erfolgt. Die reine Aktualität des Seins besitzt dagegen in sich selbst kein Prinzip der Vermannigfaltigung; „Sein" meint Einfaches.

Dabei ist sehr wohl zu beachten, daß jenes „gemeinsame" und als „einfach" zu denkende Sein von der Differenzierung, welche das „ens commune" kategorial auseinanderlegt, an ihm selbst betroffen wird. Jedes Seiende, das von einem anderen verschieden ist, hat ein ihm eigenes, von anderem verschiedenes „Sein selbst"; sonst wäre es eben nicht „dieses" von anderem verschiedene Seiende. Umgekehrt ist es nur „ein" Seiendes, sofern es „einen", ihm allein und ganz eigenen Seinsakt besitzt: Einheit des Seienden und des Seins korrespondieren streng, weil das Sein eben Akt „des" Seienden und weil das Seiende eben „das Seiende" ist. Das Sein ist daher selbstverständlich nicht selbst ein Seiendes, und daher „ist" es als es selbst überhaupt nicht. Vielmehr ist das Seiende „durch es". Es ist demnach *Prinzip* des Seienden, ein reines „Wodurch" (quo est), und zwar ein dem Seienden durchaus innerliches. Was sollte auch dem Seienden innerlicher sein als jenes, wodurch es überhaupt Seiendes und es selbst ist? Es ist ohne das Sein, das ihm zugehört und innewohnt, kein Seiendes.

Der Grund der Differenzierung des Seins liegt in eben dem Prinzip, durch welches das Seiende überhaupt differenziert wird: in der „essentia", die als Potenz dem Seinsakt gegenübersteht. Freilich kann der Akt von der Potenz als solcher nicht „bestimmt" werden (denn das hieße ja „aktuiert", „geformt"), so wenig wie die Form von der Materie. Wohl aber nimmt die Potenz den Akt auf (recipit) im Sinne einer Begrenzung, die ihn einschränkt. Die „essentia" ist daher „limitierendes" Prinzip und eben als solches für die Diffe-

renzierung des Seinsaktes maßgeblich. Gegenüber dem „quo est"
vermittelt sie dem Seienden – wenn man hier die Terminologie des
Boethius anwenden will – das „quod est". Strenggenommen freilich, nämlich im Sinne der Substanzanalyse, als welche bis jetzt
diese Ontologie dargestellt wurde, wäre das „quod est" natürlich
das konkrete Seiende selbst, dessen Wesen wieder durch die Prinzipien Materie und Form gebildet wird. Durch diese Wesensprinzipien wird das jeweilige Sein festgelegt und gleichsam konstituiert
(quasi constituitur per principia essentiae, In IV Meta. l. 2; n. 558);
nicht so freilich, als brächten diese das Sein von sich aus hervor –
dann müßten sie es vorher haben und wären schon Seiendes –,
sondern eben im Sinne der Aufnahme und Grenzsetzung. Wieder
ist es unter den Wesensprinzipien die Form, welche dem Ganzen
das Sein vermittelt: „forma dat esse", wie Thomas öfter sagt; denn
sie ist in der Substanzanalyse als das bestimmende Wesensprinzip
erwiesen, dem Aktcharakter zukommt. Das Sein tritt so gleichsam
in die Wesensstrukturen ein, welche die Substanzanalyse aufgezeigt
hat, und gestattet damit eine Definition des Wesens als das, „durch
das und in dem ein Ding Sein hat" (per eam et in ea res habet esse,
De ente 1).
Sein und Wesen erweisen sich so als miteinander wirkende und aufeinander verweisende Ko-Prinzipien des konkreten Seienden. Beide
gehören diesem innerlich zu und sind gegen es nicht selbständig,
da sie es ausmachen. Gegeneinander sind sie jedoch prinzipiell –
als verschiedene, entgegengesetzte Prinzipien – verschieden und
bleiben es auch, da sie gerade in ihrer Unterschiedenheit dieses
Seiende ausmachen. Dabei bleibt dem Sein, als dem Akt, der
schlechthinnige Vorrang, und das läßt sich wieder aus dem ein-
fachen Grundsatz begründen, daß eben durch das Sein das Seiende
schlechthin „ist"; daher denn alles, was an ihm „ist" – und das
heißt „im Akt" ist –, auf den einen ihm zugehörigen Seinsakt zu-
rückzuführen ist. Das Sein ist die Aktualität aller Akte, und auch
der Formen selbst; es ist das Innerlichste des Seienden, wie bereits
gesagt, und so auch das am meisten Bestimmende; das „Formalste"
also, was sich angeben läßt. Das Sein ist es, dem das Seiende Stand,
Festigkeit, Ruhe verdankt, selbst also fest und beständig. Es ist das
eigentlich und letztlich Vollendende, die Vollkommenheit aller
Vollkommenheiten, somit das Vollkommenste. Das Sein ist schließlich die eigentliche Wurzel der Wahrheit, sofern wir nur auf Grund
des Seins überhaupt von etwas sagen können, daß es ist und was

es ist; nur der Akt kann sich einem Erkennen wie dem unsern zeigen, das seinen Gegenstand empfängt und nicht erzeugt.

Wenn so dem Sein alle Charaktere der Positivität zugewiesen werden, scheint für die „essentia" nur die Rolle der Negation zu bleiben, die ja tatsächlich im Begriff des „limitativum" anklingt. Sie wäre bloß „Grenze" des Seinsaktes, damit nur ein Moment an diesem und in sich „nichts". Es hat Thomisten gegeben (und gibt sie), welche die Priorität des Seins im Sinne solcher Deutung zur Grundlage einer spekulativen Seinsphilosophie gemacht haben, die dem Sein eine Art dialektischer Selbstentfaltung und Selbstbeschränkung zuspricht, worin die „essentia" nur noch „modus essendi" in einem umfassenden Prozeß des Seins ist. Gegen solchen Überschwang ist der Hinweis angebracht, daß Thomas das Sein zunächst im Rahmen des „ens" ansetzt, als dessen Prinzip, und in diesem Rahmen steht ihm die „essentia" durchaus nicht bloß als pure Negativität gegenüber. Man muß wieder an die Rolle der Materie gegenüber der sie bestimmenden Form erinnern, die zunächst auch rein negativ scheint; und doch gewinnt sie im Ganzen der Substanz eine Positivität – gewiß „durch" die Form! –, welche sie als unabhängiges, also von der Form eben nicht „zu leistendes" Prinzip erweist. So wird die „essentia" im Ganzen des Seienden – gewiß „durch" den Seinsakt! – zu jener maßgeblichen Gestalt des Ganzen, als welche wir sie im Begriff positiv erfassen. Dieser Positivität *gegenüber* dem Seinsakt muß jede spekulative Seinsphilosophie Rechnung tragen, wenn sie sich mit Thomas in Übereinstimmung halten will. Bildlich gesprochen, der Prozeß des Seins muß zweigleisig geleitet werden, damit die Zweiheit der Prinzipien des „ens" resultieren kann.

Deren für das Seiende konstitutive Positivität gegeneinander drückt die Thomistenschule mit der berühmten Formel aus, es bestehe zwischen ihnen eine „distinctio realis", also ein Unterschied „der Sache nach". Das mag insofern keine ganz glückliche Formel sein als sich die Prinzipien nicht so verhalten wie zwei „Sachen" (res et res) noch auch die Einheit genannt wird, innerhalb deren die Distinktion gemacht wird. Sehr klar ist aber die Dualität der Prinzipien festgehalten, die nicht auf eines hin aufgelöst werden darf. Das eine, das sie zusammenfaßt, ist das Seiende; Sein und Wesen sind „des Seienden". Der Thomismus verläßt nicht den Boden des konkreten „ens", auf dem die Substanzanalyse angesetzt hat, auch wenn er über sie hinausschreitet.

5.2. Ansätze der Metaphysik

Die Substanzanalyse ist von Anfang an unter dem Gedanken geführt worden, am exemplarischen „durch sich" Seienden Erkenntnisse von Belang für das „Seiende" überhaupt zu gewinnen, also in ontologischer Absicht. Es ließe sich nun unschwer zeigen, daß den erkannten Prinzipienstrukturen Bedeutung über die Kategorie der Substanz hinaus zukommt, nämlich für die Akzidentien. Die Begriffe von Materie und Form, Potenz und Akt, Wesen und Sein können für deren Analyse jeweils in Abwandlung gemäß den kategorialen Bedingungen eingesetzt werden; Thomas zeigt das im Schlußkapitel von „De ente et essentia". In der Prinzipienanalyse gewinnen wir so ein Instrumentar von gleichsam transkategorialer Bedeutung. Damit wird das Thema des „Seienden im Ganzen" angerührt.

Die „transkategoriale" Verwendung der Prinzipienbegriffe führt freilich noch nicht über die Substanzanalyse hinaus, sofern das akzidentell Seiende auf die Substanz zurückgeführt werden muß, und zwar auf jene Substanz, bei der die Analyse ansetzte: die „sinnfällige", in unserer konkreten Welt uns gegebene, zusammengesetzte, materielle Substanz. Wir bewegen uns noch auf der Ebene der „Physik", und man muß jetzt hinzufügen, daß dieses Verharren den subjektiven Bedingungen entspricht, unter denen unser Erkennen des Seienden steht. Denn wir befinden uns in der Welt primär durch unseren Leib, der sich ihr durch die Sinnesorgane öffnet, und diese können nur von solchem Seienden beeindruckt werden, welches aktuell Sinnfälliges, Körperliches ist. Unser Verstand, als Vermögen einer Seele, die ihr Sein in einem Körperwesen als dessen „Form" hat, kann daher von Natur aus nur solches erkennen, was „Form in Materie hat oder durch solches erkannt werden kann" (S. th. I, q. 12 a. 11). Sein eigentümlicher Gegenstand (obiectum proprium) ist die „Washeit", die körperlich-materiell existiert (quiditas in materia corporali existens, vgl. z. B. S. th. I, q. 84 a. 7 u. ö.). Hier ist der menschliche Verstand gleichsam „zu Hause": er kann anläßlich der sinnlich erfahrenen Welt Begriffe vom Seienden bilden und findet deren Bedeutung wiederum in dieser Welt erfüllt und ausgewiesen.

In dieser Begriffsbildung selbst können wir aber einen ersten Ansatz finden, der schon über die „Physik" hinausführt. Sofern nämlich Begriffe allgemein sind, müssen sie wenigstens die individuelle Materie außer sich lassen: Begriffe kommen durch *Abstraktion* zustande, durch welche sie sich – in verschiedenen Stufen, die im einzelnen hier nicht behandelt werden sollen (vgl. dazu Oeing-Hanhoff, Abstraktion) – von der Seinsweise des Materiellen entfernen, bis dahin, daß sie in ihrer *Bedeutung* kein materielles Element mehr einschließen. Das ist bei den Prinzipienbegriffen, die sich in der Substanzanalyse ergeben haben, wenigstens bei jenen der Fall, welche das jeweils bestimmende, der Materie entgegengesetzte Prinzip benennen: Sein, Akt und auch Form besagen von sich aus, nämlich ihrer unmittelbaren Bedeutung nach, ein „Einfaches", das seine Vermannigfaltigung im materiellen Seienden dem entgegengesetzten Prinzip verdankt. Aber auch vom Wesen, sofern es Bestimmtheit und also Form besagt, muß dasselbe gelten, und ebenso von der Potenz, sofern die Form verglichen mit dem Seinsakt selbst als Potenz gedacht werden kann: es wird auf Grund der Prinzipienanalyse deutlich, daß „ens" überhaupt, der schlechthin grundlegende Begriff unseres Denkens, nicht notwendig die Bedeutung besitzt, die ihm in der uns gegebenen Welt der „Physik" zukommt; die sinnfällige Substanz ist nicht die höchstmögliche *Erfüllung* seiner Bedeutung.

Es kann dann die Frage gestellt werden, welche Begriffe dem Seienden seinem ganzen Umfang nach – also jeglichem Seienden – als Prädikate zugesprochen werden können, derart daß die Offenheit der Bedeutung des „Seienden" über die Bedingungen der erfahrenen Welt hinaus nicht eingeschränkt wird. Solche Begriffe teilen die Transzendentalität des Begriffs „ens" und stehen unter der Notwendigkeit des analogen Gebrauchs. Sie müssen mit „Seiend" austauschbar, „konvertibel" sein und unterscheiden sich von ihm nur durch den Gesichtspunkt, unter dem sie das Seiende ansprechen und der mit der Prinzipienanalyse in Zusammenhang stehen muß. Sie benennen daher „modi" des Seienden, die diesem in die Mannigfaltigkeit seiner Differenzierungen folgen (modi consequentes omne ens). Thomas bringt die „klassische" Liste dieser „Transzendentalien" im Anfang der Quaestiones disputatae de veritate (1, 1).

Natürlich ist „ens" selbst das erste und grundlegende Transzendental; denn es bezeichnet, wie wir schon sahen, unter dem Gesichtspunkt des „actus essendi". Ihm folgt „res", Ding oder vielleicht besser „Sachgehalt", das auf die Sachhaltigkeit der „essentia" verweist. Weiter ist die ursprünglich erfahrene Vielheit des Seienden, in welcher jedes Seiende „anders" ist als jedes andere, zugleich mit der ihm eigenen „Einheit", welche Andersheit ermöglicht, eine

durchgehende Charakteristik des Seienden; beide „rationes" drük-
ken aus, daß es „dieses etwas" ist: jedes Seiende ist „aliquid", Etwas
(nämlich etwas anderes, aliud quid), und in sich Eines, „unum".
Ersichtlich sind wieder Wesen und Sein jene Prinzipien, auf welche
diese Transzendentalien zurückverweisen.

Thomas fügt dem zwei weitere Bestimmungen hinzu, welche die
Zuordnung *unseres Verstehens* zum Seienden zur Grundlage haben.
Selbstverständlich ist diese Zuordnung schon wirksam in den vor-
genannten Transzendentalien, sofern es sich eben um von uns ge-
bildete Begriffe handelt, in denen sich der Verstand offen für „alles"
zeigt. Darin ist aber umgekehrt auch eine Charakteristik des Seienden zu sehen: es erweist sich fähig, Gegenstand von Erkenntnis zu
sein und deren Wahrheit grundzulegen; es „korrespondiert" dem
Verstand, und insofern kommt ihm zu, „Wahres" zu sein. Wiederum ist der Verstand Vermögen einer Seele, welche zugleich
wirkfähige Natur ist und sich im „Streben" (appetitus) auf Seiendes bezieht. Dabei folgt dies Strebevermögen hinsichtlich seiner
gegenständlichen Weite stets dem Erkennen, welches ihm das zu
Erstrebende vorstellt; dem uneingeschränkt auf das Seiende in
seinem ganzen Umfang geöffneten Verstand folgt deshalb ein
„Wille", der seinerseits ebenso ein uneingeschränktes Gegenstands-
feld hat. So erweist sich das Seiende in seinem ganzen Umfang,
also jegliches Seiende, als „korrespondierend" einem Willen und
fähig, dessen Gegenstand zu sein; es ist „appetibile", erstrebbar,
und hat insofern die Charakteristik des „Guten", dessen Wesen
(ratio) eben die Erstrebbarkeit ist.

Offenbar sind gerade die beiden letzten Transzendentalien sehr
weittragend, wenn man nämlich das „Wahre" und insbesondere
das „Gute" sofort mit dem ganzen metaphysischen Gewicht belastet, das diese Begriffe aus der philosophischen Tradition mit
sich führen. Dann besagen sie das Erkanntsein und Gewolltsein
des Seienden durch Gott als den Ursprung alles Seienden. Bei Thomas ist aber ganz klar: An *dieser* Stelle, wo nach den allgemeinsten
„modi" des Seienden aus dem Horizont unserer unmittelbaren
Erfahrung gefragt wird, können sie diese konkrete Erfüllung ihrer
Bedeutung noch gar nicht haben. Sie werden ausdrücklich nur durch
den Bezug auf die „Seele", also auf *unser* Erkennen und Wollen,
bestimmt, und dann besagen sie nicht mehr als alle anderen Transzendentalien auch: Das Seiende, dessen Begriff wir als „ersten"
haben, zeigt an sich selbst und im Verhältnis zu unserem Verstehen
allgemeine Bestimmungen, die es als „offen" denken lassen über

den Bereich unserer sinnlich gebundenen Erfahrung hinaus. Es ist
nicht durch seinen Begriff auf die Welt der materiellen Substanz
eingeschränkt.

Hat die Prinzipienanalyse einen ersten Ansatz zur Metaphysik
geliefert, indem sie ein Instrumentar von mehr als „physikalischer"
Bedeutung beistellte, so gibt die Transzendentalienlehre einen zweiten Ansatz her, indem sie den Horizont des Seienden „als Seienden" größer denken läßt als den Horizont der Erfahrungswelt. In
beiden Fällen geht es aber vorab um die *Möglichkeit* der Metaphysik, allenfalls um ihr erstes Kapitel. Denn, auch wenn wir eine
erfahrungsüberschreitende, transzendente *Bedeutung* der Prinzipienbegriffe und Transzendentalien zugestehen, so kann von einer
Metaphysik doch nur die Rede sein, wenn sich auf eine ausweisende
Bedeutungserfüllung verweisen läßt, die nur durch ein aktuell
Seiendes von nicht-materieller Seinsart und zudem nur im Horizont unserer Erfahrung gegeben werden kann. Anderenfalls müßten wir uns mit einer „Physik" begnügen, die wir allerdings dann
nur als faktischen, keineswegs befriedigenden Abschluß unserer
Erkenntnis des Seienden im Ganzen anerkennen müßten: modern
gesprochen, es gäbe nur eine „metaphysikfreie Ontologie".

Der Grundsatz, daß unser Erkennen auf die materiell existierende
Washeit eingeschränkt ist, bleibt bestehen. Das bedeutet, daß uns
die *Washeit* des immateriellen Seienden, sein Wesen, unzugänglich
bleibt; es „zeigt" sich nicht „selbst". Nun ist es aber auch in unserem Erfahrungsbereich keineswegs ungewöhnlich, daß wir Seiendes, das wir in seinem Wesen nicht erkennen, dennoch mit Sicherheit gegenwärtig wissen, nämlich durch Wirkungen, deren Ursache
es ist. Es war bereits die Rede davon (s. o. 2), daß in solchem Falle
von einer Erkenntnis das „Daß" gesprochen wird (quia est, auch:
an sit), die als solche noch nichts über das „Wie" (quomodo sit)
des Wesens sagt; an Stelle des Wesensbegriffs kann aber dann die
uns bekannte Wirkung eingesetzt werden, so daß eine wissenschaftliche Behandlung des bloß in seinem „Daß" Erkannten möglich ist.
Darüber hinaus kann jetzt gesagt werden, daß mindestens die
Transzendentalien von einem solchen ausgesagt werden können
und daß mindestens mit den Prinzipienbegriffen von ihm gehandelt
werden kann: denn es wird ja im offenen Horizont des „Seienden"
gefaßt werden müssen.

Eine Daß-Erkenntnis von immateriellem Seiendem, und zwar eine
durch Beweis zu leistende, ist demnach notwendige und zugleich
hinreichende Bedingung für eine Metaphysik, die wirklich wissen-

schaftliche Lehre vom „Seienden als Seienden" sein soll – so wie
Aristoteles sie bestimmt hat. Sie gibt die Bedeutungserfüllung für
die Transzendenz unserer Begriffe, womit sie zugleich erweist, daß
die Substanzanalyse, aus der sie gewonnen wurde, selbst keine
bloße „Ontologie", sondern „metaphysisch" war: es hat keinen
Sinn, Ontologie und Metaphysik zu trennen. „Getrennt" werden
muß nur der metaphysisch zu gebrauchende Begriff von der Notwendigkeit, seine Bedeutungserfüllung in der Erfahrungswelt zu
suchen; das ist keine Fortführung der begriffsbildenden Abstraktion, sondern die Folge der Einsicht, daß der Begriff eben nicht bloß
Erfahrungsweltliches bedeutet, und diese ist in einem negativen
Urteil (z. B. „Sein ist nicht notwendig materiell") formulierbar –
Thomas spricht daher von „separatio" (In Boeth. de trin. q. 5
a. 3). Die Negativität wird überhaupt Kennzeichen der Metaphysik sein, sobald sie vom „Wesen" und „Wie" des immateriellen
Seienden reden will; sie kann es nur vom ihr bekannten materiellen Wesen aus bestimmen, von dem es gerade grundsätzlich unterschieden ist, auch wenn sich seine Wirkung im Materiellen zeigt.
Schließlich gestattet die Angewiesenheit unseres Erkennens auf im
Materiellen nachweisbare *Wirkung* nur, das Immaterielle gerade
so zu fassen, wie es *Prinzip* dieser Wirkung ist. Also ist es nicht
einmal eigentlich das „subiectum" der Metaphysik („von dem die
Rede ist"), sondern nur – wie Thomas sagt (In Meta., prol.) –
„principium subiecti". Daraus muß man freilich nicht schließen,
es liege außerhalb des „ens"; denn dessen wesentliche Prinzipien
liegen innerhalb seiner.
Das „ens", der erste Begriff, bleibt bis zur höchsten Stufe des Denkens Horizont und Mitte. Freilich ist das „ens inquantum ens",
das die Erfahrungswelt transzendiert und sich gar von ihr „sepa-
riert", durchaus nicht „dasselbe" wie das anfängliche „ens commune". Das letztere reicht an das erstere nicht heran; wohl aber
kann vom ersteren aus das letztere voll ausgeleuchtet werden. Die
höchsten Prinzipien, welche die Metaphysik angeht, gestatten im
Verständnis des Seienden als Seienden zugleich das Verständnis
des Seienden im Ganzen, das vom ersten Begriff anfänglich er-
öffnet wurde. Metaphysik ist Erforschung des Seienden als solchen
und im Ganzen gerade als *Prinzipienforschung*.

5.3. *Gottesgedanke und Partizipation*

Der entscheidende Schritt in die Metaphysik wird durch den Nachweis getan, „daß" es immaterielles Seiendes gibt, das nicht als

„Form in Materie" existiert. Solche Seinsart hatte die platonisch-augustinische Tradition von der Seele behauptet, die sich im Denken über das Materielle erhebt, zumal wenn sie in der Reflexion auf sich selbst und ihr Tun einen Selbstbesitz ausübt, der ganz im Gegensatz zum materiellen „Auseinander" des Körperlichen ein zusammengefaßtes „Bei-sich-Sein" darstellt; daraus ergab sich der Schluß auf die substantielle Selbständigkeit der menschlichen Seele, ja die Behauptung ihrer grundsätzlichen Erschlossenheit für ihr eigenes Denken *in ihrem Wesen.*

Zwar ist auch für Thomas die Immaterialität des denkerischen Aktes, die in seiner Reflexivität, in der Fähigkeit des Verstandes zum „Rückgang in sich selbst" (reditio in seipsum, vgl. S. th. I, q. 14 a. 2) am meisten hervortritt, eine Bedingung der Möglichkeit des metaphysischen, ja des begrifflichen Erkennens überhaupt. Aber eben dieser Verstand ist wesentlich Potenz, Vermögen einer Seele, die ihrerseits als „Form in Materie" charakterisiert ist, und diese Potenz gewinnt Aktualität durch die Erfahrung des Leibwesens. Man mag ihm metaphysisch ein Apriori des „Bei-sich-Seins" zusprechen, wozu es Hinweise bei Thomas gibt (vgl. Oeing-Hanhoff, Abstraktion); dann aber ein solches, das erst durch die Aktualisierung in der Welterfahrung gegenständlich wird, also nicht als allzeit präsentes *Wesen,* sondern als erst durch Gegenstandserkenntnis „washeitliches" *Daß.* Im Verstand ist, metaphorisch gesprochen, ein apriorisches „Licht", das als solches aber nur dann sichtbar ist, wenn es anderes beleuchtet. Es mag also ohne Widerspruch zu Thomas möglich sein, in einer Art „transzendentalphilosophischer" Reflexion auf das Subjekt den Schritt in die Metaphysik anzusetzen, ja das mag in nachkantischer Zeit unerläßlich sein: Thomas selbst hält für den unmittelbarsten, offenkundigsten Weg jenen, der durch die gegenständliche Erfahrungswelt führt und in der Untersuchung ihrer Begründungszusammenhänge die Notwendigkeit aufzeigt, ein ihr überlegenes, von ihr „getrenntes" Seiendes als ihr Prinzip anzusetzen. Das liegt in der Konsequenz seines Ansatzes, und er folgt damit der aristotelischen Tradition, welche von der „Physik" aus zu einem ersten Beweger kommt, der selbst nicht mehr bewegt, also nicht mehr nur physikalische Größe ist. Dabei kennt der Aristotelismus eine Mehrzahl unbewegter Beweger, die den Himmelsbewegungen zugeordnet sind, alles „getrennte Substanzen" oder „Intelligenzen", die jedoch in der *einen* Welt geordnet sind auf den schlechthin ersten Beweger hin, nämlich Gott.

Die berühmteste Formulierung des Gottesbeweises bei Thomas stellen die „Fünf Wege" der Summa theologiae (I, q. 2 a. 3) dar. Sie sollen nicht im einzelnen behandelt werden, nur auf einen wesentlichen Zug sei hingewiesen: Grundlage ist immer eine in der Erfahrungswelt vorzufindende Struktur, in der ein Seiendes *auf ein anderes Seiendes* verweist (Bewegbares auf Bewegendes, Gewirktes auf Wirkendes, „Mögliches" auf Notwendiges, „minder" Vollkommenes auf „mehr" Vollkommenes, sinnvoll Tätiges auf Sinngebendes), wobei wiederum das „andere" in der Erfahrungswelt auf ein drittes, dies auf ein viertes hinführt usw., so daß eine Serie prinzipiell gleichgeordneter Seiender entsteht. Eine solche Serie kann beliebig groß, ja endlos sein; sie enthält innerhalb ihrer nur Elemente, die im Sinne der Struktur abhängig und also sekundär sind. Damit ist die gesamte Serie eine abhängige, sekundäre und setzt notwendig ein Erstes voraus, das nicht mehr zur Serie gehört, sondern sie im Ganzen begründet. Dies ist der erfahrungsweltlich feststellbaren Serie und damit der Erfahrungswelt selbst transzendent.

Mit dieser Deutung – die sich übrigens nicht allein aus dem Text der „Fünf Wege", sondern auch aus den nachfolgenden Darlegungen Thomas' zur Gotteslehre (S. th. I, q. 3–26) rechtfertigt – ist einerseits der „physikalische" Ansatz unterstrichen, andererseits die *metaphysische* Bedeutung des Lehrstücks gewahrt. Das ist in der Thomas-Interpretation umstritten; der Streit löst sich von dem Grundsatz her, daß der Daß-Beweis eines transzendenten – demnach immateriellen – Seienden die Bedeutungserfüllung der zu transzendentem Gebrauch fähigen Begriffe liefert, und das gilt zuerst eben für jene Begriffe, die im Gottesbeweis selbst eingesetzt sind. Dabei wird man allerdings erwarten müssen, daß diese nicht nach ihrer metaphysischen Relevanz, sondern nach ihrer Ausweisbarkeit in der Erfahrung ausgesucht werden. Der Gottesbeweis gibt nur den Eingang zur Metaphysik frei und trifft noch gar nicht den Kern. Er ermöglicht aber, zu diesem vorzustoßen.

Nach allem Dargelegten kann nicht zweifelhaft sein, wo der Kern der Metaphysik zu suchen ist: in der Dimension des „Seins", welches das Seiende zum Seienden macht und das ihm „innerlichste" Prinzip ist. Wir sahen auch, daß es „einfach" und „gemeinsam" ist, ja das „Gemeinsamste" (communissimum); hier muß sich das Thema des „Seienden im Ganzen" angehen lassen. Dabei ist davon auszugehen, daß das Seiende, soweit wir es analysiert haben, durch die „distinctio realis" gekennzeichnet ist, in welcher das Sein

„rezipiert" wird in den Grenzen des Wesens; nicht „das" Sein eignet dem Seienden, sondern sein eigenes: ein „Teil" bloß „des" Seins. Das „Sein-Haben" des zusammengesetzten Seienden ist *Teil-habe* (participatio).

„Teilhabe" ist ein platonischer Begriff, den Thomas an entschei-dender metaphysischer Stelle einsetzt, wenngleich er ihn nicht systematisch entfaltet (wichtige Texte: In Boeth. de hebd. l. 2; S. th. I, q. 3 u. q. 45, a. 1; für das Folgende vgl. auch SCG I, c. 20–29). Dieser Begriff kann immer eingesetzt werden, wenn in einer „compositio" ein Bestimmendes „empfangen" wird; so par-tizipiert die Materie an der Form, das Besondere am Allgemeinen, die Wirkung an der Ursache. „Teilhabe" drückt dabei ein Ver-hältnis aus, welches das Teilhabende innerlich bestimmt; im aus-gezeichneten Falle bedeutet Teilhabe „Ähnlichkeit" (similitudo) mit dem, an dem das Teilhabende teil hat, so wie das Verursachte die Prägung durch die Ursache an sich trägt.

Das Seiende, das am Sein teilhat, es empfängt und von ihm zum Seienden bestimmt wird, kann eben deshalb das Sein nicht von sich aus – durch sein Wesen – erbringen; es müßte denn sein, be-vor es ist. Es muß daher sein Sein *von einem anderen* (ab alio) haben; mit anderen Worten, es muß verursacht sein: das „ens per participationem" ist als solches „ens causatum".

Welches ist nun das „andere", das Ursache des Seins sein soll? Wenn wieder ein „ens per participationem", so verweist es auf ein drittes, viertes usw., und so entsteht erneut die Figur, die wir beim Gottesbeweis fanden. Jetzt geht es aber nicht nur um einen Welt-*aspekt*, sondern um das *Zentrale* des Seienden: es gibt so eine unabschließbare Serie gleichgeordneter Seiender, deren jedes *in seinem Sein selbst*, in seinem Innerlichsten also, wo es am meisten „es selbst" ist, abhängig, abgeleitet, sekundär ist. Das gilt so für die Serie im Ganzen; sie setzt notwendig ein grundsätzlich von ihr verschiedenes, ihr transzendentes Seiendes voraus, das sie im Gan-zen begründet, und dies kann eben nicht „ens per participationem" sein. Es muß, in der Terminologie unserer Analyse gesprochen, durch sein Wesen selbst sein Sein erbringen, „ens per essentiam" sein. Soll es sich also selbst verursachen als „causa sui"? Das wäre widersprüchlich; also kann innerhalb seiner das Begründungsver-hältnis der Prinzipien Sein und Wesen nicht angenommen werden. Sein und Wesen sind in ihm nicht unterschiedene Prinzipien, son-dern *das Sein selbst ist das Wesen*. Gott ist das „ipsum esse sub-sistens".

Die Hinzufügung von „subsistens" ist notwendig, damit Gottes Sein eben nicht als bloßes Prinzipsein mißverstanden wird, wie es dem „ipsum esse" der Dinge zukommt. Man könnte jedoch ihn als „subsistierendes Prinzip" bezeichnen, dem jene Vollkommenheit konkret zukommt, welche das Prinzip im abstrakten Begriff zugesprochen bekommt. So ist Gott reiner Akt (actus purus), einfach, vollkommen, uneingeschränkt-unendlich; von ihm ist der Prinzipienbegriff auch abstrakt aussagbar, weil es kein unterscheidbares „subiectum" gibt: er ist Einfachheit, Vollkommenheit, Unendlichkeit des Seins. Umgekehrt kommt ihm der Inhalt des konkreten Begriffs, etwa der Transzendentalien, ebenso unmittelbar zu wie in der uneingeschränkten Abstraktheit: er ist „einer" und „Einheit", „wahr" und „die Wahrheit", „gut" und „die Güte". Wenn irgendwo, so muß man hier von einer Analogie unserer Aussagen reden; alle Begriffe, die wir auf Gott anwenden, müssen in einen Kontext treten, der die grundsätzliche Verschiedenheit des subsistierenden Seins selbst gegenüber dem Seienden, an dem sie abgenommen sind, zum Ausdruck bringt. Der Sinn unserer Rede muß *negativ* sein; anders ausgedrückt: was wir wirklich von Gott erfassen, ist nicht das „Was", das unsere Begriffe unmittelbar „meinen", sondern nur dies, daß unsere Rede sinnvoll „komponiert" ist – wahr ist ihr „Ist" nur im Sinne des „esse copulae".

Gott hat als „subsistierendes Sein selbst" die Fülle alles dessen bei sich, was „Sein" überhaupt besagen kann; vielmehr „ist" er diese Fülle. Eben dadurch ist er „er selbst", in radikaler Transzendenz von allem „Seienden", das Sein *hat,* geschieden. Er ist notwendig einer, ja einzig, weil ja „alles" bereits in ihm „ist". Und so ist er gänzlich unbetreffbar von etwas außerhalb seiner, auch nicht betreffbar durch „Teilhabe"; er ist an ihm selbst „imparticipabilis". Dennoch ist zugleich wahr, daß es kein Seiendes geben kann, das nicht eben dadurch Seiendes ist, daß es am Sein partizipiert, und diese Partizipation kann eben nur vom „durch sein Wesen Seienden" stammen. Sofern aber nur auf Grund von Sein vom Seienden die Rede sein kann, ist im Seienden überhaupt keine ihm eigene Voraussetzung gegeben, auf Grund deren es am Sein teilhaben könnte. Es ist „als Seiendes" verursacht ohne jede Voraussetzung und also „aus nichts"; es ist „geschaffen".

Der Grund für Gottes Schaffen kann nur in ihm selbst liegen, da nichts anderes vorausgesetzt ist, und dabei nicht in einer Wesensnötigung, da er schon „alles" ist. Gott schafft *frei.* Wiederum schafft Gott nicht willkürlich-beliebiges Chaos, sondern „durch" Mit-

teilung des Seins, das er selbst „ist"; so allerdings, daß das mit-
geteilte Sein nicht er selbst ist, sondern eben „geschaffene Teilhabe". Durch diese ist die Kreatur „sie selbst"; sie hat Selbstand,
eigenen Wirkbereich, ihr zugemessene sinnvolle Ordnung. Sie trägt
so an sich die Prägung durch ihre Ursache; sie ist Gottes „Ähnlichkeit" (similitudo) im Vollzuge ihres Seins.

Das Sein als Geschaffensein besagt die allen Kreaturen gemeinsame
Beziehung auf den einen Ursprung. Es ist so selbst das Ursprünglichste und das „Erstgeschaffene". Wir drücken diese Gemeinsamkeit des „Seienden im Ganzen" mit dem Begriff des „esse commune" aus und können sagen, daß alles Geschaffene an diesem
„esse commune" teilhabe. Dies kann jedoch nur im logischen Sinne
von „Teilhabe" gesagt werden; denn das „esse commune" ist nur
ein Hilfsbegriff unseres Verstandes, ein Titel für den Partizipations-
charakter, der dem je wirklichen Seienden zukommt. Gott schafft
ja auch nicht das „ens commune". Was er schafft und in fort-
gesetzter Wirksamkeit im Sein erhält, sind *die* Seienden, und diese
durch den ihnen je zu eigen gegebenen Seinsakt. Wie aber soll
dieses „durch" anders verstanden werden als in eben jenem Sinne,
in dem die Analyse des Seienden den Seinsakt als reines „Wodurch" bestimmte? Durch das Sein schafft Gott das Seiende als
das aus Sein und Wesen Zusammengesetzte, wobei jetzt das
Wesen es ist, wodurch sich Gottes Schöpfungstun in die Mannigfaltigkeit einer geordneten Welt auswirkt. „Teilhabe" muß deshalb
auch das Wesen als dem Seinsakt gegenübergestelltes „Was" begreifen lassen, so daß sie gerade auf das *Verhältnis* hinweist, in
dem das Seiende konkret wird. Sie besagt also die *Proportion* von
Sein und Wesen und damit die Strukturiertheit, kraft deren das
Seiende nicht nur mit dem Ursprung, sondern auch mit dem anderen Seienden – allen anderen Seienden – vergleichbar wird. In
der Proportionalität der Seienden liegt der ihnen innerliche Grund
dafür, daß sie zu einer geordneten Welt zusammenfaßbar sind.

6. Das Proprium des Thomismus

Wie man aus dieser unvollständigen Skizze ersehen mag, weist
der Begriff der Teilhabe auf jenen Punkt des metaphysischen Dis-
kurses, von dem aus sich das „Seiende im Ganzen" denken läßt;
an ihn knüpfen daher jene philosophischen Versuche an, die Thomas metaphysisch weiterdenken wollen, insbesondere in Richtung

des eigentümlich thomistischen Gedankens des „Seins". Dennoch
bleibt zu betonen, daß dieser Punkt immer noch im Horizont der
Analyse des „Seienden" gelegen ist, bei dem als Ersterfaßten wir
angefangen haben. Auch die Analyse der Schöpfung, die gleichsam von Gott her denkt, wiederholt nur in anderem Aspekt den
Gang, den die Analyse des Seienden gegangen ist. Im Prozeß der
Metaphysik findet sich nichts, was nicht letztlich seinen Ausweis
in jener unserer Erfahrung findet, die mit dem allgemeinsten Begriff anhebt und sich in der gegebenen, ihr zugänglichen Welt fort-
setzt, in der sich ein Ausschnitt seiner Fülle, aber auch die über
die faktische Erfahrung hinausweisende Gegründetheit zeigt. Daher
ist das Grundproblem der thomistischen Philosophie – wenn man
es so ausdrücken will – das Problem des Seienden, seiner Konstitution und seiner Prinzipien.

Freilich ist dann das spezifisch thomistische Moment die Aufdeckung der *inneren Prinzipialität des Seins*. Kraft dessen bleibt
Thomas nicht bei der Substanzwelt stehen, wie Aristoteles und
Averroes; er überwindet die Notwendigkeitsstruktur einer Essen-
tialwelt, die das Sein als bloß faktisches „Dasein" außerhalb des
Seienden hält, wie es bei Avicenna zu sein scheint; er läßt auch
prinzipiell das neuplatonische Modell des „Seinsflusses" hinter sich,
der in der Wesensstufung alles nur noch durch das Ganze vermittelt sein läßt, Gott selbst nur durch „Vermittlung" zu denken erlaubt. Thomas denkt etwas Neues, in dem Unmittelbarkeit und
Vermittlung, Faktizität und Struktur, Freiheit und Notwendigkeit,
Sein und Wesen in ausgewogener Proportion gedacht werden.

Er denkt so nicht, weil er Gläubiger und Theologe ist; denn man
kann gläubig und theologisch ganz anders denken. Gleichwohl
kann er aus solchem Denken seine „Synthese" begründen: Im Anfang des Denkens ist schon die Dimension des Seins präsent, die
das „Naturverlangen" auf Gotteserkenntnis auf den Weg bringt.
Doch bleibt diese Dimension eine solche eben des Seienden, wenn
nicht die Vernunft sich aus der faktischen Welt ganz herauslösen
und selbst mit dem „Sein" vereinigen kann. Das kann sie nicht aus
sich: Gottes unausdenkbare Selbstmitteilung ist dazu notwendig,
von der wir überhaupt nur reden können, weil sie schon in Gnade
und Offenbarung erfolgt ist. Sie ist zugleich höchst naturentspre-
chend und übernatürlich; daher sie denn die Natur voraussetzt,
eben als Seiendes, welchem nachzudenken die *bleibende* Aufgabe
der Philosophie ist.

Literaturverzeichnis

1. Werke

1.1. Gesamtausgaben:

Opera omnia iussu Leonis XIII edita cura et studio Fratrum Praedica-
torum („Editio Leonina"; kritische Ausg., noch nicht abgeschl.).
Rom 1882 ff.

Opera omnia (iussu St. Pii V, „Editio Piana"). Vol. 1–18. Rom 1570–71
(erste Gesamtausg.; die folgenden beiden, die meist benutzt werden,
wo die Leonina noch fehlt, drucken deren Text ab).

Opera omnia. Vol. 1–25. Parma 1852–72, Neudruck New York 1948
(„Parmensis").

Opera omnia. Edd. E. Fretté et P. Maré. T. 1–34. Paris ²1889–90 („Editio
Vivès").

1.2. Wichtige Teilausgaben:

Allgemein gebräuchlich sind die Textausgaben des Verlages Marietti,
Turin, die – soweit im Erscheinungsjahr vorliegend – den Text der
Leonina bieten. In neuer Bearbeitung seit 1948 33 Bände. Gebräuchlich ist, bei Kommentaren die Randnummern der Marietti-Ausgaben
zu zitieren. *Kritische* Ausgaben außerhalb der Leonina sind:

Expositio super librum Boethii de trinitate. Rec. B. Decker. Leiden
1955.

Super librum de causis expositio. Ed. H. D. Saffrey. Fribourg-Louvain
1954.

Häufig benutzt werden:

Super libros Sententiarum. Ed. P. Mandonnet – F. Moos. Paris 1929 ff.
4 Bde. (unvollständig; es fehlt die 2. Hälfte von Buch IV).

De ente et essentia. Ed. M.-D. Roland-Gosselin. Paris ²1948.

Opuscula philosophica. Ed. J. Perrier. Paris 1949.

1.3. Deutsche Übersetzungen:

Die deutsche Thomasausgabe. Deutsch-lat. Ausg. der Summa theol. Hrsg.
v. H. Christmann u. a. Salzburg 1934 ff. (geplant auf 36 Bde., bisher.
erschienen 28 Bde. u. 2 Ergänzungsbde.).

Die Summe wider die Heiden. Deutsch v. H. Nachod u. P. Stern. 4 Bde.
Leipzig 1935–37.

Summa contra gentiles oder die Verteidigung der höchsten Wahrheiten.
Übers. u. hrsg. v. H. Fahsel. 6 Bde. Zürich 1942–60.

Untersuchungen über die Wahrheit (Quaest. disp. de veritate). Übers.
v. E. Stein. 2 Bde. Neuhrsg. als Bd. III u. IV der Werke Edith Steins.
Löwen 1970 (mit Vorsicht zu benutzen).

Über das Sein und das Wesen. Deutsch-lat. Ausg., übers. v. R. Allers. Köln ²1953, Nachdruck Darmstadt 1965.

Thomas von Aquin: Gott und seine Schöpfung. Übers. v. P. Engelhardt u. D. Eickelschulte. Freiburg 1963 (enthält wichtige Texte der Summa theol. I).

2. Literatur

2.1. Allgemeine wissenschaftliche Hilfsmittel:

Mandonnet, P., et J. Destrez: Bibliographie Thomiste. 2ème éd. revue et complétée par M. D. Chenu. Paris 1960 (enthält Literatur 1800–1920).

Bulletin Thomiste. Année 1–42 (1924–65). Fortsetzung: Rassegna die letteratura tomistica. Bd. 1 (1966) (Breit angelegtes Verzeichnis der für Thomas wichtigen Lit., meist mit Rezensionen; informiert umfassend).

Wyser, P.: Thomas von Aquin (Bibliogr. Einf. i. d. Studium der Philos. 13/14). Bern 1950.

– Der Thomismus (Bibliogr. Einf. i. d. Studium der Philos. 15/16). Bern 1951.

Schütz, L.: Thomas-Lexikon. Paderborn ²1895, Nachdruck Stuttgart 1958.

2.2. Leben, historischer Hintergrund:

Walz, A.: Thomas von Aquin. Basel 1953 (Biographie).

Chenu, M. D.: Das Werk des hl. Thomas von Aquin. Heidelberg 1960 (Verbesserte Ausg. der Introduction à l'étude de saint Thomas d'Aquin, Montréal 1954; unentbehrlich für ein historisches Verständnis Thomas').

Eschmann, J. T.: A Catalogue of St. Thomas's Works. Bibliographical notes. In: Gilson, E., The Christian Philosophy of St. Thomas Aquinas. New York 1956, 381–437 (Informiert vollständig über Fragen der Echtheit, Chronologie etc. der Werke, referiert die kontroversen Meinungen).

(Zum Begriff der Scholastik:) Koch, J.: Art. „Scholastik". In: Die Religion in Geschichte und Gegenwart. Bd. V, ³1961, 1494–98.

2.3. Einführungen und Gesamtdarstellungen:

Chenu, M. D.: Thomas von Aquin in Selbstzeugnissen und Bilddokumenten. Übers. v. O. M. Pesch (Rowohlts Monogr. 45). Hamburg 1960.

Pieper, J.: Hinführung zu Thomas von Aquin. München 1958.

Grenet, P.: Der Thomismus. Kompendium der Philosophie des hl. Thomas v. A. Übers. v. R. Tannhof. Essen 1959.

Sertillanges, A. D.: Der hl. Thomas von Aquin. Übers. v. R. Grosche. Köln ²1954 (Klassische thomistische Darstellung).

Meyer, H.: Thomas von Aquin. Sein System und seine geistesgeschicht-
liche Stellung. Paderborn ²1961 (materialreich).
Gilson, E.: Le Thomisme. Introduction à la philosophie de saint Thomas
d'Aquin. Paris ⁶1965 (beste Einführung); die 5. Aufl. liegt in englischer
Fassung vor: The Christian Philosophy of St. Thomas Aquinas. New
York 1956.
Grabmann, M.: Thomas von Aquin. Persönlichkeit und Gedankenwelt.
Eine Einführung. München ⁸1949.

2.4. Spezielle Literatur zum metaphysischen „Grundproblem":
2.41. Philosophie und Theologie:
Kluxen, W.: Philosophische Ethik bei Thomas von Aquin. Mainz 1964.
Kap. 1 u. 2 (S. 1–20).

2.42. Untersuchungen zu Einzelfragen:

Oeing-Hanhoff, L.: Ens et unum convertuntur. Stellung und Gehalt des
Grundsatzes in der Philosophie des hl. Thomas v. Aquin. Münster
1953 (Beste deutschsprachige Einführung in die thomist. Meta-
physik).
Forest, A.: La structure métaphysique du concret selon saint Thomas
d'Aquin. Paris ²1953.
Montagnes, B.: La doctrine de l'analogie de l'être d'après saint Thomas
d'Aquin. Louvain 1963.
Kluxen, W.: Art. „Analogie". In: Histor. Wörterb. d. Philos. Hrsg. v.
J. Ritter. Bd. 1. Basel 1971, 214–227.
Geiger, L.-B.: Abstraction et séparation d'après saint Thomas In De
trin. q. 5 a. 3. In: Geiger, L.-B.: Philosophie et spiritualité. Paris 1963.
87–124.
Oeing-Hanhoff, L.: Wesen und Formen der Abstraktion nach Thomas
von Aquin. In: Phil. Jb. 71 (1963), 14–37.
– Art. „Abstraktion". In: Histor. Wörterb. d. Philos. Hrsg. v. J. Ritter.
Bd. 1. Basel 1971, 42–59.
Owens, J.: Thomistic common nature and Platonic idea. In: Mediaeval
Studies 21 (1959), 211–223.
Neumann, S.: Gegenstand und Methode der theoretischen Wissenschaf-
ten nach Thomas von Aquin. Münster 1965.
Geiger, L.-B.: La participation dans la philosophie de saint Thomas
d'Aquin. Paris ²1953.
Fabro, C.: Participation et causalité selon saint Thomas d'Aquin. Lou-
vain 1961.

2.43. Historische und systematische Deutungen:
Gilson, E.: L'être et l'essence. Paris 1948. Engl.: Being and some Philo-
sophers. Toronto ²1952 („Existentialistische" Deutung der thomist.
Metaphysik im Rahmen der Gesamtgesch. der Metaph.).

Holz, Harald: Thomas v. Aquin u. die Philosophie. München (usw.) 1975.

Maritain, J.: Sept leçons sur l'être et les premiers principes de la raison
spéculative. Paris 1934. Engl.: A preface to metaphysics. Seven lec-
tures on being. New York 1948.

– Court traité de l'existence et de l'existant. Paris 1947. Engl.: Existence
and the existent. New York 1948 (Hauptwerke des „existentialist."
Thomismus).

Maréchal, J.: Le point de départ de la métaphysique. Cahier I–V; bes.
wichtig Cahier V: Le thomisme devant la philosophie critique. Bruxel-
les ²1949 (Grundlegend für die „transzendentale" Thomasdeutung).

Pesch, Otto Hermann: Thomas v. Aquin. Grenze u. Größe mittelalterlicher
Theologie. Mainz 1988.

Rahner, K.: Geist in Welt. Zur Metaphysik der endlichen Erkenntnis bei
Thomas von Aquin. München ²1957.

Siewerth, G.: Der Thomismus als Identitätssystem. Frankfurt ²1961.

– Die Abstraktion und das Sein nach der Lehre des Thomas von Aquin.
Salzburg 1958.

Lakebrink, B.: Klassische Metaphysik. Eine Auseinandersetzung mit der
existentialen Anthropozentrik. Freiburg 1967 (Gegen die „dialektische" Umdeutung des Thomismus).

Keller, A.: Sein oder Existenz? Die Auslegung des Seins bei Thomas von
Aquin in der heutigen Scholastik. München 1968.

Weisheipl, James A.: Thomas v. Aquin. Sein Leben u. seine Theologie. Graz
(usw.) 1980.

Zimmermann, Albert: Thomas v. Aquin. Berlin 1988.

Über aktuelle Probleme der Thomasforschung informieren zahlreiche
Publikationen, die zum Jubiläumsjahr 1974 erschienen sind; vgl. insbesondere die deutschen Sammelbände:

Eckert, W. P. (Hrsg.): Thomas von Aquin. Interpretation und Rezeption.
Studien und Texte. Mainz 1974.

Oeing-Hanhoff, L. (Hrsg.): Thomas von Aquin 1274/1974. München
1974.

Kluxen, W. (Hrsg.): Thomas von Aquin im philosophischen Gespräch.
Freiburg/München 1975.

Nikolaus von Kues: Die Idee der Koinzidenz

Von Kurt Flasch, Bochum

1. Einleitung

Kurze Biographie

Nikolaus von Kues wurde 1401 in Kues an der Mosel geboren. Er studierte in Heidelberg (1416) und lernt dort die Richtungen der spätmittelalterlichen Philosophie, insbesondere die via moderna, kennen. Als Student in Padua (1417–1423) beschäftigt er sich mit Kirchenrecht, aber auch mit Mathematik, Naturwissenschaft und aristotelischer Philosophie. An der Universität Köln tritt er mit der albertistischen und lullistischen Tradition in Verbindung.

Auf dem Konzil zu Basel greift Cusanus in die kirchenpolitischen Spannungen der Zeit ein, besonders mit seiner Schrift De concordantia catholica. Er tritt von der konziliaristischen zur Kurialpartei über. Er erhält in der Folgezeit wichtige diplomatische Missionen; so begleitet er 1438 den Kaiser und den Patriarchen von Konstantinopel nach Italien zum Unionskonzil.

1440 schreibt er sein erstes philosophisches Hauptwerk De docta ignorantia, dem bald De coniecturis und eine Reihe kleinerer Schriften folgen. 1448 ist er Kardinal, vielfach unterwegs auf Gesandtschafts- und Visitationsreisen. 1450 wird er Bischof von Brixen; in diesem Jahr verfaßt er die Schriften: „Der Laie über die Weisheit. Über den Geist. Über Versuche mit der Waage."

Der Fall Konstantinopels 1453 und die Türkengefahr bewegen Cusanus zu erneuter Beschäftigung mit dem Islam und zur Ausarbeitung einer den Religionsfrieden begünstigenden Philosophie der Religion (De pace fidei). – Da er auf den landesfürstlichen Rechten des Bistums Brixen beharrt, gerät er in Konflikte mit Herzog Sigismund von Tirol. 1458 verläßt er Brixen, um an der Kurie zentrale Aufgaben zu übernehmen. Doch verfaßt er in diesen letzten Jahren noch wichtige kleinere Schriften wie Über den Beryll, Über das Können-ist (De Possest), Das Nicht-Andere (De non aliud), Über die Jagd nach Weisheit (De venatione sapientiae).

Er stirbt 1464 in der umbrischen Stadt Todi.

Der „Grundgedanke" des Cusanus

1.1. Eine Philosophie, die auf eine einfache Formel ginge, verdiente diesen Namen nicht. Jedenfalls würde unbegreiflich, warum ihr Autor sie in immer neuen Ansätzen von verschiedenen Sei-

ten her entwickelt. Was wir als den „Grundgedanken" einer Philosophie bezeichnen, ist eine Abstraktion, in der sich die Befangen-
heiten des Interpreten spiegeln, der nicht sieht, daß es in der Philosophie ebenso auf die Entfaltung eines Grundgedankens ankommt
wie auf seine Konzeption. Wo Philosophie *als* Philosophie verstanden wird, hebt sich die metaphorische Vorstellung eines *Grund-*
gedankens beim Denken selbst auf. Dies gilt insbesondere für die
Philosophie des Cusanus, die die Einheit von Grund, complicatio
und Entfaltung, explicatio zu denken lehrt und die die Heraus-
arbeitung nur *eines* dieser Momente als bloß rationale Veranstal-
tung – etwa zu didaktischen Zwecken – zu durchschauen lehrt.

1.2. So sehr sich die cusanische Philosophie einer als definitiv an-
gesehenen Kurzformel ihres „Grundgedankens" widersetzt, so sehr
hat Cusanus sich selbst doch um eine einfache Zusammenfassung
ihrer Gedankenrichtung bemüht; *weil* er die Problematik einer zusammenfassenden Einführung thematisiert hat, wollte er sie nicht
dem Zufall überlassen. Wir können also – unter dem prinzipiellen
Vorbehalt, daß nichts so gesagt ist, daß es nicht besser gesagt werden könnte – relativ schnell *den* Grundgedanken des Cusanus aus
seinen eigenen Werken erheben; es ist die Idee der *Koinzidenz.*
Im Nachwort zum 3. Buch von De docta ignorantia sagt er: All
unsere geistige Anstrengung muß darauf gerichtet sein, die einfache
Einheit zu erreichen, in der die Widersprüche zusammenfallen, ubi
contradictoria coincidunt. Er betont, daß dieser Weg neu und ungewöhnlich ist und daß er zu erreichen gestattet, was den spätmittelalterlichen Schulrichtungen (viae) verschlossen bleiben mußte.
Cusanus verbindet also mit der Koinzidenzlehre ein ausgeprägtes
Bewußtsein ihrer Originalität. Etwas, das früher nicht da war,
prius inaudita, enthalte sein Buch über das belehrte Nichtwissen
(D. ign. II 11). Alle Nachweise über die „Quellen" der Koinzidenzlehre müssen dies im Auge behalten.

1.3. Cusanus kann seine wesentliche Einsicht auch dahin zusammenfassen, daß alle Jagdzüge seines Erkennens darin zur Ruhe
kommen, daß es nur *einen* schöpferischen Urgrund für alles Werden gibt, daß dieser allem Werden zugrundeliegt, daß alles Werden in ihm seine Bestimmung hat (De ven. sap. 7 u. 16). Diese
Zielsetzung hätte die Zustimmung jedes Neuplatonikers gefunden, von Koinzidenz ist dabei dem Buchstaben nach nicht die Rede.
Die Stelle klingt auch an Aristoteles Met. α an: Bei jeder Bestimmung gibt es ein Erstes, das der Grund für diese Bestimmung ist.

Danach ist die Philosophie des Cusanus im wesentlichen eine Theorie der *Einheit,* in der parmenideisch-platonischen Tradition, die auch in dem platonisierenden Buch α der Metaphysik gilt. Aber diese Einheit ist nur als Koinzidenz zu denken; der Anspruch, der in diesem Begriff und in dieser parmenideischen Tradition liegt, ist denkend nur durchzuhalten durch die Idee der Koinzidenz. Die Koinzidenz erscheint hier als Methode, die unendliche Einheit als ihr Gegenstand. Der Grundgedanke, der Cusanus eigentümlich ist, wäre dann: Die Theorie der unendlichen Einheit kann erst auf Grund der Koinzidenzlehre sagen, was sie meint.

1.4. An anderer Stelle, De beryllo c. 1, faßt Cusanus seine Intention dahin zusammen: Sein Denken kreise um den Zusammenfall der Gegensätze, die er auf dem Weg der geistigen Schau, welche die Kraft des Verstandes übersteigt, zu erschließen versuche. Er sieht seinen Beitrag zur Philosophie also darin, die Eigenart der Vernunfteinsicht oder der intellektuellen Anschauung (visio intellectualis) gegenüber der Verstandesbetrachtung (vigor rationis) herauszustellen, oder besser: mit Hilfe der intellektuellen Anschauung zur Einsicht in den Zusammenfall der Gegensätze zu führen. Die Koinzidenzlehre ist danach keine „Lehre", sondern eine „Brille", die der Vernunft zu sehen gestattet, was dem Verstand verschlossen bleiben muß. Die Koinzidenzlehre wäre die in der Einheitsmetaphysik erforderliche, aber bisher verfehlte Vernunftmethode.

Zusammenfassend: So unbezweifelbar die Idee der Koinzidenz die wesentliche Lehre des Cusanus ist, so deutlich ihr Zusammenhang mit der parmenideisch-neuplatonischen Theorie des Einen ist, so undeutlich bleibt vorerst, ob die Koinzidenz das Charakteristikum der unendlichen Einheit selbst, sozusagen das Privileg Gottes ist, wie es nach D. ign. erscheinen muß, oder ob sie unsere menschliche Vernunftmethode ist, durch die wir in den Stand gesetzt werden, die unendliche Einheit auf nicht-begreifende Weise zu denken.

2. Drei Modelle der Interpretation

2.1. Vielleicht kann die Idee der Koinzidenz nicht auf die Unterscheidung, die wir heute an sie herantragen, eingehen, ob sie ein Inhalt oder eine Methode sei. Doch um das zu zeigen, müßten wir wissen, was sie ist. Zuvor fallen verschiedene Modelle ihrer Interpretation ins Auge; ich skizziere deren *drei:*

2.2. Da ist zunächst die *mystische Interpretation*. Nach ihr ist die Koinzidenzlehre eine Anleitung zu mystischer Erfahrung. Sie hat keinen rationalen Anspruch an *alle* Menschen, sie wendet sich nicht einmal – wie die dogmatische Theologie – an *alle* Christen; sie bezieht sich auf Erlebnisse, die sich einer besonderen Begnadung verdanken.

Es ist nötig, die Argumente dieser Interpretationsweise genauer zu besehen:

Man beruft sich auf die Ausdrücke der mystischen Tradition, die sich Cusanus angeeignet hat. Da ist vom excessus mentis, von göttlicher Finsternis die Rede. Cusanus warnt gar davor, seine Theorie den Unvorbereiteten, den Nicht-Eingeweihten bekanntzumachen; er greift die esoterische Terminologie auf. Er spricht selbst von „Schau", visio; er polemisiert gegen die Ansprüche des bloß rationalen Denkens auf dem Feld einer Theorie des Grundes.

Weiterhin: Der Einfluß Meister Eckharts auf Cusanus war immer bekannt; er ist durch neuere Forschungen noch deutlicher geworden. Also nicht die Scholastik, sondern die Mystik ist die Heimat des Cusanus. Und wenn es einen Autor gibt, auf den er sich am liebsten beruft, so ist es Dionysius Areopagita und insbesondere dessen kleine Schrift De theologia mystica, deren Titel den mystischen Charakter dieses Denkens auszusprechen scheint.

Doch haben schon die Neuplatoniker sich die Sprache der Mysterien und ihrer Arkandisziplin philosophisch assimiliert; nicht die Herkunft dieser Bilder ist entscheidend, sondern die Rolle, die sie in einer Theorie spielen. Früher sah man die „mystische" Tendenz der Neuplatoniker als orientalische Beeinflussung an; heute kennen wir ihren philosophischen Ursprung und ihre philosophische Bedeutung. Wenn Dionysius von „mystischer Theologie" spricht, so sind beide Ausdrücke nicht von ihrer modernen Bedeutung, sondern von ihrem neuplatonischen Hintergrund her zu lesen. Zuletzt liegt der platonische „Parmenides" zugrunde.

Daß Cusanus von Eckhart herkommt, ist richtig. Daß er deswegen von der „Mystik" herkommt, entspricht zwar einer weitverbreiteten Sprachregelung, verkennt aber die philosophische Beweisintention Eckharts, entspricht überhaupt dem Forschungsstand vor dem Bekanntwerden der lateinischen Werke Eckharts. Der Begriff „Mystik" ist vieldeutig genug, so daß die „mystische" Interpretation der Koinzidenzlehre doch irgendwo recht behält. Durch die Verschiebung des Philosophiebegriffs nach dem „Zusammenbruch des Deutschen Idealismus" (wie man meist absichtsvoll sagt), erscheint leicht jede Philosophie, welche die Fragen der früheren Metaphysik nicht einfach für erledigt erklärt, als „Mystik". Marx z. B. wirft Hegel vor, seine Philosophie sei „Mystik".

Auch gibt es die Denkgewohnheit, von der unendlichen Einheit zu reden, aber als vom höchsten Objektiven, so daß der Betrachter außerhalb ihrer zu stehen kommt. Mit dieser Gedankenlosigkeit, die das Unendliche verendlicht, hat Cusanus allerdings gebrochen, und von jener Denkgewohnheit her mag er als „Mystiker" erscheinen.

So wichtig ein aus den Quellen gewonnenes Bild der Philosophie Plotins und Eckharts und überhaupt ein von dem anti-idealistischen Affekt der ersten nachhegelschen Generation unabhängiger Philosophiebegriff in unserem Zusammenhang auch ist, über die mystische Interpretation der Koinzidenzlehre wird vor allem danach zu entscheiden sein, ob Cusanus zu ihrer Rechtfertigung eine philosophische Argumentation vorgetragen hat, die wenigstens den Versuch macht, das naheliegende Bedenken auszuräumen, es handle sich bei der Koinzidenz um einen irrationalen Einbruch in das argumentierende Denken.

2.3. Weit verbreitet ist die *theologische Interpretation.* Sie hat zwei Varianten. In der ersten sagt sie: Cusanus setze den christlichen Glauben in der Argumentation voraus. Er wolle dessen Inhalte nicht von Grund auf philosophisch gewinnen; das Philosophieren sei nur ein nachträgliches Sich-Orientieren innerhalb der geglaubten Wahrheit. Die Koinzidenzlehre sei eine theologische Methode in dem Sinne, als sie den Glauben unbefragt voraussetze und dann untersuche, wie weit sie ihn verstehen könne.

Obwohl für diese Variante manches spricht, besonders in den Predigten des Kardinals, geht sie doch von den thomistischen Begriffspaaren Natur-Übernatur, Glauben-Wissen aus, die Cusanus so nicht kennt. Sie übersieht, daß Cusanus inhaltlich nicht mit Bibel oder Kirchenautorität argumentiert, sondern daß er mit einer Diskussion des Wissensbegriffs, sodann mit der Dialektik des Begriffs „Maximum" beginnt. Ein augenscheinlicher Gegenbeweis gegen diese theologisierende Auslegung ist das 2. Buch der Docta ignorantia, das ganz dem Universum gewidmet ist.

Cusanus war gegen unsere Grenzziehung zwischen Philosophie und Theologie gleichgültig. Worauf es ihm ankam, war: die wahre theologia dahin zu entwickeln, daß sie sich nicht auf die Autorität – sei's der Bibel, sei's der Kirche – stützt, sondern daß sie sich zu dem Einen denkend erhebt, von dem her jede Tradition und jeder Text und jede Kirche als Mutmaßung (coniectura) der einen Wahrheit verständlich wird, und zwar so, daß der Widerspruch verschwindet, in dem diese, wenn man sie wörtlich, nicht *als* coniectura liest, zu allen anderen Gestalten der Wahrheit steht.

Eine zweite Variante der theologischen Auslegung der Koinzidenz besteht darin, die Koinzidenz als Eigentümlichkeit „Gottes" zu nehmen. Diese Variante kann sich mit der ersten verbinden, muß dies aber nicht; sie kann sich auf einen philosophischen Theismus stützen. Sie sagt: Gott hat dies Eigentümliche, daß die Vollkommenheiten, die sich bei uns gegensätzlich verhalten, miteinander identisch sind. Anders gewendet: Während wir von allen Weltinhalten distinkt sprechen können, ist es die Sonderstellung Gottes, daß in ihm das sonst Distinkte koinzidiert.

Etwas Ähnliches hat Cusanus zwar gesagt, doch meint er nicht dasselbe. Er hat den Ausdruck „Gott" aus der Volkssprache nicht einfach übernommen, sondern philosophisch vom Maximum = Minimum gehandelt, das sich als das erweist, was im religiösen Glauben gemeint ist, wenn dieser über die ihm – auch! – innewohnende Tendenz zum Aberglauben hinauswächst. „Gott", das ist keine „besondere Substanz"; er ist das, wo alle Distinktheit ihren Grund hat, also aufhört. M. a. W.: Die Koinzidenzlehre ist nicht einfach eine andere Formel für den gewöhnlichen Theismus; sie ist dessen denkende Korrektur.

Vor allem fragt es sich, ob es überhaupt denkbar wäre, daß die Koinzidenz allein in Gott wäre. Wir sollen sie doch denken. Dann ist sie wohl auch in uns. Dann haben wir teil am göttlichen Privileg der Koinzidenz. Dann hat die Koinzidenz nicht bloß eine theologische, sondern eine anthropologische, eine wissenstheoretische Funktion. Dann verschiebt sich das Gesamtbild, zuungunsten der theologischen Interpretation, die sich als Einseitigkeit erweist.

Die theologische Interpretation macht zwei Tatbestände für sich geltend: daß

a) Cusanus von Trinität, von Gottessohnschaft usw. spricht,

b) daß es ihm im Sinne der negativen Theologie um die Unbegreiflichkeit Gottes gegangen sei.

Dies sei hier nicht bestritten. Doch darf man nicht als gewiß unterstellen, Trinität und Gottessohnschaft seien rein theologische, nicht auch philosophische Inhalte. Man braucht nur daran zu erinnern, daß Hegel – wie vor ihm Eriugena, Anselm und Lull – über die

Trinität, daß Kant – wie vor ihm Eckhart – über die Gottessohnschaft philosophiert.

Der Ausdruck „negative Theologie" ist vieldeutig. Versteht man
darunter, daß es wahrer ist, von der unendlichen Einheit (Gott)
alle Prädikate zu negieren als sie zu behaupten, so fragt sich, ob
man Gründe hat, die positiven Prädikate als weniger wahr, nicht
aber als falsch anzusehen. Weiter fragt sich, wie man das im letzten
Stadium der Negation Gewonnene, das völlig unbestimmt sein
muß, doch noch irgendwie qualifizieren kann, d. h. wie man aus
der völligen Bestimmungslosigkeit wieder herauskommt. Man sagt
es leicht daher, es sei Cusanus um die Unbegreiflichkeit Gottes
gegangen. Aber Cusanus hat weitergesehen und gefragt: Wie können wir die Unbegreiflichkeit *begreifen,* was wir doch müssen,
wenn wir von ihr reden? Wie können wir sie als die Unbegreiflichkeit *Gottes* begreifen, nicht als ein irgendwie überwältigendes
Irrationales? Cusanus wiederholt nicht einfach die negative Theologie; er diskutiert sie philosophisch. Er weist auf ihren Sinn *und*
auf ihre Mängel hin; er hat die *Einheit* von negativer und positiver
Theologie gesucht, wohl wissend, daß die positive Theologie ohne
die negative zum Götzendienst, die negative ohne die positive zur
Vagheit führt. Dieses Dilemma hat er zum Thema einer philosophischen Untersuchung gemacht. Das ist etwas anderes als zu behaupten, Gott sei unbegreiflich.

2.4. Eigens hervorzuheben ist die *Auslegung der Koinzidenz als
Zusammenfall des Gegenüberstehenden (coincidentia contrariorum).* Um diese Interpretationsrichtung zu charakterisieren, müssen
wir kurz die Terminologie erklären. Wenn Cusanus von Koinzidenz spricht, redet er oft vom Zusammenfall der Gegensätze, von
coincidentia oppositorum, manchmal sagt er Zusammenfall der
Widersprüche coincidentia contradictoriorum (so im Epilog zu De
docta ignorantia), manchmal Zusammenfall des Entgegenstehen-
den, coincidentia contrariorum. Was bedeuten diese Ausdrücke?
„Opposita" ist der Oberbegriff, bedeutet „Gegensätze", ohne ge-
nauere Angabe. Aristoteles hat in seiner „Metaphysik" die Arten
der Gegensätze genauer untersucht; ich greife daraus das heraus,
was für das Verständnis des Cusanus wesentlich ist: Aristoteles
unterscheidet den *relativen,* den *konträren* und den *kontradiktorischen* Gegensatz. Der *relative* Gegensatz ist der mildeste: zwei an
sich nicht gegensätzliche Wesen stehen sich als Träger einer Beziehung gegenüber. *Konträres* steht an sich gegensätzlich zueinander,

aber hat eine gemeinsame Wesensbestimmung. So sind „hoch" und „tief", „schwarz" und „weiß" konträre Gegensätze; sie haben z. B. gemeinsam, „Farbe" zu sein. *Kontradiktorisch* steht sich gegenüber, was sich nach dem Satz vom Widerspruch ausschließt. Dies ist der härteste Gegensatz.

Zu diesen terminologischen Erklärungen möchte ich drei Bemerkungen machen:

a) Die Terminologie der Gegensatzlehre hat Aristoteles für das Griechische, Boethius für das Lateinische festgelegt. Man könnte zweifeln, ob Cusanus, der terminologische Festlegungen scheut, diese Ausdrücke im selben Sinne verwendet. Aber die eingehendere Untersuchung – die hier nicht durchgeführt werden kann – zeigt, daß er es getan hat. Er mußte dies auch tun, wenn er verstanden werden wollte. Gerade weil er die *Theorie* des Gegensatzes verändern wollte, mußte er die Terminologie beibehalten, damit der polemische Bezug deutlich wurde.

b) Neuscholastische Interpreten versuchen zuweilen, das Konträre als Gegensatz im *Sein* vom Kontradiktorischen als Gegensatz im *Denken* abzugrenzen: Konträres ist wirklich, Kontradiktorisches ist unmöglich, bezieht sich nur auf einen Vergleich unserer Sätze, meint man. Dagegen sagte Thomas von Aquin, der Widerspruch als der schärfste Gegensatz liege allen milderen Formen des Gegensatzes zugrunde. Dann verschiebt sich allerdings das Verhältnis von Denken und Sein; die Abbildtheorie des Erkennens.

c) *Was* fällt nach der Koinzidenzlehre zusammen? Die opposita, d. h. alle Arten von Gegensätzen, insbesondere die konträren und die kontradiktorischen. Der Zusammenfall der contraria bedeutet, daß die entgegengesetzten Vollkommenheiten, die innerhalb eines gemeinsamen Oberbegriffs stehen, als Einheit zu denken sind. Das ist weiter keine Zumutung an das gewöhnliche Denken, denn in jedem Gattungsbegriff denken wir die Einheit der konträren Bestimmungen. Daher besteht eine große Neigung, die Koinzidenz als Zusammenfall bloß der konträren, nicht auch der kontradiktorischen Bestimmungen auszulegen: In Gott fallen die Vollkommenheiten zusammen, die sich in der geschaffenen Welt konträr entgegenstehen. Man hebt zur Ehre des Cusanus hervor, eine Übersteigung des Widerspruchsprinzips habe er *nicht* gewollt. Er wollte die einzigartige, alle Kontrarietäten der geschaffenen Welt umschließende Vollkommenheit Gottes herausstellen. Aber dagegen ist zunächst philologisch festzustellen, daß Cusanus, hätte er *dies* sagen wollen, von einer coincidentia *contrariorum* hätte reden müssen; in Wahrheit gebraucht er den Oberbegriff opposita und, um die Spitze seiner Theorie hervorzuheben, auch *contradictoria.* Er kannte diese Terminologie; er wollte einen Affront gegen den „gesunden Menschenverstand". Man kann dies ablehnen, man sollte dies aber nicht abschwächen. In der Auslegung der Koinzidenz als einer Koinzidenz nur der konträren Gegensätze siegt noch einmal der Verstand über die Vernunft; nur wenn die Koinzidenz auch als die der kontradiktorischen Sätze verstanden wird, liest man die Koinzidenz der konträren Vollkommenheiten so, wie Cusanus sie verstanden haben wollte.

3. Der Sinn der Koinzidenzlehre

3.1. Die Koinzidenzlehre hat vielerlei Aspekte und Versionen, deren Übereinstimmung nicht ohne weiteres unterstellt werden kann. Sie verlangt daher eine mikrologische Erörterung, die sich von Schrift zu Schrift durcharbeitet. Doch braucht eine solche Erörterung ihrerseits einen Leitfaden oder wenigstens eine übergeordnete Fragestellung. Um dies zu ermöglichen, skizziere ich nun in freier Zusammenfassung – also zunächst ohne Belege und ohne auf die beachtenswerte Lehrentwicklung des Cusanus einzugehen – das, was ich für das Wesentliche an der Koinzidenzlehre halte.

Vielleicht führt schon der Ausdruck „Koinzidenz*lehre*" in die Irre. Denn es handelt sich bei Cusanus nicht um eine systematisch ausgearbeitete Doktrin, sondern um eine *Methode,* von der Cusanus immer wieder andeutet, daß sie auf andere, von ihm selbst nicht behandelte Themen ausgedehnt werden könnte. Sie bezeichnet ein *Verfahren,* von dem man beliebig kurze und beliebig ausgedehnte Proben geben kann; die Schriften des Cusanus verstehen sich als die Darstellung einzelner Proben, nie als philosophische Enzyklopädie. Wenn im folgenden weiter von „Koinzidenzlehre" die Rede ist, ist diese Einschränkung mitzubedenken.

Doch nun zur Sache. Was ist die Koinzidenzlehre? Sie ist eine Anleitung, sich Rechenschaft zu geben von der gegensatzlosen Einheit, die im menschlichen Denken und Handeln vorausgesetzt ist. Diese Einheit umfaßt alles und erscheint in allem – wir sind sie folglich auch selbst! –; sie ist in jedem sinnlichen, jedem rationalen, jedem intellektuellen Inhalt. Wir leben in ihr; aber gelenkt durch eine vom Widerspruchsprinzip bestimmte Philosophie, übersehen die Menschen dieses ihr Lebenselement, oder besser: Sie werden zwar, sobald sie zu denken anfangen, darauf gelenkt; aber gegängelt von Denkformen, deren Entstehung sie nicht durchschauen, legen sie die gesuchte Einheit einseitig aus; sie erkennen, daß dieses Einseitige nicht das Gesuchte sein kann, werfen sich auf die entgegengesetzte Einseitigkeit, durchschauen auch sie als unwahr und glauben schließlich, die Wahrheit sei unerreichbar. So geraten sie in Aporien, machen gar aus der Aporetik das Wesen der Philosophie; das Lamento, die Wahrheit liege im Dunkeln, gilt als der Ausweis von Tiefsinn, aber das wäre es nur unter der Voraussetzung, wir hätten das sog. „Gegebene" oder wir stünden als „Subjekt" außerhalb der Wahrheit (Einheit) und müßten sie nun als das Andere suchen, was in der Tat unmöglich ist, denn jedes Andere ist nicht das Gesuchte. Die Koinzidenzlehre ist nun die Anleitung, dieses Spiel der entgegengesetzten Vorstellungen zu durchschauen, das Vertrauen der Menschen in die Wahrheit wiederherzustellen, aber doch so, daß die gemachte Erfahrung nicht vergessen, sondern zum Gegenstand der Analyse gemacht wird: Vertrauen in die Wahrheit als Mißtrauen gegen jeden sich aufspreizenden Standpunkt, gegen jede sich dogmatisch gebärdende, d. h. die Relativität ihres Ausgangspunktes vergessende Metaphysik. Die Koinzidenzlehre versucht, das tatsächliche Scheitern der – zunächst mittelalterlichen – Metaphysik zu thematisieren, nicht um Platz zu bekommen für einen Dezisionismus, Intuitionismus, Fideismus oder Mystizismus, sondern um das Denken theoretisch über sich selbst und sein Verhältnis zur unendlichen Einheit zu verständigen – eben durch Analyse der gängigen Zurechtlegungen, welche diese Einheit notwendig verfehlen.

3.2. Man kann den *theoretischen* Charakter der Koinzidenzlehre dadurch näher charakterisieren, daß man sie abgegrenzt von den rhetorisch-humanistischen sowie den mystisch-praktischen Reaktionen auf die spätscholastische Ideenentwicklung.
Im späten Mittelalter bildete sich der logische Formalismus immer stärker aus. Man analysierte etwa biblische Texte nach dem Schema: Obersatz, Untersatz, Schlußfolgerung. Je mehr dieses Verfahren ausgebildet wurde, um so stärker wurde die Erfahrung, daß weite Bereiche des menschlichen Lebens mit solchen Regeln nicht zu erfassen sind. Daß Geschichtserzählungen, politische Reden, dichterische Texte andere Ziele haben als die, korrekt logische Regeln zu verkörpern – das drängte sich mehr und mehr auf.

Diese Erfahrung entspricht derjenigen der analytischen Philosophie der Gegenwart, die sich in einer zweiten Phase bemüht, die Einengung des Blickes nur auf konstatierende Sätze zu überwinden, die versucht, auch den dichterischen Ausruf, die Bitte, den Befehl als Satz denken zu können. So hat schon Pascal gegen den cartesianischen esprit de géometrie den esprit de finesse angerufen; er hat neben der logique de la raison eine logique du cœur gefordert. Im 15. Jahrhundert hat Jean *Gerson* die Zulassung einer zweiten Logik neben der ersten, streng formalen verlangt. Diese zweite Logik brauchen wir, meint Gerson, nicht zu erfinden; sie liegt längst vor — in der Rhetorik. Die Dichter, die Politiker und die Prediger haben sie stets geübt; auch die biblischen Schriften wollen nach ihr beurteilt sein. Ihr geht es nicht um die Feinheiten der rationalen Distinktionen; sie will bewegen, nicht belehren. Diese Einsicht in die Nicht-Formalisierbarkeit der Umgangssprache ist nicht ganz neu; neu ist, daß aus dieser Einsicht der Schullogik selbstbewußt eine *zweite Logik* entgegengesetzt wird, eine Logik, die der ersten keineswegs untergeordnet wird. Aber diese zweite Logik ist nicht mehr Sache einer Wissenschaft. Die Wissenschaften haben nur die erste Logik. Da liegt der Unterschied zu Cusanus: seine Koinzidenzlehre will eine theoretisch begründete zweite Logik sein, die sich nicht nur an den Willen, das Gefühl — den sog. „ganzen Menschen", den sie in Wahrheit zuvor halbiert — wendet, sondern an eine theoretische Einsicht höherer Ordnung.

Johannes Gerson starb 1429. Wenige Jahre zuvor, spätestens 1427, ist ein anderes Buch entstanden, das die mystisch-praktische Reaktion auf die Formalismen der spätmittelalterlichen Wissenschaft verkörpert, genannt „*Nachfolge Christi*". Es geht unter dem Namen des Thomas von Kempen, wurde übrigens auch Gerson zugeschrieben. Es stellt die einfachste Antwort dar auf die Probleme des 15. Jahrhunderts; es ruft auf zur Verachtung der Welt und der Wissenschaft. Wir sollen überflüssige Worte meiden; in den Schriften sollen wir den geistlichen Nutzen (utilitas) suchen, nicht die Feinheit der Distinktionen (subtilitas). Oft hindert uns die eitle Neugier (curiositas) beim Lesen der Schriften, da wir durchschauen und diskutieren wollen, wo wir in Einfachheit, in Einfalt weitergehen sollten (cum volumus intelligere et discutere ubi simpliciter esset transeundum); niemals sollen wir den Namen der Wissenschaft anstreben (I 5): Lies demütig, einfach, gläubig (lege humiliter, simpliciter et fideliter) — dies ist auch eine Art, mit der Zerrissenheit des späten Mittelalters fertigzuwerden. Sie ist schlicht, religiös-pragmatisch. Auch dieses Buch propagiert eine Art Koinzidenz, aber eine ethisch-erbauliche: Viele jagen der Wissenschaft nach, wollen in ihr groß sein, werden aber dadurch nur eitel. Wahrhaft groß ist, wer in sich klein ist (vere magnus est, qui in se parvus est). Aber dieses Wissen ist bloße Praxis; derjenige, heißt es, ist in ihm gelehrt, der den Willen Gottes tut und auf seinen Eigenwillen verzichtet (I 3). Auch Cusanus spricht vom Zusammenfall des Größten mit dem Kleinsten. Aber die Koinzidenzlehre stellt sich solchen Paradoxien theoretisch. Sie will zeigen, wie sie denkbar sind.

3.3. Sie macht dabei eine Voraussetzung, die schon genannt wurde, die wir aber – entgegen der frommen Mahnung der „Nachfolge Christi" – „einsehen und diskutieren" wollen, nämlich die, daß wir von einer allumfassenden *Einheit* leben. Das ist die These der parmenideisch-platonisch-neuplatonischen Tradition, die Cusanus aus Proklos und Eriugena, aus dem Liber de causis und der Schule von Chartres, aus Meister Eckhart und übrigens auch aus Augustin kannte. Das heißt nicht, sie sei für ihn selbstverständlich gewesen; denn diese Tradition hielt dazu an, zugunsten der unendlichen Einheit zu argumentieren, nicht bloß sie zu behaupten. Wie sehen solche Argumente aus, und wie sind sie zu beurteilen? Es soll bewiesen werden, daß wir unvermeidlich Einheit voraussetzen, man gibt vor allem folgende Argumente:

a) Was wir antreffen, muß als *eines* anzusprechen sein. Zerlegen wir es in Teile, so sind auch diese Teile je einer. Die spezifischen Bestimmungen werden durch Zerlegung zerstört; so ist der zerlegte Baum nicht mehr Baum. Aber eine Einheit steht am Anfang wie am Ende jedes Prozesses.

b) Wäre das Resultat eines Denkens oder Handelns nicht seinerseits eine Einheit, so könnte es nicht benannt, nicht gedacht werden. Was eine Bestimmung trägt, ist dadurch als Einheit bestimmt. „Denken" heißt: „ein Eines denken". Auch wenn wir etwas völlig Fremdes, noch Unentdecktes denken, eilen wir jeder Detailbestimmung voraus und fassen das Unbekannte als *eines*. Ob wir sagen „die Einheit ist" oder „die Einheit ist nicht", wir setzen unvermeidlich Einheit voraus, denn auch die Bestimmung „ist nicht" ist eine einheitliche Bestimmung.

c) Auch jedes menschliche Handeln setzt Einheit voraus: Handelnd schließen wir uns mit etwas zur Einheit zusammen. Auch wenn wir uns von etwas trennen, geschieht dies, um unsere Einheit zu fördern. „Einheit" wird dabei nicht wertfrei verstanden; es geht nicht um die Tautologie, daß jedes Etwas auch ein Eines ist, was nur einen formalen Begriff von Einheit gibt, sondern um *die* Einheit, die ein Wesen als seinen vollendeten Zustand anerkennen kann. Mit Hilfe *dieses* Begriffs von Einheit kann man sagen, die Einheit sei zugleich das Gute; man kann sagen, jedes Wirkliche suche seine Einheit, verwirkliche sie nie abschließend. Weiter kann man sagen, alles, was teilbar ist, sei zwar *eines,* aber setze eine unteilbare Einheit voraus – so wie man einen Liter Milch in zwei halbe Liter teilen kann, wobei die Einheit der Struktur „Milch" aber ungeteilt bleibt. Also enthalte jedes Teilbare die unteilbare Einheit; unser Anhalt für das Denken der Einheit ist dann nicht ein Baum oder ein Stein, sondern der Denkende selbst, das Ich.

d) Der bislang entfaltete Grundgedanke der Einheit wird deutlicher, wenn man ihn von der negativen Seite her entwickelt: Warum ist es unmöglich, daß wir erst einzelne Gegenstände kennen, sie zuerst zu kleineren, dann größeren Klassen zusammenfassen, um zuletzt – als äußerste Abstraktion – den Begriff der Einheit und den zugehörigen des Seins zu bilden? Weil wir, wenn wir von einem Gegenstand sagen, er sei *ein Gegenstand,* schon einen Begriff von Einheit voraussetzen, auch wenn wir dieses Wort vermeiden. Schon um ihn als ein Ding, gar als einen Fall einer bestimmten Klasse von Dingen der sog. Abstraktion zugrunde zu legen, muß ich Einheit denken. Man kann daher sagen, Einheit sei ein apriorischer Begriff oder eine Idee.

Aber wäre es nicht möglich, daß wir in der Realität nur einzelne Dinge anträfen, über die wir konstruierend, willkürlich unsere Einheitsschemata werfen? Dies ist unmöglich – auch abgesehen davon, daß dabei die Einheit der Einzeldinge vorausgesetzt wird –, weil auch diese Überlegung noch davon zehrt, daß alle Einheitssetzungen noch mit objektivem Anspruch eben als Einheitskonstruktionen gefaßt werden können. Damit ist realitätshaltige Einheitssetzung vorausgesetzt, was vereinbar ist mit kritischer Distanz zu jeder einzelnen Einheitssetzung. Leugnet man eine nicht-tautologische, realitätshaltige Einheitssetzung, so ist der Skeptizismus die konsequente Folge, die nur insofern inkonsequent ist, als sie sich ausspricht, also objektive Bedeutungseinheiten beansprucht.

Es ist zu beachten, daß „Einheit", „objektive Bedeutung" in diesem Zusammenhang sich wesentlich auf unsere menschliche Welterfahrung beziehen; es wird behauptet, daß wir Menschen im Denken

und Handeln solche Einheit voraussetzen müssen; *nicht* wird gesagt, es gebe – auch wenn es keine Menschen gäbe – ein einziges
kosmisches System (Universum). Die Einheit, von der wir allein
reden können, ist geistbezogen; man kann auch sagen, daß wir sie
selbst sind. Dies ist das parmenideische Erbe der europäischen
Philosophie, das man sich als Hintergrund der Koinzidenzlehre
gegenwärtig halten muß: Wenn wir vom Vielen sagen, „es ist",
belegen wir es mit der einheitlichen Bestimmung des Seins, sind
also denkend bei der Einheit, aus der wir zum Vielen hin heraus-
getreten zu sein glaubten, und dieses „Sein" ist konzipiert nicht als
dingliches Vorhandensein, das sich als Schein erwies, sondern nach
der Korrespondenz zum Begriff, so daß nur *ein* Sein ist, und daß
Denken und Sein dasselbe ist.

3.4. Fragt man, ob diese These des Parmenides *wahr* sei, so ist
zuerst zu antworten, daß sie das Viele nicht los wird, indem sie es
als Schein zur Seite setzt. Auch vom Schein müssen wir sagen, daß
er ist. Dann kehrt das Viele zurück, macht das Eine zu einem neben
Vielem; die These hebt sich auf. Aber war das Sein des Einen nicht
argumentierend gut gesichert? Ist diese Argumentation nicht von
Parmenides bis in die Gegenwart immer wiedergekehrt? Cusanus
erkennt sie an, aber bietet die Koinzidenzlehre als ihre unvermeidliche Korrektur an. Sie besagt: Das Eine ist nur dann allumfassend,
wenn es den Gegensatz zum Vielen verliert. Noch härter formuliert: Wir denken das Eine erst dann wirklich als das Eine, wenn
wir sehen, daß wir es ebensogut „das Viele" nennen können. Nur
dann *denken* wir wirklich, was wir mit ihm *meinen:* Jenes Eine,
das nicht *neben* den vielen Weltinhalten steht, das wir voraussetzen, sowohl wenn wir von etwas sagen, es sei eines, wie wenn
wir sagen, es sei vieles, was ja auch eine Einheitsbestimmung ist.
Erst wenn wir das Eine als in alles Viele hinein übergegangen denken, wird es von diesem nicht länger begrenzt, verendlicht, in eine
Reihe mit Vielen gestellt. Dann erst ist „Unendlichkeit" gedacht.
Gewöhnlich wird sie *vorgestellt* als die Leere, die bleibt, wenn man
von allem Endlichen absieht; dieses Endliche behält dann seine
Selbständigkeit, nur wird sie nicht beachtet. Aber diese Unendlichkeit ist bloß phantasiert, ist endlich; im Vergleich zu ihr wäre die
bunte Vielfalt des Lebens vorzuziehen. Doch dagegen gelten wiederum die Argumente des Parmenides. Vor allem muß man sehen,
daß das vermeintlich konkretere Modell der Erkenntnis, wonach
ein Ding da ist, mich beeindruckt und zur Bildung abstrakter Ge-

danken veranlaßt, aus lauter allgemeinen Gedanken gewoben ist:
ein Ding, Eindruck, Abstraktionsprozeß – dies alles sind *allgemeine*
Gedankenbestimmungen, nicht das unmittelbare Leben, wie man
wohl meint. Ergebnis: Damit die These des Parmenides als wahr
gedacht werden könne, muß sie in sich umgebrochen werden; solange an ihrem Ende ein Eines steht, das das Vielerlei neben sich
beläßt, ist auch die Intention des Parmenides nicht erfüllt. Die
Koinzidenzlehre will der Umbruch und zugleich die denkende Ein-
lösung der Einsicht des Eleaten sein.
Dazu muß gezeigt werden, wie die Einheit von Denken, Sein und
Einheit gedacht werden muß. Die Identität darf nicht unverständ-
lich machen, daß wir suchen, daß wir die Einheit oft verfehlen. Es
müßte – bildhaft ausgedrückt – darauf hinauslaufen, daß wir einen
Identitätspunkt von Denken und Sein fassen, der in allen Erfahrungen der Nicht-Identität, des Suchens und Verfehlens, vorausgesetzt ist. Es müßte eine Identität sein, die in die Nicht-Identität
übergegangen ist. Hegel nannte dies kurz die Identität von Identität und Nicht-Identität. Die so gedachte Einheit wäre nicht mehr
als „das Sein" zu bezeichnen. Wir haben schon den Beweis erbracht,
daß sie vor der Alternative von „sein" und „nicht-sein" steht. Beide
Bestimmungen sind je eine; wir dürfen die Einheit nicht auf eine
dieser Seiten festlegen. Zu fragen, ob sie ist oder nicht ist, ob es
das Unendliche gibt oder nicht gibt, ist nur der Beweis, daß man
nicht zu sagen gelernt hat, was man meint. Die Koinzidenzlehre
ist der Versuch, uns hierüber zu verständigen, also jene Einheit
denken zu lehren, die vor der Alternative von „sein" und „nicht-
sein" steht.

3.5. Cusanus will zeigen, daß die genannten Argumente für die
Einheit des Prinzips zwar den ersten, wesentlichen Schritt zur
Wahrheit darstellen, daß aber der in ihnen vorausgesetzte Begriff
von Einheit dahin korrigiert werden muß, daß er seinen Gegensatz
zur Vielheit verliert, was zugleich das Ende des parmenideischen
Einheitsbegriffs besagt. Dieses cusanische Programm enthält eine
Reihe philosophischer Probleme, die erörtert werden müssen. Bevor wir ihnen näher nachgehen, sollten wir dem Hinweis des Cusanus folgend eine mehr anschauliche Darstellung der Koinzidenzlehre versuchen. Was dem Menschen wichtig ist, muß er sinnlich
präsent haben. Cusanus kämpft in dieser Hinsicht an zwei Fron-
ten: Einmal sieht er, daß wir alles Sichtbare und Vorstellbare verlassen müssen, wenn wir begreifen wollen, was wirklich ist. Wir

müssen heraus aus der Höhle durch eine Umkehr, zu der uns
Cusanus durch Paradoxien, aber auch durch Kadenzen abstrakter
Formeln bewegen will. Aber andererseits will Cusanus nicht das
schulmäßige Grau in Grau; der Gedanke, der das Anschauliche verlassen hat, muß und kann in es zurückkehren; daher das Bestreben
des Cusanus, die Koinzidenz auch sinnlich darstellbar zu machen.
Der Mensch lebt, meint Cusanus, in der Einheit der Gegensätze.
Nur hat er sich koinzidenzvermeidende Techniken entwickelt, die
ihm diese Einheit, in der er lebt, verdecken. Die Koinzidenzlehre
ist daher die Kritik der die Koinzidenz abweisenden Zurechtlegungen; sie ist Kritik der Weltauslegungen, die innerhalb dieses Zwan-
ges bleiben; sie will freilegen, was in ihnen notwendigerweise ver-
fehlt wird; sie will erreichen, was innerhalb ihrer als das Unerreich-
liche gelten muß.
Daraus ergibt sich, wie die Koinzidenztheorie vorgehen muß: Sie
muß nicht die Einheit herbeibeweisen, von der sie sagt, daß sie
alles umfaßt; sie muß nur die Weltauslegungsverfahren aufdecken,
mit denen der Verstand das wahre Unendliche aus seinem Gesichts-
kreis verbannt. Sie muß vor allem den Verstand aufklären über
das, was er da tut. Das ist die wichtigste und die schwierigste Aufgabe: Vor dem Forum des Verstandes ist diesem zu beweisen, daß
die rationale Logik der koinzidentalen entspricht.
Aber darüber ist nicht zu vernachlässigen, daß die vom Verstand
nach der Regel der Koinzidenzvermeidung geleitete Sinnlichkeit
nicht die ganze menschliche Sinnlichkeit ist. Wenn die Einheit
unendlich, wenn sie gegensatzlos ist, dann ist sie auch in unserer
sinnlichen Erfahrung. Anders ausgedrückt: Es gibt *Koinzidenz-
phaenomene,* sinnliches Erscheinen der gegensatzlosen Einheit, das
wir so lange übersehen, als wir die rationale Weltkonstruktion
nicht als solche, sondern als das direkte Gegenüber zur Welt verstehen. Durchschauen wir die Aktivität des Verstandes, dann wird
auch die Sinnlichkeit freigesetzt; hier entspringt das Hamannsche
Thema von der Sinnlichkeit des Göttlichen, die denkend dem
„Purismus der Vernunft" abzuringen wäre.
Eine anschauliche Darstellung der Koinzidenz bei Cusanus kann an
seine Schrift De visione Dei anknüpfen; dort erinnert er an eine
im 15. Jahrhundert beliebte Maltechnik, durch die ein gemaltes
Auge den Betrachter immer anschaut, wo er sich auch befinde.
Bewegt sich der Betrachter, so folgt ihm das Auge des gemalten
Engels oder Gottes; bleibt er stehen, so ruht es auf ihm. Bewegen
sich zwei Betrachter in der entgegengesetzten Richtung, so bewegt

sich das göttliche Auge mit – zugleich und in entgegengesetzten Richtungen. Bewegt sich der Betrachter schnell, so wandert auch das Auge schnell mit, und umgekehrt. Immer ist meine Bewegung das Maß der Bewegung des göttlichen Blicks.

Dieses Bild gibt eine Einführung in einen wichtigen Aspekt der Koinzidenzlehre, auch in die Schwierigkeiten, die sie uns bietet. Man kann einwenden, der Betrachter wisse doch, daß das Bild „in Wirklichkeit" ruhe, nur habe jeder Betrachter die *Illusion,* der göttliche Blick bequeme sich seiner, des Betrachters Bewegung an. Danach wäre das Mitgehen Gottes mit dem Gang der Menschen bloßer Schein; das philosophische Nachdenken hätte vor allem die Aufgabe, diesen Schein aufzudecken, seine Herrschaft über uns zu beenden. Als Ergebnis hätten wir das unbewegte Sein Gottes dort, flüchtigen Schein hier, reinlich getrennt, gleichgültig, ob man das erstere behauptet oder bestreitet. Heute reden die meisten Menschen so von „Gott", Fromme wie Atheisten, sog. fortschrittliche wie sog. konservative Theologen. Sie decken die Widersprüche auf, die zwischen verschiedenen religiösen Aussagen bestehen – sei es, um den Atheismus zu begründen, sei es, um Gott als den Ganz-Anderen, bilderlos zu Verehrenden darzustellen. Jedenfalls lösen sie den Widerspruch auf: Gott kann nicht zugleich von Ost nach West und von West nach Ost mitgehen, es handele sich da, sagt man, um Anthropomorphismen, die wir von der göttlichen Wirklichkeit zu unterscheiden hätten bzw. die bewiesen, daß es eine solche Wirklichkeit jenseits der Anthropomorphismen nicht gibt. Dabei unterstellen alle Parteien, daß die Unbewegtheit Gottes nicht vom Menschen her ausgesagt sei, daß sie kein Anthropomorphismus wäre; sie wäre, meint man wohl, die richtige Abbildung des göttlichen Seins, abzüglich allen bloß menschlichen Scheins.

Cusanus dagegen: Gott bestimmt sich für jeden Betrachter nach *dessen* Maß. Dem Kind ist er Kind, dem Manne Mann, der Frau Frau; dem Gelassenen zeigt er sich gelassen, dem Liebenden liebend. Würde ein Löwe dem göttlichen Sehen eine Gestalt geben, so wäre es die des Löwen, ein Ochse wählte die des Ochsen (c. 6).

Damit spielt Cusanus an auf eine Stelle des Parmenides-Schülers Xenophanes, in der dieser kritisiert, die Menschen hätten sich Götter nach ihrem eigenen Bilde geschaffen; bei den Thrakern seien sie blond und blauäugig, bei den Äthiopiern schwarz und kraushaarig, und wenn die Pferde, Ochsen und Löwen Hände hätten und malen könnten, so würden sie ihre Götter als Pferde, Ochsen oder Löwen gestalten. Diese Sätze sprechen nicht nur die Empörung eines Mannes aus, der ein wenig an den Küsten des östlichen Mittelmeeres herumgekommen ist und erfahren hat, wie naiv die Menschen ihre beschränkte Erfahrung auf Gott übertragen; diese Sätze ziehen die religionsphilosophischen Konsequenzen aus dem Eleatismus: Das Viele ist widersprüchlich, kann nicht gedacht werden; der wahre Gott wird gedacht, indem die menschenähnlichen Götterbilder zerschlagen werden.

So wie wir vorhin bei der Einführung der Koinzidenzlehre zuerst einmal den Gedanken des Parmenides mitdenken mußten, so müssen wir hier die erste Strecke zusammen mit Xenophanes gehen: Die schwarzen Götter der Äthiopier widersprechen den blonden Göttern der Thraker. Der wirkliche, einzige Gott – so die Folgerung des Xenophanes – kann nicht zugleich dunkelhaarig sein und blond.

Diese Überlegung ist, wie man so sagt, logisch; mit ihr geht das reinigende Wetter des philosophischen Denkens über die krause Vielfalt der griechischen Volksreligion nieder. Aber wie, wenn man den menschengestaltigen Götterbildern durch weiteres Nachdenken wiederum zu Hilfe eilen könnte, um sie zu schützen gegen den Angriff des alle Vielfalt verwerfenden Denkens? Doch wie wäre das möglich, ohne den Absurditäten zu verfallen, denen Xenophanes entgehen wollte? Nimmt man Götterbilder als getreue *Abbilder* des göttlichen Wesens – als was sie vor Xenophanes vermutlich kein Mensch genommen hat –, dann ist ihnen nicht zu helfen; sie führen irre. Dies klargemacht zu haben, ist das Verdienst des Xenophanes. Hat man hingegen verstanden, daß wir Gott niemals kennen außerhalb unserer Beziehung zu ihm und daß gerade die Ansicht, die ihn ganz weit hinausrücken will aus dem menschlichen Bereich, naiv anthropomorph ist, obwohl sie ständig gegen die Anmaßung des Anthropomorphismus polemisiert – dann sind alle Bilder und Vorstellungen vom Göttlichen radikal relativiert, gewinnen aber gerade in dieser äußersten Zuspitzung der Skepsis ihr relatives Recht zurück. Sie sind das einzige, was uns Menschen möglich ist. Wenn wir nichts erkennen, ohne ihm menschliche Züge zu geben – dann ist der dunkelhäutige Gott der wahre Gott der Äthiopier und der blonde Gott ist der wahre Gott der Weißen. Was als direktes Abbild des Gottes durch den Gedanken des Xenophanes vernichtet ist, das wird uns als Ausdruck unserer Beziehung zu Gott zurückgegeben. Der wirklich absolut gedachte Gott kehrt in das relative Bild zurück, aus dem ihn der aufklärerische Eifer ebenso vertreibt wie die dialektische Theologie. Wir müssen unse-

ren Ekel vor dem Relativen überwinden, denn außerhalb seiner
gibt es für uns nur das Nichts, nicht das Absolute. So sind wir
berechtigt, von aller menschlichen Erfahrung her Gott näher zu
bestimmen, freilich ohne die Anmaßung, ihn in unserer Rede direkt
abzubilden. Mit dieser Anmaßung, in der auch die Theoretiker des
fernen, des ganz anderen Gottes befangen bleiben, ist es aus, weil
wir nicht abwechselnd auf Gott und dann auf unsere Gedanken
über ihn blicken können, um sozusagen durch Vergleich festzustellen, wie nahe oder wie weit wir ihm sind.

Das Bild mit dem wandernden Blick macht anschaulich, was die
denkende Überwindung des Eleatismus durch die Koinzidenzlehre
einbringen soll: Was dem Griechen der Ausweis menschlicher Tor-
heit, wird dem christlichen Denker zur Weisheit, die begreifen
lernt, daß in allem, was geschieht, sich der Grund der Welt zeigt –
auf eine einzigartige, unersetzliche, von einem anderen her nicht
wißbare Weise. Die Illusion liegt in dem Wahn, nur objektivierend,
konstatierend sprechen zu können; in Wahrheit sind wir immer
Angeblickte, Zurückschauende, durch unseren Blick den Anblick
bestimmend, der sich uns bietet. Sollten wir versuchen, den *wahren*
Blick Gottes dadurch zu finden, daß wir von unserer Bewegung
oder unserem Stillstand absehen, dann kommen wir nicht nur nicht
zum wahren Sehen Gottes, sondern dann blickt er überhaupt nicht.
Dann ist Gott – tot. Das Sich-Festklammern an einzelnen Verkör-
perungen des Göttlichen ist schlimm, weil es uns Gott verdeckt,
der in keinem Endlichen aufgeht. Der Protest gegen die Verkörpe-
rung Gottes in endlichen Bildern und Gedanken ist unendlich
schlimmer, weil er Gott tötet, indem er ihn in höchster Erhabenheit, aber als ein von uns ablösbares Etwas denkt.

Gerade die Erhabenheit ist nicht erhaben. Sie verhindert am hart-
näckigsten, daß das Absolute *als* Absolutes gedacht wird, daß heißt
als das, was aus dem Gegensatz von „erhaben" und „gering" losgelöst ist. Diese christliche Erfahrung will die Koinzidenzlehre in
die Philosophie einbringen. Dies setzt – um es noch einmal zusammenzufassen – voraus: Die Überwindung des eleatischen Gegensatzes von Einheit und Vielfalt, weiterhin die denkende Zerstörung der Abbildtheorie des Denkens.

3.6. Diese beiden Aufgaben (1. die Bildung eines koinzidentalen
Einheitsbegriffs, 2. die Kritik der Abbildtheorie des Erkennens)
hängen eng miteinander zusammen, ja sind sogar identisch. Denn

die unendliche Einheit kann immer nur in ihrer Beziehung zum menschlichen Denken zum Thema gemacht werden.

Überdies geht die Abbildtheorie von einem isolierten Gegenüber des Erkennenden gegenüber physisch einwirkenden, autarken Dingen aus (Abbildtheorie im strengen Sinne = Affektionsmodell des Erkennens), wie es durch die parmenideischen Argumente bereits unmöglich gemacht ist. Die übergeordneten Einheiten, z. B. wesentliche Strukturen, affizieren nicht. Ein Inhalt wie „gegensatzlose Einheit" ist durch Affektion niemals zu gewinnen; er widerspricht diesem Erkenntnisbegriff.

4. Argumente für die Koinzidenzlehre

4.1. Hier sollen die wichtigsten Einzelargumente des Cusanus für die Koinzidenzlehre dargestellt und kritisch diskutiert werden; ihre chronologische Abfolge soll dabei unbeachtet bleiben. Ein wichtiges Argument, das schon gestreift worden ist, läßt sich folgendermaßen zusammenfassen:

Wir gebrauchen die Wörter „Einheit" und „Vielheit". Aber auch die Bestimmung „Vielheit" ist selbst *eine*. Wir haben dabei zwei Begriffe von Einheit: Der erste steht im Gegensatz zur Vielheit. Der zweite befaßt auch die Vielheit in sich; bei ihm fallen Einheit und Vielheit zusammen.

Der koinzidentale Begriff der Einheit liegt dem nicht-koinzidentalen, den wir auch den eindeutigen nennen können, zugrunde: Wir können uns überzeugen, daß das Denken selbst eine dynamische Einheit, ein Vereinigen ist. Das Denken hält, um die Bestimmungen „Einheit" oder „Vielheit" auszusagen, diese zusammen bzw. gegeneinander. Dieses Vereinigen, das auch ihrer Trennung zugrunde liegt, ist eine Einheit, die mit dem für die Gegenstandsregion brauchbaren Gegensatzpaar von Einheit und Vielheit nicht hinlänglich analysiert werden kann. Wir selbst sind als Denkende eine nicht-eindeutige, eine koinzidentale Einheit, und nur deshalb gibt es eindeutige Begriffe.

Besteht man darauf, daß es nur eindeutige Begriffe gibt, dann ist eine Theorie des Denkens (genetivus obiectivus) unmöglich. Wir selbst, sofern wir eindeutige Begriffe produzieren, sind das nächstliegende Beispiel für Koinzidenz. Wer den Techniken der Koinzidenzvermeidung folgt, wird entweder – wie die dogmatische Metaphysik der Seele (rationale Psychologie) das Ich wie seine Produkte behandeln, es als eindeutig hinstellen, damit aber notwendig auf dem Feld der eindeutigen Begriffe scheitern, was durch Kants Kritik der rationalen Psychologie nachgewiesen ist, – oder er muß es für ein Geheimnis erklären, von dem man nur schweigen kann. Von der Zulassung der Koinzidenz hängt ab, ob wir eine Theorie des Ich geben können, das eindeutige, d. h. koinzidenzausschließende Begriffe bildet.

4.2. Man kann dasselbe auch von der folgenden Seite her entwickeln: Wir gebrauchen die Ausdrücke „Ruhe" und „Bewegung". Sie haben ihre exakte Bedeutung nur innerhalb dieses Gegensatzes. Dazu gehört, daß die Bestimmung „Bewegung" sich selbst nicht verändert, bewegt. Gerade die Absteckung der Bedeutungsfelder „Ruhe" hier, „Bewegung" dort verlangt, daß wir die Einheit von Ruhe und Bewegung denken.

Verstünde jemand die Koinzidenzlehre als das Ineinanderlaufenlassen dieser Bedeutungsgrenzen, so müßte er sie vernünftigerweise ablehnen, da sie jedes bestimmte Sprechen, damit die Rationalität zerstört. Sinnvoll ist sie allein als ein Versuch, Rechenschaft zu geben von den Entstehungsbedingungen der Rationalität und ihrer in Geltung bleibenden Gegensätze.

Sofern wir denken, sind wir nicht einfach in Ruhe, denn wir bewegen uns von einem Gedanken zum nächsten. Aber diese Bewegung erfolgt innerhalb des Sinnes, der ruht, der sogar erst zutagetritt, wenn die Bewegung des Sprechens beendet ist. Wir selbst als Denkende und Sprechende sind die Koinzidenz von Ruhe und Bewegung, nur deshalb können wir dieses Gegensatzpaar bilden, auseinander- und zusammenhalten.

Durch diese Überlegung belehrt, werden wir diese Gegensätze jetzt als unsere rationalen Konstrukte ansehen, die ihre gegensätzliche Bedeutung nur einer durch den anderen, nur korrelativ, haben können. Wir werden in der sinnlichen Anschauung darauf achten, daß sie dort nicht in der reinlichen Trennung sein können, die sie in der rationalen Konstruktion haben. So mußte Cusanus Mißtrauen schöpfen gegen eine Theorie, die einem gegebenen Körper wie der Erde nur Ruhe und keine Bewegung zuerkennen wollte. Wir wissen, daß dieses Mißtrauen bei der Entstehung der kopernikanischen Weltansicht eine Rolle gespielt hat. Die Koinzidenz von Ruhe und Bewegung hat bei Cusanus nicht allein und nicht primär diesen kosmologischen Bezug. Cusanus sieht in ihr einen Schlüssel, durch den der Verstand zur Vernunft kommt. Wer sein eigenes

Denken als die Einheit von Ruhe und Bewegung begriffen, wer die
Verstandesunterscheidung aus dieser Einheit hervorgehen gesehen
hat, wird sich auch in anderen Widersprüchen denkend zu orien-
tieren wissen (Apol. H 15, 19–22). Mit dem späten Platon können
wir hinzufügen: Er wird wissen, daß er die großen Gegensätze der
vorsokratischen Philosophie (Einheit-Vielheit, Ruhe-Bewegung), die
das Denken immer vor ein Entweder-Oder zu stellen schienen, miteinander verbunden hat, daß er mit jedem Satz, den er spricht,
beweist, daß es sich da nicht um unüberwindliche Gegensätze handelt. Wir selbst, als Denkende und Sprechende, sind die Vermittlung, die man vergeblich gesucht hat.

4.3. Die bisher genannten cusanischen Argumente für die Koinzidenzlehre erinnern an die spätplatonische und die hegelsche Dialektik; die aristotelische oder scholastische Denkweise und Terminologie spielen in ihnen keine nennenswerte Rolle. Anders ist
es mit der Argumentation in De docta ignorantia I 4, mit der Cusanus zum ersten Mal seine Idee der Koinzidenz vorgetragen hat. Sie
lautet:
Da das absolute Maximum alles ist, was sein kann (cum sit omne
id quod esse potest), ist es gänzlich in Akt. Nichts an ihm ist nur
Möglichkeit. Es kann nicht größer sein. Aus demselben Grund
kann es nicht kleiner sein; es schließt auch die kleinste Möglichkeit
ein. Minimum ist das, im Verhältnis zu dem es ein Kleineres nicht
geben kann. Da dies für das Maximum gilt, fällt offenbar das
Minimum mit dem Maximum zusammen.
Um das Argument noch einmal zusammenzufassen: Wenn das
Maximum alle Möglichkeiten in sich verwirklicht, dann ist es auch
das Minimum. Diese Gegensätze gelten für das Endliche, nicht für
das, was in Wirklichkeit (actu) alles ist, nicht für Gott. Diese Argumentation entspringt einer aristotelisierenden Theorie des reinen
Akts; die Koinzidenz, für die sie argumentiert, scheint keine philosophische Methode zu sein, sondern ein Privileg des göttlichen
Seins, wie es die aristotelisierende Scholastik verstand, die übrigens aussprach, daß das, was in sich selbst gegensätzlich ist, in
Gott als in einer Einheit präexistiert.
Nun zur Bewertung dieses Arguments:
So falsch es war, daß man oft fast ausschließlich von diesem Text
her, in dem sich die Koinzidenzlehre noch eben mit der mittelalterlichen Schulüberlieferung berührt, die cusanische Philosophie
entwickelte, so wenig darf diese Argumentation als bloß dem

„Frühwerk" entstammend zurückgedrängt werden; Cusanus hat sie im Spätwerk wiederholt; wir müssen versuchen, sie zu verstehen.

Im Grunde ist sie einfach: Die Einheit, die im menschlichen Denken und Sprechen vorausgesetzt wird, muß alles umfassen, auch das denkbar Kleinste, denn auch dieses ist ein Eines. Für diese Gegensatzlosigkeit des göttlich Einen kann man auch mit Aristoteles sagen, es sei ganz Verwirklichung, energeia. Damit ist nicht die aristotelische Theologie restituiert, schon gar nicht ihre mehr „physikalischen" Gottesbeweise. Cusanus sieht seinen Gegensatz zu Aristoteles, hält ihn aber latent. Er lobt den „Philosophen" in untergeordneter Sache und gebraucht von der unendlichen Einheit, nachdem er erklärt hat, sie sei „alles das, was sein kann", den Schulausdruck „gänzlich in Verwirklichung". Dies liegt zutage. Doch obwohl Cusanus seine Koinzidenzlehre als etwas unerhört Neues, das fast monströs erscheinen muß, einführt, obwohl sein Gegner Johannes Wenck sich durch einige Anklänge an die Terminologie der aristotelisierenden Scholastik nicht beirren ließ und die neue Lehre als Vernichtung aller bisherigen Schulwissenschaft brandmarkte und obwohl Cusanus diesen Gegensatz bei seiner Verteidigung nicht verharmlosen wollte, hat man mit Hilfe von D. ign. I 4 einen „konservativen" Cusanus zu konstruieren versucht, der nichts gesagt habe, was die Schulwissenschaft nicht zuvor gewußt habe. Deswegen sind noch drei Präzisierungen notwendig:

a) Die Koinzidenzlehre versteht sich nicht als ontologische Analyse des reinen Akts. Die Untersuchung des Maximum wird eingeführt als etwas, das nötig ist, um die Struktur unseres metaphysischen Wissens zu erhellen. Das ganze Buch heißt nicht mehr De deo oder De actu puro, sondern De docta ignorantia, woran Cusanus sich genau erinnert; die Herauslösung der zitierten Passage ist eine Textmontage, die den cusanischen Zusammenhang abschneidet. Das bedeutet wiederum nicht, Cusanus treibe reine Erkenntnistheorie; sein Buch steht nicht in der Alternative von Ontologie oder Erkenntnistheorie.

b) Die aristotelisierende Zurechtlegung der Koinzidenzlehre an Hand von De docta ignorantia I 4 bringt das vorstellende Denken dort wieder ein, wo es um seine Überwindung geht. Das zeigt sich am deutlichsten in dem Vorschlag von Paul Wilpert, das „alles, was sein kann" (omne id quod esse potest) zu übersetzen mit „alles das, was es (das Maximum) sein kann"; es sei davon die Rede, daß im Maximum alle „innergöttlichen" Möglichkeiten realisiert seien. Mit der Wendung „innergöttlich" ist der Gedanke der gegensatzlosen Einheit fallengelassen, um dessen Interpretation es geht.

c) Charakteristisch für das cusanische Maximum ist, wie es in De docta ignorantia eingeführt wird.

Mit der Definition des Maximum ist nach I 2 seine Überfülle (abundantia) gegeben, dadurch erweise es sich als Einheit, die auch das Sein sei, unitas quae est et entitas. Als absoluter Einheit und „Größtheit" (maximitas) steht ihr nichts gegenüber, sei sie alles und sei alles in ihr (H 7, 4–9). Die reine Aktualität des Maximum, diese aristotelische Bestimmung, aus der Cusanus dann die Koinzidenz begründet, ist nur eine andere Formel für die Absolutheit des Einen, d. h. für seine Herausgelöstheit aus aller Kontraktion, die aber alles Kontrakte umschließt, und zwar ist sie eine im Begründungszusammenhang sekundäre Formel: Et *quia absolutum,* tunc est actu omne possibile esse (H 7, 11). Man darf also nicht nur die aristotelische Formel hören und alles auf den reinen Akt (actus purus) stellen. Denn da „groß", „größer", „größtes" (magnus, maius, maximum) hier qualitativ zu verstehen sind, wird das Maximum als das Gute in Überfülle (abundantia), als das Eine, das auch die „Seiendheit" (entitas) ist, bestimmt, also mit den platonischen Grundbegriffen, wobei der Nachdruck auf der *Absolutheit* des Maximum, der Einheit, der entitas liegt, auf seinem Losgelöstsein von jedem begrenzenden Gegenüber. Daß dieses Maximum wirklich *ist,* wird hier, D. ign. I 2, nicht gezeigt. Für Cusanus genügt die knappe Bemerkung, daß die unitas auch die entitas ist. Wer „maximum" denkt, muß dies alles mitdenken. Dieser in c. 2 nur skizzierte Gedankengang wird dann ab c. 5 ausgeführt. Das Maximum, das nach c. 4 auch das Minimum ist, wird in c. 5 als das unum bestimmt, in c. 6 als die absolute Notwendigkeit. Für das Verständnis des cusanischen Maximum ist es nun grundlegend, daß der Beweis für seine Wirklichkeit unter dem Titel seiner absoluten Notwendigkeit geführt wird (c. 6).

Die beiden letzten Beweise des 6. Kapitels, H 14, 1–12, interessieren hier am meisten. Sie beweisen, daß das Nicht-Sein des Maximum denkunmöglich ist. Da, was notwendig ist, auch wirklich ist, ist damit auch die Existenz des Maximum bewiesen. Cusanus will sie so sichern, daß die Existenz des Maximum jedem denkenden Wesen unverlierbar gewiß ist. Damit ist er auf Anselms Spur.

Freilich bringt er dabei seine Koinzidenzlehre mit: Da das maximale Sein (maxime esse) mit dem minimalen Sein (minime esse)
koinzidiert, ist es undenkbar, daß das maximale Sein (maxime
esse) auch nicht sein könnte. Das cusanische Maximum ist also
nicht einfach das höchste Seiende. Cusanus will es ausdrücklich
als vor der Alternative von seiend und nichtseiend gedacht wissen.
Wenn wir die Frage nach seinem Dasein stellen, kontrahieren wir
schon das Maximum, d. h. wir setzen es schon voraus. Sehen wir
dies ein, so hört die Frage nach Sein oder Nichtsein im Hinblick
auf das Maximum auf, eine sinnvolle Alternative zu sein. Ein
Maximum, dessen Nichtsein als undenkbar oder cusanischer: als
mit dem Sein identisch erkannt wird, hat zum menschlichen Denken eine andere Beziehung als ein nur de facto als größtes (bestes)
Wesen aufgewiesener Gott. Wenn es qua Maximum notwendigerweise *ist,* so ist dieses Maximum nicht nur als das Größte von
allem (maius omnibus), sondern streng mit Anselm als das, worüber hinaus nichts Größeres gedacht werden kann (id quo maius
cogitari nequit), gefaßt, d. h. in seinen Begriff ist das menschliche
Denken miteingegangen.

4.4. Zusammenfassend läßt sich zur Argumentation des Cusanus
in D. ign. I 4 sagen: Sie überzeugt nur, wenn man das Maximum
losgelöst von dem Gegensatz zum Minimum, also „absolute",
wie Cusanus sagt, denkt. Damit ist die Koinzidenzlehre als die
Einsicht in ein gegensatzloses Absolutes schon vorausgesetzt. Erst
durch den nachgeschobenen Beweis für dessen Unvermeidlichkeit
(I 6) erhält die ganze Argumentation Gewicht. Doch dann verschiebt sich der Gesamteindruck, den die erste Darstellung der
Koinzidenzlehre zunächst macht: Nicht von einem pur objektiven
Maximum ist die Rede, als dessen Kennzeichen die Koinzidenz
gelten müßte, sondern von jedem primären Begriffsgegensatz, den
wir unserer Welterfahrung zugrundelegen müssen. Der Begriff des
Maximums ist nur das erste *Beispiel* der Koinzidenzlehre, nicht ihr
Inbegriff, oder besser: Wenn das Maximum gerade dann als Zusammenfall mit dem Minimum erscheint, wenn es als das gedacht
wird, außerhalb dessen nichts ist, so ist die Koinzidenz das Wesen
von allem, dann sind sinnliche Eindrücke, rationale Konstruktionen und philosophische Theorien nur solange frei von der Koinzidenz, als wir sie abgespalten von der unendlichen Einheit in einer
künstlichen Absonderung strikt *nur* als endliche konzipieren, was
unwahr ist, denn sie sind – gerade als „Geschaffenes" – eine „end-

liche Unendlichkeit oder der geschaffene Gott" (quasi infinitas
finita, aut Deus creatus, D. ign. II 2 H 68, 18–19). Es ist also richtig, die Koinzidenz als das Eintreten des Unendlichen in unser Denken aufzufassen, aber daraus folgt nicht, sie sei ein Privileg „Gottes" – diesen Begriff im Sinne des nicht durch die Koinzidenzlehre
gereinigten Theismus genommen –, denn es geht darum, das Unendliche als das zu denken, dem das Endliche *nicht* gegenübersteht.
Die Koinzidenz ist nicht die Signatur des als besondere Substanz
gedachten „Gottes", sondern ein Prinzip universaler Dialektik,
nach der jede gedankliche und reale Bestimmung immanent in das
Gegenteil ihrer selbst übergehen muß, um sie selbst zu sein. Nur
wenn sie streng in diesem Sinne gefaßt wird, sagt sie etwas über
den wahren, den nicht-verendlichten, den cusanischen Gott.
Doch, wird man fragen, ist dies noch Cusanus und nicht vielmehr
Hegel? Die Differenz zwischen Cusanus und Hegel soll hier nicht
minimalisiert werden; sie liegt vor im Selbstverständnis der Hegel-
schen Philosophie als umfassender Systematik, weiterhin in der
Annahme dieser Philosophie, sie allein verdiene im Grunde den
Namen „Wissenschaft" (während Cusanus diesen Namen an die
rationalen Konstruktionen der Welt vergeben sein läßt); vor allem
hatte Hegel durch die kantische Philosophie einen prägnanten
Ausgangspunkt, den er sowohl voraussetzen als auch der Kritik
unterwerfen konnte. Ferner versteht sich seine Philosophie gegenüber Cusanus in einem qualitativ neuen Sinne als geschichtlich.
Diese Differenzen sind offensichtlich. Aber wesentlicher ist der
Konsensus, daß die Idee der Koinzidenz den eigentlichen Inhalt
der Philosophie ausmache und daß die Philosophie das immanente
Übergehen der Grundbestimmungen in ihren jeweiligen Gegensatz
zu analysieren habe.
Da man im Zug einer theologisierenden Cusanusinterpretation
diesen Konsensus wenig beachtet oder auch bestreitet, ist es nötig,
den Text des Cusanus selbst zu befragen. In seiner Spätschrift
„Über die Jagd nach Weisheit" (De venatione sapientiae) bemerkt
er einmal, er wolle jetzt etwas aussprechen, was er überaus er-
staunlich (super alia mirabile) finde und worin sich zeige, daß alles
(omnia) eine Ähnlichkeit mit Gott an sich trage. Dionysius habe
mit Recht von Gott gesagt, daß von Gott Entgegengesetztes gleichzeitig behauptet und verneint werden müsse. Man werde aber, fügt
Cusanus hinzu, die gleiche Erfahrung machen, wenn man sich
allem anderen zuwende, si te ad universa convertis, pariformiter
comperies. Um dies zu zeigen, wählt Cusanus den Begriff des Ein-

zelwesens, des singulare. Im mittelalterlichen Universalienstreit –
und teilweise bei Aristoteles selbst – war das Einzelwesen charakterisiert durch den kontradiktorischen Gegensatz zum Allgemeinen.
Cusanus weist darauf hin, daß *jedes* Einzelwesen ein Einzelwesen
ist und daß darin alle Einzelwesen als Einzelwesen einander ähnlich
sind. Andererseits sind sie genau in dieser Hinsicht – eben als Einzelwesen – einander unähnlich. Aus derselben Hinsicht gilt sowohl
die These (sind sich ähnlich) wie die Antithese (sind sich unähnlich). Aber auch wenn wir in einem zweiten Stadium der Überlegung diese Alternative negieren, geraten wir in einen Widerspruch: Die Einzelwesen sind sich weder ähnlich, da sie Einzelwesen sind, noch unähnlich, da sie alle Einzelwesen sind. Das Einzelwesen weist sowohl das positive Prädikat (ähnlich) wie das
negative (unähnlich) von sich, ebenso negiert es die Negation
dieser Alternative. Dasselbe wie für das Einzelwesen gelte, meint
Cusanus, für andere gegensätzliche Grundbegriffe wie identisch –
verschieden, gleich – ungleich, Einzahl – Mehrzahl, das Eine und
die Vielen, Verschiedenheit – Übereinstimmung und andere (et
similibus), obwohl dies denjenigen Philosophen absurd erscheinen
müsse, die selbst bei einer Theorie der Letztbegründung (in theo-
logicis) am Widerspruchsprinzip festhalten (De ven. sap. c. 22
n. 67).
Dionysius hatte gezeigt, daß von Gott die Affirmation wie die
Negation gilt. Er verstand diese Einheit allerdings so, daß sie auf
Phasen verteilt, die Negation als das *letzte* Wort akzentuiert, aller
bestimmte Inhalt also zuletzt preisgegeben war. Cusanus beseitigt
diese – durch den Satz vom Widerspruch erzwungene – Phasen-
verschiebung und weitet die Untersuchung auf alle Inhalte aus:
Gerade wenn Gott als Koinzidenz von Maximum und Minimum
gedacht wird, muß sich die Koinzidenz in allen Inhalten nachwei-
sen lassen. Allerdings führt Cusanus die von ihm geforderte Analyse nur aphoristisch, exemplarisch durch; er gibt keine Tafel der
koinzidentalen Kategorien; er gibt im Gegenteil durch ein unbe-
stimmtes „Undsoweiter" zu verstehen, daß er eine vollständige
Tafel nicht intendiert. Eine vollständige Tafel und eine durch-
geführte Untersuchung der immanenten Übergänge – das wäre die
„Logik" Hegels. Immerhin zeigt auch Cusanus: Das „Einzelne" ist
nicht ein selbstverständlich Vorhandenes, ein sinnliches Ding, das
unmittelbar aufgenommen werden könnte, sondern eine Denk-
bestimmung, und zwar eine allgemeine. Nur wenn diese Koinzidenz gedacht wird, hört der Erkenntnisvorgang auf, als die Absur-

dität zu erscheinen, daß von einem Nur-Individuellen ein Nur-Allgemeines ausgesagt wird mit dem Anspruch, das Allgemeine dieses Besonderen zu sein. „Einzelnes" und „Allgemeines" sind Modi des realen Unendlichen, das die Koinzidenzlehre zu denken gestattet. Eine Analyse des Begriffsgehaltes vom „Einzelwesen", die in diesem die *allgemeine* Bestimmung nachweist, kann daher bei Cusanus eine „theologische" heißen; jede Vernunftbetrachtung der Welt verdient diesen Namen (vgl. De mente c. 2 H 54, 8–12), denn sie denkt im jeweiligen Gedankeninhalt den ihm immanenten entgegengesetzten als den Erweis des Absoluten, das in seiner Absolutheit nicht gedacht werden kann, wenn es dem Satz vom Widerspruch unterworfen wird. Damit hat uns Cusanus noch einmal bestätigt, daß er die Koinzidenz auch als Zusammenfall der *Widersprüche* verstanden haben will. Damit legt er sich und uns ein Problem auf, mit dem wir uns bald beschäftigen müssen.

4.5. Doch zunächst müssen wir eine andere Weise der Koinzidenzbegründung bei Cusanus kennenlernen: die mathematische. Um das Ergebnis vorwegzunehmen: Es handelt sich bei den geometrischen Argumenten des Cusanus nicht um eigentliche Begründungen, sondern um Illustrationen. Dennoch muß von ihnen hier die Rede sein; sie spielen in den Schriften des Cusanus eine unübersehbar große Rolle, und sie geben zu allerlei Mißverständnissen Anlaß.

Eine mathematische Hinführung zur Koinzidenz verläuft bei Cusanus etwa wie folgt:

Wir haben eine Linie a b, von deren Mittelpunkt c eine bewegliche Linie c d ausgeht:

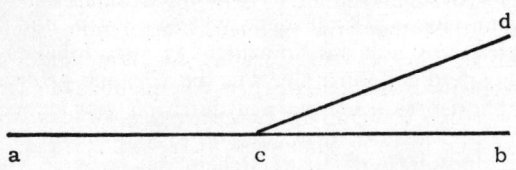

Wir haben zwei Winkel. Solange es *zwei* sind, kann jeder der beiden größer und kleiner werden; keiner dieser Winkel schöpft den Möglichkeitsspielraum des Winkels aus; keiner ist all das, was ein Winkel sein kann. Daher ist unter ihnen kein größter und kein kleinster, und das muß so sein, so lange es zwei sind. Die Zweiheit hört erst auf, wenn die Linie c d zusammenfällt mit der Linie a b.

Dann haben wir einen Winkel, der zugleich Maximum und Minimum ist; er ist nicht mehr zu zeichnen. Er ist nicht eigentlich Winkel, sondern das einfache Prinzip aller Winkel. Dieses Prinzip ist in jedem Winkel; es ist das, was aus jedem gegebenen spitzen Winkel einen noch spitzeren, aus jedem stumpfen einen noch stumpferen machen könnte (De beryllo c. 9).

Dieses Beispiel einer geometrischen Darstellung der Koinzidenz bei Cusanus enthält zunächst eine wichtige Belehrung über den Begriff des Maximum: Nichts in der Welt kann seinen Begriff erfüllen. Maximum und Minimum können in der Welt der Dinge niemals angetroffen werden. Es sind damit nicht die in den Geschöpfen gegensätzlich realisierten Vollkommenheiten gemeint; es handelt sich um Grenzbegriffe, die wir zunächst als gegensätzliche belassen müssen, um Weltphänomene als zwischen ihnen schwankend bestimmen zu können, die aber, gerade wenn sie als reine gedacht werden, koinzidieren. Was dann koinzidiert, verliert aber nicht jeden Bezug auf das Sichtbare, sondern ist das, was in jedem Sichtbaren von jedem denkenden Auge gesehen wird. Gerade die reinen Gedankenbestimmungen gehen ineinander über; dieser ihr Übergang liegt dem Variationsreichtum und den schwankenden Mischungsverhältnissen der empirischen Welt zugrunde. Die empirische Welt bleibt hinter der präzisen Gedankenbestimmung zurück: erste, platonische Stufe der Einsicht. In ihrem Mischungscharakter bezeugt sie die koinzidentale Natur ihres anwesenden Ursprungs, die der reine Begriff künstlich abblendet: zweite, antiplatonisch-platonische Einsicht des Cusanus.

Doch was soll bei der Präsentation dieser Einsicht der geometrische Panzer? Er provoziert den alten Vorwurf, Cusanus habe die Metaphysik an die Mathematik verraten. Gregor von Heimburg, ein zeitgenössischer Gegner des Cusanus, hat ihm vorgeworfen: Du meinst mit deinem mathematischen Aberglauben die heiligen Inhalte der wahren Religion zu beweisen (bei Goldast, Monarchia sancti Romanis Imperii, Hannover 1612, Bd. 2, 1626: mathematicis superstitionibus putas verae religionis sacra demonstrare).

Dieser Vorwurf hat gewisse Anhaltspunkte im Werk des Cusanus:

a) Die Kapitel 13 bis 23 des ersten Buches De docta ignorantia erörtern das Wesen des koinzidentalen Maximum an Hand der unendlichen Linie, die zugleich das unendliche Dreieck, der Kreis und die Kugel ist. Am Verhältnis der Zahl Eins zu den Folgezahlen stellt er das Verhältnis des göttlich Einen zur Welt dar; an diesem Verhältnis erklärt er das Begriffspaar Grund und Entfaltung (complicatio – explicatio); mit seiner Hilfe will er den Pantheismusvorwurf widerlegen und gleichzeitig begreiflich machen, wie der tieferdringende Blick in allen Weltinhalten nichts sieht als das Eine: Die Zahlen sind nichts anderes als die vervielfältigte Eins.

b) Auch der Begriff des Wissens selbst wird von Cusanus mathematikanalog gefaßt: Wirkliches Wissen läge dann vor, wenn wir die Wesenheiten aus ihren Erstelementen systematisch entwickeln könnten, so wie wir die Zahlen aus der Eins und die Vierecke aus dem Dreieck entfalten. – Dieser strenge Wissensbegriff, dem die platonische Diairesislehre zugrunde liegt, ist vorausgesetzt, wenn Cusanus sagt, unser gewöhnliches Wissen sei Nicht-Wissen: Wir können zwar die Dinge äußerlich unterscheiden und benennen, aber nicht systematisch aus ihren Elementen ableiten (vgl. De Deo absc. nn. 4–5 H 4–5).

c) Cusanus erklärt selbst, nur auf mathematischem oder quasimathematischem Wege könne die Metaphysik weiterkommen. Die Mathematik als das einzig Gewisse in unserer Erkenntnis müsse der Ausgangspunkt sein (De Possest 179 v: Nihil certi habemus in nostra scientia nisi nostram mathematicam, et illa est aenigma ad venationem operum Dei). Zugrunde liegt ein platonischer Gedanke: Die Sinnesdinge sind in ständiger Veränderung; sie lassen daher keine feste Gewißheit zu, während die mathematischen Gegenstände jedem Zufall entrückt sind (D. ign. I 11 H 22, 17–23,7; De mente c. 7 H 77, 4–20; ib. c. 8 H 84, 18–19). Die Mathematik spiegelt daher das unveränderlich Wahre besser wider als andere Gegenstände es vermögen (Compl. theol. c. 1 92 v und c. 2). Die mathematischen Gegenstände sind in sich erkennbar, da sie dem *Stoff* enthoben sind (De aequal. 15 v). Während alle andere menschliche Erkenntnis nur Mutmaßung, coniectura ist, gibt einzig die Mathematik präzise Erkenntnisse (De coni. I 11 n. 54).

d) Dem entspricht das geschichtliche Selbstverständnis der cusanischen Philosophie: Sie versteht sich als Nachfolger des Pythagoras, der als erster den richtigen Weg gefunden und den Platon nachgeahmt habe. Cusanus durchforscht die Geschichte der Philosophie danach, wie weit in ihr der Vorrang der Mathematik methodisch ausgenutzt wurde. In einer anders gearteten Metaphysik als der aristotelischen will er zeigen, wie sich auch in dieser der Vor-

rang der Mathematik wie wider Willen bemerkbar gemacht habe
(D. ign. I 11 H 23, 1–24, 9 De l. gl. I 167 r).

e) Die bisher angeführten Anhaltspunkte für den Vorwurf einer
Mathematisierung liegen offen zutage. Ein anderer ist schwer zu
belegen, aber vielleicht wichtiger als die genannten: Cusanus versteht seine philosophischen Untersuchungen vornehmlich als die
Analyse dessen, was in einem bestimmten Gedankengehalt vorausgesetzt ist. So zeigt er z. B., daß wir, um „Wissen" denken zu
können, „Wahrheit" vorausgesetzt haben. Oder er analysiert die
Bedeutung von „Maximum" so lange, bis er zeigen kann, daß darin
die Bestimmung „Minimum" mitgesetzt ist. Dieses platonisch-neu-
platonische Verfahren der Zurückführung (reductio, auch resolutio) ist sehr verschieden von dem Beschreiben vorgegebener *Dinge*
(Substanzen) und deren Eigenschaften. Es knüpft zwar an unsere
Dingerfahrung an, zwingt uns aber, von ihnen wegzugehen und
uns dem Gefüge reiner Gedankenbestimmungen zuzuwenden, das
in jeder Dingerfahrung *vorausgesetzt* ist. Diese Abwendung vom
scheinbar Konkreten fällt uns schwer; sie kommt uns zunächst vor
als das Hinübergehen zu *bloßen* Gedankendingen und damit als
eine Verwechselung von Metaphysik, die es doch mit dem Wirklichen zu tun haben soll, mit Mathematik. Dem Vorwurf der
Mathematisierung der Metaphysik liegt zuletzt der Widerstand
gegen die platonische Methode der Hypothesisforschung überhaupt
und die Anhänglichkeit an die Dingvorstellung zugrunde. Wenn
Cusanus zeigen kann, daß das, was wir kompakte Dinge nennen,
selbst ein *Resultat* ist, daß es ohne die Analyse der scheinbar nur
abstrakten Gedankenbestimmungen nicht gedacht werden kann,
dann hat er diesen Vorwurf erst von Grund auf entkräftet.

Was Cusanus über den Primat der Mathematik sagt, muß man aus
dem Gesamtzusammenhang seines Denkens verstehen. Dem flüchtigen Leser erscheint die Rolle der Mathematik in der cusanischen
Philosophie größer, als sie in Wahrheit ist. Aus mindestens drei
Gründen hat Cusanus die Rolle der Mathematik ausdrücklich
beschränkt:

a) Mathematische Gegenstände sind innerhalb der cusanischen
Metaphysik immer nur Rätselbilder und Gleichnisse (aenigmata);
sie sind noch nicht die Wahrheit; sie bringen uns nur auf den Weg
zu ihr; sie sind Rätselbild, das zur Jagd einlädt, aenigma ad venationem operum Dei (De Possest 179 v). Die bei Kant (vgl. bes.
KrV A 713–728) im Rückblick auf Spinoza diskutierte Frage der

Übertragung der mathematischen *Methode* auf die Methode der Metaphysik steht bei Cusanus nirgends zur Diskussion. Cusanus weiß wie Kant, daß „Meßkunst und Philosophie zwei ganz verschiedene Dinge" (KrV A 726) sind – wenn er dies auch anders begründet als Kant. Niemals wollte er die Methode der Geometrie in der Philosophie einführen; er wollte vielmehr die Inhalte seiner Philosophie durch mathematische Analogien propädeutisch empfehlen oder nachträglich veranschaulichen. Es war ihm klar, daß die Mathematik selbst ihre Inhalte niemals als *Bilder* verstehen kann und daß sein Verfahren der Transsumption die innermathematischen Gegebenheiten *verändert*. Er wußte, daß er – gänzlich unmathematisch – die Mathematik als Gleichnis (symbolice) nahm (vgl. De mente c. 6 ganz) und daß man dazu zunächst die mathematischen Figuren ins Unendliche übertragen muß, um sich dann in einem zweiten Schritt von den als unendlich gesetzten mathematischen Figuren zum schlechthin Unendlichen zu erheben (D. ign. I 12 H 24, 13–25). Dabei gilt ihm als Regel, daß man die einfache Ähnlichkeit *überspringen* muß, simplicem similitudinem transilire necesse est (ib. H 24, 15).
Ein Beispiel: Es gibt actu keine unendliche Linie. Die Geometrie kommt ohne eine solche aus. Aber die Metaphysik kann sich damit weiterhelfen, daß sie eine Linie als unendlich *setzt,* um die Erkenntnis des schlechthin Unendlichen zu verdeutlichen, iuvat tamen se intellectus per positionem lineae infinitate, ut *intret* ad simpliciter infinitum (Apol H 32, 11–13). Wenn man Cusanus einen Vorwurf machen kann, dann nicht den einer Mathematisierung der Metaphysik, sondern den der Metaphysizierung der Mathematik: Er zerdehnt die mathematische Eigengesetzlichkeit so lange, bis durch die zweifache Transposition ins Unendliche ein metaphysisches aenigma herauskommt, das man dann aber wieder fallen lassen muß, um den metaphysischen Sinn zu verstehen, auf den es hinweist. Metaphysische Einsicht kann ja nach Cusanus selbst nur erreicht werden, wenn man über das geometrisch Darstellbare hinaus ist, dimissis figuris (Compl. theol. c. 5 95 r.).

b) Die Mathematik kann nach Cusanus auch deshalb die Metaphysik nicht führen, weil sie das Werk der *ratio,* des Verstandes im Unterschied zur Vernunft, ist. Die Mathematik hat den Vorzug, präzises Wissen zu sein. Sie gibt uns einen Vorbegriff von der Überlegenheit der Idee über das Ideat – der Geometer kümmert sich nicht um die Mängel und Variationen der gezeichneten Kreise;

es geht ihm um den davon unabhängigen Kreis an sich – aber noch weniger als bei Platon, der die Mathematik nur als vorletzte Stufe des Wissens anerkennt, ist sie bei Cusanus das höchste, alle seine Voraussetzungen einholende Wissen. Denn bei Cusanus kommt neu hinzu der Gedanke, die mathematischen Gegenstände seien unser Produkt. Er polemisiert gegen Platon: Weder Platon noch sonst irgend jemand habe beachtet, daß die mathematischen Gegenstände ihren Ursprung im unendlichen Geist haben; man habe ihnen fälschlich ein wahreres Sein *über* dem menschlichen Geist zugeschrieben und damit übersehen, daß der Mensch ein zweiter Gott ist (De beryllo c. 6 H 7, 6–20; ib. c. 32 H 41–42).

In dieser quasi-göttlichen Produktivität des Menschen liegt seine Ehre. Aber darin zeigt sich auch die Beschränktheit der mathematischen Gebilde: Sie sind *unser* Produkt, wobei es für Cusanus kein Problem darstellt, wie die Mathematik unsere Hervorbringung, aber doch von allgemeiner Verbindlichkeit sein könne. Aber sie ist als unser Werk nicht das Prinzip der Dinge an sich, da sie selbst ein Verstandesding, ein ens rationis ist. Die mathematischen Inhalte können daher keineswegs auf derselben Stufe stehen wie die Ideen, die Gegenstand der Vernunft sind; sie können höchstens mit diesen *verglichen* werden. Die Lehre von den *Idealzahlen* (vgl. z. B. D. ign. I 1 H 6, 4 und ib. I 5 H 13, 6) kann daher nur *metaphorische* Bedeutung haben. Nimmt man die Zahlen als Metaphern der Wesenheiten (Ideen), so betont Cusanus vor allem, daß sie als Produkte des Verstandes das Wesentliche *nicht* wiedergeben können. Vor allem muß die Mathematik als Produkt des Verstandes die Koinzidenz ausklammern; diese ist aber der wesentliche Inhalt der Philosophie. Zwar ist die Zahl selbst auch ein Koinzidenzphänomen, denn in ihr fallen Einfachheit und Zusammenhang zusammen (Compl. theol. c. 10 98 r). Das Zählen ist die Einheit von Entfalten (explicatio) und Enthalten (complicatio, De mente c. 15 H 113, 12–17), aber der zahlenerzeugende Verstand blickt nicht auf diesen koinzidentalen Ursprung der als koinzidenzfrei konstruierten mathematischen Sphäre. Er vergißt sich in ihr selbst. Die mathematischen Bilder des Cusanus sollen diesen selbstgewiß in sich ruhenden Bereich erschüttern. Sie sollen den Verstand mit sich selbst bekannt machen und zur höheren Einsicht hinführen; keineswegs sollen sie das intellektuale Verfahren der Philosophie dem nur-rationalen Vorgehen der Mathematik angleichen. Der Verstand hat seine Freude an den mathematischen Gebilden und Beweisen; hier ist er Herr. Aber in die Philosophie kommt man nach

Cusanus nur, wenn man dies alles erst einmal ausspeit (D. ign. I
10 H 19, 18–20, 16). Die Vernunft bleibt nicht bei den Zahlen
stehen, in denen sie nichts anderes sieht als das koinzidentale Eine
selbst (Compl. Epil. n. 46, 3–8 H 35). Novalis spricht einmal von
dem künftigen, wünschenswerteren Zustand der Menschheit, wo
nicht mehr „Zahlen und Figuren sind Schlüssel aller Kreaturen".
Cusanus bediente sich dieses Schlüssels. Aber er bemerkte, daß es
zuletzt darauf ankommt, ihn wegzuwerfen.

c) Die Philosophie des Cusanus ist darauf konzentriert, das göttliche Eine als den Inhalt der Philosophie von der mathematischen
Eins zu unterscheiden. Als habe er die Gefahr eines Mißverständ-
nisses vorausgesehen oder als habe er seine eigene Neigung zur
Mathematik in der Metaphysik entschieden überwinden wollen,
hat Cusanus sich sehr nachdrücklich geäußert:
Die unendliche Einheit ist keine mathematische, und die Eins ist
nur ihr unzulängliches Gleichnis. Sie soll dazu dienen, die wichtigen
Kategorien „Grund" und „Entfaltung" (Explicatio-complicatio)
einzuüben. Sie gibt einen Vorbegriff von der Immanenz der Transzendenz, denn durch die Eins entsteht jede Zahl; sie ist in allen
und doch „berührt" keine Zahl die Eins (De sap. I H, 7 5–8, 10).
Die Zahl ist die Entfaltung *(explicatio)* der Eins (D. ign. II 3 H 70,
17); die Monas ist Prinzip aller Zahlen (De ven. sap. c. 37 n. 108).
Dieses Gleichnis benutzt der Kardinal, um eine so äußerliche Kritik an seinem Denken zurückzuweisen, wie es der Pantheismusvorwurf ist. Aber der bedarf dann selbst der Korrektur:
Das göttliche Eine steht nicht wie der Verstandesgegenstand „Zahl"
dem Vielen gegenüber (D. ign. I 24 H 49, 3–13). Dies ist die wesentliche Einsicht, welche die Koinzidenzlehre erreichbar machen soll:
Im göttlich Einen ist alles eins; dort ist die Linie zugleich Dreieck,
Kreis und Kugel; dort ist die Einheit die Dreieinheit und umgekehrt, dort ist das Akzidens Substanz, der Körper ist Geist, die
Bewegung ist Ruhe. Diese wahre, lebendige Einheit ist das Gegenteil der mathematischen: non enim unitas, quae de Deo dicitur, est
mathematica, sed est *vera ac viva omnia complicans* (De Possest
180 v). Die mathematische Einheit ist gerade *nicht* allumfassend,
nicht wahr und nicht *lebendig;* sie enthält nicht das Gegenteil ihrer
selbst. Wie ist es möglich, die unendliche Einheit als lebendig, als
nicht-leer zu denken? Dies war die wesentliche Frage des Cusanus;
sie wehrt alle mathematischen Übergriffe in die Metaphysik ab.
Dabei ist der Kontext der zuletzt zitierten Erklärung in der Spät-

schrift De Possest instruktiv. Zwei Seiten vorher, 179 v, steht die Erklärung, nichts sei sicher als allein die Mathematik und das durch sie Gewonnene. Eine Seite vorher, 180 r, wird die dreieine göttliche Einheit in mathematischen Bildern dargestellt. Dann aber kommt das höhere, aus der Mathematik fortführende Bild – die lebendige Rose in der Dreieinheit von Möglichsein, Wirklichsein und der Verbindung beider. Und danach erfolgt die Erklärung, die absolute Einheit sei keine mathematische, sondern eine lebendige, allumfassende.

Man muß diesen Textzusammenhang als ganzen im Auge behalten. Denn er zeigt den Weg von der Einführung der mathematischen Bilder über ihre Benutzung bis zu ihrer Verabschiedung. Die zu einem Reich von Metaphern verwandelte Geometrie ist nur ein Stadium dieses Weges. Der Weg führt zu einem Ziel, das anders ist als die Gegenstände der Geometrie. Cusanus protestiert ausdrücklich dagegen, diesem Ziel, dem lebendigen Einen, einen quasimathematischen Charakter beizulegen. Ein Mißverständnis, das die früheren Schriften des Cusanus nicht ganz so klar ausschlossen, ist damit beseitigt.

4.6. Die Mathematik und die gewöhnliche Logik ist nach Cusanus ein Werk des Verstandes (ratio), die Koinzidenzlehre ist Inhalt der Vernunfteinsicht (intellectus, visio intellectualis). Diese wichtige Unterscheidung wurde im Bisherigen mehrfach gestreift; ich möchte nun versuchen, sie einsichtig zu machen. Dabei besteht die Gefahr, daß man, nur auf *Worte* gestützt, eine Art Topographie des Geistes glaubt entwerfen zu können, in der die verschiedenen geistigen „Kräfte" oder „Vermögen" lokalisiert sind. Metaphysiker wie Empiristen ergehen sich in solchen Vorstellungen, denen entgegenzuhalten ist, daß unser Geist eine Einheit ist, daß seine Tätigkeiten nicht in einem räumlichen Schema darstellbar sind. Der Begriff des „Unterschieds" wird selbst problematisch, wenn es um die Differenz von Verstand und Vernunft geht; es kann sich dabei nur um *Funktionen* innerhalb einer dynamischen Einheit handeln.

Wir nähern uns dieser Funktionsdifferenz, wenn wir sehen, daß der Verstand Modelle eines Sachverhalts konstruiert, daß wir ein solches Modell nicht einfach hinnehmen, sondern *beurteilen*. Das Beurteilen der Verstandeskonstruktionen heißt bei Cusanus „Vernunft". Man kann von ihr sagen, sie stehe „höher" als der Verstand, wenn man sieht, daß sie nicht oberhalb des Verstandes anzutreffen ist, sondern in ihm – etwa als Unzufriedenheit mit einer

bestimmten Theorie, als Einsicht in ihre Verbesserungsbedürftig-
keit. Die Vernunft ist also nicht „höher" noch „steht" sie; sie ist
immanentes Bewegungsprinzip. Und doch bedarf es – vom Verstand her kommend – eines „qualitativen Sprungs" bis zur Vernunfteinsicht. Cusanus erläutert ihn an folgendem Beispiel: Wenn
wir eine fremde Sprache geschrieben finden, ist es sehr wohl möglich, bestimmte Strukturmerkmale durch sorgfältiges Vergleichen,
Messen und Abzählen zu erkennen, ohne daß wir die Inhalte verstehen. Wir können z. B. etwas über die durchschnittliche Länge
der Wörter, über das Verhältnis von Vokalen und Konsonanten
aussagen. Wir könnten gewisse Regelmäßigkeiten ermitteln und
als sog. „Gesetze" aufstellen. Aber so würden wir die Bedeutung
der Sätze und Wörter nicht verstehen. Das, was gegebenes Material bearbeitet, heißt bei Cusanus „Verstand"; sofern wir die
Sprache verstehen, sind wir „Vernunft". Nun sprechen die Menschen, weil sie etwas sagen wollen, nicht also, um „Material" für
die rationale Bearbeitung zu schaffen. Das Sinnliche geht aus Vernunft hervor; für sie gibt es kein bedeutungsloses „Material". Dieses ist selbst eine Konstruktion des Verstandes, an der er sich er-
probt. Er wundert sich zuweilen, daß seine Modelle das sog. Gegebene aufschließen, ihm also affin sind. Aber die Einheit seiner
selbst mit seinem Gegenteil, mit empirischem Material, kann er
nicht begründen; dieses Rätsel ist die Grundlage aller Rationalität.
Es muß die Einheit dieser Gegensätze vorausgesetzt werden; diese
Einheit muß den Gegensatz von logisch amorphem Material und
dessen kategorialer Bearbeitung umgreifen; diese Einheit nennt
Cusanus „Vernunft". Verlangt jemand nach einem „Beweis" für die
Vernunft, so liegt er zuerst darin, daß die Tätigkeit des Verstandes
statthat, daß er sich an dem Material bewährt, das anders ist als
er. Näherhin erbracht wird dieser „Beweis" dadurch, daß wir zusehen, wie der Verstand sein sinnliches Material zusammenfügt
und trennt: die Vernunft ist nichts anderes als dieses Zusehen.
Dieses Zusehen blickt auf den die Sinnesdaten ordnenden Verstand,
ist also keine unmittelbare Selbstschau, kein „Erlebnis". Es ist auch
nicht Resultat einer abstrakten „Spekulation"; es ist schlicht das
Aussprechen der Voraussetzungen des Verstandes. Da es sich um
die Voraussetzungen jedes Verstandes handelt, ist dieses Aussprechen nicht seinerseits formalisierbar; insofern ist das Verlangen
nach einem „Beweis" für die Existenz der Vernunft zurückzuweisen.

Von dieser unserer Vernunft ist zu sagen, 1. daß sie alles umfaßt und 2. daß sie die Einheit des Entgegengesetzten ist. Diese beiden Sätze sagen dasselbe, doch kann man sie – vorläufig – getrennt darstellen:

Zu 1. Davon, daß die Vernunft alles umfaßt, gibt Cusanus sich mit mehreren, nicht immer kohärierenden Theorien Rechenschaft. Er spricht als Feststellung aus, das Denken setze voraus, daß es alles umfaßt und alles versteht, es schließe daraus, daß alles in ihm und es in allem sei, und zwar so, daß außerhalb seiner nichts sein könne (De coni. I 4 u. 12). Daß unser Geist alles verstehen (comprehendere) könne und daß er mit Recht die Intelligibilität zum Kriterium des Seins erhebe, daß er also das An-sich in der Beziehung auf uns begründet sein lasse – das ist im Mund des Lehrers der docta ignorantia eine erstaunliche Erklärung. Für uns ist sie zusätzlich belastet durch die Selbstverständlichkeit, mit der heute Hegels These von der Vernünftigkeit des Wirklichen als unwahr, als bloßer Harmonisierungsversuch angesehen wird.

Aber Cusanus spricht nur aus, was der Verstand unterstellt: Denn wenn der Verstand zu einer Erklärung ansetzt, wenn er feststellt, er habe etwas erklärt oder für unerklärlich gefunden, dann setzt er voraus, die Welt sei erklärbar. Es steht ihm nicht frei, diese Voraussetzung zu machen oder nicht zu machen; er ist das Machen dieser Voraussetzung; die cusanische Philosophie gibt dem nur eine theoretische Form. Die Frage ist, ob diese Form konsequent ist, ob sie von allein zu vereinbaren ist mit der Lehre des Cusanus, wonach unser Erkennen unvollständig, inadaequat, prinzipiell verbesserungsbedürftig und auf Gleichnisse angewiesen sei. Die Frage, wie diejenigen Komponenten der cusanischen Theorie, welche sie in die Nähe des Skeptizismus rücken, zusammenbestehen können mit seiner Lehre, daß wir alles begreifen, ist in einer synchronen Betrachtung seiner Ideen nicht vollständig zu beantworten, d. h. hier ist auch die Lehrentwicklung zu berücksichtigen. Doch muß man auch dann bedenken, daß die Vernunft zum Verstand und zur Sinnlichkeit *werden* muß, daß ihre Weise des Allumfassens auf verständigem und sinnlichem Wege eingelöst werden muß, daß sie also durch ihre Identität mit dem Sein dem Forschen des Verstandes und der Offenheit zur sinnlichen Welterfahrung nicht als Konkurrenz in den Weg tritt. Daher ist es vereinbar, die Vorausschauung auszusprechen, die Vernunft müsse das Unbegreifliche für nicht-existent erklären, und gleichzeitig dem Scheitern des

Verstandes an den Hauptfragen des menschlichen Lebens zuzu-
sehen und gleichzeitig die Unerläßlichkeit reicher sinnlicher Erfahrung zu lehren.

Cusanus hat, wie angedeutet, noch auf anderem Wege zu begründen versucht, daß unsere Vernunft alles umfaßt: Wir sollen die
Welt ansehen als das Mittel des göttlichen Geistes, sich auf alle
nur mögliche Weise denkenden Wesen darzustellen: sinnlich, rational, intellektual. Das ist ein Hauptmotiv der Schrift des Cusanus
De beryllo. Nun ist die Vorstellung nicht neu, wir sollten die Schöpfung als ein Buch lesen, in dem Gott sich uns offenbaren will. Bei
Cusanus wird daraus aber – recht neuartig – die methodische Anleitung, die Welt daraufhin zu untersuchen, wie sie beschaffen sein
mußte, damit sie Inhalt unserer sinnlichen, rationalen und intel-
lektualen Erkenntnis werden könnte. Wir sollen die Schöpfung
nicht als *Sein,* sondern als *Zeichen,* besser: wir sollen ihr Sein *als*
Zeichen denken, und dies nicht als momentane fromme Herzens-
erhebung, sondern methodisch streng als Schlüssel für die konkrete
Struktur der Welt auch benutzen. Die Frage ist dann nicht mehr:
wie wird aus einem Gegebenen, das von sich aus mit dem Denken
nichts zu tun hat, ein Gedanke? Sondern dann wird die Beziehung
des Seienden zum Erkennenden zum Strukturgesetz des Seienden
selbst.

Nun ist diese Fragestellung „Wie mußte die Welt erschaffen werden, um erkennenden Wesen affin zu sein"? nur möglich, wenn
man Gott und eine teleologische Struktur der Welt erkannt, also
das Problem der Erkenntnis in einem bestimmten Sinne bereits
gelöst hat. Die cusanische Argumentation hat daher nur erläutern-
den Charakter. Doch ist sie auch wiederum mehr als eine bildhaft-
erbauliche Redensart. Denn sie hat zur Folge eine prinzipielle Neu-
bestimmung des Verhältnisses von Sein und Denken. Wir können
uns dies am besten verdeutlichen durch einen kurzen Rückblick
auf Aristoteles und die aristotelisierende Scholastik. Dort galt die
Beziehung von Wissensinhalt, scibile, und Wissen, scientia, als das
Musterbeispiel einer nicht-reziproken Relation. Es sollte die Beziehung auf das Wißbare dem Wissen zwar wesentlich, dem Wissensinhalt aber zufällig sein. Das ist die Meinung des „gesunden
Menschenverstandes", wonach es dem Baum gleichgültig ist, ob
ich ihn sehe oder nicht. Dabei wird übersehen, daß schon in der
Bezeichnung „Baum" eine denkende Bearbeitung sinnlichen Materials geleistet ist, daß wir also, um den Baum als gleichgültig gegen
uns zu denken, ihn vorher relativ zu uns bestimmt haben. Cusanus

lehrt gegen Aristoteles die strikte Wechselseitigkeit von Sinnes-
datum und Wahrnehmen, von Wissenschaft und Wissen. Das Sinnliche wäre nicht Sinnliches, wenn es unsere Sinne nicht gäbe; es ist
die Entfaltung dessen, was in unseren Sinnen eingefaltet ist. Das
Objekt hat seinen einseitigen Vorrang eingebüßt, wenn es – im
Rahmen der teleologischen Gesamtkonstruktion betrachtet – seine
Struktur auf seine Erkennbarkeit hin hat; dann ist verständlich,
daß die Vernunft alles umfaßt – auch das, was sie sich sinnlich und
rational noch nicht angeeignet hat. *Weil* sie alles umfaßt, *ist* sie die
Motivation für alle Erfahrungen sinnlicher und rationaler Nicht-
Identität, *in* ihnen will sie sich als das stets Vorausgesetzte jetzt
auch *erweisen*.

Zu 2. Im Gesagten liegt, daß die Vernunft die Einheit der Gegensätze ist. Doch läßt sich das noch deutlicher zeigen:
Der *Verstand* ordnet die sinnlichen Eindrücke, indem er sie *bestimmt*. Diese Bestimmtheiten müssen gegeneinander abgesetzt sein.
Die Funktion des Verstandes ist daher nur möglich, wenn er Gegensätze schafft und bestehen läßt. Das gegensatzlos Unendliche
kann er innerhalb seines Gesichtskreises nicht zulassen, weil es sich
seinem Prinzip des gegensatzbezogenen Bestimmens nicht unterwerfen läßt. Von seiner Funktion her erklärt sich, daß er den Satz
vom Widerspruch zu seinem Grundgesetz hat. Die Koinzidenzlehre schafft das Widerspruchsprinzip nicht ab; sie zeigt vielmehr,
wie es möglich ist und was ihm von seinem Ursprung her entgehen
muß. Die *Vernunft* ist die Beschreibung der Entstehung des Verstandes und seiner Gesetze, nicht ein höheres „mystisches" Organ.
Sie ist diejenige Einheit, innerhalb derer sich A und B finden, wenn
wir von B sagen, es könne dem A unmöglich zukommen, da dies
einen Widerspruch enthalte. Deshalb ist sie, die Vernunft, das Zusammenfallen der Gegensätze.
Diese Konsequenz lag von Anfang an in der cusanischen Idee der
Koinzidenz. Denn wenn *wir* von Gott sagen, er sei das Zusammenfallen der Gegensätze und Widersprüche, so sind wir, die
wir das denken, die Koinzidenz. Doch hat Cusanus erst im Laufe
seiner Lehrentwicklung diese Konsequenz schärfer entwickelt. Um
sie hervorzuheben, sagt Cusanus, die unendliche Einheit sei *nicht*
die Koinzidenz, sei *nicht* die einfache Wurzel der Gegensätze, sondern sie stehe *über* dem Zusammenfall der Gegensätze, man dürfe
von ihr nicht wie von der Vernunft sprechen, weil sie deren Voraussetzung sei.

Diese Überlegung des Cusanus stellt noch einmal klar, wie die Koinzidenzlehre gemeint ist. Sie wendet sich gegen den Anspruch des Widerspruchsprinzips, alles für unwirklich zu erklären, was ihm nicht untersteht. Die Durchführung dieses Anspruchs würde die Ausschließung des Unendlichen und seines Bildes, der Vernunft, aus dem Denken bedeuten, d. h. sie würde eine Theorie eben des Widerspruchsgesetzes und des Verstandes verhindern. Die Koinzidenzlehre ist also nicht der Verzicht auf rationale Argumentation; sie ist der Versuch, die Rationalität noch zu *begründen*. Allerdings weiß sie das Begründende als das Nichts des Begründeten. Sie nimmt dem Widerspruchssatz zwar nicht seine Geltung, wohl aber den Anspruch der Seinsunmittelbarkeit, den man ihm zugeschrieben hatte und durch den doch unbegreiflich wird, warum das Prinzip des Verstandes gilt.

Literaturverzeichnis

Texte (mit Angabe der vorstehend benutzten Abkürzungen)

1. Opera. Ed. F. Stapulensis. 3 Bde. Paris 1514, Nachdruck Frankfurt/M. 1962; darin Complementum theologicum (Compl. theol.), De aequalitate (De aequal.).
2. Opera omnia. Ed. Acad. Heidelbergensis. Leipzig-Hamburg 1932 ff.; bes. De coniecturis (De coni.), De docta ignorantia (D. ign.), Apologia (Apol.), Opuscula I, darin: De Deo abscondito (De Deo absc.), De sapientia, De mente, De pace fidei, Compendium, De beryllo, Sermones I.
3. Lat.-dt. Parallelausgaben bzw. dtsch. Übersetzungen in der Philos. Bibliothek bei Meiner, Hamburg; bes. De docta ignorantia I + II, Compendium, De venatione sapientiae (De ven. sap.), Vom Globusspiel – De ludo globi (De l.gl.), Idiota de mente, Idiota de sapientia, Cribratio Alkorani, De beryllo.
4. Philos.-Theologische Schriften. Lat.-dt. Hg. von L. Gabriel. 3 Bde. Wien 1964–1967 (Studienausgabe, mit dem bisher vollständigsten Text).
5. Auswahlübersetzungen von F. A. Scharpf: 1862, Nachdruck Frankfurt/M. 1966, und H. Blumenberg: Kunst der Vermutung. 1957.

Sekundärliteratur

1. Biographien

Meuthen, Erich: Nikolaus von Kues, Münster 1964.
Vansteenberghe, Edmond: Le Cardinal Nicolaus de Cues. Paris 1920. Nachdruck Frankfurt/M. 1963.

2. Erste Einführungen

Hoffmann, Ernst: Nikolaus von Cues. Zwei Vorträge. Heidelberg 1947.
Volkmann-Schluck, Karl-Heinz: Nicolaus Cusanus. Frankfurt/M. 1956.

3. Interpretationen

Blumenberg, Hans: Die Legitimität der Neuzeit. Frankfurt/M. 1966.
de Gandillac, Maurice: Nikolaus von Cues. Düsseldorf 1953.
Henke, Norbert: Der Abbildbegriff in der Erkenntnislehre des Nikolaus von Kues. Münster/W. 1969.
Jaspers, Karl: Nikolaus Cusanus. München 1964.
Klibansky, Raymond: The Continuity of Platonic Tradition during the Middle Ages. London ²1950.
Koch, Josef: Die Ars coniecturalis des Nikolaus von Kues. Köln 1956.
Moffitt Watts, Pauline: Nicolaus Cusanus. Leiden 1982.
Meier-Oeser, Stephan: Die Präsenz des Vergessenen. Zur Rezeption der Philosophie des Nicolaus Cusanus vom 15. bis zum 18. Jahrh. Münster 1989.
Schwarz, Willi: Das Problem der Seinsvermittlung bei Nikolaus von Cues. Leiden 1969.
Stallmach, Josef: Ineinsfall der Gegensätze und Weisheit des Nichtwissens. Grundzüge der Philosophie des Nikolaus von Kues. Münster 1989.
Wilpert, Paul: Das Problem der coincidentia oppositorum in der Philosophie des Nikolaus von Cues, in: Humanismus, Mystik und Kunst in der Welt des Mittelalters. Leiden 1953, 39–55.

4. Bibliographie und Forschungsberichte

Cusanus-Bibliographie (1920–1961). In: Mitteilungen und Forschungsbeiträge der Cusanus-Gesellschaft 1 (1961), 95–126 und 3 (1963) 223–237.
Gawlick, Günter: Neue Texte und Deutungen zu Nikolaus von Kues. In: Philosoph. Rundschau 8 (1960), 171–202 und 10 (1962), 90–120.
Klibansky, Raymond: Nicolaus of Cues, in: Philosophy in the Mid-Century. Ed. R. Klibansky. Florenz 1959, 88–94.

Mitarbeiter dieses Bandes

BORMANN, KARL, Dr. phil., geb. 1928; Professor für Philosophie an der Universität Köln 1970. Wichtigste Veröffentlichungen: Die Ideen- und Logoslehre Philons von Alexandrien (1955); Platon, Der Staat (⁴1989); Philon von Alexandria, Über die Freiheit des Tüchtigen, Über das betrachtende Leben, Über die Unvergänglichkeit der Welt (1964); Nicolai de Cusa Compendium (1964); Nikolaus von Kues, Kompendium. Lat. und deutsch (mit B. Decker, ²1982); Nicolai de Cusa De coniecturis (1972, mit J. Koch und H. G. Senger); Die Exzerpte und Randnoten des Nikolaus von Kues zu Proklos, In Parmenidem Platonis (1986); Nicolai de Cusa De beryllo (1988, mit H. G. Senger); De principio (1988, mit H. Riemann); Nikolaus von Kues, Über den Beryll (³1987); Parmenides (1971); Platon (²1987); Zeitschriftenaufsätze zu Parmenides in: The Monist (1979); zu Platon in: Archiv für Geschichte der Philosophie (1960 und 1961); zu Aristoteles in: Miscellanea Mediaevalia (1982); zur Stoa in: Pathos – Affekt – Gefühl (1981); zu Nikolaus von Kues in: Archiv für Geschichte der Philosophie (1968 und 1969); Mittellat. Jahrbuch (1985) und in: Mitteilungen und Forschungsbeiträge der Cusanus-Gesellschaft (1973, 1975, 1977, 1978) und in: Proceedings of the World Congress on Aristotle (1981); Herausgeber: Schriften des Nikolaus von Kues in deutscher Übersetzung (1968 ff.).

FLASCH, KURT, Dr. phil., geb. 1930. Seit 1970 o. Prof. für Philosophie an der Ruhr-Universität Bochum. Wichtigste Veröffentlichungen: Die Metaphysik des Einen bei Nikolaus von Kues (1972); Parusia. Studien zur Philosophie Platons und zur Problemgeschichte des Platonismus (1965); Augustin. Einf. in sein Denken (1981); Die Philosophie des Mittelalters (1985); Das philos. Denken im Mittelalter (1986); Einführung in die Philosophie des Mittelalters (1989); Aufklärung im Mittelalter? (1989), als Mitherausgeber: Analecta Anselmiana (1969 ff., 3 Bde.). Hrsg. von Dietrich von Freiberg, Opera omnia, Bd. I (1977). Hrsg. des Corpus philosophorum teutonicorum medii aevi; Mithrsg. der Bochumer Studien z. Philosophie.

KLUXEN, WOLFGANG, Dr. phil., geb. 1922; o. Prof. für Philosophie Ruhr-Universität Bochum (1964), Universität Bonn (1969). Wichtigste Veröffentlichungen: Philosophische Ethik bei Thomas v. Aquin (1964); Aufsätze zu Thomas v. Aquin, Duns Scotus, Maimonides, ferner zu Problemen der Ethik.

KÖRNER, FRANZ, Dr. theol. et phil. habil., geb. 1919. Seit 1962 Prof. für Philosophie an der Pädagogischen Hochschule Stuttgart/Ludwigsburg, seit 1964 Prof. für Philosophie an der Universität Salzburg, seit

1973 zugleich Präsident des Existenzanalytischen Forschungsinstitutes Salzburg-Stuttgart-Ludwigsburg. Wichtigste Veröffentlichungen: Das Prinzip der Innerlichkeit in Augustins Erkenntnislehre (1952; ²1969); Das Sein und der Mensch (1959); Vom Sein und Sollen des Menschen (1963); Die Metaphysik des Abendlandes unter dem Richtmaß der Krisis (1968). – Zahlreiche Abhandlungen, u. a.: Prolegomena zu einem neuen Studium Augustins (1957); Abstraktion oder Illumination? Das ontologische Problem der augustinischen Sinneserkenntnis (1962); Homo viator (1962); Das cartesische Grundprinzip der neuzeitlichen Philosophie und seine gnoseologische Fragwürdigkeit (1972).

PATZER, ANDREAS, Dr. phil., geb. 1943, Akademischer Oberrat am Institut für Klassische Philologie der Universität München. Wichtigste Veröffentlichungen: Antisthenes der Sokratiker (1970); Bibliographia Socratica (1985); Der Sophist Hippias als Philosophiehistoriker (1986); Der historische Sokrates (Hrsg.) (1987); Franz Overbeck – Erwin Rohde. Der Briefwechsel (Hrsg. u. Komm.) (1990).

SPECK, JOSEF, Dr. phil., geb. 1927, ord. Professor für Philosophie an der Universität Dortmund. Wichtigste Veröffentlichungen: Die anthropologische Fundierung erzieherischen Handelns (1968); Karl Rahners theologische Anthropologie (1967); „Person", in: J. Speck/G. Wehle (Hrsg.): Handbuch pädagogischer Grundbegriffe (1970). Pädagogik und Anthropologie, in: J. Speck (Hrsg.), Problemgeschichte der Pädagogik (1976); Buber, in: J. Speck (Hrsg.): Geschichte der Pädagogik des 20. Jahrhunderts (1978); „Erklärung", in: J. Speck (Hrsg.), Handbuch wissenschaftstheoretischer Begriffe, Bd. 1 (UTB, 1980); M. Buber: Die Aporetik des Dialogischen, in: Grundprobleme der großen Philosophen. Gegenwart IV (1981). A. Camus: Die Grundantinomien des menschlichen Daseins, in: Grundprobl. d. gr. Philsophen, Gegenwart V (1982).

VOLLRATH, ERNST, Dr. phil., geb. 1932, 1967/68 professeur titulaire an der Universität Dakar/Senegal; seit 1970 Professor der Philosophie an der Universität Köln, zwischenzeitlich 1972–1976 Professor an der New School for Social Research, Graduate Faculty, in New York. Wichtigste Veröffentlichungen: Studien zur Kategorienlehre des Aristoteles (1969); Die These der Metaphysik. Zur Gestalt der Metaphysik bei Aristoteles und Hegel (1970); Lenin und der Staat. Zum Begriff des Politischen bei Lenin (1970); Die Rekonstruktion der politischen Urteilskraft (1977). Zahlreiche Aufsätze zur Philosophie des Politischen in deutschen und amerikanischen Zeitschriften.

Grundprobleme der großen Philosophen

Herausgegeben von Josef Speck   UTB Uni-Taschenbücher

Philosophie der Gegenwart I

Frege – Carnap – Wittgenstein – Popper – Russell – Whitehead. Mit einer Einführung »Die Sprache der Logik«. Beiträge von Chr. Thiel, W. Stegmüller, U. Steinvorth, J. W. N. Watkins, W. Carl, M. Welker, W. K. Essler. 3., teilw. überarb. Aufl. 1985. 354 S., Kst. UTB 147

Philosophie der Gegenwart II

Scheler – Hönigswald – Cassirer - Plessner – Merleau-Ponty – Gehlen. Beiträge von M. S. Frings, G. Wolandt, K. Neumann, H. U. Asemissen, X. Tilliette u. A. Métraux, D. Böhler. 2., erg. Aufl. 1981. 284 S., Kst. UTB 183

Philosophie der Gegenwart III

Moore – Goodman – Quine – Ryle – Strawson – Austin. Beiträge von N. Hoerster, F. von Kutschera, W. K. Essler, A. Kemmerling, W. Künne, E. von Savigny. 2., durchges. Aufl. 1984. 251 S., Kst. UTB 463

Philosophie der Gegenwart IV

Weber – Buber – Horkheimer – Adorno – Marcuse – Habermas. Beiträge von J. Weiß, J. Speck, W. Post, R. Habermeier, L. Zahn, W. Ch. Zimmerli. 1981. 268 S., Kst. UTB 1108

Philosophie der Gegenwart V

Jaspers – Heidegger – Sartre – Camus – Wust – Marcel. Beiträge von K. Salamun, O. Pöggeler u. F. Hogemann, W. Biemel, J. Speck, H. Westhoff, V. Berning. 1982. 254 S., Kst. UTB 1183

Philosophie der Gegenwart VI

Bloch – Benjamin – Fromm – Hartmann – Tillich – Guardini. Beiträge von B. Schmidt, U. Schwarz, R. Funk, G. Wolandt, P. Steinacker, J.F. Schmucker-von Koch. 1984. 228 S., Kst. UTB 1308

Philosophie der Neuzeit I

Bacon – Descartes – Hobbes – Spinoza – Leibniz – Locke – Berkeley – Hume. Beiträge von R. Brandt, L. Oeing-Hanhoff, A. Baruzzi, K. Hammacher, W. Schneiders, H. W. Arndt, W. Breidert, N. Hoerster. 2., durchges. Aufl. 1986. 278 S., Kst. UTB 903

Philosophie der Neuzeit II

Kant – Fichte – Schelling – Hegel – Feuerbach – Marx. Beiträge von G. Patzig, H. Jergius, W.E. Ehrhardt, O. Pöggeler, A. Schmidt, H. Fleischer. 3., durchges. Aufl. 1988. 269 S., Kst. UTB 464

Philosophie der Neuzeit III

Schleiermacher – Bolzano – Schopenhauer – Kierkegaard – F. Brentano – Nietzsche. Beiträge von M. Welker, J. Berg, A. Menne, H. Deuser, R. Kamitz, H.J. Schmidt. 1983. 243 S., Kst. UTB 1252

Philosophie der Neuzeit IV

Lotze – Dilthey – Meinong – Troeltsch – Husserl – Simmel. Beitr. v. H. Johach, E. W. Orth, P. Simons, F. W. Graf, H. Ruddies, W. Künne, M. Schmid. 1986. 266 S., Kst. UTB 1401

Philosophie des Altertums und des Mittelalters

Sokrates – Platon – Aristoteles – Augustinus – Thomas von Aquin – Nikolaus von Kues. Beiträge von G. Martin, K. Bormann, E. Vollrath, F. Körner, W. Kluxen, K. Flasch. 4., durchges. u. teilw. veränd. Aufl. 1990. 257 S., Kst. UTB 146

Vandenhoeck & Ruprecht · Göttingen/Zürich

Bruno Snell · Die Entdeckung des Geistes

Studien zur Entstehung des europäischen Denkens bei den Griechen. 6., durchgesehene Auflage 1986. 334 Seiten, kartoniert

Wolfgang Wieland · Platon und die Formen des Wissens

1982. 339 Seiten, kartoniert

Wolfgang Wieland · Die aristotelische Physik

Untersuchungen über die Grundlegung der Naturwissenschaft und die sprachlichen Bedingungen der Prinzipienforschung bei Aristoteles. 2., durchgesehene Auflage mit einem Nachwort. 1970. 365 Seiten, Leinen

Günther Patzig · Die aristotelische Syllogistik

Logisch-philologische Untersuchungen über das Buch A der „Ersten Analytiken". (Abhandlungen Akademie Göttingen 42). 3., veränderte Auflage 1969. 217 Seiten, Leinen

Max Pohlenz · Die Stoa

Geschichte einer geistigen Bewegung. *Band I:* 6., unveränderte Auflage 1984. 490 Seiten, Leinen. *Band II:* Erläuterungen, Zitatkorrekturen, bibliographische Nachträge und ein Stellenregister von Horst-Theodor Johann. 6. Auflage 1990. VI, 338 Seiten, Leinen

Hans Jonas · Gnosis und spätantiker Geist

Teil I: Die mythologische Gnosis. Mit einer Einführung zur Geschichte und Methodologie der Forschung. (Forschungen zur Religion und Literatur des AT und NT 33). 4. Auflage 1988. XVI, 456 Seiten, Leinen

Kurt Rudolph · Die Gnosis

Wesen und Geschichte einer spätantiken Religion. (UTB Uni-Taschenbücher 1577). 3., durchgesehene und ergänzte Auflage 1990. 451 Seiten mit zahlreichen Abbildungen und 1 Karte, Kunststoff

Bruno Snell · Neun Tage Latein

Plaudereien. (Kleine Vandenhoeck-Reihe 1010). 7. Auflage 1987. 70 Seiten, kartoniert

Vandenhoeck & Ruprecht · Göttingen/Zürich